Verwirklichungsstufen
der Steuerhinterziehung

**Europäische Hochschulschriften**

European University Studies

Publications Universitaires Européennes

Reihe II **Rechtswissenschaft**

Series II Law

Série II Droit

Band/ Volume **6012**

Constance Moormann

# Verwirklichungsstufen der Steuerhinterziehung

## Eine Untersuchung zur Abgrenzung des Versuchs von der Vorbereitung und der Vollendung

PETER LANG

**Bibliografische Information der Deutschen Nationalbibliothek**
Die Deutsche Nationalbibliothek verzeichnet diese Publikation in der Deutschen Nationalbibliografie; detaillierte bibliografische Daten sind im Internet über http://dnb.d-nb.de abrufbar.

Zugl.: Würzburg, Univ., Diss., 2017

D 20
ISSN 0531-7312
ISBN 978-3-631-75917-2 (Print)
E-ISBN 978-3-631-75924-0 (E-PDF)
E-ISBN 978-3-631-75925-7 (EPUB)
E-ISBN 978-3-631-75926-4 (MOBI)
DOI 10.3726/ b14269


Peter Lang – Berlin · Bern · Bruxelles · New York · Oxford · Warszawa · Wien



Diese Publikation wurde begutachtet.

www.peterlang.com

# Vorwort

Die vorliegende Arbeit wurde im Wintersemester 2016/17 vom Fachbereich der Rechtswissenschaften der Julius-Maximilians-Universität Würzburg als Dissertation angenommen. Der Tag der mündlichen Prüfung war am 14.03.2017.

Besonderer Dank gilt meinem Doktorvater, Herrn Prof. Dr. Frank Peter Schuster, welcher mir die Anregung zu dieser Arbeit gab und mich durchgehend hervorragend betreut hat.

Herrn Professor Dr. Ralf P. Schenke danke ich für die rasche Erstellung des Zweitgutachtens.

Herzlicher Dank gebührt auch meinen Eltern, die mich immer und in jeder Hinsicht unterstützt haben und mir auch im Rahmen der Dissertation mit fachlichen Gesprächen und bei der Korrekturarbeit zur Seite standen.

Abschließend danken möchte ich noch meinen Mitpromovenden und Freunden, die mich in der Zeit immer unterstützt haben und mir gleichzeitig den zwischendurch notwendigen geistigen Abstand ermöglichten.

Hamburg, im Februar 2018 Constance Moormann

# Inhaltsverzeichnis

# Einleitung

Jede vorsätzliche Straftat, die Steuerhinterziehung eingeschlossen, durchläuft verschiedene Verwirklichungsstufen. Zu nennen sind die Vorbereitungsphase, der Versuch, die Vollendung und die Beendigung. Thema dieser Arbeit ist die Abgrenzung des Versuchs von der Vorbereitung und der Vollendung im Rahmen der Steuerhinterziehung. In der Praxis wird diese derzeit insbesondere im Zusammenhang mit der Erlangung eines Feststellungsbescheids problematisiert. Je nachdem wie man die von einem Feststellungsbescheid ausgehende Bindungswirkung für die Folgebescheide bewertet, kann bereits eine vollendete Steuerhinterziehung vorliegen oder aber auch nur eine Vorbereitungshandlung angenommen werden. Diese Frage wird im weiteren Verlauf noch zu klären sein.[1]

Die Abgrenzung der verschiedenen Verwirklichungsstufen ist aus mehreren Gründen relevant. Vorbereitungshandlungen sind, jedenfalls bei Vergehen, im Gegensatz zu solchen Handlungen die bereits dem Versuch unterfallen, grundsätzlich straflos. Im Falle der Steuerhinterziehung ist die Abgrenzung zwischen Vorbereitung und Versuch die Entscheidung über die Grenze der Strafbarkeit überhaupt, da für ihre Vorbereitungshandlungen keine selbstständigen Straftatbestände normiert sind.[2]

Die Abgrenzung des Versuchs von der Vollendung ist aus mehreren Gründen wichtig. So kann und wird der Versuch gemäß § 23 Abs. 2 StGB regelmäßig milder bestraft als die Vollendung. Weiterhin hat der Täter, solange er sich noch im Versuchsstadium befindet, die Möglichkeit gemäß § 24 StGB zurückzutreten und damit straflos zu werden. Obwohl bei der Steuerhinterziehung auch die Selbstanzeige gemäß § 371 AO bereits im Versuchsstadium zur Straflosigkeit führen kann,[3] gibt der Rücktritt dem Täter noch eine weitere, an andere Voraussetzungen gebundene, Möglichkeit, straflos zu werden.[4]

Die Frage, ob die Tat im Versuchsstadium steckengeblieben oder bereits Vollendung eingetreten ist, ist aber auch für die Anforderungen an eine strafbefreiende Selbstanzeige gemäß § 371 AO von Bedeutung. Nach § 371 Abs. 3 AO hängt die

---

1 Vgl. hierzu 105 ff.

2 *Kratzsch*, JA 1983, 420. Einige der Vorbereitungshandlungen zur Steuerhinterziehung sind aber als Ordnungswidrigkeiten normiert. Vgl. hierzu unten 40 f.

3 *Joecks*, in: Joecks/Jäger/Randt, § 369 AO, Rn. 65.

4 *Joecks*, in: F/G/J, § 370 AO, Rn. 35; *Schmitz/Wulf*, in: MüKo-StGB, § 370 AO, Rn. 418. Vgl. zu den Voraussetzungen der Selbstanzeige gemäß § 371 AO; *Melchior*, in: Beck'sches Steuer- und Bilanzrechtslexikon, Selbstanzeige, Rn. 2.

Erlangung der Straffreiheit grundsätzlich davon ab, dass auch die hinterzogenen Beträge fristgerecht nachgezahlt werden. Ist die Steuerhinterziehung allerdings nur versucht worden, so reicht allein die Berichtigungserklärung zur Erlangung der Straffreiheit.[5] Einer wiedergutmachenden Nachzahlung bedarf es hierfür, da kein Schaden eingetreten ist, nicht.[6]

Auch über den Straftatbestand des § 370 AO hinaus hat die dortige Abgrenzung zwischen Versuch und Vollendung entscheidende Bedeutung. Für die Festsetzung von Hinterziehungszinsen gemäß § 235 AO muss z. B. eine vollendete Steuerhinterziehung vorliegen.[7] Zudem ist die Vollendung Voraussetzung für die Haftung des Steuerhinterziehers auf Schadensersatz gemäß § 71 AO.[8] Eine versuchte Steuerhinterziehung ist in beiden Fällen nicht ausreichend.

Schließlich kann der Frage, ob eine vollendete oder eine versuchte Steuerhinterziehung vorliegt, auch für andere Straftatbestände entscheidende Bedeutung zukommen. So ist z. B. für die Strafbarkeit der Steuerhehlerei gemäß § 374 AO eine versuchte Steuerhinterziehung als Vortat nicht ausreichend.[9] Die Vortat muss zumindest vollendet, wenn nicht sogar beendet sein.[10]

Neben den Problemen die sich bei der Abgrenzung aus dem Steuerstrafrecht ergeben – worauf im weiteren Verlauf noch eingegangen wird – bereitet schon der für die vorliegende Arbeit relevante Teil des allgemeinen Strafrechts Probleme. Insbesondere die Abgrenzung des Versuchs von der Vorbereitung ist „ein Dauerbrenner strafrechtlicher Dogmatik und Kriminalpolitik“[11] und höchst umstritten. Aufgrund der Eigenarten der verschiedenen Delikte scheint es nicht möglich zu sein, eine abstrakte und zugleich griffige Abgrenzungsformel für den Versuch zu formulieren, die sich unproblematisch in praktische Lösungen umsetzen lässt.[12] Das zeigen auch die seit 1975 geltenden „neuen“ Versuchsregelungen, die zwar einige Problempunkte der

5 *Joecks*, in: Joecks/Jäger/Randt, § 371 AO, Rn. 141; *Schmedding*, in: Wannemacher, Steuerstrafrecht, 6. Aufl., Rn. 2200; *Wessing*, in: Flore/Tsambikakis, § 371 AO, Rn. 145. Wessing/Biesgen.

6 *Kohler*, in: MüKo-StGB, § 371 AO, Rn. 138; *Schmedding*, in: Wannemacher, Steuerstrafrecht, 6. Aufl., Rn. 2200.

7 BFH, Beschl. v. 12.11.1975 – I B 72/75 – Rn. 10; BFH, NJW 1990, 1253, 1256; *Rüsken*, in: Klein, § 71, Rn. 11.

8 BFH, NJW-RR 1995, 996, 997;*Rüsken*, in: Klein, § 71, Rn. 11.

9 *Jäger*, in: Klein, § 374, Rn. 18.

10 Für eine vollendete Steuerhinterziehung als Vortat BGH, NStZ 2012, 332; *Jäger*, in: Klein, § 374, Rn. 18 f.; für eine beendete Steuerhinterziehung als Vortat BayObLG, wistra 2003, 316, 32. Vgl. zum Streitstand *Wegner*, in: MüKo-StGB, § 374 AO, Rn. 23 ff. m.w.N.

11 *Safferling*, ZStW 2006 (3), 682.

12 *Ambos*, in: Dölling/Duttge/Rössner, § 22 StGB, Rn. 21.

alten Versuchsregelung entschärfen konnten, aber den Streit um die Abgrenzung des Versuchs von der Vorbereitung nur verschoben haben.[13] Viele der vor 1975 und damit vor dem Zweiten Gesetz zur Reform des Strafrechts (2. StrRG)[14] zur Abgrenzung des Versuchs von der Vorbereitung vertretenen Lehren haben sich der neuen Rechtslage angepasst und werden in der geänderten Fassung heute wieder vertreten. Zudem sind einige neue Abgrenzungstheorien hinzugekommen. Wie zu zeigen sein wird, gibt es zahlreiche Ansätze, die für sich beanspruchen, die entscheidenden Kriterien für die Abgrenzung des Versuchs von der Vorbereitung gefunden zu haben.[15]

Bei der vorzunehmenden Abgrenzung muss man sich bei § 370 AO allerdings wegen § 369 AO neben den Problemen, die sich bereits aus dem allgemeinen Strafrecht ergeben, auch den Herausforderungen stellen, welche dem Steuerstrafrecht immanent sind. So formuliert *Bender* zutreffend, dass „wer sich als gestandener Strafrechtler dem Steuerstrafrecht nähert, [...] sehr schnell [merkt], dass er viel dazulernen muss."[16] Der Grund hierfür liegt darin, dass das Steuerstrafrecht durch das Zusammenspiel von zwei Rechtsgebieten, dem Steuerrecht und dem Strafrecht geprägt ist.[17] So sind für die Beurteilung des Vorliegens eines Versuchs der Steuerhinterziehung zum einen die §§ 22–24 StGB und zum anderen der § 370 AO heranzuziehen. Da § 370 AO zudem aus Blankettverweisungen und normativen Tatbestandsmerkmalen besteht[18], ist der Tatbestand unter Anwendung des materiellen Steuerrechts auszulegen.[19] Das materielle Steuerrecht gilt hierbei als ei-

---

13 Vgl. hierzu näher 43 ff.

14 2. StrRG vom 4. Juli 1969, BGBl. I. 1969, 717.

15 Vgl. zu der ganzen Problematik unten 43 ff.

16 *Bender*, wistra 2006, 41.

17 *Eschenbach*, DStZ 1997, 851.

18 Von Blankettverweisungen sprechend BGH, NStZ 1994, 493, 494; BGH, NStZ 2007, 595; *Andrejtschitsch,* in: Wannemacher, Steuerstrafrecht, 6. Aufl., Rn. 24; *Joecks,* in: Joecks/Jäger/Randt, Einleitung, Rn. 5; *Jäger,* in: Klein, § 370. Rn. 5 f.; *Möller/Retemeyer,* in: Bender/Möller/Retemeyer, B I, Rn. 37, C III, Rn. 80b; BVerfG, NJW 1995, 1883, das von einer blankettartigen Verweisung spricht; anders *Schmitz/Wulf,* in: MüKo-StGB, § 370 AO, Rn. 13 ff. m.w.N., die nur das Merkmal „pflichtwidrig" im Rahmen der § 370 Abs. 1 Nr. 2, 3 AO als Blankettverweisung qualifizieren und ansonsten von normativen Tatbestandsmerkmalen ausgehen; ausführlich *Schuster*, Das Verhältnis von Strafnormen und Bezugsnormen aus anderen Rechtsgebieten, S. 183 ff., der nur den Verweis auf die steuerlichen Erklärungspflichten im Rahmen von § 370 Abs. 1 Nr 2 AO als Blankettmerkmal ansieht und ansonsten von normativen Tatbestandsmerkmalen ausgeht.

19 Selbst wenn man bei § 370 AO nur von normativen Tatbestandsmerkmalen ausgeht, ist für deren Auslegung ein Rückgriff auf andere Strafgesetze erforderlich, *Jäger,* in: Klein, § 370, Rn. 5 f.

nes der umfangreichsten und kompliziertesten Rechtsgebiete, das zudem durch Rechtsprechung und Gesetzgebung einem ständigen Wechsel unterworfen ist.[20] Insbesondere der Wechsel der Zuständigkeit in Steuer- und Zollstrafsachen vom fünften zum ersten Strafsenat zum 1. Juni 2008 hat zu einem Paradigmenwechsel und einer strengeren Ahndung der Steuerhinterziehung geführt.[21]

Verkompliziert wird die Auslegung durch das europäische Recht, welches das Steuerstrafrecht mit seinen Blankettverweisungen und normativen Tatbestandsmerkmalen entscheidend mitprägt. Zu nennen ist hier insbesondere das Zollrecht, das nun weitestgehend europarechtlich geregelt ist und durch das Inkrafttreten des Unionszollkodexes am 1. Mai 2016 noch einmal neu gestaltet wurde. Da das europäische Recht andere Rechtsbegriffe und Verfahren kennt als das deutsche Recht und damit auch als die Norm des § 370 AO, müssen diese zunächst ins deutsche Recht „übersetzt" werden.

Mit der vorliegenden Arbeit soll nun die schwierige Grenze des Versuchs zur Vorbereitung und zur Vollendung im Rahmen der Steuerhinterziehung aufgezeigt werden. Die Darstellung erfolgt anhand von ausgewählten, typischen Fallbeispielen insbesondere unter Einbeziehung der aktuellen Rechtsprechung seit dem Zuständigkeitswechsel in Steuer- und Zollstrafsachen. Fraglich ist hierbei, ob sich allgemeine Merkmale für die Versuchsgrenzen finden lassen oder ob es zumindest möglich ist, die Abgrenzung durch die Bildung von Fallgruppen oder die Entwicklung von Abgrenzungsgrundsätzen für bestimmte „Gruppen" von Steuern zu erleichtern.

Einen weiteren Aspekt der vorliegenden Arbeit bildet die Frage, inwieweit sich Rechtsprechung und Literatur der Abgrenzungstheorien des allgemeinen Strafrechts bzw. deren Abgrenzungskriterien bedienen und damit zu sachgerechten Ergebnissen gelangen. Teilweise wird kritisiert, dass die den neuen Versuchsregelungen zugrunde liegende Ansatzformel für die Gewaltdelikte des allgemeinen Strafrechts entwickelt wurde und es wird davon ausgegangen, dass sie für die Wirtschaftsdelikte nur Anwendung finden könne, wenn allein auf die Gefährdung des Rechtsguts abgestellt werde.[22] Fraglich ist folglich, ob die zur Ansatzformel des § 22 StGB und damit vermeintlich für Gewaltdelikte entwickelten Theorien auch im Bereich der Steuerhinterziehung als Wirtschaftsdelikt Anwendung finden und zu sachgerechten Ergebnissen führen können oder ob tatsächlich allein das Gefährdungskriterium oder ganz andere Kriterien der Abgrenzung zu Grunde gelegt werden.

---

20 *Bender*, wistra 2006, 41.

21 Vgl. hierzu ausführlich *Wessing/Biesgen*, NJW 2010, 2689 ff.

22 *Tiedemann*, JR 1973, 412; *Tiedemann* zustimmend, *Meyer*, ZStW 1975 (3), 598, 609 f.

Im ersten Teil dieser Arbeit werden die notwendigen Grundlagen erläutert. Zunächst wird auf die geschichtliche Entwicklung eingegangen, welche zu dem jetzigen Tatbestand des § 370 AO und insbesondere zur Versuchsstrafbarkeit der Steuerhinterziehung geführt hat. Sodann wird der Tatbestand der Steuerhinterziehung dargestellt, soweit er für den Versuch und seine Abgrenzung relevant ist. Ebenfalls behandelt wird die – gerade für den Bereich der Abgrenzung des Versuchs von den anderen Verwirklichungsstufen – typische Unterscheidung zwischen Fälligkeits-/Anmeldungs- und Veranlagungssteuern. Zudem werden kurz die als Bußgeldtatbestände normierten, nach § 370 AO straflosen, Vorbereitungshandlungen der Steuerhinterziehung aufgezeigt.

Im nächsten Abschnitt des ersten Teils werden die im allgemeinen Strafrecht vertretenen Ansätze zur Abgrenzung zwischen Vorbereitung und Versuch dargestellt und es wird untersucht, welcher sich am besten zur Abgrenzung eignet. Soweit diesen Ansätzen eine bestimmter Strafgrund zugrunde liegt, wird dieser ebenfalls kurz erläutert. Da § 370 AO sowohl Handlungs- als auch Unterlassungsvarianten enthält, konzentriert sich die Darstellung auf die dort gegebenen Streitstände hinsichtlich der Abgrenzung. Die weiteren Streitstände, die sich z. B. aus den Konstellationen der mittelbaren Täterschaft oder der Mittäterschaft ergeben, werden an den relevanten Stellen behandelt.

Ebenfalls eingegangen wird auf den Streitstand zur Abgrenzung des Versuchs von der Vorbereitung vor dem 2. StrRG. Die aktuell vertretenen Theorien haben dort ihre Ursprünge, so dass sich deren Argumentation oft nur in Verbindung mit den früher vertretenen Ansätzen verstehen lässt. Im Anschluss daran wird die Abgrenzung des Versuchs zur Vollendung erörtert.

Im zweiten Teil erfolgt der Einstieg in die Abgrenzung des Versuchs von der Vorbereitung und der Vollendung im Bereich der Steuerhinterziehung. Die Steuern werden in verschiedene „Gruppen" unterteilt. Für diese „Gruppen" wird versucht, Grundsätze bei der Abgrenzung des Versuchs von der Vorbereitung und der Vollendung zu entwickeln. So ist neben der Abgrenzungsproblematik um die Feststellungsbescheide beispielsweise zu untersuchen, wann in den verschiedenen Fallkonstellationen der Einbeziehung eines Steuerberaters von einem Versuch ausgegangen werden kann[23] und wann bei dem Überschreiten der grünen Grenze die Einfuhrabgabenhinterziehung versucht bzw. vollendet ist[24]. Anschließend werden einzelne Steuern hinsichtlich der Abgrenzung untersucht, die besondere Fallgestaltungen oder Verfahrensweisen aufweisen und bei denen dadurch andere

23 Siehe 96 ff.

24 Siehe 208 ff., 213 ff.

Abgrenzungszeitpunkte möglich sein können. Hier sind u. a. die Auswirkungen der strafrechtlichen Beurteilung der Erlangung eines Feststellungsbescheids auf – zumindest vermeintlich – ähnliche Konstellationen bei der Bauabzugsteuer[25] und der Gewerbesteuer[26] zu beurteilen. Ebenfalls zu berücksichtigen sind bei der Einfuhrabgabenhinterziehung die Änderungen die sich durch die Einführung des Unionszollkodexes ergeben.[27]

Unter Berücksichtigung der im ersten Teil genannten Abgrenzungstheorien werden die in Rechtsprechung und Literatur vorgenommenen Abgrenzungen überprüft und ggf. unter Anwendung dieser Theorien ein neuer Vorschlag zum Abgrenzungszeitpunkt gemacht. Bei der Überprüfung von Rechtsprechung und Literatur wird zudem untersucht, inwieweit diese sich der im ersten Kapitel erläuterten Abgrenzungstheorien bedienen.

---

25 Siehe 185 f., 194.

26 Siehe 164 f.

27 Siehe 198 ff.

# 1. Teil Grundlagen

## A. Das Delikt der Steuerhinterziehung

### I. Geschichte der Steuerhinterziehung

Vor 1919 gab es keine reichseinheitliche Regelung der Steuerhinterziehung. Vielmehr enthielten die einzelnen Steuergesetze der Bundesstaaten eigene Strafvorschriften mit differierenden Strafandrohungen.[28] Der Versuch der Steuerhinterziehung war ausdrücklich nicht geregelt, sondern wurde zusammen mit der Vollendung unter dem Begriff des „Unternehmens" gefasst.[29] So wurde in dem Allgemeinen Landrecht für die preußischen Staaten vom 1. Juni 1794 unter Defraudation[30] „das Unternehmen [verstanden,] bei der Ein- oder Ausfuhr an sich erlaubter Gegenstände dem Staat die davon diesem zukommenden Abgaben zu entziehen."[31] Vorbereitungshandlungen wurden von dem Unternehmensbegriff nicht erfasst.[32] Die Aufnahme einer ausdrücklichen Regelung der Strafbarkeit des Versuchs wurde von der herrschenden Lehre unter Hinweis auf den Unternehmensbegriff abgelehnt, da dieser auch die Versuchshandlungen umfasse.[33]

Mit der Reichsabgabenordnung[34] vom 13. Dezember 1919 (RAO 1919) wurde erstmals eine für das gesamte deutsche Reich geltende Teilkodifikation des Steuerrechts geschaffen und damit auch in den §§ 359, 360 RAO 1919 das erste Mal einheitliche Vorschriften in Bezug auf die Steuerhinterziehung vorgesehen.[35] Die §§ 359, 360 RAO 1919 lauteten wie folgt:

> § 359
>
> (1) Wer zum eigenen Vorteil oder zum Vorteil eines anderen nicht gerechtfertigte Steuervorteile erschleicht oder vorsätzlich bewirkt, daß Steuereinnahmen verkürzt

28 *Joecks,* in: F/G/J, § 370 AO, Rn. 1 f.; *Kuhlen*, Grundfragen der strafbaren Steuerhinterziehung, S. 25.

29 *Höser*, Vorbereitungshandlung und Versuch im Steuerstrafrecht, S. 15 f.

30 Früher wurde für die Hinterziehung in den Zoll- und Verbrauchsteuergesetzen der Begriff „Defraudation" verwendet, *Joecks,* in: F/G/J, § 370 AO, Rn. 1.

31 *Pollack*, Das Finanzdelikt als Verwaltungsdelikt., S. 98 ff. m.w.N.

32 *Höser*, Vorbereitungshandlung und Versuch im Steuerstrafrecht, S. 16.

33 Vgl. *Höser*, Vorbereitungshandlung und Versuch im Steuerstrafrecht, S. 16 mit Nachweisen.

34 RGBl. II. 1919, 1993.

35 *Hellmann,* in: H/H/Sp, § 370 AO, Rn. 3; *Kuhlen*, Grundfragen der strafbaren Steuerhinterziehung, S. 25 f.

werden, wird wegen Steuerhinterziehung mit den in den einzelnen Gesetzen hierfür angedrohten Strafen bestraft. Der Mindestbetrag einer Geldstrafe ist, soweit kein anderer Betrag bestimmt ist, zwanzig Mark.

(2) Der Steuerhinterziehung macht sich auch schuldig, wer Sachen, für die ihm Steuerbefreiung oder Steuervorteile gewährt sind, zu einem Zweck verwendet, der der Steuerbefreiung oder dem Steuervorteil, die erlangt hat, nicht entspricht, und es zum eigenen Vorteil oder zum Vorteil eines anderen vorsätzlich unterläßt, diese dem Finanzamt rechtzeitig anzuzeigen. [...]

(4) Eine Steuerumgehung (§ 5) ist nur dann als Steuerhinterziehung strafbar, wenn die Verkürzung der Steuereinnahmen oder die Erzielung der ungerechtfertigten Steuervorteile dadurch bewirkt wird, daß der Täter vorsätzlich Pflichten verletzt, die ihm im Interesse der Ermittlung einer Steuerpflicht obliegen. [...]

§ 360

(1) Der Versuch der Steuerhinterziehung ist strafbar. Er ist auch dann strafbar, wenn die vollendete Tat eine Übertretung gewesen wäre.

(2) Die für die vollendete Tat angedrohte Strafe gilt auch für den Versuch; Geldstrafen, die auf ein Vielfaches des hinterzogenen Betrages zu bestimmen sind, sind nach der Steuerverkürzung oder dem Steuervorteil zu bemessen, die bei Vollendung der Tat eingetreten wären.

Neu war, dass der Versuch eigenständig in § 360 RAO 1919 geregelt war und nicht mehr mit der Vollendung unter den Begriff des Unternehmens gefasst wurde. Bezüglich der Strafe wurde weiterhin auf die einzelnen Ländergesetze verwiesen und lediglich der Mindestbetrag einer Geldstrafe festgesetzt. Als Tathandlungen enthielt § 359 Abs. 1, 2 RAO 1919 die Vorteilserschleichung, die Verkürzung von Steuereinnahmen sowie die zweckwidrige Verwendung bei Unterlassen der Anzeige der Zweckentfremdung.[36] In § 359 Abs. 4 RAO 1919 wurde zudem geregelt, dass unter bestimmten Umständen auch die Steuerumgehung als Steuerhinterziehung strafbar sein sollte.

Rechtsstaatliche Bedenken hinsichtlich der Bestimmtheit rief insbesondere die Weite des Verkürzungstatbestandes hervor, wonach jedes Bewirken einer Verkürzung für eine Steuerhinterziehung genügen sollte.[37] Die Tatbestandsalternative beschrieb damit eher das Erfordernis eines Kausalzusammenhangs zwischen Täterverhalten

---

36 RGBl. II. 1919, 1993, 2076.

37 Vgl. z.B. *Samson/Horn*, NJW 1970, 593 für § 392 RAO in der Fassung vom vom 12. August 1968 (vgl. Fn. 49), der wie § 359 RAO demjenigen Strafe androhte, der „zum eigenen Vorteil oder zum Vorteil eines anderen nicht gerechtfertigte Steuervorteile erschleicht oder Bewirkt, daß Steuereinnahmen verkürzt werden"; vgl. auch *Hellmann*, in: H/H/Sp, § 370 AO, Rn. 31; *Kuhlen*, Grundfragen der strafbaren Steuerhinterziehung, S. 27.

und Verkürzungserfolg als eine konkrete Tathandlung.[38] Danach konnte sogar die bloße Nichtzahlung der Steuerschuld als Steuerhinterziehung bestraft werden, was aber nach allgemeiner Ansicht nicht gewollt war.[39] Zur Einengung des Tatbestands entwickelte das Reichsgericht das Merkmal der „Steuerunehrlichkeit", das für alle Tatbestände der Steuerhinterziehung zentrale Bedeutung erlangte.[40] Hierunter verstand das Reichsgericht zunächst ein reines In-Unkenntnis-Halten der Steuerbehörde über steuerlich erhebliche Tatsachen.[41] Da diese Auslegung allerdings nur für vorsätzliches Verhalten gelten konnte, suchte das Reichsgericht nach einem Tätigkeitsmerkmal und kam zur Täuschung.[42] In seinen späteren Entscheidungen und in den früheren des Bundesgerichtshofs wurde folglich unter steuerunehrlichem Verhalten die Täuschung verstanden.[43] Später griff der Bundesgerichtshof dann aber wieder die anfänglich vom Reichsgericht vertretene Auffassung auf und hielt das Merkmal der Steuerunehrlichkeit nicht mehr nur bei täuschendem Verhalten des Täters für gegeben, sondern ließ wieder das In-Unkenntnis-Halten der Steuerbehörde ausreichen.[44] Strittig blieb allerdings die Bedeutung dieses ungeschriebenen Merkmals und die Frage, ob es dem objektiven oder dem subjektiven Tatbestand zuzuordnen sei.[45] Die Literatur äußerte zunehmend Bedenken gegen das Merkmal der Steuerunehrlichkeit und forderte eine Auslegung unter Berücksichtigung der besonderen Interessenlage im Steuerrecht.[46] Da der Fiskus auf die Mitteilung des für die Entstehung des Steueranspruchs maßgeblichen Sachverhalts angewiesen sei, sollte der Tatbestand auf die Verletzung steuerlicher Offenbarungspflichten begrenzt werden.[47]

In der weiteren Zeit unterlag der Straftatbestand der Steuerhinterziehung immer wieder gesetzlichen Änderungen, die aber vornehmlich die Strafdrohung betrafen.[48] Erwähnenswert ist hier Art. 1 Nr. 4 des 2. RAOStrafÄndG vom 12. August 1968[49], wodurch die Vorschrift aufgrund einer neuen Paragraphenzählung zu

38 *Hellmann,* in: H/H/Sp, § 370 AO, Rn. 31.

39 RGSt 60, 182, 184; *Samson/Horn*, NJW 1970, 593 m.w.N.

40 RGSt 60, 182, 184 f.; RGSt 61, 81, 84; RGSt 70, 10, 11; RGSt 71,216 f.

41 RGSt 60, 307, 309; RGSt 61, 81, 84.

42 RGSt 71, 216, 217; vgl. hierzu auch *Ransiek/Schauf,* in: Kohlmann, § 370, Rn. 9.

43 BGH, NJW 1952, 945, 946.

44 BGH, BB 1957, 317; BGH, NJW 1971, 2138, 2140.

45 *Hellmann,* in: H/H/Sp, § 370 AO, Rn. 31; *Ransiek/Schauf,* in: Kohlmann, § 370, Rn. 9.

46 Vgl. insbesondere *Buschmann*, NJW 1964, 2140 ff.

47 *Hellmann,* in: H/H/Sp, § 370 AO, Rn. 31; *Ransiek/Schauf,* in: Kohlmann, § 370, Rn. 10.

48 Siehe hierzu ausführlich *Joecks,* in: F/G/J, § 370 AO, Rn. 1 ff.; *Hellmann,* in: H/H/Sp, § 370 AO, Rn. 4 ff.

49 BGBl. I. 1968, 953.

§ 392 RAO und erstmalig mit einer Überschrift – Steuerhinterziehung – versehen wurde. Der bisherige vierte Absatz über die Steuerumgehung wurde gestrichen.

Durch das Gesetz vom 16. März 1976[50], das die AO 1977 einführte, wurde die Vorschrift der Steuerhinterziehung unter § 370 AO, der im Wesentlichen der derzeit gültigen Fassung entspricht, völlig neu gefasst. Der Tatbestand wurde präzisiert und um eine Sonderkonstellation ergänzt. § 370 AO umfasst als Tathandlungen nun das Machen von unrichtigen oder unvollständigen Angaben als Handlungsvariante (§ 370 Abs. 1 Nr. 1 AO), das pflichtwidrige In-Unkenntnis-Lassen als allgemeine Unterlassungsvariante (§ 370 Abs. 1 Nr. 2 AO) und die pflichtwidrige Nicht-Verwendung von Steuerzeichen und -stemplern als besondere Unterlassungsvariante (§ 370 Abs. 1 Nr. 3 AO). Gemäß der Gesetzesbegründung soll durch die Präzisierung des Tatbestands dem Bestimmtheitsgrundsatz besser Genüge getan werden als es mit dem Merkmal der Steuerunehrlichkeit der Fall war.[51] Die Feststellung der Steuerunehrlichkeit ist seitdem nicht mehr erforderlich.[52] Dennoch ist die Rechtsprechung zu den Vorgängervorschriften infolgedessen nicht irrelevant geworden, da die Formulierung des neuen Tatbestands insofern abstrakt ist, als er auch die Fälle enthält, die nach altem Recht von der Steuerunehrlichkeit erfasst wurden.[53] Zudem ist der Begriff der Steuerunehrlichkeit zum Teil auch in aktuelleren Urteilen des Bundesgerichtshofs noch zu finden.[54] Bei der Übertragung der alten Rechtsprechung auf den neuen § 370 AO ist aber Vorsicht geboten und es muss genau geprüft werden, unter welche Variante des neuen § 370 AO sie zu subsumieren ist.[55]

Eine wesentliche Änderung betraf auch die Regelung der Versuchsstrafbarkeit. Seit Einführung der AO 1977 regelt § 370 Abs. 2 AO, dass für die Steuerhinterziehung die allgemeinen Versuchsvorschriften der §§ 22, 23 StGB gelten sollen.[56] Vorher enthielten die verschiedenen Abgabenordnungen noch besondere Versuchsregelungen unter eigenen Paragraphen bzw. in eigenen Absätzen- so beispielsweise in § 397 RAO 1931[57] –, in denen auch bestimmte Verhaltensweisen, die nach Ansicht des Gesetzgebers noch in den Bereich der Vorbereitungshandlungen fielen, dem Versuch gleichgestellt wurden.[58] § 397 RAO 1931 lautete wie folgt:

---

50 BGBl. I. 1976, 613; berichtigt BGBl. I. 1977, 269.
51 BT-Drucks. VI/1982, 194.
52 *Ransiek/Schauf,* in: Kohlmann, § 370, Rn. 12.
53 *Hellmann,* in: H/H/Sp, § 370 AO, Rn. 32.
54 BGH, NStZ-RR 1996, 316; BGH, NJW 1998, 1568, 1571.
55 *Hellmann,* in: H/H/Sp, § 370 AO, Rn. 32.
56 *Hellmann,* in: H/H/Sp, § 370 AO, Rn. 38.
57 RGBl. I 1931, 161, 212.
58 *Hellmann,* in: H/H/Sp, § 370 AO, Rn. 38.

(1) Der Versuch der Steuerhinterziehung ist strafbar.
(2) Die für die vollendete Tat angedrohte Strafe gilt auch für den Versuch; Geldstrafen, die auf ein Vielfaches des hinterzogenen Betrages zu bestimmen sind, sind nach der Steuerverkürzung oder dem Steuervorteil zu bemessen, die bei Vollendung der Tat eingetreten wären.
(3) Wer in dem Bewußtsein, daß infolge seines Verhaltens eine Verkürzung von Einnahmen an Einheitswertsteuern eintreten kann, es unternimmt, die mit der Wertermittlung befaßten Behörden irrezuführen, wird bestraft, wie wenn der den Versuch einer Steuerhinterziehung begangen hätte.

Einer solchen gesonderten Versuchsvorschrift für die Irreführung, wie sie in § 397 Abs. 3 RAO 1931 noch zu finden war, sollte es nach der Gesetzesbegründung nicht mehr bedürfen, da das Verhalten auch ohne eine solche Vorschrift als Versuch der Steuerhinterziehung anzusehen sei.[59] Weitere Neuerungen im Zusammenhang mit der Einführung der AO 1977 waren die Feststellung, dass Steuervergütungen Steuervorteile darstellen und die Ersetzung der Vorteilsabsicht durch die Passage „für sich oder einen anderen nicht gerechtfertigte Steuervorteile erlangt".[60]

Abgesehen von weiteren geringfügigen Anpassungen[61] hat sich der Tatbestand bisher resistent gegen Vorschläge für Reformen, wie die Eingliederung der Steuerhinterziehung in das StGB, erwiesen und gilt unverändert fort.[62]

## II. Das Kompensationsverbot bei der Steuerhinterziehung

In § 370 Abs. 4 S. 3 AO ist das Kompensationsverbot normiert. Das Kompensationsverbot bewirkt, dass obwohl materiell kein Schaden eingetreten ist, die Steuerhinterziehung als vollendete und nicht bloß als versuchte Tat behandelt werden kann.[63]

§ 370 Abs. 4 S. 3 AO bestimmt, dass es für den Eintritt der Vollendung der Steuerhinterziehung unbeachtlich ist, „wenn die Steuer, auf die sich die Tat bezieht, aus anderen Gründen hätte ermäßigt oder der Steuervorteil aus anderen Gründen hätte beansprucht werden können." So kann sich z. B. derjenige, der zu wenig Umsatzsteuer gezahlt hat, nicht darauf berufen, er habe für den Zeitraum aber zu viel Einkommensteuer gezahlt. Nachträglich geltend gemachte Ermäßigungsgründe müssen für die strafrechtliche Bewertung der Tat als vollendete Steuerhinterziehung außer Betracht bleiben, können allerdings steuerrechtlich

59 BT-Drucks. VI/1982, 194.
60 *Hellmann,* in: H/H/Sp, § 370 AO, Rn. 34, 36; *Ransiek/Schauf,* in: Kohlmann, § 370, Rn. 12.
61 Vgl. *Hellmann,* in: H/H/Sp, § 370 AO, Rn. 17 ff.; *Joecks,* in: F/G/J, § 370 AO, Rn. 12 ff.
62 *Hellmann,* in: H/H/Sp, § 370 AO, Rn. 20.
63 *Dumke/Webel,* in: Schwarz, § 370 AO, Rn. 110, 112.

bedeutsam sein, da das Kompensationsverbot nur für das Strafrecht gilt.[64] Im Steuerrecht können sie als neue Tatsache zu einer Aufhebung oder Änderung von Steuerbescheiden gemäß § 173 AO führen.[65]

Die Auffassung in der Rechtsprechung zum Zweck des Verbots hat sich im Laufe der Zeit gewandelt. Das Reichsgericht sah den Zweck noch darin, dass der Täter der Steuerhinterziehung nicht von etwas, hier den Steuerminderungsgründen, profitieren solle, die er entweder aus Unkenntnis oder aus einem geheimen Vorbehalt heraus nicht geltend gemacht hat.[66] Der Bundesgerichtshof geht in seiner Rechtsprechung davon aus, dass das Kompensationsverbot der Verfahrenserleichterung dienen solle. Das Gericht solle nicht gezwungen werden, den gesamten Steuerfall aufzurollen.[67]

Das Kompensationsverbot gilt allerdings nicht uneingeschränkt. Nach der ständigen Rechtsprechung des Bundesgerichtshofs werden von dem Kompensationsverbot solche steuermindernden Umstände nicht erfasst, die dem Täter entweder schon aufgrund seiner ordnungsgemäßen Angaben zustehen würden oder die ihm ohne Weiteres von Rechts wegen zugestanden hätten, wenn er anstelle der falschen die richtigen Angaben gemacht hätte.[68] Für den letzten Fall soll die Ausnahme von dem Kompensationsverbot aber nur für solche steuermindernden Umstände gelten, die mit den falschen Angaben in „einem unmittelbaren wirtschaftlichen Zusammenhang stehen“[69]. Wann genau von einem unmittelbaren oder auch engen wirtschaftlichen Zusammenhang auszugehen ist, ist nicht weiter definiert worden. Hier ist auf die gegebene Kasuistik zurückzugreifen. Bei der Einkommensteuer darf beispielsweise der Verlustrücktrag gemäß § 10d EStG nicht zur Kompensation herangezogen werden.[70] Vormals ging der fünfte Senat des Bundesgerichtshofs noch davon aus, dass das Kompensationsverbot auch bei Verlustvorträgen gemäß § 10d EStG gelten sollte.[71] Nach dem Wechsel der Zuständigkeit in Steuer- und Zollstrafsachen zum ersten Senat erkennt der Bundesgerichtshof in seiner Entscheidung aus dem Jahre 2010 nun aber an, dass die von Amts wegen zu beachtenden Verlustvorträge nicht unter das

64 *Rolletschke*, Steuerstrafrecht, Rn. 104.
65 *Rolletschke*, Steuerstrafrecht, Rn. 104.
66 RGSt 70, 396, 399.
67 BGH, GA 1978, 278, 279.
68 BGH, GA 1978, 307; BGH, wistra 1988, 356.
69 BGH, GA 1978, 307; vgl. auch BGH, wistra 1988, 356; BGH, NStZ 2004, 579, 580.
70 BGH, Urt. v. 26.06.1984–5 StR 692/77 – Rn. 21.
71 BGH, Urt. v. 26.06.1984–5 StR 322/84 – Rn. 5, in welchem der BGH vom Eingreifen des Kompensationsverbots in den Fällen des Verlustabzugs, als dem Oberbegriff u. a. für Verlustvortrag und für Verlustrücktrag, ausgeht.

Kompensationsverbot fallen.[72] Des Weiteren lehnt die Rechtsprechung das Eingreifen des Kompensationsverbots z. B. ab, wenn die Wareneingänge und -ausgänge zwar ordnungsgemäß gebucht, aber, um Schwarzeinkäufe zu verdecken, als Lieferanten fingierte Unternehmen genannt werden.[73] Grundsätzlich bejaht wurde das Eingreifen des Kompensationsverbot vom fünften Strafsenat auch in den Fällen, in denen bei der Umsatzsteuerhinterziehung die Vorsteuerabzüge nicht geltend gemacht wurden, wobei in einem späteren Urteil im Einzelfall der Ausschluss des Verkürzungsvorsatzes für möglich gehalten wurde.[74] Dies könnte, wegen der Berufung auf den Einzelfall, für eine gewisse Skepsis des fünften Senats gegenüber dem Kompensationsverbot sprechen; nach dem Wechsel der Zuständigkeit in Steuer- und Zollstrafsachen wird allerdings abzuwarten sein, wie der erste Strafsenat zukünftig entscheiden wird.[75]

Das Eingreifen des Kompensationsverbots bedeutet aber nicht, dass die nachträglich geltend gemachten Steuerermäßigungsgründe für den Täter im strafrechtlichen Bereich ganz ohne Belang sind. Sie sind grundsätzlich bei der Strafzumessung als strafmildernde Umstände von den Gerichten zu beachten, da der Schaden tatsächlich geringer ist.[76]

## III. Deliktstyp, Rechtsgut, Wesen der Steuerhinterziehung

§ 370 AO enthält als zentraler, betrugsähnlicher Straftatbestand des Steuerstrafrechts eine abschließende Sonderregelung, die den Betrug gemäß § 263 StGB verdrängt.[77] In Bezug auf Vermögenswerte und Ansprüche, die im Rahmen des Steuerverfahrens angegriffen werden oder sich aus Steuergesetzen ergeben, hat § 370 AO exklusive Geltung.[78]

Nach ganz herrschender Meinung und von mir vertretener Ansicht ist das durch § 370 AO geschützte Rechtsgut in dem „öffentliche[n] Interesse des Staates am

---

72 BGH, Urt. v. 02.11.2010–1 StR 544/09 – Rn. 93.

73 BGH, Urt. v. 22.11.1985–2 StR 64/85 – Rn. 37 ff.

74 BGH, Urt. v. 18.04.1978–5 StR 692/77 – Rn. 21; BGH, NStZ 1991, 89, der das Eingreifen des Kompensationsverbots bestätigt, aber im Einzelfall doch den Ausschluss des Verkürzungsvorsatzes für möglich hält.

75 Vgl. *Schuster*, Das Verhältnis von Strafnormen und Bezugsnormen aus anderen Rechtsgebieten, S. 190.

76 BGH, Urt. v. 23.07.1985–5 StR 465/85 – Rn. 2 f.; *Dumke/Webel,* in: Schwarz, § 370 AO, Rn. 112.

77 *Blesinger,* in: Kühn/v. Wedelstädt, § 370 AO, Rn. 1; *Rolletschke,* in: G/J/W, § 370 AO, Rn. 6; *Schuster*, Das Verhältnis von Strafnormen und Bezugsnormen aus anderen Rechtsgebieten, S. 185.

78 *Schmitz/Wulf,* in: MüKo-StGB, § 370 AO, Rn. 543.

vollständigen und rechtzeitigen Steueraufkommen“[79] bzw. „im Anspruch des Steuergläubigers auf den vollen Ertrag jeder einzelnen Steuer zu sehen“[80].[81] Diese Einschätzung steht im Zusammenhang mit der Annahme der Steuerhinterziehung als Vermögensdelikt.[82] Dieser Auffassung ist zuzustimmen, da das Begehen einer Steuerhinterziehung einen Angriff auf die Steuer- und damit die Vermögensinteressen des jeweiligen Steuergläubigers, also in der Regel des deutschen Staats, darstellt.[83]

Nach unbestrittener Ansicht ist die Steuerhinterziehung in jeder ihrer Varianten zudem ein Erfolgsdelikt.[84] Als Taterfolge nennt § 370 AO die Steuerverkürzung und die Erlangung eines nicht gerechtfertigten Steuervorteils.[85]

---

79 BGH, NStZ 1995, 405, 406.

80 BGH, NJW 1998, 1568, 1576.

81 RGSt 59, 258, 262; RGSt 72, 184, 18; BGH, NJW 2007, 2864, 2865; *Blesinger,* in: Kühn/v. Wedelstädt, § 370 AO, Rn. 2; *Hellmann,* in: H/H/Sp, § 370 AO, Rn. 43; *Jäger,* in: Klein, § 370, Rn. 2; *Joecks,* in: F/G/J, § 370 AO, Rn. 26 ff.; *Kürzinger,* in: Wannemacher, Rn. 41; *Rolletschke,* Steuerstrafrecht, Rn. 3; *Ransiek,* in: Kohlmann, § 370, Rn. 52; *Schmitz/Wulf,* in: MüKo-StGB, § 370, Rn. 2,6; *Schmitz/Wulf,* in: MüKo-StGB, § 370 AO, Rn. 2, 6; siehe zu den einzeln vertretenen Gegenansichten z. B. *Ransiek,* in: Kohlmann, § 370, Rn. 52. Der Unterscheidung, ob es bei dem Rechtsgut auf das Aufkommen im Ganzen ankommt oder auf das der einzelnen Steuerart, hat insbesondere für die Abgrenzung des Versuchs zur Vorbereitung und zur Vollendung, keine praktische Bedeutung, vgl. auch *Ransiek,* in: Kohlmann, Rn. 55.

82 BVerwG, NJW 1990, 1864 f.; BGH, NStZ 2001, 200, 201; BGH, NJW 2009, 1979, 1984; *Dumke/Webel,* in: Schwarz, § 370 AO, Rn. 6; *Hellmann,* in: H/H/Sp, § 370 AO, Rn. 43; *Joecks,* in: F/G/J, § 370 AO, Rn. 26; *Kürzinger,* in: Wannemacher, Rn. 36, welcher von einem Vermögensdelikt besonderer Art spricht; *Ransiek,* in: Kohlmann, § 370, Rn. 54; kritisch zumindest soweit sie mit den Vermögensdelikten des StGB verglichen werden, *Tiedemann,* Wirtschaftsstrafrecht, Rn. 651.

83 *Hellmann,* in: H/H/Sp, § 370 AO, Rn. 43; *Joecks,* in: F/G/J, § 370 AO, Rn. 26.

84 BGH, NJW 1989, 1615, 1618; BGH, NStZ 1991, 539, 539; BGH, NStZ-RR 2009, 344, 346; BGH, wistra 2014, 486, 487; *Blesinger,* in: Kühn/v. Wedelstädt, § 370 AO, Rn. 2; *Hardtke,* Steuerhinterziehung durch verdeckte Gewinnausschüttung, S. 127; *Hellmann,* in: H/H/Sp, § 370 AO, Rn. 56; *Joecks,* in: F/G/J, § 370 AO, Rn. 32; *Kürzinger,* in: Wannemacher, Rn. 191; *Rolletschke,* in: G/J/W, § 370 AO, Rn. 7; *Schmitz/Wulf,* in: MüKo-StGB, § 370 AO, Rn. 11; *Schuster,* Das Verhältnis von Strafnormen und Bezugsnormen aus anderen Rechtsgebieten, S. 185; *Tiedemann,* Wirtschaftsstrafrecht, Rn. 649.
Ein Erfolgsdelikt setzt den Eintritt eines von der Tathandlung abgrenzbaren und sichtbaren Außenwelterfolgs tatbestandlich voraus (z. B. Mord, § 211 StGB; Betrug, § 263 StGB), während Tätigkeitsdelikte demgegenüber den Tatbestand durch ein reines Tätigwerden erfüllen (z. B. Meineid, § 154 StGB), vgl. *Wessels/Beulke,* Strafrecht, Allgemeiner Teil, Rn. 37 ff.

85 Siehe zu den Taterfolgen ausführlich 30 ff.

Umstritten ist, ob es sich bei den beiden Unterlassungsvarianten, § 370 Abs. 1 Nr. 2, 3 AO, um echte oder unechte Unterlassungsdelikte handelt. Die Entscheidung hängt davon ab, nach welchen Kriterien man die Abgrenzung von echten und unechten Unterlassungsdelikten vornimmt.[86] Ob die Frage im Rahmen der vorliegenden Arbeit einer Entscheidung bedarf, klärt sich erst, wenn feststeht, ob die Unterscheidung zwischen echten und unechten Unterlassungsdelikten für die Abgrenzung des Versuchs von der Vorbereitung und den dort vertretenen Theorien relevant ist. Dies wird im weiteren Verlauf der Untersuchung zu klären sein.[87]

Ebenfalls umstritten ist, ob die Steuerhinterziehung ein Verletzungs-[88] oder ein Gefährdungsdelikt[89] darstellt. Insbesondere *Hellmann* und *Beckemper* sehen in § 370 AO ein Verletzungsdelikt, da die beiden Taterfolge ihrer Ansicht nach notwendigerweise eine Beeinträchtigung des staatlichen Vermögens in-

86 *Roxin*, Strafrecht, Allgmeiner Teil II, § 31, Rn. 16 ff.*Roxin*, Strafrecht, Allgmeiner Teil II, S. § 31, Rn. 16 ff.; *Hellmann*, in: H/H/Sp, § 370, Rn. 92; *Hellmann*, in: H/H/Sp, § 370, Rn. 92; *Hellmann*, in: H/H/Sp, § 370 AO, Rn. 92; *Wulf*, wistra 2003, 89; zum Streitstand *Roxin*, Strafrecht, Allgmeiner Teil II, § 31, Rn. 16 ff.

87 Siehe hierzu 74 ff.

88 Bei einem Verletzungsdelikt ist der Eintritt einer Schädigung des geschützten Objekts Voraussetzung, wie z. B. der Tod einer anderen Person beim Mord gemäß § 211 StGB oder dem Vermögensschaden bei § 263 StGB. Es ist grundsätzlich eine reale Werteinbuße notwendig, *Wessels/Beulke*, Strafrecht, Allgemeiner Teil, Rn. 40a.

89 Ein Gefährdungsdelikt liegt vor, wenn schon die Herbeiführung einer Gefahr für das geschützte Rechtsgut ausreichend ist, *Wessels/Beulke*, Strafrecht, Allgemeiner Teil, Rn. 41. Das Gesetz unterscheidet hierbei zwischen abstrakten und konkreten Gefährdungsdelikten. Den konkreten Gefährdungsdelikten liegt die Vermutung zugrunde, dass ein regelwidriges Verhalten für das Schutzobjekt gefährlich sein kann, aber erst strafwürdig ist, wenn es zu einer konkreten Gefährdung für dieses Schutzgut kommt. Eine konkrete Gefährdung ist dann anzunehmen, wenn es nur noch vom Zufall abhängt, ob die Gefahr sich verwirklicht oder nicht, *Rengier*, Strafrecht, Allgemeiner Teil, § 10, Rn. 10. Es handelt sich hierbei grundsätzlich um Erfolgsdelikte, aber eben nicht um Verletzungsdelikte, da eine Schädigung für die Strafbarkeit keine Voraussetzung darstellt. Beispielhaft sind für diese Gruppe der Tatbestand der Straßenverkehrsgefährdung (§ 315c StGB) und die Aussetzung (§ 221 StGB) zu nennen. Den abstrakten Gefährdungsdelikten liegt die gesetzliche Annahme zugrunde, dass diese Verhaltensweisen für einige Rechtsgüter generell gefährlich sind, *Wessels/Beulke*, Strafrecht, Allgemeiner Teil, Rn. 43. Im Gegensatz zu den konkreten Gefährdungsdelikten ist der Eintritt einer Gefahr keine Tatbestandsvoraussetzung, *Rengier*, Strafrecht, Allgemeiner Teil, § 10, Rn. 11.

tendieren.[90] Dem stehe auch nicht das in § 370 Abs. 4 S. 3 AO enthaltene Kompensationsverbot entgegen.[91] Der Steueranspruch und damit das Vermögen des Staates könnten bereits dann verringert sein, wenn die festgesetzte Steuer summenmäßig über dem materiellen Steueranspruch liege oder diesem entspreche. Die gegenteilige Annahme verkenne den Zweck des Kompensationsverbots. Es solle hierdurch keine Ausnahme von dem Grundsatz normiert werden, dass ein Schaden aufgrund einer Gesamtbetrachtung ermittelt werden muss.[92] Greift das Kompensationsverbot, so bleibe der Schaden des Staats, trotz des Anspruchs des Steuerpflichtigen auf Steuerrückzahlung wegen des Verschweigens steuerermäßigender Gründe, bestehen. Der Steuerpflichtige habe nämlich, auch wenn er die steuerermäßigenden Gründe erst später vortrage, gemäß § 173 Abs. 1 Nr. 2 AO einen Anspruch auf Abänderung bzw. Aufhebung des Bescheids.[93] Zudem stehe die Formulierung in § 370 Abs. 4 S. 1 AO, wonach Steuern dann verkürzt sind, wenn sie nicht, nicht rechtzeitig oder nicht in voller Höhe festgesetzt werden, der Annahme eines Verletzungsdelikts nicht entgegen.[94] Eine endgültige Beeinträchtigung des geschützten Rechtsguts sei bei der Steuerhinterziehung ebenso wenig zu fordern wie bei den anderen Vermögensdelikten des allgemeinen Strafrechts. Zum Vergleich ziehen *Hellmann* und *Beckemper*, als Vermögensdelikt des allgemeinen Teils, den Betrug gemäß § 263 StGB heran. Beim Betrug, welcher als Verletzungsdelikt allgemein anerkannt sei, entspreche es der herrschenden Ansicht, dass eine hinreichend konkrete Vermögensgefährdung im Sinne einer schadensgleichen Vermögensgefährdung für die Annahme eines Schadens ausreiche. Gerade die Situation beim Betrug, bei welcher schon bei der Eingehung einer Verbindlichkeit ein solcher Schaden angenommen werden könne, sei vergleichbar mit der Steuerfestsetzung, da durch diese die Leistungspflichten festgelegt werden.[95]

Die ganz herrschende Ansicht in Rechtsprechung und Literatur, der ich mich anschließe, sieht in den beiden Varianten des § 370 AO dagegen Gefährdungs-

---

90 *Beckemper*, NStZ 2002, 518, 520; *Hellmann*, in: H/H/Sp, § 370 AO, Rn. 57 ff.

91 *Beckemper*, NStZ 2002, 518, 520; *Hellmann*, in: H/H/Sp, § 370 AO, Rn. 63; siehe zum Kompensationsverbot 23 ff.

92 *Beckemper*, NStZ 2002, 518, 520.

93 *Hellmann*, in: H/H/Sp, § 370 AO, Rn. 63.

94 *Beckemper*, NStZ 2002, 518, 520; *Hellmann*, in: H/H/Sp, § 370 AO, Rn. 58 ff.

95 *Beckemper*, NStZ 2002, 518, 520.

delikte.[96] Das wird vornehmlich mit zwei Argumenten begründet. Zum einen wird auf das Kompensationsverbot gemäß § 370 Abs. 4 S. 3 AO verwiesen, wonach eine vollendete Steuerhinterziehung selbst dann anzunehmen ist, wenn der Steuerschuldner bei ordnungsgemäßer Steuererklärung eine Steuererstattung bekommen hätte.[97] Zum anderen wird auf § 370 Abs. 4 S. 1 AO verwiesen, der besagt, dass für eine vollendete Steuerverkürzung schon die nicht rechtzeitige oder zu niedrige Festsetzung ausreicht. Der Argumentation von *Hellmann* und *Beckemper* kann nicht gefolgt werden, da sie zumindest teilweise auf einer Verwechslung von Rechtsgut (Vermögen des Fiskus) und Tatobjekt (Steueranspruch) bzw. Taterfolg und Rechtsgutsverletzung beruht.[98] Aus der Formulierung des § 370 Abs. 4 S. 1 AO ergibt sich eindeutig, dass die Verletzung des Rechtsguts eben nicht Voraussetzung für den Taterfolg der Steuerhinterziehung ist.[99] Mit dem Abstellen auf die Festsetzung kommt es nicht darauf an, ob der Steuerschuldner überhaupt in der Lage ist die geschuldeten Steuern zu zahlen, ob die Festsetzung später wieder berichtigt wird oder ob sie bereits fällig ist.[100] § 370 Abs. 4 S. 1 AO regelt damit, dass der Taterfolg schon vor dem möglichen Erfüllungszeitpunkt eintritt, obwohl das Rechtsgut in diesem Moment noch gar nicht tatsächlich beeinträchtigt ist.[101] Diese Ansicht wird dadurch bestätigt, dass § 370 Abs. 4 S. 1 AO vorgibt, dass eine Verkürzung bereits dann eintritt, wenn die Steuer unter Vorbehalt der Nachprüfung oder nur vorläufig festgesetzt wird.[102] In beiden Fällen werden allein vorläufige Regelungen geschaffen, so dass die Annahme eines Verletzungsdelikts aus-

---

96 BGH, NStZ-RR 2009, 344, 346 f.; BGH, NJW 2013, 1750, 1751 f.; *Dumke/Webel*, in: Schwarz, § 370 AO, Rn. 7a; *Flore*, in: Flore/Tsambikakis, 370 AO, Rn. 236, 476; *Hardtke*, Steuerhinterziehung durch verdeckte Gewinnausschüttung, S. 127; *Joecks*, in: F/G/J, § 370, Rn. 15, 48, 104; *Jäger*, in: Klein, § 370, Rn. 85; *Kuhlen*, Grundfragen der strafbaren Steuerhinterziehung, S. 41; *Patzelt*, Ungerechtfertigte Steuervorteile und Verlustabzug im Steuerstrafrecht, S. 100 f.; *Rolletschke*, Steuerstrafrecht, Rn. 10 f.; *Schuster*, JZ 2015, 27, 28, 30; *Schmitz/Wulf*, in: MüKo-StGB, § 370 AO, Rn. 11 f., 83, 143 f., die allerdings für den Fall, dass ein Steuervorteil außerhalb des Festsetzungsverfahrens erlangt wird, ausnahmsweise doch von einem Verletzungsdelikt ausgehen.

97 BGH, NStZ 1991, 89; *Patzelt*, Ungerechtfertigte Steuervorteile und Verlustabzug im Steuerstrafrecht, S. 99; *Schmitz/Wulf*, in: MüKo-StGB, § 370 AO, Rn. 11.

98 *Schmitz/Wulf*, in: MüKo-StGB, § 370 AO, Rn. 12.

99 So auch BGH, NJW 2013, 1750, 1752.

100 BGH, NStZ-RR 2009, 344, 346; *Jäger*, in: Klein, § 370, Rn. 85; *Ransiek*, in: Kohlmann, § 370, Rn. 57 f.

101 *Jäger*, in: Klein, § 370, Rn. 85; *Ransiek*, in: Kohlmann, § 370, Rn. 57 f.

102 So auch *Ransiek*, in: Kohlmann, § 370, Rn. 58.

scheidet.[103] Dies gilt selbst dann, wenn man den Begriff der schadensgleichen Vermögensgefährdung, wie *Hellmann* und *Beckemper* es wollen, auf die Steuerhinterziehung überträgt. Aufgrund der Vorläufigkeit der Regelungen liegt keine Gefährdungslage vor, die, wie bei der schadensgleichen Vermögensgefährdung verlangt, bei wirtschaftlicher Betrachtung zu einer gegenwärtigen Minderung der Vermögenslage führt.[104] Schließlich ist fraglich, ob es überhaupt sinnvoll ist, den Fall der schadensgleichen Vermögensgefährdung auf die Steuerhinterziehung zu übertragen.[105] Während beim Betrug nach dem Gesetzeswortlaut ein Vermögensschaden verlangt wird und es offen bleibt, wann dieser genau vorliegen soll, besagt § 370 Abs. 4 S. 1 AO, zumindest bei der Umschreibung der Steuerverkürzung, genau wann die Vollendung eintreten soll, nämlich im Zeitpunkt der Festsetzung.[106] Es ist somit davon auszugehen, dass die Steuerhinterziehung ein Gefährdungsdelikt ist.

Insbesondere wegen der Einstufung der Steuerhinterziehung als Erfolgsdelikt, muss die Tathandlung grundsätzlich eine konkrete und nicht nur eine abstrakte Gefährdung für das Rechtsgut auslösen.[107]

## IV. Die Taterfolge der Steuerhinterziehung

Da es sich bei § 370 AO, wie soeben festgestellt, um ein Erfolgsdelikt handelt, kommt eine Strafbarkeit wegen Versuchs nicht mehr in Betracht, wenn einer der Taterfolge des § 370 AO eingetreten ist. § 370 Abs. 4 AO benennt als mögliche Taterfolge zum einen die Steuerverkürzung und zum anderen die Erlangung eines ungerechtfertigten Steuervorteils, wobei die erste Alternative die höhere Praxisrelevanz besitzt.[108]

---

103 So auch *Ransiek,* in: Kohlmann, § 370, Rn. 58.

104 BGHSt 44, 376, 384; BGHSt 48, 354, 357.

105 Kritisch auch *Ransiek,* in: Kohlmann, § 370, Rn. 58.

106 Vgl. *Ransiek,* in: Kohlmann, § 370, Rn. 58.

107 Vgl. auch *Wittig,* ZIS 2011 (7), 660, 662; ebenfalls ein konkretes Gefährdungsdelikt annehmend BGH, NJW 2009, 1979, 1983; *Hardtke,* Steuerhinterziehung durch verdeckte Gewinnausschüttung, S. 127; *Joecks,* in: F/G/J, § 370 AO, Rn. 59, 146; *Patzelt,* Ungerechtfertigte Steuervorteile und Verlustabzug im Steuerstrafrecht, S. 100; *Rolletschke,* Steuerstrafrecht, Rn. 10 ff.; ein abstraktes Gefährdungsdelikt annehmend *Dumke/Webel,* in: Schwarz, § 370 AO, Rn. 7a; *Schmitz/Wulf,* in: MüKo-StGB, § 370 AO, Rn. 11 f., 83, 143 f. grundsätzlich von einem abstrakten Gefährdungsdelikt ausgehend, außer in den Fällen der Erlangung eines Steuervorteils im Festsetzungsverfahren; sich nicht eindeutig festlegend *Ransiek,* in: Kohlmann, § 370, Rn. 57 ff.

108 *Joecks,* in: F/G/J, § 370, Rn. 20; *Kürzinger,* in: Wannemacher, Rn. 191.

### 1. *Die Abgrenzungsproblematik bei den Taterfolgen*

Die Abgrenzung der beiden Taterfolge gestaltet sich aufgrund der wenig präzisen Vorgaben des § 370 AO als schwierig. Die Steuerverkürzung beschreibt der Gesetzgeber allein anhand von Beispielen. Gemäß § 370 Abs. 4 S. 1 Hs. 1 AO sind Steuern namentlich dann verkürzt, wenn sie nicht, nicht in voller Höhe oder nicht rechtzeitig festgesetzt werden. Dies gilt gemäß § 370 Abs. 4 S. 1 Hs. 2 AO auch dann, wenn die Steuer vorläufig oder unter Vorbehalt der Nachprüfung festgesetzt wird oder eine Steueranmeldung einer Steuerfestsetzung unter Vorbehalt der Nachprüfung gleichsteht. Die Beschreibung des Taterfolgs in der Form der Erlangung von ungerechtfertigten Steuervorteilen fällt kürzer aus. Gemäß § 370 Abs. 4 S. 2 AO sind Steuervorteile auch Steuervergütungen. Ungerechtfertigt erlangt sind sie, soweit sie zu Unrecht gewährt oder belassen werden.

Insbesondere *Ransiek* und *Müller* halten die Abgrenzung der beiden Taterfolge für nicht erforderlich. *Ransiek* begründet dies gerade für den Bereich der Abgrenzung von Versuch und Vollendung damit, dass für diese viel mehr die Betroffenheit des Rechtsguts entscheidend sei.[109] Das Rechtsgut sei aber für beide Taterfolge das Gleiche. *Müller* hält eine Unterscheidung im strafrechtlichen Bereich für entbehrlich, da sich die beiden Taterfolge im Strafmaß nicht unterscheiden.[110]

Diese Ansicht, die auf eine Unterscheidung der Taterfolge verzichten will, ist abzulehnen. Ein Tatbestand enthält Tatbestandsmerkmale um diesen zu konkretisieren und die Strafbarkeit festzulegen. Es ist nicht nachvollziehbar, warum bei der Steuerhinterziehung auf eine Definition verzichtet werden sollte.[111] So wird auch bei der Körperverletzung gemäß § 223 StGB nicht darauf verzichtet, festzustellen, ob es sich um eine körperliche Misshandlung oder um eine Gesundheitsschädigung handelt, obwohl auch hier das Strafmaß das Gleiche ist. Da der Gesetzgeber die beiden Taterfolge ausdrücklich differenziert und, wenn auch nicht ausreichend konkret, jeweils Beispiele für sie gibt, scheint er von einer unterschiedlichen Bedeutung der beiden Varianten auszugehen und eine Abgrenzung für erforderlich zu halten.[112]

Andere Teile in der Literatur schlagen eine materielle Abgrenzung vor.[113] Danach gehört zum Taterfolg des Steuervorteils alles was über eine normale Besteue-

---

109 *Ransiek/Schauf*, in: Kohlmann, § 370, Rn. 372.

110 *Müller*, DStZ 2001, 613, 614.

111 Ebenso *Hellmann*, in: H/H/Sp, § 370 AO, Rn. 119.

112 Ebenso BGH, NJW 2013, 1750, 1751.

113 *Terstegen*, Steuer-Strafrecht, S. 103; *Troeger/Meyer*, Steuerstrafrecht, S. 51.

rung hinausgeht.[114] Zur normalen Besteuerung rechnet dieser Ansatz allein die Festsetzung und Erhebung die aufgrund der allgemeinen gesetzlichen Besteuerungsregelungen erfolgt. Diese Art der Abgrenzung wird von der absolut überwiegenden Literatur richtigerweise als unmöglich erachtet.[115] Eine Unterscheidung nach der „normalen" Steuerverkürzung und des „besonderen" Steuervorteils erscheint in Anbetracht der unterschiedlichen Ausgestaltungen des Steuerrechts und der stark differenzierenden Steuergesetze nicht möglich.[116] Das Steuerrecht baut insofern nicht auf dem Regel-Ausnahme-Prinzip auf.[117]

Die überwiegende Ansicht in der Literatur will die Abgrenzung anhand der Stadien vornehmen, in welchen sich das Steuerverfahren bei der Bewirkung der Steuervergünstigung befindet bzw. bei Erfüllung der steuerlichen Pflichten befinden würde.[118] Hierfür spreche zum einen der Umstand, dass der Gesetzgeber die Beispiele für die Steuerverkürzung alle im Festsetzungsverfahren angesiedelt habe.[119] Zum anderen spreche für diese Aufteilung, dass nach § 370 Abs. 4 S. 2 AO Steuervergütungen Steuervorteile darstellen. Hierunter fallen in der Regel die Fälle in denen eine Auszahlung an denjenigen stattfindet, der die Steuer wirtschaftlich getragen hat, ohne selbst der Schuldner zu sein.[120] Damit nenne der Gesetzgeber als Beispiel für einen Steuervorteil eine Vergünstigung, die grundsätzlich außerhalb des Festsetzungsverfahrens stattfinde.[121] Nach dieser Ansicht kann im Festsetzungsverfahren nur eine Steuerverkürzung vorliegen, während in den Stadien außerhalb des Festsetzungsverfahrens allein ein Steuervorteil angenommen werden könne.[122]

---

114 *Terstegen*, Steuer-Strafrecht, S. 103.

115 *Hellmann*, in: H/H/Sp, § 370 AO, Rn. 120; *Joecks*, in: F/G/J, § 370 AO, Rn. 138; *Patzelt*, Ungerechtfertigte Steuervorteile und Verlustabzug im Steuerstrafrecht, S. 84; *Schillhorn*, Hinterziehung von Körperschaftsteuer, S. 113; *Schmitz/Wulf*, in: MüKo-StGB, § 370 AO, Rn. 76.

116 *Joecks*, in: F/G/J, § 370 AO, Rn. 138; *Schmitz/Wulf*, in: MüKo-StGB, § 370 AO, Rn. 76.

117 *Patzelt*, Ungerechtfertigte Steuervorteile und Verlustabzug im Steuerstrafrecht, S. 84; *Schillhorn*, Hinterziehung von Körperschaftsteuer, S. 113.

118 *Blesinger*, in: Kühn/v. Wedelstädt, § 370 AO, Rn. 41; Gußen, Peter J. G., Praxiswissen Steuerstrafrecht, Rn. 96; *Hellmann*, in: H/H/Sp, § 370 AO, Rn. 120; *Rolletschke*, Steuerstrafrecht, Rn. 88 ff.; wohl auch *Dumke/Webel*, in: Schwarz, § 370 AO, Rn. 79, 85a, 86, 103; *Kürzinger*, in: Wannemacher, Rn. 195, 360.

119 *Hellmann*, in: H/H/Sp, § 370 AO, Rn. 120.

120 *Hellmann*, in: H/H/Sp, § 370 AO, Rn. 120; *Schmitz/Wulf*, in: MüKo-StGB, § 370 AO, Rn. 134.

121 *Hellmann*, in: H/H/Sp, § 370 AO, Rn. 120.

122 *Blesinger*, in: Kühn/v. Wedelstädt, § 370 AO, Rn. 41, 45.

*Dumke* und *Webel* kommen auf einem anderen Wege zum selben Ergebnis.[123] Sie gehen für die Abgrenzung davon aus, dass die Steuerhinterziehung eine spezialisierte Form des Betrugs darstelle. An die Stelle des dortigen Taterfolgs „Vermögensvorteil" trete bei der Steuerhinterziehung der des „Steuervorteils". Diese Sicht könne nur dazu führen, dass man den ungerechtfertigten Steuervorteil als den Oberbegriff und die Steuerverkürzung lediglich als einen speziellen Steuervorteil verstehen könne, der durch eine unterbliebene, verspätete oder unrichtige Steuerfestsetzung entstehe.[124]

Der Bundesgerichtshof geht seit seinem in der Literatur viel diskutiertem Urteil aus dem Jahre 2008 davon aus, dass ein Steuervorteil ein „Vorteil spezifisch steuerlicher Art [sei], der auf dem Tätigwerden der Finanzbehörde beruht"[125]. Diese Ansicht hat er in einem späteren Urteil bestätigt und dahingehend ergänzt, dass der erlangte Vorteil „eine hinreichend konkrete Gefährdung des Steueranspruchs"[126] begründen müsse. In diesen Urteilen ging es jeweils um die Frage, ob ein unrichtiger Feststellungsbescheid, der zu keiner Steuerverkürzung führe, einen Steuervorteil darstellen könne.[127] Dies hat der Bundesgerichtshof in beiden Urteilen bejaht.[128]

Ein Teil der Literatur hält diese Rechtsprechung mit dem Ansatz, sich zur Abgrenzung der beiden Taterfolgsalternativen an den Stadien im Steuerverfahren zu orientieren, für vereinbar.[129] Die Definition des Steuervorteils seitens des Bundesgerichtshofs erfasse auch die Steuerverkürzung.[130] Um dieser dennoch einen eigenen Bereich zu eröffnen, geht *Rolletschke*, wie *Dumke* und *Webel*, davon aus, dass der ungerechtfertigte Steuervorteil die Grundform und die Steuerverkürzung einen speziellen Steuervorteil darstelle, der durch eine unterbliebene, verspätete oder unrichtige Steuerfestsetzung entstehe. Zudem gehöre das Feststellungsverfahren nicht zum Festsetzungsverfahren in engerer Hinsicht, so dass damit der durch einen Feststellungsbescheid erlangte Steuervorteil außerhalb des

123 *Dumke/Webel*, in: Schwarz, § 370 AO, Rn. 79.

124 *Dumke/Webel*, in: Schwarz, § 370 AO, Rn. 79.

125 BGH, NStZ-RR 2009, 344, 346.

126 BGH, HRRS 2011, Nr. 223, Rn. 103.

127 BGH, NStZ-RR 2009, 344 ff.; BGH, HRRS 2011, Nr. 223.

128 BGH, NStZ-RR 2009, 344, 346 f.; BGH, HRRS 2011, Nr. 223, Rn. 103; nachfolgende diese Rechtsprechung bestätigende Entscheidung: BGH, NJW 2013, 1750, ff. Auf die Abgrenzung des Versuchs zu den anderen Verwirklichungsstadien in diesen Fällen wird später auf 105 ff. eingegangen.

129 *Rolletschke*, Steuerstrafrecht, Rn. 88b f.

130 *Rolletschke*, Steuerstrafrecht, Rn. 88b.

Festsetzungsverfahrens liege.[131] Er räumt aber gleichfalls ein, dass die stringente Abgrenzung anhand der Verfahrensstufen dadurch aufgeweicht werde.[132] Andere teilen diese Ansicht nicht und sehen auch das Feststellungsverfahren als Teil des Festsetzungsverfahrens.[133]

Die Abgrenzung anhand der Verfahrensstufen ist zwar griffig, vermag aber nicht ganz zu überzeugen, da der Gesetzgeber mit der Wendung „namentlich" deutlich gemacht hat, dass es sich allein um Beispiele handelt. Er scheint somit zwar davon auszugehen, dass es vornehmlich im Festsetzungsverfahren zur Steuerverkürzung kommt, schließt aber eine solche in anderen Verfahrensabschnitten nicht ausdrücklich aus. Auch die von *Rolletschke* vorgenommene Aufhebung der strengen Trennung der steuerlichen Verfahrensstadien, ändert hieran nichts. Zum einen führt dies, wie er selbst zugibt, zu einer Aufweichung der Abgrenzungskriterien. Zum anderen schließt diese Ansicht weiterhin aus, dass es in den anderen Verfahrensstadien zu einer Steuerverkürzung kommen kann.

Nach alledem scheint keiner der Abgrenzungsansätze zu befriedigenden Lösungen zu führen. Eine Differenzierung der beiden Tatbestandserfolge ist aber notwendig. Davon geht auch der Bundesgerichtshof aus, der aber zugleich eingesteht, dass noch nicht alle Einzelheiten der Abgrenzung der beiden Taterfolge voneinander geklärt sind.[134] Der Ansatz des Bundesgerichtshofs die Abgrenzung über eine Definition des Steuervorteils vorzunehmen erscheint am überzeugendsten. Die von ihm genannte Definition ist, allein gesehen, allerdings für die Abgrenzung noch zu unbestimmt. In Kombination mit den folgenden Annahmen bezüglich eines Steuervorteils, über welche Einigkeit zu bestehen scheint, kann die Definition aber zumindest präzisiert werden.

### *2. Die Erlangung eines Steuervorteils (§ 370 Abs. 4 S. 2 AO)*

Einig sind sich die Literatur und die Rechtsprechung schon seit langem darüber, dass es sich bei dem Steuervorteil, ausgehend vom Wortlaut des § 370 Abs. 1 AO, um einen Vorteil aus dem Bereich des Steuerrechts, also wie der Bundesgerichtshof sagt, um einen „Vorteil spezifisch steuerlicher Art" handelt.[135] Da aber auch

---

131 *Rolletschke*, Steuerstrafrecht, Rn. 88b.

132 *Rolletschke*, Steuerstrafrecht, Rn. 89.

133 *Hellmann*, in: H/H/Sp, § 370 AO, Rn. 168a, 299 f.; *Schmitz/Wulf*, in: MüKo-StGB, § 370 AO, Rn. 79.

134 BGH, NJW 2013, 1750, 1751; ebenso *Kürzinger*, in: Wannemacher, Rn. 194.

135 BGH, NStZ-RR 2009, 344, 346; BGH, HRRS 2011, Nr. 223, Rn. 103; *Hellmann*, in: H/H/Sp, § 370 AO, Rn. 172; *Joecks*, in: F/G/J, § 370 AO, Rn. 125; *Kürzinger*, in: Wannemacher, Rn. 358.

die Steuerverkürzung zu einem steuerlichen Vorteil führt, der ebenfalls aus dem Bereich des Steuerrechts stammen muss, eignet sich dieses Kriterium nicht allein zur Bestimmung des Steuervorteils und damit zur Abgrenzung von der Steuerverkürzung.

Dem Gesetz lässt sich entnehmen, dass der Steuervorteil auf einem Verhalten, einem Gewähren oder Belassen der Finanzbehörde beruhen muss. Der Gewährung eines Steuervorteils wird zumeist ein Verwaltungsakt zugrunde liegen.[136] Bei der Belassung eines Steuervorteils nimmt die Finanzbehörde dagegen von einer Regelung stillschweigend oder ausdrücklich Abstand.[137] Die Finanzbehörde muss hierbei nicht unbedingt eine bewusste Entscheidung über die Verfügung treffen.[138] Danach ist der Erlass eines Verwaltungsakts keine Voraussetzung für die Erlangung eines Steuervorteils.[139] Einigkeit scheint auch darüber zu bestehen, dass der Steuervorteil keinen Antrag des Täters voraussetzt.[140]

Letztendlich muss noch hinzukommen, dass der Steuervorteil sich weder aus einer zu niedrigen, nicht rechtzeitigen oder einer unterbliebenen Festsetzung ergibt.[141] Dieser Umkehrschluss ist schon dem Gesetz zu entnehmen.

## V. Tatgegenstand der Steuerhinterziehung

Gegenstand von § 370 AO sind nach dem Wortlaut Steuern im Sinne der Abgabenordnung. Gemäß § 1 Abs. 1 AO gilt die Abgabenordnung für alle Steuern einschließlich der Steuervergütungen, die durch Bundesrecht oder Recht der Europäischen Union geregelt sind, soweit sie durch Bundesfinanzbehörden oder durch Landesfinanzbehörden verwaltet werden. Dies bedeutet, dass nach dem eindeutigen Wortlaut ausländische Steuern, ebenso wie landesgesetzlich geregelte Steuern, zunächst einmal nicht von der Abgabenordnung und somit auch nicht von § 370 AO erfasst werden. Auf die Ausnahmen wird gleich noch eingegangen.

Der Begriff der Steuer ist in § 3 Abs. 1 AO definiert. Danach sind Steuern Geldleistungen, die nicht eine Gegenleistung für eine besondere Leistung darstellen und von einem öffentlich-rechtlichen Gemeinwesen zur Erzielung von Einnahmen allen auferlegt werden, bei denen der Tatbestand zutrifft, an den das

---

136 *Dumke/Webel*, in: Schwarz, § 370 AO, Rn. 104; Klein, § 370, Rn. 121.

137 *Dumke/Webel*, in: Schwarz, § 370 AO, Rn. 104.

138 *Dumke/Webel*, in: Schwarz, § 370 AO, Rn. 104; *Hellmann*, in: H/H/Sp, § 370 AO, Rn. 182.

139 *Jäger*, in: Klein, § 370, Rn. 121

140 *Joecks*, in: F/G/J, § 370 AO, Rn. 139; *Müller*, DStZ 2001, 613, 614.

141 *Patzelt*, Ungerechtfertigte Steuervorteile und Verlustabzug im Steuerstrafrecht, S. 85 f., 90.

Gesetz die Leistungspflicht knüpft. Von dieser Definition werden ebenfalls Steuerzuschläge wie der Solidaritätszuschlag und gemäß § 3 Abs. 3 AO die Einfuhr- und Ausfuhrabgaben gemäß Art. 5 Nr. 20, 21 UZK (Art. 4 Nr. 10, 11 ZK) erfasst.[142] Ebenfalls hierunter fällt die Umsatzsteuer, die ein Rechnungssteller unberechtigt ausgewiesen hat, obwohl er zum gesonderten Ausweis der Steuer nicht berechtigt war (§ 14c Abs. 2 UStG).[143]

§ 370 Abs. 6 AO erweitert den Gegenstand der Steuerhinterziehung auf bestimmte ausländische Steuern. Danach sind auch Ein- und Ausfuhrabgaben erfasst, die von einem anderen Mitgliedstaat der Europäischen Union verwaltet werden oder die einem Mitgliedstaat der Europäischen Freihandelsassoziation oder einem mit diesen assoziierten Staaten zustehen. Ebenfalls erfasst werden Umsatzsteuern und harmonisierte Verbrauchsteuern für bestimmte Waren, die von einem anderen Mitgliedstaat der Europäischen Union verwaltet werden.

## VI. Differenzierung zwischen Fälligkeits- bzw. Anmeldungssteuern und Veranlagungssteuern bei der Steuerhinterziehung

Gerade im Rahmen der Abgrenzung des Versuchs von der Vorbereitung und der Vollendung wird bei der Steuerhinterziehung grundsätzlich zwischen Veranlagungs- und Anmeldungs-/Fälligkeitssteuern unterschieden.[144] Der Begriff der Fälligkeitssteuer wird hierbei oft stellvertretend für die Anmeldungssteuern verwendet, die zugleich Fälligkeitssteuern sind.[145] Allerdings sind nicht alle Fälligkeitssteuern Anmeldungssteuern, sondern es gibt auch „reine Fälligkeitssteuern“. Es ist somit präziser bei den Steuern, die mittels einer Steueranmeldung anzumelden sind, den Begriff der Anmeldungssteuern zu verwenden.

Die Unterscheidung zwischen Anmeldungs- und Veranlagungssteuern ist insofern sinnvoll, als dass diese „Steuerarten“ – worauf sogleich noch eingegangen wird – unterschiedliche Veranlagungsverfahren und Mitwirkungspflichten des Steuerpflichtigen haben. Hierdurch ergeben sich Unterschiede im Bereich der Abgrenzung des Versuchs zur Vollendung und zur Vorbereitung. Allerdings muss

---

142 Gußen, Peter J. G., Praxiswissen Steuerstrafrecht, Rn. 71; *Rolletschke,* in: G/J/W, § 370 AO, Rn. 83, der aber darauf hinweist, dass diese regelmäßig bei der Verkürzungsberechnung in der Strafrechtspraxis unberücksichtigt bleiben; *Kürzinger,* in: Wannemacher, Rn. 196.

143 *Rolletschke,* in: G/J/W, § 370 AO, Rn. 89.

144 BGH, wistra 2012, 484, 485; *Höser*, Vorbereitungshandlung und Versuch im Steuerstrafrecht, S. 17 ff.; *Jäger,* in: Klein, § 370. Rn. 85; *Meine*, GA 1978, 321, 322; *Rolletschke*, Steuerstrafrecht, Rn. 60.

145 Vgl. *Rolletschke*, Steuerstrafrecht, Rn. 70.

diese Unterscheidung nicht strikt durchgehalten werden, da es auch – wie im zweiten Teil der Arbeit noch aufgezeigt wird – Fallgruppen gibt, welche sowohl für Veranlagungs- als auch für Anmeldungssteuern gelten.[146]

### *1. Veranlagungssteuern*

Zu den praktisch relevantesten Veranlagungssteuern zählen z. B. Einkommens-, Körperschafts- und Gewerbesteuer. Bei diesen Steuern erfolgt die Festsetzung bzw. Veranlagung durch einen schriftlichen und mit einer Rechtsbehelfsbelehrung versehenen Steuerbescheid der Finanzbehörde gemäß §§ 155, 157 AO, der dem Steuerpflichtigen gemäß § 122 AO bekanntzugeben ist.[147] Zuvor hat der Steuerpflichtige oder ein anderer Steuererklärungspflichtiger, wie der Arbeitgeber gemäß § 41a Abs. 1 Nr. 1 EStG, eine Steuererklärung, grundsätzlich nach amtlich vorgeschriebenem Datensatz durch Datenfernübertragung[148], an die Finanzbehörde zu übermitteln, da erst die Steuererklärung der Finanzbehörde die Festsetzungsgrundlagen liefert. Mit der förmlichen Festsetzung der Veranlagungssteuer durch die Finanzbehörde wird diese grundsätzlich gemäß § 220 Abs. 2 S. 2 AO fällig.[149]

### *2. Fälligkeits- bzw. Anmeldungssteuern*

Fälligkeitssteuern sind Steuern deren Fälligkeit grundsätzlich keiner Festsetzung und damit keines Steuerbescheids seitens der Finanzbehörden bedarf.[150] Zum einen gibt es, wie bereits erwähnt, die reinen Fälligkeitssteuern und zum anderen die Anmeldungssteuern, bei denen der Steuerpflichtige die Steuern selbst zu berechnen hat.

#### *a) Anmeldungssteuern*

Das Anmeldungsverfahren kommt gemäß § 150 Abs. 1 S. 3 AO nur zur Anwendung, soweit es gesetzlich vorgeschrieben ist.[151] Zu den praktisch relevantesten Anmel-

---

146 Vgl. 91 ff.

147 *Cöster,* in: Koenig-AO, § 157, Rn. 1 ff.; *Rüsken*, in: Klein, § 157, Rn. 1 ff.

148 Vgl. z. B. § 31 Abs. 1a, S. 1KStG, wobei die Finanzbehörde gemäß § 31 Abs. 1a S. 2 KStG auf Antrag, zur Vermeidung unbilliger Härten, auf eine elektronische Übermittlung verzichten kann. In diesem Fall sind die Erklärungen nach amtlich vorgeschriebenem Vordruck abzugeben und vom gesetzlichen Vertreter des Steuerpflichtigen eigenhändig zu unterschreiben.

149 *Rüsken,* in: Klein, § 220, Rn. 5 mit Hinweisen auf Ausnahmen von diesem Grundsatz.

150 *Kürzinger,* in: Wannemacher, Rn. 216.

151 So z. B. § 41a Abs. 1 EStG für die Lohnsteuer und § 18 Abs. 1 S. 1, Abs. 3 S. 1 UStG für die Umsatzsteuer.

dungssteuern gehören die Umsatzsteuer, die Kapitalertragssteuer und die Lohnsteuer. Der Steuerpflichtige muss hier ebenfalls eine Steuererklärung, die sogenannte Steueranmeldung, beim zuständigen Finanzamt gemäß §§ 150 Abs. 1 S. 3, 167 AO einreichen. Im Unterschied zu den Veranlagungssteuern muss die Steuer aber mittels eines Steuererklärungsvordrucks selbst berechnet und erst dann beim Finanzamt, in der Regel elektronisch, eingereicht werden.[152] Wann die Abgabe der Steueranmeldungen jeweils zu erfolgen hat, ist den einzelnen Steuergesetzen zu entnehmen. Die Anmeldung steht hierbei gemäß § 168 S. 1 AO einer Steuerfestsetzung unter Vorbehalt der Nachprüfung gemäß § 164 AO gleich, soweit sie nicht zu einer Herabsetzung der bisher zu entrichtenden Steuer oder zu einer Steuervergütung führt. Folgt die Finanzbehörde der Steueranmeldung, so bedarf es gemäß § 167 AO keiner Steuerfestsetzung durch Bescheid nach § 155 AO mehr. Die berechnete Steuer ist spätestens an den jeweiligen gesetzlich bestimmten Kalendertagen, ohne dass es einer Aufforderung seitens der Finanzbehörde bedarf, an diese abzuführen.[153]

Sollte die Anmeldung allerdings zu einer Herabsetzung oder einer Steuervergütung führen, so steht sie gemäß § 168 S. 2 AO erst dann einer Steuerfestsetzung unter Vorbehalt gleich, wenn die Finanzbehörde ihre Zustimmung gemäß § 124 Abs. 1 S. 1 AO bekanntgibt.[154] Die Zustimmung bedarf gemäß § 168 S. 3 AO keiner besonderen Form. Sie kann folglich z. B. mündlich, schriftlich oder aber auch durch Auszahlung der angemeldeten Vergütung oder Erstattung seitens der Finanzbehörde erfolgen.[155] Bei einer schriftlichen oder elektronischen Mitteilung der Zustimmung ist gemäß Nr. 4 S. 2 AEAO zu § 168 AO[156] grundsätzlich davon auszugehen, dass dem Steuerpflichtigen die Zustimmung am dritten Tag nach Aufgabe zur Post bzw. nach Absendung bekannt geworden ist. Die kassenmäßige Sollstellung eines Rotbetrags stellt dagegen keine Zustimmung nach § 168 S. 2 AO dar und darf dem Anmeldenden nicht mitgeteilt werden.[157] Die Zustimmung kann bei Steueranmel-

---

152 *Kemper,* in: Wannemacher, Steuerstrafrecht, 6. Aufl., Rn. 1109.So muss z. B. die Umsatzsteuervoranmeldung seit dem 01.01.2005 gemäß 18 Abs. 1 S. 1 UStG grundsätzlich nach amtlich vorgeschriebenem Datensatz durch Datenfernübertragung nach Maßgabe der Steuerdaten-Übermittlungsverordnung dem Finanzamt übermittelt werden. Das Finanzamt kann aber, auf Antrag, zur Vermeidung unbilliger Härten, auf diese Übermittlungsart verzichten, § 18 Abs. 1 S. 2 UStG.

153 Vgl. z. B. § 44 Abs. 1 S. 5 EStG, § 41a Abs. 1, S. 1 Nr. 2, § 18 Abs. 1 S. 3 UStG.

154 *Kürzinger,* in: Wannemacher, Rn. 229; *Ransiek,* in: Kohlmann, § 370, Rn. 409; *von Wedelstädt,* in: Kühn/v. Wedelstädt, § 168 AO, Rn. 3.

155 BFH, DStR 1996, 747; *Rolletschke*, Steuerstrafrecht, Rn. 132; *Seer,* in: Tipke/Kruse, § 168 AO, Rn. 5.

156 Anwendungserlass zur Abgabenordnung vom 31. Januar 2014, BStBl. I, 290.

157 Nr. 4 S. 1 AEAO zu § 168 AO.

dungen, die zu einem Mindersoll oder zu einer Steuervergütung führen gemäß Nr. 9 S. 1 AEAO zu § 168 AO, auch allgemein erteilt werden. Die Anmeldung steht in diesen Fällen ebenfalls erst mit der Bekanntgabe der Zustimmung einer Steuerfestsetzung unter Vorbehalt der Nachprüfung gleich.[158] Der Zahlungsanspruch entsteht im Falle des § 168 S. 2 AO mit der Bekanntgabe der Zustimmung.[159]

Eine Frist ist für die Zustimmung im Gesetz bewusst nicht vorgesehen.[160] Gemäß Nr. 10 S. 1 AEAO zu § 168 AO ist über die Zustimmung nur „alsbald" zu entscheiden. Offen bleibt, wann eine Entscheidung nicht mehr „alsbald" ergeht. Als Anhaltspunkt kann nach dem Bundesfinanzhof aber die Frist von sechs Monaten für die Erhebung einer Untätigkeitsklage gemäß § 46 Abs. 1 S. 2 FGO genommen werden.[161] Abhängig von den konkreten Umständen kann allerdings eine längere Frist gerechtfertigt sein.[162]

Die Finanzbehörde kann die Zustimmung auch ablehnen.[163] In diesem Fall stellt die erstmalige Anmeldung, die zu einer Steuervergütung führt, einen Antrag auf Steuerfestsetzung gemäß § 153 Abs. 1 S. 3 AO dar und die berichtigte Anmeldung, die zu einer Herabsetzung führt, einen Antrag auf Änderung der Festsetzung gemäß § 164 Abs. 2 S. 2 AO.[164] Die Finanzbehörde hat über diese Anträge zu entscheiden.

Bis zur Bekanntgabe der Zustimmung oder der Ablehnung seitens der Finanzbehörde besteht ein Schwebezustand.[165] Die Steueranmeldung ist in diesem Zeitraum als Antrag auf Steuerfestsetzung zu qualifizieren.[166]

### b) *Fälligkeitssteuern*

Die reinen Fälligkeitssteuern, wie z.B. die Tabaksteuer in einigen Fällen[167], entstehen weder durch Veranlagung seitens der Finanzbehörden noch durch eine Selbstveranlagung des Steuerschuldners.[168] Sie entstehen vielmehr durch tatsäch-

158 Nr. 9 S. 2 AEAO zu § 168 AO; *Frotscher,* in: Schwarz, § 168 AO, Rn. 23.

159 *von Wedelstädt,* in: Kühn/v. Wedelstädt, § 168 AO, Rn. 3.

160 BT-Drucks. VI/1982, 149 f.; *Seer,* in: Tipke/Kruse, § 168 AO, Rn. 7.

161 BFH, BFH/NV 2006, 473, 474.

162 BFH, BFH/NV 2006, 473, 474.

163 *von Wedelstädt,* in: Kühn/v. Wedelstädt, § 168 AO, Rn. 6.

164 *Cöster,* in: Koenig-AO, § 168, Rn. 20.

165 *von Wedelstädt,* in: Kühn/v. Wedelstädt, § 168 AO, Rn. 5.

166 *Seer,* in: Tipke/Kruse, § 168 AO, Rn. 5; *von Wedelstädt,* in: Kühn/v. Wedelstädt, § 168 AO, Rn. 5.

167 Vgl. zur Tabaksteuer als reine Fälligkeitssteuer195.

168 *Weidemann,* wistra 2012, 1, 2 ff.

liche Vorgänge, wie die Verdieselung von Heizöl, die Herstellung von Tabakwaren ohne Erlaubnis oder deren Entnahme aus einem Steuerlager. Sie werden gemäß § 220 Abs. 2 S. 1 AO sofort fällig.[169]

## VII. Vorbereitungshandlungen der Steuerhinterziehung als Ordnungswidrigkeiten

Bevor im weiteren Verlauf der Versuch der Steuerhinterziehung und damit auch die Fälle der straflosen Vorbereitungshandlungen untersucht werden, ist auf die §§ 379 bis 382 AO einzugehen. Bei ihnen handelt es sich um selbstständig normierte Vorbereitungshandlungen der Steuerhinterziehung.[170] Im Gegensatz zur als Straftatbestand normierten Steuerhinterziehung handelt es sich bei den §§ 379 bis 382, § 383a AO nur um als Gefährdungsdelikte ausgestaltete Bußgeldtatbestände.[171]

Zu nennen ist hier zunächst die Steuergefährdung gemäß § 379 AO, welche insbesondere im ersten Absatz solche Vorbereitungshandlungen erfasst.[172] Dort geregelt sind das vorsätzliche oder leichtfertige Ausstellen tatsächlich unrichtiger Belege sowie das Unrichtig- oder Nicht-Verbuchen oder Verbuchenlassen von verbuchungs- oder aufzeichnungspflichtigen Geschäftsvorfällen oder Betriebsvorgängen. Des Weiteren wird das In-den-Verkehr-Bringen von Belegen erfasst. Mit letzterem sind unter anderem die Fälle gemeint, in denen derjenige der z. B. seinen Tankbeleg nicht benötigt, diesen einem anderen gegen Zahlung eines Entgelts verschafft.[173] Der Käufer nutzt diesen Beleg für sich, indem er ihn steuermindernd einsetzt. Problematisch war vor der Neufassung des § 379 AO[174], dass der Verkäufer nicht verfolgt werden konnte, solange ihm in Bezug auf eine Steuerhinterziehung des Käufers kein Gehilfenvorsatz nachgewiesen werden konnte oder die Tat nicht die Voraussetzungen eines Urkundsdelikts gemäß § 267 StGB erfüllte.[175] Die im ersten Absatz genannten Handlungen müssen zudem geeignet sein, eine Steuerverkürzung oder die Erlangung nicht gerechtfertigter Steuervorteile zu ermöglichen. Die Absätze zwei und drei erfassen Verstöße gegen die Pflicht zur Kontenwahrheit (§ 154 Abs. 1 AO), gegen die Pflicht zur Mitteilung bestimmter Auslandsbeziehungen (§ 138 Abs. 2 AO), gegen die Pflicht zur Aufzeichnung

---

169 *Hilgers-Klautzsch*, in: Kohlmann, § 370, Rn. 1547; *Weidemann*, wistra 2012, 1, 2.

170 *Blesinger*, in: Kühn/v. Wedelstädt, § 370 AO, Rn. 1; *Dumke*, in: Schwarz, § 369 AO, Rn. 39; *Webel*, in: Schwarz, § 382 AO, Rn. 1.

171 *Blesinger*, in: Kühn/v. Wedelstädt, § 370 AO, Rn. 1.

172 *Möller/Retemeyer*, in: Bender/Möller/Retemeyer, B II, Rn. 151.

173 Vgl. *Blesinger*, in: Kühn/v. Wedelstädt, § 379 AO, Rn. 8a.

174 Vgl. hierzu BT-Drs. 15/5605.

175 BT-Drs. 15/5605; *Blesinger*, in: Kühn/v. Wedelstädt, § 379 AO, Rn. 8a.

des Warenausgangs (§ 144 AO) und Verstöße gegen Auflagen, die einem Verwaltungsakt für Zwecke der besonderen Steueraufsicht beigefügt worden sind.

Der in § 380 AO geregelte Tatbestand der Gefährdung der Abzugsteuern erfasst die Fälle, in denen der Täter seiner Verpflichtung Steuerbeträge einzubehalten und abzuführen nicht, nicht vollständig oder nicht rechtzeitig nachkommt. Die Fälle, in denen vorsätzlich oder leichtfertig bestimmten Vorschriften der Verbrauchsteuergesetze oder der dazu erlassenen Rechtsverordnungen (z. B. § 30 TabStG und § 33 TabStV) zuwidergehandelt wird, erfasst die Verbrauchsteuergefährdung gemäß § 381 AO.

Eine weitere Ordnungswidrigkeit, die Handlungen im Vorfeld von § 370 AO erfasst, stellt die Gefährdung der Einfuhr- und Ausfuhrabgaben gemäß § 382 AO dar. Geahndet werden danach Handlungen, die die Verkürzung von Einfuhr- oder Ausfuhrabgaben vorbereiten können, indem vorsätzlich oder fahrlässig Zollvorschriften, den dazu erlassenen Rechtsverordnungen oder Verordnungen des Rates oder der Kommission der EU zuwidergehandelt wird.

## B. Der Versuch im allgemeinen Strafrecht

### I. Grundsätzliches

Jede vorsätzliche Straftat durchläuft, wie in der Einleitung bereits angedeutet, verschiedene Verwirklichungsstufen.[176] Am Anfang steht der Entschluss zur Tat, der grundsätzlich noch nicht strafbar ist, solange er den internen Bereich nicht verlässt oder es bei einer bloßen Äußerung bleibt.[177]

Auf den Tatentschluss folgen die Vorbereitungshandlungen. Sie sind grundsätzlich weder strafbar noch ordnungswidrig, außer sie werden in einem selbstständigen Deliktstatbestand normiert. Grund für eine strafrechtliche Normierung von bestimmten Vorbereitungshandlungen ist die vom Gesetzgeber angenommene besondere Gefährlichkeit, die von ihnen ausgeht.[178] Als Beispiele können hier der Versuch der Beteiligung an einem Verbrechen (§ 30 StGB), die Vorbereitung der Fälschung von Geld und Wertzeichen (§ 149 StGB) sowie die Bußgeldtatbestände der Steuergefährdung (§ 379 AO i. V. m. § 377 Abs. 2 AO) und der Gefährdung der Abzugsteuern (§ 380 AO i. V. m. § 377 Abs. 2 AO) genannt werden.

Das nächste Stadium stellt der Versuch dar, der in den §§ 22 ff. StGB normiert ist. Auf diese Versuchsvorschriften wird teilweise auch in anderen Gesetzen, für

---

176 *Eser*, in: Schönke/Schröder, Vor §§ 22–24, Rn. 1; *Kühl*, in: Lackner/Kühl, Vor § 22, Rn. 1; *Zieschang*, Strafrecht AT, Rn. 444

177 *Hillenkamp*, in: Leipziger Kommentar, Vor § 22, Rn. 3.

178 Vgl. *Sternberg-Lieben*, in: Schönke/Schröder, 29. Aufl, § 149, Rn. 1.

Steuerstraftaten in § 369 Abs. 2 AO, verwiesen. Strafbar ist zunächst nur der Versuch eines Verbrechens, es sei denn, dass das Gesetz dies gemäß § 23 Abs. 1 StGB bei Vergehen, wie der Steuerhinterziehung, ausdrücklich vorsieht. Bei dem Versuch gemäß §§ 22 ff. StGB handelt es sich, anders als bei den strafbewehrten Vorbereitungshandlungen, um einen unselbstständigen Tatbestand, welcher immer auf ein konkretes Delikt zu beziehen ist.[179] Ohne diesen Bezug wäre der Versuch aus sich heraus nicht zu verstehen.[180] Der Versuch ist gekennzeichnet durch das Fehlen der Vollendung, dem vollständigen Entschluss eine bestimmte Straftat zu begehen und einem Verhalten, das über eine Vorbereitungshandlung hinausgeht und gemäß § 22 StGB als ein unmittelbares Ansetzen zur Tatbestandsverwirklichung gewertet werden kann.[181] Da der Versuch somit Vorsatz voraussetzt, ist der Versuch eines Fahrlässigkeitsdelikts nach geltendem Recht ausgeschlossen.

Die auf den Versuch folgende Stufe ist die der Vollendung. Sie ist unter anderem in § 11 Abs. 1 Nr. 6 StGB und in § 24 StGB erwähnt. Dieses Stadium ist erreicht, wenn der Täter alle subjektiven und objektiven Tatbestandsvoraussetzungen erfüllt hat. Die Vollendung ist somit formell zu bestimmen.[182] Fehlt ein objektives Merkmal kommt allein ein Versuch in Betracht. Fehlt dagegen der Vorsatz ist nur die Bestrafung wegen Fahrlässigkeit möglich, wenn eine solche normiert ist. Im Bereich der Steuerhinterziehung ist die leichtfertige, also grob fahrlässige Steuerverkürzung, in § 378 AO als Bußgeldvorschrift normiert.[183] Ein Straftatbestand, der die fahrlässige Steuerhinterziehung normiert, fehlt insoweit.

Die letzte Stufe ist die Beendigung.[184] Vereinfacht lässt sich die Beendigung als Abschluss der Rechtsgutsverletzung bzw. des Tatgeschehens beschreiben.[185]

---

179 *Hillenkamp*, in: Leipziger Kommentar, Vor § 22, Rn. 13; *Jescheck/Weigend*, Lehrbuch des Strafrechts Allgemeiner Teil, § 49 III.

180 *Hillenkamp*, in: Leipziger Kommentar, Vor § 22, Rn. 13.

181 *Kühl*, in: Lackner/Kühl, § 22, Rn. 1.

182 *Eser*, in: Schönke/Schröder, Vor §§ 22–24, Rn. 2; *Hillenkamp*, in: Leipziger Kommentar, Vor § 22, Rn. 17.

183 Vgl. zum Begriff der Leichtfertigkeit die in § 18 Abs. 3 des Entwurfs eines Strafgesetzbuches von 1962 (BT-Drucks. IV/650, S. 14) vorgesehene Legaldefinition. Sie lautete: „Leichtfertig handelt, wer grob fahrlässig handelt".

184 Die Existenz der Stufe der Beendigung bzw. ihre strafrechtliche Bedeutung ist allerdings nicht komplett unumstritten. Kritisch hierzu insbesondere *Bitzilekis*, ZStW 99 (1987), 723 ff.

185 *Beckemper/Cornelius*, in: BeckOK StGB, § 22, Rn. 11. Die genaue Definition ist umstritten, worauf aber wegen der fehlenden Bedeutung für die vorliegende Arbeit nicht eingegangen werden soll. Vgl. zum Streitstand *Hillenkamp*, in: Leipziger Kommentar, Vor § 22, Rn. 19 ff.

Die vorliegende Arbeit widmet sich den Stadien der Vorbereitung, des Versuchs und der Vollendung und deren Abgrenzung zueinander. Im Folgenden wird näher auf die Abgrenzung dieser Stadien zueinander eingegangen.

## II. Abgrenzung Versuch und Vorbereitung

### *1. Einleitung*

Wie oben in der Einleitung bereits angedeutet wurde, ist die Abgrenzung zwischen Versuch und Vorbereitung im Strafrecht schon immer eines der zentralen Probleme im Bereich der Versuchsstrafbarkeit gewesen.[186] Der Grund für die Streitigkeiten um die Abgrenzung von Versuchs- und Vorbereitungshandlungen dürfte darin liegen, dass der Versuch nicht für jeden Tatbestand gesondert, sondern für alle Tatbestände allgemein in § 22 StGB geregelt ist. So wurde bereits in dem Gesamt-Entwurf eines Strafgesetzbuches von 1962 festgestellt, dass die Eigenarten der einzelnen besonderen Tatbestände, der fließende Übergang zwischen den Entwicklungsstufen, aber auch die Besonderheiten des einzelnen Falls es nicht möglich erscheinen lassen, eine allgemeingültige Regelung mit scharfen Abgrenzungskriterien für jeden Fall zu schaffen.[187] Den gesetzlichen Versuchsbestimmungen zumindest waren und sind solche Kriterien bisher noch nicht zu entnehmen gewesen, weswegen sie vermehrt nur als eine „Richtlinie zur Lösung des Abgrenzungsproblems“[188] angesehen werden.[189]

Vor der Neufassung der Versuchsbestimmungen (§§ 22 ff. StGB) durch das zweite Gesetz zur Reform des Strafrechts vom 4. Juli 1969 war die Abgrenzung anhand der Formulierung des § 43 StGB a. F. – „Handlungen, welche einen Anfang der Ausführungshandlung“ darstellen – vorzunehmen. Kritikpunkt war hier unter anderem, dass der gesetzlichen Regelung nicht entnommen werden konnte, ob es sich bei dem der eigentlichen Tatbestandshandlung unmittelbar vorhergehenden Verhalten bereits um einen strafbaren Versuch handeln konnte oder ob noch eine straflose Vorbereitungshandlung gegeben war.[190] Auch andere bedeutsame Fragen, wie die Frage der Strafbarkeit des untauglichen Versuchs, auf die hier

---

186 Vgl. oben 14 f.

187 Vgl. BT-Drucks. IV/650, S. 143; *Frank*, Das Strafgesetzbuch für das Deutsche Reich nebst dem Einführungsgesetz, S. 86; *Hippel*, Deutsches Strafrecht, S. 400.

188 *Kühl*, JuS 1980, 506, 508.

189 *Stree*, in: Baumann, Tiedmann (Hg.) 1974 – Einheit und Vielfalt des Strafrechts, S. 179; *Vogler*, in: LK, § 22, Rn. 30; vgl. auch BT-Drucks. IV/650, S. 143, in der der Gesetzgeber dies zumindest für die alte Versuchsregelung des § 43 StGB feststellt.

190 BT- Drucks. IV/650, S. 143; vgl. auch *Bockelmann*, JZ 1954, 468 f.

aber nicht näher eingegangen wird, wurden der Rechtsprechung überlassen.[191] Wegen der unklaren gesetzlichen Formulierung kam auch die Judikatur bei der Abgrenzung des Versuchs von der Vorbereitung nicht zu einer einheitlichen Linie, sondern nahm die Abgrenzung mal anhand von inneren[192], mal anhand von äußeren Merkmalen[193] vor.[194]

Durch die Neubestimmung des Versuchs in § 22 StGB sollten diese Fragen entschieden und dem Bestimmtheitsgrundsatz des Art. 103 Abs. 2 GG genügt werden.[195] Gemäß § 22 StGB versucht eine Straftat, wer nach seiner Vorstellung von der Tat zur Verwirklichung des Tatbestandes unmittelbar ansetzt. Hierdurch wurde klargestellt, dass das der eigentlichen tatbestandsmäßigen Handlung unmittelbar vorausgehende Handeln bereits strafbar sein kann.[196] Zudem sollte durch den neuen § 22 StGB ein weiterer Anhaltspunkt für die Abgrenzung geschaffen und der, zum Teil bedenklichen, Ausweitung der Versuchsstrafbarkeit in den Bereich der Vorbereitungshandlungen durch die Rechtsprechung entgegengetreten werden.[197] Viele Unklarheiten der alten Versuchsregelung, wie die grundsätzliche Frage nach der Strafbarkeit des untauglichen Versuchs, wurden durch die Neufassung der Versuchsbestimmungen geklärt.[198]

Wie schon der Gesetzgeber in dem Gesetzesentwurf zu §§ 22 ff. StGB angedeutet hat, enthält aber auch § 22 StGB keine Definition mit scharfen Abgrenzungskriterien für jeden Einzelfall, sondern vielmehr nur eine Formel zur Abgrenzung.[199] Die fließenden Übergänge zwischen den Entwicklungsstufen und die konkrete Tat führen nach Ansicht des Gesetzgebers dazu, dass in vielen Fällen die Abgrenzung doch allein in den Bereich des tatrichterlichen Ermessens fallen müsse.[200] Es könne dem Tatrichter nur durch Grundsätze deutlich gemacht werden, wie er die Abgrenzung im Einzelfall vorzunehmen habe. Es erklärt sich

---

191 RGSt 1880, 439, 440; BT-Drucks. IV/650, S. 143; *Bockelmann*, JZ 1954, 468, 469; *Treplin*, ZStW 1964 (3), 441, 443.

192 RGSt 1, 439, 441 f.

193 RGSt 70, 151 157 f.

194 BT-Drucks. IV/650, S. 143.

195 BT-Drucks. IV/650, S. 143; *Eser*, in: Schönke/Schröder, § 22, Rn. 25.

196 *Hillenkamp*, in: Leipziger Kommentar, § 22, Rn. 4; vgl. auch den Zweiten Schriftlichen Bericht des Sonderausschusses, BT-Drucks. V/4095, 11.

197 BT-Drucks. IV/650 S. 144; *Hillenkamp*, in: Leipziger Kommentar, § 22, Rn. 4; *Vehling*, Die Abgrenzung von Vorbereitung und Versuch, S. 52.

198 BT-Drucks. IV/650, S. 143; *Hillenkamp*, in: Leipziger Kommentar, § 22, Rn. 5; *Roxin*, Strafrecht, Allgmeiner Teil II, § 29, Rn. 25.

199 BT-Drucks. IV/650, S. 143; *Kühl*, JuS 1980, 120, 121; *Prüßner*, Die von mehreren versuchte Tat, S. 44; *Vogler*, in: LK, § 22, Rn. 30.

200 BT-Drucks. IV/650, S. 143.

somit von selbst, dass sich durch die Neuregelung der Versuchsstrafbarkeit der Streit um die Abgrenzung nicht erledigt, sondern nur verschoben hat.[201]

Das Problem der Abgrenzung des Versuchs von der Vorbereitung ist zudem teilweise verwoben mit der Frage nach dem Strafgrund des Versuchs. So ergibt sich z. B. ein viel weiterer Versuchsbereich, wenn der Strafgrund bereits in der rechtsfeindlichen Gesinnung des Täters gesehen wird, als wenn er erst mit der objektiven Gefährlichkeit angenommen wird.[202] Soweit sich die jeweiligen Ansichten explizit auf einen Erklärungsansatz zur Strafbarkeit des Versuchs berufen, wird auf diesen ebenfalls kurz eingegangen.

### 2. *Die Abgrenzung von Versuch und Vorbereitung bei Handlungsdelikten*

#### a) *Meinungsstand vor dem 2. StrRG*

Im Folgenden werden, bevor der aktuelle Meinungsstand wiedergegeben wird, zunächst die vor der Neubestimmung der Versuchsregelungen vertretenen Theorien aufgezeigt. Diese können aufgrund der Neufassung der Versuchsbestimmungen in ihrer ursprünglichen Fassung, wie noch aufgezeigt wird, zwar zum großen Teil keine Geltung mehr beanspruchen.[203] Da viele der neuen Ansätze ihre Ursprünge allerdings in diesen haben, was sich auch in ihrer Argumentation widerspiegelt, ist die Darstellung für das Verständnis der aktuellen Theorien wichtig.

##### aa) Objektive Theorien

##### (1) Strafgrund der objektiven Theorien

Bei der Abgrenzung des Versuchs von der Vorbereitung orientierten sich die objektiven Abgrenzungstheorien an den zum Strafgrund des Versuchs vertretenen objektiven Ansätzen. Diese waren noch bis in die 1930er Jahre vorherrschend in der deutschen Wissenschaft zur Erklärung der Strafwürdigkeit des Versuchs, wurden aber auch Mitte des 20ten Jahrhunderts noch von Einzelnen[204] vertreten.[205] Der Ansatz der objektiven Strafgrundtheorien geht auf *von Feuerbach* zurück.[206] Danach kann der Strafgrund des Versuchs allein im Vorliegen einer tatsächlich

---

201 Vgl. auch *Hillenkamp*, in: Leipziger Kommentar, § 22, Rn. 64; *Safferling*, ZStW 2006 (3), 682, 108.

202 *Kühl*, Strafrecht, Allgemeiner Teil, § 15, Rn. 38.

203 Vgl. hierzu auch *Ambos*, in: Dölling/Duttge/Rössner, § 22 StGB. Rn. 21.

204 *Spendel*, ZStW 1953 (4), 519, 521 ff.

205 *Hillenkamp*, in: Leipziger Kommentar, Vor § 22; Rn. 90.

206 *von Feuerbach*, Lehrbuch des gemeinen in Deutschland gültigen peinlichen Rechts, S. 36; *Hillenkamp*, in: Leipziger Kommentar, Vor § 22; Rn. 90.

vorhandenen Gesetzesübertretung, also der Gefährdung eines Rechts, gesehen werden.[207] Eine solche könne entscheidend nur gemäß der nach außen erkennbaren Beschaffenheit der Handlung bestimmt werden.[208] Der Täterwille sei zwar notwendig, aber für die Feststellung der Strafbarkeit nicht bestimmend, da allein objektive Merkmale das strafbare Unrecht begründen können.[209] Würde bei der Bestimmung der Strafbarkeit des Versuchs allein auf die böse Absicht abgestellt werden, so wären die Merkmale des Tatbestands beim Versuch nie zu prüfen.[210] Bei der Vollendungsstrafbarkeit wären die Merkmale dagegen zu prüfen und bei deren Fehlen eine Strafmilderung oder sogar Straflosigkeit anzunehmen. Die Folge wäre, dass in einigen Fällen die Bestrafung des Versuchs, wenn man die Tatbestandsmerkmale nicht prüfe, härter ausfallen könne als die der Vollendung.[211] Die Tatbestände würden, da es auf das objektive Vorliegen ihrer Merkmale nicht mehr ankomme, zudem ihre klaren Strukturen verlieren und sich miteinander vermischen. Das Vorliegen einer für die Annahme eines Versuchs ausreichenden abstrakten Gefahr sollte nach diesem älteren Ansatz ex post beurteilt werden.[212]

Die neuere objektive Theorie, die zuerst von *von Liszt* vertreten und insbesondere durch *von Hippel* weiter ausgearbeitet wurde, nimmt die Idee der von der Willensausübung ausgehenden objektiven Gefahr als Strafgrund auf. Die Gefährlichkeit des Versuchs und damit dessen Strafwürdigkeit sollen allerdings aus der Sicht eines unbefangenen, aufmerksamen Beobachters zur Zeit der Tat bestimmt werden.[213] Der Tatausgang und alle Umstände die im Nachhinein bekannt geworden sind, werden ausgeblendet. Danach ist ein Versuch gefährlich, wenn der Beobachter, der auch über etwaiges Sonderwissen des Täters verfügen soll, die Vollendung der Tat für ernsthaft wahrscheinlich gehalten hätte.[214] Das angegriffene Rechtsgut muss konkret und nicht nur, wie es die alte objektive Theorie ausreichen ließ, abstrakt gefährdet gewesen sein.[215] Ein ungefährlicher

---

207 *von Feuerbach*, Lehrbuch des gemeinen in Deutschland gültigen peinlichen Rechts, S. 36.

208 *Mittermaier*, NArchCrimR 1816, 163, 168 f.

209 *von Feuerbach*, Lehrbuch des gemeinen in Deutschland gültigen peinlichen Rechts, S. 36; *Mittermaier*, NArchCrimR 1816, 163, 170, 173 f.

210 *Mittermaier*, NArchCrimR 1816, 163, 174.

211 *Mittermaier*, NArchCrimR 1816, 163, 175.

212 Ähnlich *Hillenkamp*, in: Leipziger Kommentar, Vor § 22, Rn. 90.

213 *Hippel*, Deutsches Strafrecht, S. 427.

214 *Hippel*, Deutsches Strafrecht, S. 431 *von Liszt*, Lehrbuch des deutschen Strafrechts, S. 214 f. *Roxin*, Strafrecht, Allgmeiner Teil II, § 29, Rn. 27.

215 *Hippel*, Deutsches Strafrecht, S. 425; *von Liszt*, Lehrbuch des deutschen Strafrechts, S. 214.

Versuch liegt dagegen vor, wenn der Beobachter die Vollendung für praktisch unmöglich gehalten hätte.[216]

### (2) Formell-objektive Theorie

Dieser Ansatz gilt als der Grundstein der Entwicklung des Streits um die Abgrenzung des Versuchs von der Vorbereitung und fand seine Stütze in § 43 StGB a.F.[217], wonach ein Versuch im „Anfang der Ausführung" gesehen wurde. Sie wurde insbesondere in der Literatur, aber auch selten in der früheren Judikatur vertreten.[218] Gemäß dieser Theorie gehören zu den Vorbereitungshandlungen, all diejenigen Handlungen, die noch nicht den Beginn der tatbestandsmäßigen Handlung darstellen, sondern diese nur erleichtern bzw. ermöglichen sollen.[219] Darunter sind die Handlungen zu verstehen, die noch ergänzungsbedürftig erscheinen, also erst durch eine weitere schuldhafte Handlung einen tatbestandlichen Einschlag erlangen.[220] Es muss zumindest ein Teil der Handlung ausgeführt worden sein, die denklogisch bereits zu dem Tatbestand gehört, um einen Versuch annehmen zu können.[221] Sie orientiert sich damit streng an den in den Tatbeständen beschriebenen Handlungen und somit ausschließlich an objektiven Merkmalen.

### (3) Materiell-objektive Theorien

Die Vertreter der materiell-objektiven Theorien wenden sich von dem strengen Formalismus der Vertreter der formal-objektiven Theorie ab, orientierten

---

216 *Hippel*, Deutsches Strafrecht, S. 427 f.

217 § 43 StGB a. F. lautete:
(1) Wer den Entschluß, ein Verbrechen oder Vergehen zu verüben, durch Handlungen, welche einen Anfang der Ausführung dieses Verbrechens oder Vergehens enthalten, bethätigt hat, ist, wenn das beabsichtigte Verbrechen oder Vergehen nicht zur Vollendung gekommen ist, wegen Versuches zu bestrafen.
(2) Der Versuch eines Vergehens wird jedoch nur in den Fällen bestraft, in welchen das Gesetz dies ausdrücklich bestimmt.

218 RGSt 70, 151, 157 f.; *Beling*, Die Lehre vom Verbrechen., S. 250 ff; *Frank*, Das Strafgesetzbuch für das Deutsche Reich nebst dem Einführungsgesetz, § 43 Anm. II. 1, 2 a, b; *Hippel*, Deutsches Strafrecht, S. 398 f., 405; *Liszt/Schmidt*, Lehrbuch des Deutschen Strafrechts, S. 289, 295.

219 RGSt 70, 151, 157; *Beling*, Die Lehre vom Verbrechen., S. 254; *Hippel*, Deutsches Strafrecht, S. 398.

220 *Beling*, Die Lehre vom Verbrechen., S. 250 f.

221 RGSt 70,151, 157, wonach Betrug vorliegt, wenn wenigstens eine auf Täuschung gerichtete Handlung vorgenommen wird; *Beling*, Die Lehre vom Verbrechen., S. 261 f.; *Hippel*, Deutsches Strafrecht, S. 398; *von Liszt/Schmidt*, Lehrbuch des Deutschen Strafrechts, S. 289, 295.

sich aber weiterhin ebenfalls allein an objektiven Merkmalen.[222] Den Ausgangspunkt für die Abgrenzung bildete somit auch hier zunächst der Verbrechenstatbestand.[223] Allerdings zogen sie zur Auslegung der formellen Tatbestandsmerkmale auch materielle Gesichtspunkte heran. Nach der von Reinhard *[von] Frank*[224] entwickelten Formel, die bei diesen Theorien eine entscheidende Rolle spielte, ist ein Anfang der Ausführung „in allen Tätigkeitsakten zu finden, die vermöge ihrer notwendigen Zusammengehörigkeit mit der Tatbestandshandlung für die natürliche Auffassung als deren Bestandteile erscheinen. So vereinigen sich das Anlegen des Gewehrs [...], das Zielen zu einer Einheit mit dem Abgeben des Schusses, weil sich die letzte Handlung normalerweise nicht ohne die beiden ersten denken lässt." Die materiellen Aspekte werden durch den Begriff der „natürlichen Auffassung" mit einbezogen, da bei einer natürlichen Ansicht auch immer Wertungsgesichtspunkte eine Rolle spielen.[225] *Mezger* will die materiellen Aspekte dem durch die Norm geschützten Rechtsgut entnehmen, da die Tatbestandsmerkmale dadurch erst ihren Sinn erfahren.[226] Er greift damit auf die Grundidee der objektiven Theorien zum Strafgrund[227] zurück und zieht als Abgrenzungskriterium die unmittelbare Gefährdung des Rechtsguts heran.[228]

Durch die Einbeziehung der materiellen Kriterien wird der Kreis der Versuchshandlungen etwas weiter gefasst als bei der formal-objektiven Theorie und das tatbestandliche Vorfeld zum Teil miteinbezogen.[229] Durch das Erfordernis der Zusammengehörigkeit mit der Tatbestandshandlung soll aber einer zu großen Ausdehnung der Versuchsstrafbarkeit entgegengetreten werden.[230]

---

222 RGSt 73, 142, 143; *[Frank*, Das Strafgesetzbuch für das Deutsche Reich nebst dem Einführungsgesetz, § 43 Anm. II 2 a, b; *Kohlrausch/Lange*, Strafgesetzbuch mit Erläuterungen und Nebengesetzen, S. 132, Vor § 43, Anm. II; *Mezger*, Strafrecht, § 52 III.

223 *Mezger*, Strafrecht, § 52 III.

224 Sog. Frank'sche Formel, *Frank*, Das Strafgesetzbuch für das Deutsche Reich nebst dem Einführungsgesetz, § 43 Anm. II 2b; ebenso RGSt 51, 341, 342 f.

225 *Mezger*, Strafrecht, § 52 III.

226 *Mezger*, Strafrecht, § 52 III.

227 Zu den objektiven Theorien zum Strafgrund des Versuchs siehe 45 f.

228 RGSt 69, 327, 328 f., das auf die natürliche Auffassung und die unmittelbare Gefährdung abstellt; *Mezger*, Strafrecht, § 52 III.

229 *Frank*, Das Strafgesetzbuch für das Deutsche Reich nebst dem Einführungsgesetz, § 43 Anm. II 2a, b.

230 *Mezger*, Strafrecht, § 52 III.

### bb) Subjektive Theorie

Die subjektive Theorie baut auf der zum Strafgrund des Versuchs vertretenen subjektiven Theorie auf. Nach diesem Ansatz, der insbesondere vom Reichsgericht zum alten Reichsstrafgesetzbuch vertreten wurde, aber auch heute noch in Rechtsprechung und Literatur[231] verbreitet ist, ist der Strafgrund des Versuchs in der Manifestierung des rechtsfeindlichen Willens durch den Täter begründet.[232] Da beim Versuch der äußerliche Erfolg ausbleibe, könne es keinen anderen Anknüpfungspunkt als den verbrecherischen Willen geben. So äußerte schon das Reichsgericht in einem frühen Urteil:

> „Darüber nun kann kein Zweifel aufkommen, dass im Versuche der verbrecherische Wille diejenige Erscheinung ist, gegen welche das Strafgesetz sich richtet, im Gegensatz zu den in der Vollendung zutage tretenden aus dem verbrecherischen Willen hervorgegangenen rechtswidrigen Erfolge. An und für sich würde jede Beziehung auf die Vollendung als den Gegensatz des Versuchs außer Rücksicht zu bleiben haben und mehr nicht zu verlangen sein, als dass der verbrecherische Gedanke sich in äußeren Handlungen kundgegeben habe."[233]

Diese Theorie ist stark beeinflusst durch *von Buris* Äquivalenztheorie.[234] Danach sind alle Bedingungen des Erfolgs gleichwertig, so dass auch beim Fehlen von Bedingungen nicht nach Qualität oder Quantität der Bedingungen unterschieden werden soll.[235] Jeder Kausalverlauf der nicht zum Erfolg führt, stellt, unabhängig davon welche Bedingung fehlt oder ob ein anfängliches oder späteres Hindernis den Erfolg gehindert hat, einen untauglichen und somit objektiv ungefährlichen Versuch dar.[236], Eine Unterscheidung zwischen gefährlichen und ungefährlichen Versuchen, wie die objektiven Theorien sie vornehmen, sei nicht möglich.[237] Die subjektive Seite, also der verbrecherische Wille, sei dagegen gefährlich. Eine spätere Strömung der subjektiven Theorie führt noch einen neuen Aspekt zur Begründung an. Zwar sei der geäußerte Wille für das Rechtsgut nicht gefährlich geworden, allerdings lasse dieser Wille eine, dann möglicherweise taugliche,

---

231 BGHSt 41, 94, 96; *Hillenkamp*, in: Leipziger Kommentar, Vor § 22, Rn. 60 ff.

232 RGSt 1, 439, 441 f.; RGSt 58, 302, 303; BGHSt 2, 74, 76; BGHSt 11, 324, 327 f.

233 RGSt 1, 439, 441 f.

234 *Jakobs*, Strafrecht, Allgemeiner Teil, 25/17; *Zaczyk*, Das Unrecht der versuchten Tat, S. 78.

235 *Jakobs*, Strafrecht, Allgemeiner Teil, 25/17.

236 RGSt 1 439, 442 f.; *Buri*, GA 1877, 265, 272 ff.

237 *Buri*, GA 1877, 265, 272 ff.

Wiederholung, befürchten.[238] Diese fortdauernde subjektive Gefährlichkeit sei aus präventiven Gesichtspunkten der Grund für die Pönalisierung des Versuchs.[239]

Aus diesem Grund stellt dieser Ansatz zur Abgrenzung des Versuchs von der Vorbereitung auch allein auf das subjektive Vorstellungsbild des Täters von der Tat ab.[240] Gehe der Täter in seiner Vorstellung davon aus, dass ein „Anfang der Ausführung" bzw. ein unmittelbares Ansetzen vorliege, so sei ein Versuch anzunehmen. Zur Begründung wird seitens *von Buri* angeführt, dass die objektive Seite des Versuchs keinen von dem Willen lösbaren objektiven Wert habe.[241] Um dem Tatprinzip gerecht zu werden, wird von den Vertretern dieser Theorie aber trotzdem eine irgendwie geartete Betätigung des Willens verlangt.[242] Anders als bei den objektiven Theorien müsse diese Handlung aber nicht schon Teil der vom Tatbestand verlangten Handlung sein.[243] Der Versuch stelle lediglich den objektivierten Willen dar, der, sobald er objektiv erkennbar werde, zu bestrafen sei. Alle vorherigen Handlungen seien Vorbereitungshandlungen, die straflos bleiben müssen.[244]

#### cc) Individuell-objektive Theorie

Bedingt durch die immer mehr aufkommende Kritik an der einseitigen Sichtweise der vorhergehenden Theorien hatte sich auch schon vor dem 2. StrRG eine vermittelnde Auffassung entwickelt, die subjektive und objektive Elemente verbindet. Entscheidende Grundlage für die Abgrenzung soll nach der sogenannten individuell-objektiven Theorie der individuelle Täterplan sein und nicht die Sicht eines hypothetischen Beobachters, der den Plan nicht kennt.[245] Vom „Anfang der Ausführungshandlung" i. S. d. § 43 StGB a. F. sollte nach der Rechtsprechung und Teilen der Literatur ausgegangen werden können, sobald der objektivierte

---

238 *Waiblinger*, ZStW 1957, 189, 219.

239 Vgl. *von Liszt*, ZStW 1905, 24, 36; *Waiblinger*, ZStW 1957, 189, 219.

240 RGSt 1, 439, 441 f; RGSt 52, 184, 185; *Buri*, GS 1867, 60, 71 ff.; *von Buri*, GS 1868, 325, 325 ff.; *von Buri*, GS 1880, 321 ff.

241 *Buri*, GS 1867, 60.

242 *Buri*, GS 1867, 60, 62 f.; *von Buri*, GS 1880, 321, 322 ff.

243 Nach *Buri*, GS 1867, 60, 63 ff. reicht bereits das gewaltsame Niederwerfen des Opfers, um es zu erdrosseln, für die Annahme des Versuchs aus, während die objektive Theorie, wie er feststellt, erst mit dem Beginn des Erdrosselns von einem Versuch ausgehen könne.

244 *Buri*, GS 1867, 60, 71.

245 *Busch*, in: LK, § 43, Rn. 14; Schönke/Schröder, 12. Aufl., § 43, Rn. 10 ff.; *Welzel*, Das deutsche Strafrecht, S. 169 f.

verbrecherische Wille nach dem Plan des Täters eine unmittelbare Gefährdung des Schutzobjekts des jeweiligen Tatbestandes darstellt.[246]

*Busch* will schon die allgemeine Auflehnung des Täters gegen die Rechtsordnung ausreichen lassen und hält eine Gefährdung des einzelnen Rechtsguts für die Annahme des Versuchsbeginns nicht für notwendig. Er stellt stattdessen auf die Tatnähe ab.[247] Ein Versuch liege danach vor, wenn das Verhalten nach der Vorstellung des Täters zu einer Beeinträchtigung der Rechtsordnung führen solle, indem es unmittelbar fortschreite.[248]

Eine Gefährdung oder auch die Tauglichkeit des Verhaltens muss nach dieser Ansicht nicht tatsächlich vorliegen, sondern kann sich auch allein aus der Vorstellung des Täters ergeben.[249] Auch ein objektives Tatbestandsmerkmal muss noch nicht erfüllt sein.[250]

### b) Heutiger Meinungsstand

Mit der Neufassung der Versuchsbestimmungen hat sich der Gesetzgeber nach der wohl herrschenden Ansicht in § 22 StGB zugunsten der sogenannten individuell-objektiven Theorie entschieden.[251] Sie verbindet die von § 22 StGB geforderten subjektiven und objektiven Kriterien, indem sie von der Vorstellung des Täters von der Tat ausgeht und eine Gefährdung des Rechtsguts erfordert.

Die anderen Theorien, die sich entweder allein auf die objektive oder die subjektive Seite stützten, sind, wie oben schon angedeutet wurde, nicht mehr mit der heutigen Gesetzesfassung vereinbar. Allerdings finden sich in den heutzutage vertretenen Ansichten immer noch Anleihen bei den älteren Theorien.[252] So wurde die formell-objektive Theorie schon immer stark dafür kritisiert, dass sie aus kriminalpolitischer Sicht den Bereich der straflosen Vorbereitungshandlungen

---

246 RGSt 66, 141 f.; BGHSt 16, 37; Schönke/Schröder, 12. Aufl., § 43, Rn. 10 ff.; *Welzel*, Das deutsche Strafrecht, S. 169.

247 *Busch*, in: LK, § 43, Rn. 14.

248 *Busch*, in: LK, § 43, Rn. 14.

249 *Busch*, in: LK, § 43, Rn. 14; Schönke/Schröder, 12. Aufl., § 43, Rn. 14; *Welzel*, Das deutsche Strafrecht, S. 169.

250 *Busch*, in: LK, § 43, Rn. 14.

251 Ebenso *Ambos*, in: Dölling/Duttge/Rössner, § 22 StGB, Rn. 21; *Eser*, in: Schönke/Schröder, § 22, Rn. 32; *Hoffmann-Holland*, in: MüKo-StGB, § 22, Rn. 103; *Hillenkamp*, in: Leipziger Kommentar, § 22, Rn. 62; *Jescheck/Weigend*, Lehrbuch des Strafrechts Allgemeiner Teil, § 49 IV 1; *Roxin*, JuS 1979, 1, 3.

252 Vgl. z. B. *Hillenkamp*, in: Leipziger Kommentar, § 22, Rn. 60, nach dem die subjektive Theorie noch in *Bockelmanns* Theorie von der Feuerprobe nachlebt.

zu sehr auf Kosten des strafbaren Versuchs ausdehnt.[253] Mit der Überarbeitung der Versuchsregelung und der Schaffung der heutigen Fassung des § 22 StGB ist ihr endgültig die gesetzliche Grundlage entzogen worden. Es ist ausdrücklich normiert, dass schon Handlungen strafwürdig sind, die der Tathandlung unmittelbar vorgelagert sind.[254] *Zaczyk* will die Theorie trotzdem für abstrakte und konkrete Gefährdungsdelikte sowie vertatbestandlichte Vorbereitungshandlungen weiterhin anwenden.[255] Bei diesen Delikten stelle die tatbestandlich vertypte Handlung bereits die früheste, denkbare Möglichkeit eines Angriffs auf ein Rechtsgut dar.[256] Erst durch den Beginn mit der Handlung sei die für den Versuch notwendige Rechtsgutsbezogenheit hergestellt.[257] Die gegen die formell-objektive Theorie hervorgebrachte Kritik greife aus diesem Grunde nicht. Wie bereits oben erwähnt, hat der Gesetzgeber sich bei der Neufassung der Versuchsbestimmungen mit der Ersetzung der Wendung „Anfang der Ausführung" in § 43 StGB a. F. durch die des „Unmittelbaren Ansetzens" in § 22 StGB aber ausdrücklich für eine Erstreckung des Versuchs auf die unmittelbar vorgelagerten Handlungen ausgesprochen, so dass diese Ansicht nicht mit dem Gesetzeswortlaut vereinbar ist.[258]

Auch die materiell-objektive Theorie ist mit § 22 StGB nicht mehr vereinbar, da dieser für die Abgrenzung gerade auch auf die Vorstellung des Täters von der Tat abstellt.[259] Nach der materiell-objektiven Theorie ist alleinige Beurteilungsgrundlage aber weiterhin die objektive Seite. Auch wenn ihre Vertreter materielle Kriterien zur Auslegung der objektiven Kriterien heranziehen, so bleibt bei dieser Theorie doch die, in § 22 StGB normierte, Vorstellung des Täters bei der Abgrenzung außen vor.

Obwohl die subjektive Theorie eine nach außen erkennbare Betätigung des verbrecherischen Willens verlangt, wurden an das objektive Merkmal von einem großen Teil der Rechtsprechung so geringe Anforderungen gestellt, dass diese Ansicht zu einer extremen Vorverlagerung und somit zu einer bedenklichen Ausweitung der Versuchsstrafbarkeit führte.[260] Da nach dieser Theorie der Wille des

---

253 *Hillenkamp*, in: Leipziger Kommentar, § 22, Rn. 56.

254 Vgl. auch *Roxin*, Strafrecht, Allgmeiner Teil II, § 29, Rn. 105.

255 *Zaczyk*, Das Unrecht der versuchten Tat, S. 322 f., 330; Zu der Abgrenzungstheorie von *Zaczyk* vgl. 62.

256 *Zaczyk*, Das Unrecht der versuchten Tat, S. 323.

257 *Zaczyk*, Das Unrecht der versuchten Tat, S. 322.

258 BT-Drucks. IV/650, S. 144; vgl. oben 43.

259 Vgl. auch BT-Drucks. IV/650, S. 143 f.

260 *Maurach/Gössel/Zipf*, Strafrecht, Allgemeiner Teil, Teilband 2, § 40, Rn. 16; *Rudolphi*, JuS 1973, 20, 21.

Täters für die Abgrenzung allein entscheidend sein soll, ist diese Theorie ebenso wenig mit dem aktuellen § 22 StGB vereinbar. Dieser setzt mit der Formulierung des „unmittelbaren Ansetzens“ für die Abgrenzung ein objektives Merkmal voraus.[261]

Wie schon in der Einleitung angesprochen wurde, ist die Abgrenzung des Versuchs von der Vorbereitung auch nach der Neufassung der Versuchsregelungen weiterhin problematisch. Umstritten ist nun insbesondere, wie auf Basis der individuell-objektiven Theorie der objektive Aspekt zu beurteilen ist.[262]

### aa) Tatbestandsbezogene Theorie

Der Ansatz von *Vogler* scheint an die frühere formell-objektive Theorie angelehnt zu sein und orientiert sich ebenfalls am jeweiligen Deliktstatbestand.[263] Im Gegensatz zu dieser, setzt *Vogler* für einen Versuch allerdings keine Teilverwirklichung des Tatbestandes voraus.[264] Der für den Versuchsbeginn erforderliche spezifische Unmittelbarkeitszusammenhang sei eine Frage der Tatbestandsauslegung, da das Gesetz die normativ festgehaltene Handlung zu deren Verwirklichung der Täter angesetzt haben muss, bestrafe.[265] Andere Kriterien, wie die Gefährdung oder die Berührung der Opfersphäre, dürfen nach *Vogler* nicht herangezogen werden, da § 22 StGB gerade auf den Tatbestand und nicht auf die Straftat im Allgemeinen abstelle. Ihre Heranziehung sei vom Gesetz ausdrücklich nicht vorgesehen. Er verlagert damit die Frage der Abgrenzung vom Allgemeinen Teil des StGB in den Besonderen Teil.[266] Damit die Bestrafung als Versuch gerechtfertigt ist, verlangt er, dass die Handlung dem tatbestandsspezifischen Handlungsunrecht entspricht, ohne allerdings dieses Handlungsunrecht zu realisieren.[267] Eine strikte Orientierung am genauen Wortlaut des Tatbestandes sei somit aber nicht geboten, da dieser die Vorbereitungshandlung gerade nicht beschreibe. Das Verhalten müsse nur vom, sich aus dem Tatbestand ergebenden, Verbotssinn im materiellen Sinne erfasst werden.

---

261 Ebenso *Hillenkamp,* in: Leipziger Kommentar, § 22, Rn. 60; *Jescheck/Weigend*, Lehrbuch des Strafrechts Allgemeiner Teil, § 49 IV 1.

262 *Ambos,* in: Dölling/Duttge/Rössner, § 22 StGB, Rn. 21.

263 *Vogler,* in: LK, § 22, Rn. 58 f.; *Vogler,* in: Küper, Welp (Hg.) 1993 – Beiträge zur Rechtswissenschaft, S. 291; vgl. zur formell-objektive Theorie oben 47.

264 *Vogler,* in: LK, § 22, Rn. 60 *Vogler,* in: Küper, Welp (Hg.) 1993 – Beiträge zur Rechtswissenschaft, S. 292.

265 *Vogler,* in: LK, § 22, Rn. 60 f.

266 *Roxin*, Strafrecht, Allgmeiner Teil II, § 29, Rn. 107.

267 *Vogler,* in: Küper, Welp (Hg.) 1993 – Beiträge zur Rechtswissenschaft, S. 291 f.

### bb) Zwischenaktstheorie[268]

Andere, unter anderem auch Teile der Rechtsprechung, bejahen ein unmittelbares Ansetzen im Sinne des § 22 StGB, wenn die Handlung „für eine natürliche Auffassung als deren Bestandteil erscheint“[269]. Es wird insofern auf die innerhalb der alten materiell-objektiven Theorie entwickelte „Frank'sche Formel“ zurückgegriffen.[270] Ein Versuch soll dann angenommen werden, wenn die vom Täter vorgenommene Handlung ohne weitere Zwischenakte in die Verwirklichung eines Tatbestandsmerkmals einmünde.[271] Durch den Verweis auf die natürliche Auffassung soll der Gefahr begegnet werden, dass es zu einer Atomarisierung des Handlungsablaufs kommt.[272] Eine Aufspaltung des Geschehensablaufs z. B. in das Heben und Anlegen der Waffe sowie das Zielen und Abdrücken erscheine unnatürlich, es sei vielmehr von einer einheitlichen Handlung auszugehen.[273] Die einzelnen Zwischenschritte können den Eintritt des Versuchs nicht verhindern, da sie im Sinne dieser Theorie keine wesentlichen Zwischenschritte darstellen.

Die diesem Ansatz entsprechenden Entscheidungen der Rechtsprechung verzichten, zum Teil ausdrücklich, auf das vor der Reform ihrerseits verwendete materielle Kriterium der Gefährdung, da es weder in die Versuchsformulierung des § 22 StGB eingegangen noch vom verfolgten Zweck des § 22 StGB erfasst sei.[274] Sie ersetzen es durch den formell bestimmten wesentlichen Zwischenakt.[275]

In der Rechtsprechung wird zudem oft ergänzend zur Zwischenaktstheorie entweder das Kriterium des subjektiven Überschreitens der Schwelle zum „Jetzt geht es los“[276] oder das des Fehlens „eines neuen Willensimpulses des Täters“[277] verwendet. Fraglich ist der Sinngehalt dieser Formulierungen. *Roxin* wirft die

268 Im Folgenden wird aus Vereinfachungsgründen nur noch von der Zwischenaktstheorie gesprochen.

269 *Jäger*, in: SK StGB, § 22, Rn. 23.

270 Siehe oben 47.

271 BGHSt 28, 162, 163; BGHSt 35, 6, 8 f.; BGHSt 48, 34, 36; BGH, NJW 1997, 3453; *Kühl*, Strafrecht, Allgemeiner Teil, S. 505; *Maurach*, Deutsches Strafrecht, Allgemeiner Teil, S. 499; *Rudolphi*, JuS 1973, 20, 22.

272 RGSt 68, 336 f; *Maurach/Gössel/Zipf*, Strafrecht, Allgemeiner Teil, Teilband 2, § 40, Rn. 54.

273 RGSt 68, 336 f.; BGHSt 26, 201, 204; *Kühl*, Strafrecht, Allgemeiner Teil, S. 505.

274 So z. B. BGHSt 26, 201, 203, wonach die Bedeutung der Begriffsbestimmung des § 22 StGB [...] unter anderem „in der Nichterwähnung des Gedankens der unmittelbaren Gefährdung des geschützten Rechtsguts liegt“.

275 Die Rechtsprechung ebenso verstehend *Hillenkamp*, in: Leipziger Kommentar, § 22, Rn. 66.

276 So z. B. BGHSt 26, 201, 203; BGH, NStZ-RR 2011, 367, 368; BGH, NStZ 2014, 633.

277 BGH, NStZ 1983, 408, 409; BGH, NStZ 1993, 398; BGH, NStZ-RR 2011, 367, 368; BGH, NStZ 2015, 207.

Frage auf, ob nach Ansicht des Bundesgerichtshofs mit diesem Kriterium auch allein der Versuchsbeginn begründet werden könne.[278] Da der Bundesgerichtshof sie aber in seinen Entscheidungen nie allein verwendet, sondern nach dem Wortlaut immer kumulativ voraussetzt, ist davon nicht auszugehen. Zudem darf gemäß § 22 StGB nicht mehr nur allein auf die Vorstellung des Täters abgestellt werden, so dass diese Kriterien, die die subjektive Seite widerspiegeln, immer um ein objektives Kriterium ergänzt werden müssen. Naheliegender erscheint es, dass der Bundesgerichtshof hierdurch nur die von § 22 StGB geforderte subjektive Seite – nach seiner Vorstellung von der Tat – hervorheben möchte.[279] Die Umformulierung des Gesetzeswortlauts durch die Anhänger der Zwischenaktstheorie soll verdeutlichen, wann ein wesentlicher Zwischenschritt vorliegt.[280]

Teilweise verwendet die Rechtsprechung noch zwei zusätzliche Kriterien. Zum einen muss der Täter, um die Grenze zum Versuch zu überschreiten, Handlungen vornehmen, die nach seinem Tatplan, „im ungestörten Fortgang“[281] zur Erfüllung des gesetzlichen Tatbestandes geführt hätten. Zum anderen sollen die Handlungen nach seinem Tatplan „im unmittelbaren räumlichen und zeitlichen Zusammenhang“[282] mit der Tatbestandsverwirklichung stehen. Diese beiden Kriterien stammen noch aus den Entscheidungen, die vor der Neuformulierung der Versuchsregelung in § 22 StGB ergangen sind.[283] Der Bundesgerichtshof zieht diese Kriterien wohl zur Verdeutlichung der objektiven Seite heran.

### cc) Theorie von der Feuerprobe

*Bockelmann* hat die Theorie, die ein wenig an die Zwischenaktstheorie erinnert, schon vor der Neufassung der Versuchsregelung entwickelt. Sie enthält aber bereits die von § 22 StGB für die Abgrenzung vorausgesetzte Kombination von objektiven und subjektiven Kriterien, wobei die Abgrenzung vorwiegend von der subjektiven Seite aus vorgenommen wird.[284] Von einem Versuch und nicht mehr nur von einer Vorbereitungshandlung sei auszugehen, „wo der Verbre-

278 *Roxin*, Strafrecht, Allgmeiner Teil II, § 29 I, Rn. 133.

279 Ähnlicher Ansicht: *Ambos*, in: Dölling/Duttge/Rössner, § 22 StGB, Rn. 22; *Hillenkamp*, in: Leipziger Kommentar, § 22, Rn. 67; *Roxin*, Strafrecht, Allgmeiner Teil II, § 29 I, Rn. 130 ff.

280 *Ambos*, in: Dölling/Duttge/Rössner, § 22 StGB, Rn. 22; *Hillenkamp*, in: Leipziger Kommentar, § 22, Rn. 67; *Roxin*, Strafrecht, Allgmeiner Teil II, § 29 I, Rn. 130 ff.

281 BGH, NJW 1979, 378; BGHSt 48, 34, 36; BGH, NStZ 2011, 89.

282 BGHSt 48, 34, 36; BGH, NStZ 2011, 89.

283 Vgl. z. B. BGH, NJW 1952, 514, 515; BGHSt 22, 81, 82.

284 *Bockelmann*, JZ 1954, 468, 473.

chensvorsatz die Feuerprobe der kritischen Situation bestanden hat“[285]. Der Täter müsse sich in der Situation sehen, dass er die zur Tatbestandsverwirklichung notwendige Handlung nun vornehmen müsse. Gemeint ist damit nicht die Fassung des allgemeinen Tatplans, sondern die Situation, in welcher der Täter endgültig entscheidet, ob er die Tat ausführt oder nicht, er sich also entschließt, jetzt zuzuschlagen. Eine bewusste Reflexion wird nicht verlangt, sondern es soll vielmehr die allgemeine Entschlossenheit des Täters genügen.[286]

Bei mehraktigen Delikten soll danach ein Versuch in dem Moment vorliegen, in dem der Täter davon ausgeht, dass zwar schon etwas geschehen ist, er den Erfolg aber noch abwenden kann.[287] Es kann diesem Moment allerdings nur noch einen Rücktrittsvorsatz gefasst werden. Der Täter muss folglich die erste Teilhandlung bereits ausgeführt haben. Bei Vorbereitungshandlungen geht der Handelnde nach diesem Ansatz dagegen davon aus, dass noch nichts geschehen sei. Bei einaktigen Delikten darf nach *Bockelmann* für die Annahme einer Versuchshandlung keine „neue Willensregung“[288] mehr erforderlich sein.

### dd) Gefährdungstheorie

Die Anhänger dieses Ansatzes orientieren sich an der älteren materiell-objektiven Theorie und der zugrundeliegenden neueren objektiven Strafgrundtheorie.[289] Sie stützen sich bei der Abgrenzung, wie diese, auf den Gefährdungsgedanken.[290] Allerdings beurteilen sie die Gefährdung nicht mehr von einem objektiven Standpunkt aus, sondern anhand der Vorstellung des Täters von der Tat.[291] Ist oder wäre das Rechtsgut, unter Zugrundelegung des Tatplans, bereits unmittelbar in Gefahr, so sei von einem Versuch auszugehen. Auch ein Teil der Rechtsprechung orientiert sich an diesem Ansatz.[292]

*Otto* und der größere Teil der Rechtsprechung, die sich des Gefährdungsgedankens bedienen, greifen, wie die Rechtsprechung, die sich der Zwischenaktstheorie

---

285 *Bockelmann*, JZ 1954, 468, 473.

286 *Bockelmann*, JZ 1954, 468, 473.

287 *Bockelmann*, JZ 1954, 468, 473.

288 RGSt 43, 332, 333.

289 *Hillenkamp*, in: Leipziger Kommentar, § 22, Rn. 68; vgl. zur älteren materiell-objektiven Theorie 47 f. und zur neueren objektiven Strafgrundtheorie 46 f.

290 *Otto*, Grundkurs Strafrecht – Allgemeine Strafrechtslehre, § 18, Rn. 28; *Tiedemann*, JR 1973, 412; *Zieschang*, Die Gefährdungsdelikte, S. 148 ff.

291 *Otto*, Grundkurs Strafrecht – Allgemeine Strafrechtslehre, § 18, Rn. 30.

292 BGH, NStZ 1983, 511; BGH, StV 1989, 526; BGH, Beschl. v. 22.07.1992–2 StR 297/92 – Rn. 5; BayObLG, NJW 1990, 781.

bedient, zusätzlich auf die Kriterien des „ungestörten Fortgangs“[293] und dem des „unmittelbaren räumlichen und zeitlichen Zusammenhang“[294] zurück. Darüber hinaus nutzt auch hier die Rechtsprechung zusätzlich das subjektive Kriterium des „Jetzt geht es los“[295]. *Otto* nutzt die beiden Kriterien um den Begriff der Gefährdung genauer zu beschreiben.[296] Auch bei der Rechtsprechung scheint es sich, ausgehend von der Formulierung, eher um eine Konkretisierung des Gefährdungsgedankens zu handeln.[297] Danach überschreitet der Täter die Grenze von der Vorbereitung zum Versuch, „wenn er Handlungen vornimmt, die nach seinem Tatplan im ungestörten Fortgang unmittelbar zur Tatbestandserfüllung führen sollen oder die im unmittelbaren räumlichen und zeitlichen Zusammenhang mit ihr stehen, mithin – aus Sicht des Täters – das geschützte Rechtsgut in eine konkrete Gefahr bringen.“[298]

Diesen zusätzlichen Kriterien scheint im Rahmen der Gefährdungstheorie allerdings eine größere Bedeutung zuzukommen als bei der Zwischenaktstheorie. Dies zeigt sich insbesondere daran, dass die Rechtsprechung diese Kriterien zumeist auch bei der konkreten Argumentation verwendet und nicht nur anfangs aufwirft.

### ee) Kombinationstheorie

Die wohl herrschende Lehre und die Rechtsprechung, wenn auch nicht ganz einheitlich,[299] verknüpfen mehrere Kriterien, insbesondere die der Gefährdung, der wesentlichen Zwischenakte und des engen zeitlichen Zusammenhangs, miteinander.[300] Ausgangspunkt für die Beurteilung bleibt auch hier die Sicht des Täters und damit der Tatplan.[301] Bei beendeten Versuchen bzw. Distanzdelikten greifen die Rechtsprechung und ein Teil der Literatur noch ergänzend auf das

---

293 OLG Karlsruhe, Beschl. v. 25.11.1992–2 Ss 195/92 – Rn. 6; *Otto*, Grundkurs Strafrecht – Allgemeine Strafrechtslehre, § 18, Rn. 31.

294 BGH, NStZ 1983, 511; BGH, Beschl. v. 22.07.1992–2 StR 297/92 – Rn. 5; OLG Karlsruhe, Beschl. v. 25.11.1992–2 Ss 195/92 – Rn. 6; *Otto*, Grundkurs Strafrecht – Allgemeine Strafrechtslehre, § 18, Rn. 31.

295 BGH, Beschl. v. 22.07.1992–2 StR 297/92 – Rn. 5.

296 *Otto*, Grundkurs Strafrecht – Allgemeine Strafrechtslehre, § 18, Rn. 31.

297 Ebenso *Hillenkamp,* in: Leipziger Kommentar, § 22, Rn. 69.

298 BayObLG, NJW 1990, 781; ähnlich OLG Oldenburg, StV 1983, 506, 507.

299 Vgl. oben Fn. 271, 292 ff.

300 So auch *Wessels/Beulke*, Strafrecht, Allgemeiner Teil, Rn. 850.

301 BGH, NStZ 2006, 331; *Eser,* in: Schönke/Schröder, § 22, Rn. 42; *Wessels/Beulke*, Strafrecht, Allgemeiner Teil, Rn. 849.

Kriterium des „Aus-der-Hand-geben des Geschehens“ zurück.[302] Der Versuch könne in diesen Fällen bereits dann beginnen, wenn der Täter den Kausalverlauf in Gang gesetzt habe und sodann das weitere Geschehen aus der Hand gebe. Es sei nicht notwendig, dass die Rechtsgutsgefährdung direkt und an demselben Ort stattfinde.[303]

Während die Kriterien zum Teil als nebeneinander gleichberechtigt angesehen werden, werden sie teilweise auch unterschiedlich gewichtet. In der Literatur wird die kumulative Verwendung damit begründet, dass keiner der Aspekte allein allen Fallgestaltungen gerecht werden kann.[304] Es sei für jeden Einzelfall gesondert anhand eines objektiven Bewertungsmaßstabs zu entscheiden. Diese Begründung kann wohl auch für die Rechtsprechung, die die Kriterien kumulativ anwendet, übernommen werden, da sie zunächst alle Kriterien aufführt, um dann einzelne Kriterien herauszunehmen, anhand derer sie den Versuchsbeginn festmacht.[305]

Andere wollen die verschiedenen Kriterien zwar auch kombinieren, gewichten sie aber unterschiedlich. Der größere Teil geht hierbei, zumeist in Verbindung mit dem Gedanken des „nahen räumlichen und zeitlichen Zusammenhangs“, von der Zwischenaktstheorie aus.[306] Zur Konkretisierung dieser, ihrer Ansicht nach, abstrakten Merkmale greifen sie, unter Beachtung der Umstände im Einzelfall, insbesondere auf die Kriterien der Tatplandichte und der Gefährdung zurück.[307] Durch die Einbeziehung dieser Kriterien soll verhindert werden, dass es zu der bereits oben bei der Zwischenaktstheorie erläuterten Atomarisierung des Handlungsablaufs kommt.[308] Die Anwendung des Gefährdungsgedankens soll die unwesentlichen Teilakte aussondern, da diese die Gefahr gar nicht oder zumindest nicht mehr nennenswert steigern können.[309] In einigen Fällen wird der Gefährdungsgedanke aber auch zur Korrektur der Zwischenaktstheorie genutzt.[310] So kann es vorkommen, dass obwohl nach der Tätervorstellung keine wesentlichen

302 BGH, NStZ 2014, 647, 651; *Eser,* in: Schönke/Schröder, § 22, Rn. 42; *Wessels/Beulke*, Strafrecht, Allgemeiner Teil, Rn. 851g.

303 *Eser,* in: Schönke/Schröder, § 22, Rn. 42.

304 *Wessels/Beulke*, Strafrecht, Allgemeiner Teil, Rn. 850; ebenfalls für die kumulative Anwendung *Heinrich*, Strafrecht – Allgemeiner Teil, Rn. 728 f.

305 BGH, NStZ 1983, 364; BGH, Beschl. v. 10.04.1984–5 StR 183/84 – Rn. 3 f.; BGH, NStZ 1987, 20.

306 BGH, NJW 2002, 1057; BGH, NStZ 2006, 331, 332; *Ambos,* in: Dölling/Duttge/Rössner, § 22 StGB, Rn. 24, 26; *Hillenkamp,* in: Leipziger Kommentar, § 22, Rn. 85.

307 BGH, NJW 2002, 1057. *Hillenkamp,* in: Leipziger Kommentar, § 22, Rn. 85.

308 *Hillenkamp,* in: Leipziger Kommentar, § 22, Rn. 85.

309 *Hillenkamp,* in: Leipziger Kommentar, § 22, Rn. 85.

310 *Hillenkamp,* in: Leipziger Kommentar, § 22, Rn. 85.

Teilakte mehr vorgenommen werden müssen, die Verwirklichung des Tatbestands noch sehr fern erscheint.[311] Da die Annahme eines Versuchs hier nicht adäquat erscheine, solle in diesen Fällen der Versuchsbeginn erst angenommen werden können, wenn auch eine solche Gefährdung vorliege.

Ein Teil der Literatur stellt demgegenüber den Gefährdungsgedanken in den Mittelpunkt, da das Abstellen auf das formale Kriterium des Zwischenakts, für sich allein genommen, sich nicht zur Abgrenzung eigne.[312] Entweder führe es zu einer künstlichen Aufspaltung des Handlungsablaufs oder aber das Kriterium selbst verliere an Abgrenzungsschärfe, wenn man, um eine solche Aufspaltung zu verhindern, einen Versuch auch dann annehme, wenn gewisse Zwischenakte eine „notwendige […] Zusammengehörigkeit mit der Tathandlung“[313] aufweisen.[314] Entscheidend sei für die Annahme des Versuchs somit grundsätzlich, ob der Täter nach seiner Vorstellung davon ausgehe, dass das Rechtsgut bereits konkret gefährdet sei. Zur Bestimmung der Unmittelbarkeit der Gefahr, greifen sie dann aber ergänzend auf die Zwischenaktstheorie zurück.[315]

#### ff) Sphärentheorie

Nach diesem insbesondere von *Roxin*[316] entwickeltem Ansatz liegt ein Versuch erst vor, wenn zwei Kriterien kumulativ erfüllt sind. Um einen Versuchsbeginn bejahen zu können, müsse der Täter zum einen in die Schutzsphäre des Opfers eingetreten sein. Zum anderen sei erforderlich, dass ein „enger zeitlicher Zusammenhang zwischen Täterhandlung und erwartetem Erfolgseintritt“[317] bestehe.[318] Diese Kriterien leitet *Roxin* aus der zum Strafgrund des Versuchs in der Literatur wohl weit überwiegend vertretenen[319] Eindruckstheorie ab, die zum Teil als eigen-

311 *Hillenkamp*, in: Leipziger Kommentar, § 22, Rn. 85.

312 *Eser*, in: Schönke/Schröder, § 22, Rn. 41 f.

313 Zitiert von *Eser*, in: Schönke/Schröder, § 22, Rn. 41 aus BGH, NJW 1980, 1759.

314 *Eser*, in: Schönke/Schröder, § 22, Rn. 41 f.

315 *Eser*, in: Schönke/Schröder, § 22, Rn. 39, 42.

316 *Roxin*, Strafrecht, Allgmeiner Teil II, § 29, Rn. 139 ff.; ähnlich *Jakobs*, Strafrecht, Allgemeiner Teil, 25/63 ff.

317 *Roxin*, JuS 1979, 1, 4 f.

318 *Roxin*, JuS 1979, 1, 4 f.; *Roxin*, Strafrecht, Allgmeiner Teil II, § 29, Rn. 139.

319 So z. B. *Eser*, in: Schönke/Schröder, Vor §§ 22–24, Rn. 22; *Roxin*, JuS 1979, 1; *Streng*, ZStW 1997 (4), 862, 865; *Papageorgiou-Gonatas*, Wo liegt die Grenze zwischen Vorbereitungshandlungen und Versuch?, S. 209 ff., der im Geggensatz zu den anderen Vertretern der Eindruckstheorie eine Differenzierung von Rechtsgutsobjekt (z. B. das Leben der angegriffenen Person) und Rechtsgut (Leben) für notwendig hält, um insbesondere die Strafbarkeit des untauglichen Versuchs in befriedigender Weise

ständige Alternative zur subjektiven Theorie,[320] teilweise aber auch nur als eine um Strafwürdigkeitsaspekte erweiterte subjektive Theorie[321] verstanden wird.[322] Zur Erklärung der Strafwürdigkeit des Versuchs orientiert sie sich an der generalpräventiven Strafrechtsbegründung und verbindet objektive und subjektive Elemente.[323] Ihr Ausgangspunkt für die Strafbarkeit des Versuchs ist die verbrecherische Willensmanifestation.[324] Strafwürdig wird diese Manifestation nach den Vertretern der Eindruckstheorie aber erst, wenn sie einen rechtserschütternden Eindruck bei der Allgemeinheit hinterlässt.[325] Entscheidend sei hierbei aber nicht auf die tatsächliche Betroffenheit eines bei der Tat Anwesenden abzustellen, sondern vielmehr auf die im Nachhinein festzustellende generelle Eignung der Tat.[326] Das Vertrauen der Rechtsgemeinschaft in die Geltung der Rechtsordnung soll durch die Bestrafung des Versuchs wieder hergestellt und somit die Normtreue gestärkt werden.[327] Denn obwohl der Erfolg beim Versuch ausbleibe, liege eine Beeinträchtigung des Rechtsfriedens vor.

Der rechtserschütternde Eindruck muss nach *Roxin* als notwendiger Bestandteil der Ausführungshandlung verstanden werden. Dies führt nach seiner Ansicht dazu, dass von einem Versuch nur ausgegangen werden kann, wenn der Täter in die Schutzsphäre des Opfers eingetreten ist. Erst in diesem Zeitpunkt sei die Handlung geeignet den Rechtsfrieden im Sinne der Eindruckstheorie zu stören. Der gegen dieses Kriterium hervorgebrachten Kritik[328], dass bei vielen Tatbeständen eine solche Opfersphäre nicht bestehe, wie das z. B. bei Tatbeständen,

---

erklären zu können; ebenso *Sax*, JZ 1976, 429, 432 f. Die Eindruckstheorie ebenfalls als herrschend ansehend: *Eser*, in: Schönke/Schröder, Vor §§ 22–24, Rn. 22; *Wege*, Rücktritt und Normgeltung, S. 64;

320 *Papageorgiou-Gonatas*, Wo liegt die Grenze zwischen Vorbereitungshandlungen und Versuch?, S. 209; *Roxin*, JuS 1979, 1; *Schünemann*, GA 1986, 293, 311.

321 *Eser*, in: Schönke/Schröder, Vorbem. zu §§ 22–24, Rn. 22; *Hillenkamp*, in: Leipziger Kommentar, Vor § 22, Rn. 77.

322 *Roxin*, JuS 1979, 1, 4 f.

323 *Roxin*, JuS 1979, 1; *Vogler*, in: LK, Vor § 22, Rn. 52.

324 *Meyer*, ZStW 1975 (3), 598, 604; *Safferling*, ZStW 2006 (3), 682, 690; *Vogler*, in: LK, Vor § 22, Rn. 52.

325 *Eser*, in: Schönke/Schröder, Vor §§ 22–24, Rn. 22; *Schünemann*, GA 1986, 293, 311 *Streng*, ZStW 1997 (4), 862, 865.

326 *Blei*, Strafrecht, S. 209.

327 BGHSt 11, 268, 271; BGHSt 11, 324, 327 f.; BGHSt 30,363, 366; *Roxin*, JuS 1979, 1; *Sax*, JZ 1976, 429, 433; *Streng*, ZStW 1997 (4), 862, 865.

328 *Berz*, Jura 1984, 511, 516 f.

die die Rechtsgüter der Allgemeinheit schützen, der Fall ist, hält er entgegen, dass in diesen Fällen auf die Tatbestandssphäre abzustellen sei.[329]

Von dem ebenfalls für den Versuchsbeginn notwendigen engen zeitlichen Zusammenhang zwischen Täterhandlung und erwarteten Erfolgseintritt könne z. B. ausgegangen werden, wenn der Täter die Grenze zum „Jetzt geht es los" überschritten habe. Der Zusammenhang müsse aber nicht notwendigerweise mit dem Erfolg bestehen, sondern es reiche ein solcher zur Tatbestandshandlung.[330] Möchte der Täter z. B. einen Tresor aufbrechen, beginnt der Versuch bereits mit dem Ansetzen des Bohrers am Tresor, auch wenn die Schweißarbeiten noch Stunden andauern, bevor er geknackt ist.[331] Das Argument der zeitlichen Nähe dürfe aber nicht umgekehrt verwendet werden. Auch bei einem großen zeitlichen Abstand könne ein Versuch gegeben sein. Hinzukommen müsse in diesen Fällen aber, dass ein Zusammenhang zum Erfolg derart bestehe, dass der Erfolg sich nach dem Täterplan in ungestörtem Fortgang anschließe.

Die soeben genannten Kriterien möchte *Roxin* allerdings nur beim unbeendeten Versuch und bei beendeten Versuchen, bei denen der Täter das Geschehen noch unter Kontrolle hat, anwenden.[332] Wenn aber ein beendeter Versuch in dem Sinne vorliege, dass der Täter die folgenden Ereignisse nicht mehr beherrsche, indem er z. B. den Ort des Geschehens verlasse und somit das Geschehen aus der Hand gebe, reichen seiner Ansicht nach die oben genannten Kriterien zur Abgrenzung nicht mehr aus.[333] Es sei alternativ, wie es auch teilweise von den Vertretern der Kombinationstheorie gemacht wird, von einem Versuch auszugehen, sobald der Täter das Geschehen, das zum Taterfolg führen soll, aus seinem Einflussbereich entlassen habe, also z. B. indem er selbst verreise.[334] Zwar könne in

329 *Roxin*, Strafrecht, Allgemeiner Teil II, § 29, Rn. 142; *Roxin*, JuS 1979, 1, 4 ff.; ähnlich *Jakobs*, Strafrecht, Allgemeiner Teil, 25/68, der dieses Kriterium, im Gegensatz zu *Roxin*, nicht für zwingend hält, sondern bei Delikten, in denen bei Vollendung nicht in die Schutzsphäre eingegriffen wird, darauf abstellt, ob der Täter bereits damit begonnen hat, auf das Tatobjekt einzuwirken.

330 *Roxin*, Strafrecht, Allgemeiner Teil II, § 29, Rn. 143; zum gleichen Ergebnis kommend *Jakobs*, Strafrecht, Allgemeiner Teil, 25/67, der das Kriterium der engen zeitlichen Nähe für nicht umkehrbar hält, so dass bei einer größeren Zeitdifferenz trotzdem das Vorliegen eines Versuchs möglich sei.

331 *Roxin*, Strafrecht, Allgemeiner Teil II, § 29, Rn. 143.

332 *Roxin*, JuS 1979, 1, 9, der als Beispiel für einen solchen beendeten Versuch den Fall nennt, dass der Täter das Gift in die Mahlzeit mischt, sie dann auf den Tisch stellt, vor Ort auf das Opfer wartet und dessen Verhalten beobachtet.

333 Ebenso *Rudolphi*, in: SK StGB, § 22, Rn. 40.

334 *Roxin*, JuS 1979, 1, 10; Ebenso *Rudolphi*, in: SK StGB, § 22, Rn. 40.

diesen Fällen der Täter immer noch die Tat verhindern, indem er zurückkehre, aber in diesem Verhalten sei, da es sich um eine rückläufige Handlung handele, ein Rücktritt zu sehen.

*Jakobs*, der dem Ansatz von *Roxin* grundsätzlich zustimmt, versteht die von *Roxin* genannten Kriterien als positive Richtlinien für die Annahme eines Versuchs. Ergänzend will er zur Bestimmung des Versuchsbeginns auf negative Richtlinien zurückgreifen.[335] So könne ein sozial übliches Verhalten allenfalls dann einen Versuch darstellen, wenn dieses nach der Vorstellung des Täters selbst schon die Ausführungshandlung darstelle. Zudem sollen verzögernde Verhaltensweisen, wie das Ausruhen oder auch die eigene Stärkung noch keinen Versuchsbeginn darstellen, selbst wenn der Täter direkt hiernach mit der Ausführung beginnen möchte.

### *gg) Abgrenzungstheorie nach* Zaczyk

Bei der Abgrenzung des Versuchs von der Vorbereitung orientiert sich *Zaczyk* an der von ihm entwickelten Strafgrundtheorie, der sich u. a. auch *Rath* angeschlossen hat.[336] Er bezieht sich zur Begründung der Versuchsstrafbarkeit auf die rechtsphilosophischen Ansätze von *Kant* und *Fichte*.[337] Dem Recht und somit auch dem Unrecht liegt demnach ein, von *Zaczyk* sogenanntes, „Anerkennungsverhältnis" zugrunde.[338] Das bedeutet, dass die Freiheiten eines jeden nur bestehen, weil die anderen sie als gleichberechtigt anerkennen und sich dementsprechend verhalten, also auf die uneingeschränkte Auslebung ihrer Triebe/Egoismen verzichten.[339] Durch den Erlass von Gesetzen werden diese Freiheiten zu Rechtsgütern konkretisiert und allgemeinverbindlich.[340] Von einem vollendeten Unrecht sei danach dann auszugehen, wenn der Täter seine Freiheiten so erweitere, dass er die rechtlich anerkannte Freiheit eines anderen beschränke bzw. unterdrücke und so das konkrete Verhältnis störe, soweit hierdurch rechtlich anerkannte Rechtsgüter verletzt werden.[341] Die Strafbarkeit des Versuchs ergebe sich ebenfalls aus der Ver-

---

335 *Jakobs*, Strafrecht, Allgemeiner Teil, 25/64 f.

336 *Zaczyk*, Das Unrecht der versuchten Tat, S. 308 ff.; *Rath*, JuS 1998, 1006, 1008.

337 *Zaczyk*, Das Unrecht der versuchten Tat, S. 130 ff., 154 ff. zur Auseinandersetzung mit den von *Kant* und *Fichte* vertretenen Ansätzen.

338 *Rath*, JuS 1998, 1006, 1008; *Zaczyk*, Das Unrecht der versuchten Tat, S. 255, 326 f.; *Rath*, JuS 1998, 1006, 1008.

339 *Rath*, JuS 1998, 1006, 1008; *Zaczyk*, Das Unrecht der versuchten Tat, S. 326.

340 *Zaczyk*, Das Unrecht der versuchten Tat, S. 181 ff.; 326.

341 *Zaczyk*, Das Unrecht der versuchten Tat, S. 194 ff.; 326 f.

letzung des Anerkennungsverhältnisses.[342] Der Versuch stelle den Übergang von der Anerkennung des Verhältnisses zu dessen Verletzung dar.[343] Indem der Täter in die Sphäre des Opfers eingreife, trete der Wille des Täters, sich nicht mehr an dieses Verhältnis gebunden zu sehen bzw. dieses zu zerstören, zu Tage.[344] Hierdurch werde offenbar, dass der Täter das Opfer nicht mehr als gleichberechtigt ansehe und sich ihm überordnen möchte. Dies ist nach *Zaczyk* der Grund für die Strafbarkeit des Versuchs.

Eine Versuchshandlung kann danach nur vorliegen, wenn durch sie in die rechtlich gegebene Freiheit eingriffen wird.[345] Dies könne nicht allein am Willen festgemacht werden, da nach seinem Ansatz die Handlungen auch immer nach ihrem äußeren Erscheinungsbild rechtlich zugeordnet werden müssen.[346] Damit eine Handlung den Beginn des Versuchs darstelle, dürfe sie nicht mehr von dem normalen sozialen Umgang erfasst werden. Um bestimmen zu können, wann dies der Fall ist, also eine Handlung bereits zur Unfreiheit führen soll, hält *Zaczyk* weitere Kriterien für erforderlich. Zum einen soll wegen des Bestimmtheitsgebots auf den Tatbestand zurückgegriffen werden.[347] Ein Versuch sei damit spätestens mit der Vornahme der tatbestandlichen Handlung gegeben. Um aber zudem Handlungen erfassen zu können, die vor der eigentlichen Tatbestandshandlung liegen, stellt *Zaczyk* darauf ab, dass auch solche Handlungen schon den Beginn des Versuchs darstellen, durch die der Täter die Situation und mir ihr das Rechtsgut „in den Griff"[348] bekommt. Der Täter müsse die Situation und das Rechtsgut so beherrschen, dass das von ihm angegriffene Element der Freiheit ihm gegenüber unterlegen ist. Aufgrund dieser beherrschenden Stellung dürfe der Vollzug der Tatbestandshandlung nur noch als unwesentlich erscheinen. Zur Bestimmung der Überlegenheit sei auf den Einzelfall abzustellen. Eine Vorbereitungshandlung liege demgemäß so lange vor, wie der Täter über das betroffene Rechtsgut noch keine überlegene Stellung erlangt habe.[349] Beispielhaft schildert er die Situation in der zwei Täter planten einen Kaufmann zu berauben, indem sie ihn in seinem Laden zunächst mit einem Gespräch ablenken und dann mit einer Waffe be-

---

342 *Rath*, JuS 1998, 1006, 1009; *Zaczyk*, Das Unrecht der versuchten Tat, S. 231 f.
343 *Zaczyk*, Das Unrecht der versuchten Tat, S. 327.
344 *Rath*, JuS 1998, 1006, 1009. *Zaczyk*, Das Unrecht der versuchten Tat, S. 236.
345 *Zaczyk*, Das Unrecht der versuchten Tat, S. 308.
346 *Zaczyk*, Das Unrecht der versuchten Tat, S. 309.
347 *Zaczyk*, Das Unrecht der versuchten Tat, S. 310.
348 *Zaczyk*, Das Unrecht der versuchten Tat, S. 310.
349 *Zaczyk*, Das Unrecht der versuchten Tat, S. 311.

drohen wollten.[350] Die Täter standen bereits bewaffnet in seinem Geschäft, hatten schon mit dem Gespräch begonnen und das Opfer hatte die Tür hinter sich geschlossen, so dass es von der Außenwelt abgeschlossen war. In dieser Situation war seiner Ansicht nach bereits von einem Versuch auszugehen, da schon deutlich erkennbar war, dass die Täter das Geschehen beherrschten und der Spielraum des Opfers sich durch sein Vertrauen und die Bewaffnung der Täter verengt hatte.

*Zaczyk* hält es zudem für hilfreich ergänzend auf die Abgrenzungskriterien und -formeln der anderen Theorien zurückzugreifen.[351]

### hh) Abgrenzungstheorie nach Vehling

*Vehling* orientiert sich bei der Abgrenzung von Versuchs- und Vorbereitungshandlung, an der von ihm und *Jakobs* vertretenen Strafgrundtheorie des expressiven Normbruchs.[352] Zur Begründung der Strafbarkeit des Versuchs stellen sie nicht primär auf die Gefahr des Täters für geschützte Rechtsgutspositionen ab, sondern vielmehr auf die Verletzung der Normgeltung.[353] Hintergrund für diese Annahme ist die Strafzwecklehre der positiven Generalprävention.[354] Der Versuch stelle ebenso wie die Vollendung bereits einen vollen Angriff auf die Normgeltung und damit bereits einen perfekten Normbruch und nicht nur einen versuchten Normbruch dar und sei deswegen zu bestrafen.[355] Sie versuchen die Strafbarkeit des Versuchs anhand der Voraussetzungen des jeweiligen Tatbestands festzumachen und dadurch zu legitimieren. Allein aus den positiv gesetzten Normen, die die Gesellschaft konstituieren, lasse sich ein sozial relevantes rechtliches Verhalten ableiten.[356] Die Ausdehnung ins Vorfeld aufgrund des nicht vollständigen Vorliegens der Tatbestandsvoraussetzungen beim Versuch werde durch die §§ 22, 23 StGB legitimiert.[357] Voraussetzung sei allerdings, dass der Normbruch expressiv werde.[358] Erst durch die Enttäuschung „normativer Erwartungen“ komme es zum

350 *Zaczyk*, Das Unrecht der versuchten Tat, S. 312.
351 *Zaczyk*, Das Unrecht der versuchten Tat, S. 311.
352 *Vehling*, Die Abgrenzung von Vorbereitung und Versuch, S. 87 ff.; 141.
353 *Jakobs*, Strafrecht, Allgemeiner Teil, 25/15; *Vehling*, Die Abgrenzung von Vorbereitung und Versuch, S. 87 f.
354 *Vehling*, Die Abgrenzung von Vorbereitung und Versuch, S. 88.
355 *Jakobs*, Strafrecht, Allgemeiner Teil, 25/17; *Vehling*, Die Abgrenzung von Vorbereitung und Versuch, S. 87.
356 *Vehling*, Die Abgrenzung von Vorbereitung und Versuch, S. 81.
357 *Vehling*, Die Abgrenzung von Vorbereitung und Versuch, S. 81.
358 *Jakobs*, Strafrecht, Allgemeiner Teil, 25/21.

Strafbarkeit begründenden Erfolgsunwert.[359] Als internes Verhalten wird hierbei jedes Verhalten gesehen, das mit seinen Wirkungen noch komplett in der Sphäre liegt, in der man sich eine Kontrolle durch die Öffentlichkeit verbitten dürfe.[360]

Entscheidend für die Grenzziehung zwischen Versuch und Vorbereitung ist danach, ob durch die Handlung die normativ begründete Erwartung, dass der tatbestandliche Erfolg ausbleibe, enttäuscht werde.[361] Die Erwartung sei darauf gerichtet, dass das Individuum mit dem mit seiner sozialen Rolle verbundenen Risiko der Tatbestandsverwirklichung umzugehen vermag.[362] Eine Enttäuschung der Erwartung und damit ein Versuch liegen vor, wenn die Erwartung des Ausbleibens der Tatbestandsverwirklichung nicht mehr mit der durch die mit der sozialen Position verbundene Rolle begründet werden könne.[363] So könne der Versuchsbeginn bei einem Tankstellenüberfall, bei dem die Täter maskiert und bewaffnet die Tankstelle betreten, durchaus davon abhängen, ob in der Tankstelle gerade eine Fastnachtsparty veranstaltet wird oder nicht.[364] Findet eine Fastnachtsparty statt, könne die Bewaffnung und insbesondere die Maskierung durchaus noch als sozialadäquates Verhalten gewertet werden, während dieses im Normalfall nicht mehr möglich sei und somit ein Versuchsbeginn zu bejahen wäre.

Nach der von *Vehling* entwickelten Abgrenzungsformel ist die Grenze zum Versuch dann überschritten, wenn „1) der Täter durch sein rolleninadäquates Verhalten ein rechtlich missbilligtes Risiko gesetzt hat und 2) das vom Täter inadäquat gesetzte Risiko die intendierte Tatbestandsverwirklichung indiziert."[365] Ein solcher Zusammenhang liege vor, wenn es nur noch vom Zufall abhängig erscheine, ob die Tatbestandsverwirklichung ausbleibe.[366]

---

359 *Vehling*, Die Abgrenzung von Vorbereitung und Versuch, S. 87.

360 *Jakobs*, ZStW 97 (1985), 751, 756.

361 *Vehling*, Die Abgrenzung von Vorbereitung und Versuch, S. 141.

362 *Vehling*, Die Abgrenzung von Vorbereitung und Versuch, S. 111 f.

363 Als Beispiel nennt *Vehling*, Die Abgrenzung von Vorbereitung und Versuch, S. 106 folgendes: Für die strafrechtliche Bewertung des Verhaltens eines Mannes der sich einer Frau mit Vergewaltigungsvorsatz nähert, hängt es entscheidend davon ab, ob es sich um den Intimpartner des Mannes handelt oder um einen Fremden. Dem Intimpartner wird aufgrund seiner sozialen Rolle zugebilligt, die Frau zu berühren und gegebenenfalls auch auszuziehen.

364 *Vehling*, Die Abgrenzung von Vorbereitung und Versuch, S. 149.

365 *Vehling*, Die Abgrenzung von Vorbereitung und Versuch, S. 141.

366 *Vehling*, Die Abgrenzung von Vorbereitung und Versuch, S. 140.

### ii) Abgrenzungstheorie nach Kratzsch

*Kratzsch* geht davon aus, dass der Versuch ein abstraktes Gefährdungsdelikt darstellt.[367] Zur Erklärung seiner Annahme und der Strafbarkeit des Versuchs bemüht er die Verhaltenswissenschaften und innerhalb dieser die kybernetische Systemtheorie und die Organisationstheorie.[368] Danach wird, vereinfacht gesagt, das menschliche Verhalten unter dem Aspekt zielgerichteter Veränderungen und der dafür notwendigen Organisations- und Regelungsformen beurteilt.[369] Unter Verknüpfung dieser verhaltenswissenschaftlichen Ansätze mit dem Strafrecht geht er davon aus, dass die Hauptaufgabe des Strafrechts im Rechtsgüterschutz liege und nicht dort enden dürfe, wo der Erfolg zufallsbedingt ausbleibe.[370] Ein optimaler Rechtsgüterschutz könne danach nur erreicht werden, wenn das Strafrechtssystem so konzipiert sei, dass es sich möglichst lückenlos darstelle und durch Beherrschung des Zufalls rechtzeitig Verletzungen von Rechtsgütern verhindere.[371] Eine reale Gefahr für ein individuelles Rechtsgut sei für die Strafbarkeit nicht notwendig, da der Rechtsgüterschutz in gewissen Fällen nur erreicht werden könne, wenn auch solche Handlungen bestraft werden, die auf die Verwirklichung des Straftatbestandes gerichtet waren, aber keinen Erfolg am individuellen Objekt hätten eintreten lassen können.[372] Aus diesem Grunde lege die „Ansatzformel des § 22 StGB […] deshalb einen für alle Versuchstäter einheitlichen Standard-Unwert fest, der die im Einzelfall bestehende Handlungsgefahr nur als statistische – auf die Gesamtzahl aller Versuchstaten bezogene – Größe behandelt."[373] Damit ist gemeint, dass um die Zufallsgefahr beherrschen zu können, § 22 StGB auch Fälle erfassen soll, die sich nicht in einer Verletzung oder konkreten Gefährdung des Rechtsguts niedergeschlagen hätten.[374] Um eine zu weite Vorverlagerung der Versuchsstrafbarkeit in den Bereich der Vorbereitungshandlungen zu verhindern, greift er auf den Verhältnismäßigkeitsgrundsatz und insbesondere auf das Übermaßverbot zurück.[375] Die Beachtung dieser Grundsätze sollen ein Ausgleich

---

367 *Kratzsch*, Verhaltenssteuerung und Organisation im Strafrecht, S. 280 f.
368 *Kratzsch*, Verhaltenssteuerung und Organisation im Strafrecht, S. 198 ff.
369 *Kratzsch*, Verhaltenssteuerung und Organisation im Strafrecht, S. 198.
370 *Kratzsch*, JA 1983, 578.
371 *Kratzsch*, Verhaltenssteuerung und Organisation im Strafrecht, S. 119 f.; *Kratzsch*, JA 1983, 420, 429.
372 *Kratzsch*, JA 1983, 578, 580.
373 *Kratzsch*, Verhaltenssteuerung und Organisation im Strafrecht, S. 418.
374 *Kratzsch*, Verhaltenssteuerung und Organisation im Strafrecht, S. 283 ff.
375 *Kratzsch*, JA 1983, 578 f.

zwischen dem Rechtsgüterschutz auf der einen und den Freiheitsinteressen auf der anderen Seite schaffen.

Vor diesem Hintergrund muss nach *Kratzsch* ein Versuch dann angenommen werden, wenn durch das Täterhandeln ein Zustand entstehe, „der von Strafrechts wegen nicht mehr toleriert werden kann, weil ohne seine Verhinderung [...] ein hinreichend wirksamer Rechtsgüterschutz nicht mehr gewährleistet wäre.“[376] Dieses Stadium sei nicht erst erreicht, wenn der Täter mit dem allerletzten Teilakt beginne.[377] Es sei vielmehr entscheidend, dass zwischen dem Teilakt und der Verwirklichung des Tatbestandes eine Handlungseinheit in der „Form einer Und-Verknüpfung“[378] bestehe. Für die Annahme des Versuchsbeginns müsse der Nachweis über eine Wirkungseinheit, die die Verwirklichung aller tatbestandlichen Merkmale zum Ziel habe, hinzukommen.

### jj) Stellungnahme

*Vogler*s Ansatz für die Abgrenzung von Versuch und Vollendung auf den konkreten Tatbestand abzustellen, ist insofern zuzustimmen, als dass dieser bei der Abgrenzung nicht unberücksichtigt gelassen werden kann. Der Tatbestand legt fest, welche Handlungen zu einer Strafbarkeit wegen Vollendung führen. Da die Versuchshandlung das unmittelbare Ansetzen zu ebendieser Tatbestandshandlung darstellt, muss der Tatbestand auch bei der Bestimmung des Versuchsbeginns beachtet werden. Allerdings kann allein die Betrachtung des konkreten Tatbestands zur Bestimmung des Versuchsbeginns nicht ausreichen, da dieser nur die Tatbestandshandlung beschreibt und gerade nicht das unmittelbare Ansetzen dazu.[379] Es ist notwendig, wie die anderen Theorien es versuchen, allgemeine Kriterien zu schaffen, die das unmittelbare Ansetzen bestimmen. Allein durch sie kann eine Verlagerung des Versuchsbeginns zu weit nach hinten oder nach vorne verhindert werden. *Roxin* gibt zudem zu bedenken, dass es Tatbestände gibt, die die Tatbestandshandlung nicht näher beschreiben, sondern, wie z. B. § 211 StGB, nur den für die Vollendung notwendigen Erfolg nennen.[380] In diesen Fällen ist der Tatbestand für die Bestimmung des Versuchsbeginns kaum hilfreich, da es unterschiedlichste Formen der Tatbestandshandlung geben kann und damit auch des unmittelbaren Ansetzens. Der Tatbestand vermag in diesen Fällen

---

376 *Kratzsch*, JA 1983, 420, 429.

377 *Kratzsch*, JA 1983, 578, 582.

378 *Kratzsch*, JA 1983, 578, 582.

379 So auch *Roxin*, Strafrecht, Allgmeiner Teil II, § 29, Rn. 108 f.

380 Ebenfalls *Roxin*, Strafrecht, Allgmeiner Teil II, § 29, Rn. 109.

keine Konkretisierung zu liefern. Weiterhin spricht gegen das Abstellen auf den konkreten Tatbestand auch die Tatsache, dass der Gesetzgeber den Versuch und dessen Strafbarkeit im Allgemeinen Teil des StGB regelt.[381]

*Vehling*s, *Zaczyk*s und *Kratzsch*s Ansätzen ist zuzugestehen, dass sie sich konsequent an den von ihnen jeweils entwickelten Strafgrundtheorien orientieren. Allerdings ist sehr fraglich, ob diese Strafgründe der heutigen Gesetzesfassung des Versuchs zugrunde liegen bzw. ob diese überhaupt allein auf einem Strafgrund beruht. Die Gesetzesbegründung äußert sich hierzu nicht.

Gegen den Ansatz von *Vehling* spricht zudem seine Annahme, dass der Versuch generell bei sozialadäquatem Verhalten ausscheidet, da dies dazu führt, dass der kluge Täter belohnt wird, der es versteht seine Tarnung nach außen hin solange wie möglich aufrecht zu erhalten.[382] Exemplarisch ist hierfür das von ihm genannte Beispiel[383], in welchem er im Falle des bewaffneten und maskierten Betretens einer Tankstelle zum Zwecke eines Überfalls es für den Versuchsbeginn für relevant hält, ob in der Tankstelle gerade eine Fastnachtsparty stattfinde oder nicht. Der Vorstellung des Täters von der Tat wird in diesen Fällen zu wenig Bedeutung zugemessen und dürfte mit der heutigen Gesetzesfassung nicht übereinstimmen.[384] Gemäß § 22 StGB können bereits solche Taten die Versuchsstrafbarkeit begründen, die nach der Vorstellung des Täters von den Umständen der Tat den Anfang der Ausführung bilden.[385] Dann ist es aber nicht nachvollziehbar, wieso bei Tätern, die den exakt gleichen Tatplan haben, danach unterschieden werden soll, ob eine Fastnachtsparty stattfindet oder nicht. Dies erscheint insbesondere fraglich, wenn der Täter diese Party nicht in seinem Tatplan aufgenommen hatte.

Dem Ansatz von *Zaczyk* ist demgegenüber zuzugestehen, dass es wohl dem Normalfall des Versuchs entspricht, dass der Täter gegenüber dem Opfer in eine überlegene und das Opfer gegenüber dem Täter in eine unterlegene Stellung gerät. Allerdings ist es auch nicht ausgeschlossen, dass das Opfer sich beim Angriff nicht in einer unterlegenen Stellung befindet, so z. B., wenn das Opfer dem tätlich angreifenden Täter körperlich überlegen ist. *Roxin* weist richtigerweise daraufhin, dass es sogar Fälle gibt, in denen sich der Täter gegenüber dem Opfer in einer unterlegenen Stellung befindet.[386] Als Beispiel nennt er Fälle in denen das Opfer den Täter in eine Falle lockt. Fraglich ist bei diesem Ansatz auch, worin der Gewinn

381 *Roxin*, Strafrecht, Allgmeiner Teil II, § 29, Rn. 108.
382 Ebenso *Hillenkamp*, in: Leipziger Kommentar, § 22, Rn. 80.
383 Vgl. 65.
384 Ähnlich *Hillenkamp*, in: Leipziger Kommentar, § 22, Rn. 80.
385 Vgl. BT-Drucks. IV/650, S. 144.
386 *Roxin*, Strafrecht, Allgmeiner Teil II, § 29, Rn. 187.

im Vergleich zu den anderen Theorien liegt, da *Zaczyk* selbst vorschlägt zur Bestimmung des Vorliegens des von ihm geforderten Täter-Opfer-Verhältnisses auf die Abgrenzungskriterien oder -formeln der anderen Ansätze zurückzugreifen. Der Ansatz von *Zaczyk* vermag somit keine für alle Fälle der Abgrenzung von Vorbereitung und Versuch geltende Abgrenzungsformel zu bieten.

Die von *Kratzsch* vorgenommene Einstufung des Versuchs als abstraktes Gefährdungsdelikt, erscheint schon insofern problematisch, als dass er sich zur Verhinderung einer zu weiten Vorverlagerung der Versuchsstrafbarkeit auf den Verhältnismäßigkeitsgrundsatz beruft. Der Begriff der Verhältnismäßigkeit selbst ist nicht unumstritten und kann somit zur Konkretisierung nicht viel beitragen.[387] Weiterhin gegen seine Ansicht spricht, dass der Versuch im Allgemeinen Teil des Strafrechts geregelt ist, während die anderen abstrakten Gefährdungsdelikte im Besonderen Teil normiert sind. Wenn der Gesetzgeber den Versuch als Gefährdungsdelikt ansehen würde, was sich der Gesetzesbegründung nicht entnehmen lässt, so ist nicht nachvollziehbar, warum er den Versuch dann nicht ebenfalls im Besonderen Teil geregelt hat. Er hat sich sogar ausdrücklich dagegen entschieden, diesen im Besonderen Teil anzusiedeln.[388] Des Weiteren erscheint es problematisch, dass abstrakte Gefährdungsdelikte, wie die schwere Brandstiftung gemäß § 306a Abs. 1 StGB, ebenfalls versucht werden können.[389] Dann müsste der Versuch der schweren Brandstiftung noch abstrakter gefährlich als die vollendete schwere Brandstiftung abstrakt gefährlich ist. Es ist nicht vorstellbar, dass der Gesetzgeber eine solche Konstruktion, also die Ergänzung eines abstrakten Gefährdungsdelikts um ein weiteres, gewollt haben könnte.[390] Auch ist fraglich, inwiefern der Ansatz von *Kratzsch* gegenüber der Zwischenaktstheorie eine nähere Konkretisierung ermöglicht. Die Kriterien der „Und-Verknüpfung" und der „Wirkungseinheit" lassen einen sehr weiten Beurteilungsspielraum zu, so dass sich das Vorliegen einer „Und-Verknüpfung" und einer „Wirkungseinheit" im selben Fall mit guter Argumentation bejahen, aber auch ablehnen lässt.

Entscheidend gegen die Annahme des Versuchs als abstraktes Gefährdungsdelikt spricht schließlich, dass der untaugliche Versuch, dessen Strafbarkeit vom Gesetzgeber ausdrücklich anerkannt wird, nie abstrakt gefährlich werden kann.[391] Die Strafbarkeit abstrakter Gefährdungsdelikte beruht aber auf der grundsätzlichen Annahme, dass die Handlung gefahrengeeignet ist und somit die Möglich-

387 So auch *Roxin*, Strafrecht, Allgmeiner Teil II, § 29, Rn. 185.
388 Vgl. BT-Drucks. IV/650, S. 142.
389 Ebenso *Zaczyk*, Das Unrecht der versuchten Tat, S. 39.
390 Vgl. *Zaczyk*, Das Unrecht der versuchten Tat, S. 39.
391 *Roxin*, Strafrecht, Allgmeiner Teil II, § 29, Rn. 54.

keit des Erfolgseintritts nicht ausgeschlossen werden kann.[392] Beim untauglichen Versuch, der von §§ 22 ff. StGB erfasst ist, ist der Erfolg dagegen ausgeschlossen.

Bei der Sphärentheorie von *Roxin* erscheint das Abgrenzungskriterium des „Eintritts in die Schutzsphäre des Opfers" zunächst überzeugend. Denn bei Taten gegen Individualrechtsgüter dürfte es häufig der Fall sein, dass der Täter bei Versuchsbeginn bereits in die Schutzsphäre des Opfers eingetreten ist. Abzulehnen ist dies allerdings beispielsweise, wenn der Täter eine Person auf der Straße aus einem Haus heraus erschießen will. Der Täter befindet sich in diesen Fällen bis zum beendeten Versuch in seiner eigenen Sphäre.[393] Auch bei den Distanzdelikten sind Konstellationen denkbar, in denen bei Versuchsbeginn noch kein Eingriff in die Schutzsphäre des Opfers vorliegt. Weiß der Täter etwa, dass in der Nacht bei ihm eingebrochen werden soll und dass die Diebesbande sich jedes Mal an dem Schnaps in der jeweiligen Wohnung bedient und stellt er nun eine vergiftete Schnapsflasche bereit, so ist ein Versuch bereits mit dem Bereitstellen der Flasche anzunehmen.[394] In diesem Moment ist die Schutzsphäre der Diebe allerdings noch unberührt. Bei genauerer Betrachtung stellt sich zudem das Problem, dass es ebenfalls Delikte gibt die eben nicht Individualrechtgüter, sondern solche der Allgemeinheit schützen. *Roxin* hat dieses Problem selbst erkannt und will in diesen Fällen, wie oben bereits ausgeführt, auf die Tatbestandssphäre abstellen. Die Frage ist aber, wann denn in die Tatbestandssphäre eingetreten wird bzw. was diese denn überhaupt genau umfasst. Die Bestimmung dürfte, eine intensive Auseinandersetzung mit dem jeweiligen Deliktstatbestand und den von ihm geschützten Rechtsgütern erfordern.[395] Das Kriterium des „Eintritts in die Tatbestandssphäre" führt somit nicht zu einer Konkretisierung, sondern wirft im Gegenteil neue Fragen auf.

Aber auch die von *Roxin* verwendeten Kriterien der „Opfersphäre" und des „engen zeitlichen Zusammenhangs" vermögen nicht immer zu einer klaren Abgrenzung zu führen. In Bezug auf die Opfersphäre halten *Herzberg* und *Hoffmann-Holland* beispielsweise die Situation für problematisch, in der ein Täter beabsichtigt sein Opfer zu erschießen, hierfür aber erst noch zu dem Opfer in das Haus gelangen muss.[396] Es stellt sich die Frage, ob der Täter bereits mit dem Betreten des Grundstücks, mit dem Aufbrechen der Eingangstür oder erst mit dem Betreten des Schlafzimmers in die Opfersphäre eingetreten ist.[397] Einige werden

392 BGH, NJW 1999, 2129; BGH, NJW 2001, 624, 626.
393 *Jakobs*, Strafrecht, Allgemeiner Teil, 25/68.
394 Vgl. auch BGH, NJW 1997, 3453 f.
395 *Hoffmann-Holland*, in: MüKo-StGB, § 22, Rn. 124.
396 Vgl. *Hoffmann-Holland*, in: MüKo-StGB, § 22, Rn. 124.
397 *Hoffmann-Holland*, in: MüKo-StGB, § 22, Rn. 124.

das Betreten des Grundstücks noch nicht als Eintritt in die Schutzsphäre werten, da es hierfür in den meisten Fällen nicht eines gewaltsamen Einbrechens bedarf. Andererseits ist zu bedenken, dass das Grundstück grundsätzlich dem Bereich der Privatsphäre des Opfers zuzurechnen ist.[398] Lehnt man das Vorliegen eines Eintretens in die Schutzsphäre trotzdem ab, dann ist fraglich, ob bereits das Aufbrechen der Haustür oder erst das Betreten des Schlafzimmers dieses Kriterium erfüllt.[399] Auch das Merkmal des „engen zeitlichen Zusammenhangs" eignet sich nur bedingt für eine eindeutige Abgrenzung. Zum einen wird damit nur das in § 22 StGB schon normierte Unmittelbarkeitserfordernis umschrieben. Zum anderen lässt der Begriff des „engen zeitlichen Zusammenhangs" auch zu viel Spielraum, da dafür insbesondere die persönliche Einschätzung und weniger die objektiven Kriterien entscheidend sind.[400] Es sei beispielhaft auf die Situation verwiesen, dass der Täter in die Wohnung des Opfers eindringt, dieses aber nicht sofort töten, sondern zunächst noch in eine Diskussion verwickeln möchte.[401] Hier werden einige bereits einen Zeitraum von zehn Minuten bis zum Erfolgseintritt für den Versuchsbeginn für ausreichend halten, während andere einen solchen erst nach fünf Minuten oder weniger annehmen wollen.[402]

Die Unsicherheiten die die von *Roxin* genannten Kriterien bringen, werden noch verstärkt durch die vielen Abänderungen, die er wegen der begründeten Kritik bei seinem Ansatz vorgenommen hat. Zu nennen sind hier z. B. der bereits erwähnte Wechsel von der „Opfersphäre" zur „Tatbestandssphäre" oder auch der Wechsel vom „engen zeitlichen Zusammenhang zum Tatbestandserfolg" zum „engen zeitlichen Zusammenhang zur Tatbestandshandlung".[403] Die Sphärentheorie eignet sich damit nur in bedingtem Maße zur Abgrenzung des Versuchs von der Vorbereitung.

Der Ansatz, bei der Abgrenzung darauf abzustellen, wann aus Tätersicht eine Gefährdung des Opfers anzunehmen sei, erscheint insbesondere für Erfolgsdelikte, wie die Steuerhinterziehung, zunächst sinnvoll. Problematisch ist aber, dass der Begriff der Gefährdung nicht nur einen Zeitpunkt erfasst, sondern eine Entwicklung durchläuft, welche bereits bei den ersten Vorbereitungshandlungen beginnt. Um die für den Versuchsbeginn notwendige Gefährdung bestimmbar zu machen und die Versuchsstrafbarkeit nicht zu sehr in den Bereich der Vor-

---

398 BGH, NJW 2004, 766, 767; *Bamberger*, in BeckOK BGB, § 12, 189.

399 Vgl. auch *Hoffmann-Holland*, in: MüKo-StGB, § 22, Rn. 124.

400 So auch *Hoffmann-Holland*, in: MüKo-StGB, § 22, Rn. 124.

401 *Hoffmann-Holland*, in: MüKo-StGB, § 22, Rn. 124.

402 Vgl. *Hoffmann-Holland*, in: MüKo-StGB, § 22, Rn. 124.

403 Vgl. 60 f.

bereitungshandlungen auszudehnen, lassen die Vertreter nicht jede Gefährdung ausreichen, sondern nur eine unmittelbare. Da der Begriff aber bereits in § 22 StGB genannt ist, müssen sie sich den berechtigten Vorwurf gefallen lassen, dass es sich nur um eine reine Wiederholung des Gesetzeswortlauts handelt.[404] Eine bessere Bestimmbarkeit des Zeitpunkts wird dadurch nicht erreicht, da der Begriff der Unmittelbarkeit selbst wieder der Auslegung bedarf. Das haben auch die Anhänger dieses Ansatzes erkannt und greifen, *Otto* ausdrücklich, zur Bestimmung der Gefahr auf die Kriterien des „ungestörten Fortgangs" und dem des „unmittelbaren räumlichen und zeitlichen Zusammenhangs" zurück, wodurch ein gewisses Maß an Rechtssicherheit geschaffen wird. Zu Recht wird seitens Teilen der Literatur aber darauf hingewiesen, dass der Gefährdungsgedanke bei reinen Tätigkeitsdelikten und bei Gefährdungsdelikten Probleme bereitet.[405] Bei konkreten Gefährdungsdelikten reicht, wie auch der Name zeigt, bereits eine konkrete Gefährdung aus, um eine Vollendung bejahen zu können. Hier würden bei Anwendung des Gefährdungsgedankens, der Versuchsbeginn und der Eintritt der Vollendung der gleichen Bedingung – des Eintritts der konkreten/unmittelbaren Gefahr des Rechtsguts – unterliegen. Noch problematischer gestalten sich die Fälle der abstrakten Gefährdungsdelikte und der reinen Tätigkeitsdelikte, die nicht mal das Vorliegen einer tatsächlichen Gefahr voraussetzen.[406] Angesichts dieser Problematik eignet sich auch die Gefährdungstheorie nicht uneingeschränkt zur Abgrenzung.

Die Zwischenaktstheorie hat zu Recht eine Einschränkung in der Hinsicht erfahren, dass nicht mehr jede einzelne Bewegung einen für die Abgrenzung relevanten Zwischenakt darstellt, da dies ansonsten zu einer unnatürlichen Aufspaltung von Handlungsabläufen führen würde. Allerdings führt die Unterscheidung zwischen wesentlichen und unwesentlichen Zwischenakten, wie unter anderem *Otto* bemängelt, dazu, dass der Ansatz hierdurch, zumindest teilweise, seine Bestimmtheit einbüßt.[407] Um diese Bestimmtheit wiederzuerlangen greift die Rechtsprechung, wie oben erwähnt, oft noch ergänzend auf andere Kriterien zurück. Während das Kriterium des „ungestörten Fortgangs" meines Erachtens nicht wirklich einen eigenen Aussagegehalt hat, sondern mehr ein Synonym für die wesentlichen Zwischenschritte darstellt, erscheint, dass Kriterium des „unmittelbaren räumlichen und zeitlichen Zusammenhangs" zur Präzisierung sinn-

404 So z. B. *Roxin*, Strafrecht, Allgmeiner Teil II, § 29, Rn. 129.
405 So. z. B. *Berz*, Jura 1984, 511, 513; *Hillenkamp*, in: Leipziger Kommentar, § 22, Rn. 82, 84; *Roxin*, Strafrecht, Allgmeiner Teil II, § 29, Rn. 129.
406 S. z. B. auch *Hillenkamp*, in: Leipziger Kommentar, § 22, Rn. 82, 84.
407 *Otto*, Grundkurs Strafrecht – Allgemeine Strafrechtslehre, § 18, Rn. 29.

voll. Da aber mit der Unmittelbarkeit nur der Gesetzeswortlaut wiederholt wird, ergeben sich auch hier wieder Auslegungsmöglichkeiten, die zu einer gewissen Unsicherheit führen. Für die Verwendung der subjektiven Kriterien des „Jetzt geht es los" und des Fehlens „eines neuen Willensimpulses" spricht, dass sie noch einmal die subjektive Seite der Abgrenzung betonen. Ein wirklicher Gewinn an Rechtssicherheit wird durch sie aber ebenfalls nicht erzielt, so dass auch die Eignung dieser Theorie zur Abgrenzung von Versuch und Vollendung bezweifelt werden muss.

Ähnlichen Bedenken sieht sich auch die Theorie von der Feuerprobe von *Bockelmann* ausgesetzt. Das Bestehen der „Feuerprobe der kritischen Situation" soll dann vorliegen, wenn der Täter sich in der Situation sieht, dass er die zur Tatbestandsverwirklichung notwendige Handlung nun vornehmen muss. *Roxin* weist zutreffend darauf hin, dass auch eine Vorbereitungshandlung zur Verwirklichung des Tatbestandes führt.[408] Auch wenn *Bockelmann* wohl eine der Tatbestandsverwirklichung unmittelbar vorgelagerte Handlung im Sinne des letzten Zwischenakts meint, so lässt sich dies der Formel direkt nicht entnehmen. Der Theorie fehlt damit die für eine Abgrenzung von Vorbereitung und Versuch notwendige Bestimmtheit. Da die Theorie zudem überwiegend subjektiv geprägt ist und das objektive Kriterium nicht bestimmt genug ist, haftet ihr auch die Gefahr einer zu weiten Vorverlagerung der Versuchsstrafbarkeit an.

Letztendlich erscheint der Ansatz die verschiedenen Kriterien zu kombinieren am besten zur Abgrenzung von Versuch und Vorbereitung geeignet. Wie sich bereits gezeigt hat, hat jeder bisher dargestellte Ansatz seine Schwächen. Einige können nicht für alle Fallkonstellationen Geltung beanspruchen bzw. vermögen dort nicht zu einer befriedigenden Abgrenzung zu führen. Des Weiteren vermag kein Ansatz eine zweifelsfreie Abgrenzung zu ermöglichen, da die einzelnen Kriterien immer auch einen gewissen Spielraum gewähren. Mit den Anhängern der Kombinationstheorien ist davon auszugehen, dass es kein einzelnes Kriterium gibt, das die für die Abgrenzung von Versuch und Vollendung notwendige Bestimmtheit besitzt. Dies liegt insbesondere daran, dass die Tatbestände des Besonderen Teils so vielfältig und damit auch unterschiedlich in ihren Voraussetzungen sind. So gibt es Gefährdungsdelikte, wie die Steuerhinterziehung[409], bei denen eine Gefährdung des Rechtsguts bereits zur Vollendung führt, während die Verletzungsdelikte eine konkrete Rechtsgutseinbuße verlangen.[410] Es gibt die

408 *Roxin*, Strafrecht, Allgmeiner Teil II, § 29, Rn. 134.

409 Vgl. zur problematischen Frage der Einstufung der Steuerhinterziehung als Gefährdungsdelikt 27 ff.

410 BGH, NStZ 1991, 539; *Schmitz/Wulf*, in: MüKo-StGB, § 370 AO, Rn. 11.

reinen Tätigkeitsdelikte bei denen bereits die Vornahme der Handlung ausreicht, ohne dass für die Vollendung auch nur eine Gefährdung, geschweige denn ein tatbestandlicher Erfolg Vorausetzung wäre, wie es wiederum bei den Erfolgsdelikten, wie der Steuerhinterziehung, der Fall ist. Zudem gibt es Tatbestände, die die Tatbestandshandlung detailliert beschreiben, während andere nur den für die Vollendung notwendigen Erfolg benennen, aber das „Wie" der Tat offen lassen. Anhand dieser nur beispielhaften Aufzählung der Unterschiede in den Tatbeständen, wird deutlich, dass ein Kriterium allein schon den verschiedenen Tatbestandsgestaltungen nicht gerecht werden kann.

Eine Kombination von Kriterien ist danach die einzige Möglichkeit um eine Abgrenzung zu ermöglichen, die in den verschiedenen Fallgestaltungen zu einer befriedigenden Lösung führt. Aus Gründen der Rechtssicherheit sollte aber einem der Kriterien für die Abgrenzung der Vorrang eingeräumt werden und die anderen Kriterien zu dessen Ergänzung bzw. Korrektur herangezogen werden.

Da die Zwischenaktstheorie, wie bereits oben erläutert wurde, sich zumindest grundsätzlich für die Bestimmung der Abgrenzung von Versuch und Vollendung für alle Delikte eignet und gegen ihre Abgrenzungskriterien am wenigsten Kritik vorgebracht werden konnte, ist ihr der Vorrang einzuräumen. Die aus den anderen Theorien bekannten Kriterien können dann ergänzend bzw. korrigierend verwendet werden. So kann sich z. B. bei der Abgrenzung der wesentlichen von den unwesentlichen Zwischenakten ein ergänzender Rückgriff auf die Gefährdungstheorie als hilfreich erweisen.[411] Bei beendeten Versuchen bzw. Distanzdelikten ist insbesondere ergänzend auf das Kriterium des „Aus-der-Hand-geben des Geschehens" zurückzugreifen, da der Täter in diesem Moment bereits alles seinerseits Notwendige zur Herbeiführung des Taterfolgs getan hat.

### 3. *Die Abgrenzung von Versuch und Vorbereitungshandlung bei Unterlassungsdelikten*

Neben der Abgrenzung des Versuchs von der Vorbereitungshandlung bei den Handlungsdelikten ist wegen der in § 370 Abs. 1 Nr. 2, 3 AO geregelten Unterlassungsdelikte auch die Abgrenzung bei dieser Begehungsform wichtig.

Vor der Neuregelung des Versuchs in den §§ 22 ff. StGB war die Annahme eines Versuchs des Unterlassens umstritten. Ausgangspunkt hierfür war der Wortlaut des § 43 StGB a.F. Wenn danach, wie bereits oben gezeigt, für die Annahme eines Versuchs „Handlungen, welche einen Anfang der Ausführung" darstellen verlangt wurden, so wurde der Unterlassungsversuch dementsprechend teilweise mit dem

411 So z. B. *Hillenkamp*, in: Leipziger Kommentar, § 22, Rn. 85.

Argument abgelehnt, dass ein Unterlassen eben keine Handlung sei.[412] Entgegengehalten wurde dieser Ansicht ein Handlungsbegriff, der Unterlassungen und Handlungen gleichfalls umfassen konnte.[413] Durch die Neuregelung des Versuchs wurde dieses Wortlautproblem behoben. Es ist heute weitgehend unbestritten, dass es auch den Versuch des Unterlassungsdelikts gibt.[414]

Mit dem Bundesgerichtshof ist davon auszugehen, dass auch für die Frage des Versuchsbeginns beim Unterlassen die Formulierung in § 22 StGB sinngemäß anzuwenden ist.[415] Die besondere Problematik ist, dass das Unterlassen sich nicht – wie es beim Begehungsdelikt der Fall ist – äußerlich in mehrere Schritte unterteilt, sondern sich vielmehr als ein einheitliches Unterlassen gestaltet.[416] Hierdurch wird die Unterscheidung der verschiedenen Stadien, wie Vorbereitungshandlungen, Versuchsbeginn, unbeendete und beendete Versuche erschwert. Dies führt dazu, dass auch der Versuchsbeginn beim Unterlassen umstritten ist und dass die oben genannten Ansichten nicht ohne Weiteres übertragen werden können.

Bei der Abgrenzung des Versuchs von der Vorbereitung im Bereich der Unterlassungstatbestände wird zwischen echten und unechten Unterlassungsdelikten unterschieden. Als echte Unterlassungsdelikte werden solche bezeichnet, bei denen das Gesetz ausdrücklich das Unterlassen einer gesetzlich geforderten Handlung als solches unter Strafe stellt.[417] Das Untätigbleiben erfüllt unmittelbar den Tatbestand. Bei den unechten Unterlassungsdelikten wird dagegen ein Delikt verwirklicht, das grundsätzlich als tatbestandsmäßiges Verhalten eine Handlung voraussetzt.[418] Der Unterlassende ist in diesen Fällen gemäß § 13 StGB strafbar, wenn er, obwohl er dazu verpflichtet gewesen wäre, nicht in den Kausalverlauf

---

412 *Herzberg*, MDR 1973, 89, 89 f.

413 *Roxin*, Strafrecht, Allgemeiner Teil II, § 29, Rn. 266; vgl. zu einem solchen Handlungsbegriff z. B. *Roxin*, Strafrecht Allgemeiner Teil I, § 8, Rn. 33 ff.

414 BGHSt 40, 257 , 270; BGHSt 48, 147 ff.; *Jakobs*, Strafrecht, Allgemeiner Teil, 29/113; *Eser*, in: Schönke/Schröder, Rn. Vor § 22–24, Rn. 27; *Eser*, in: Schönke/Schröder, Vor § 22, Rn. 27; *Eser*, in: Schönke/Schröder, Vor § 22 – § 24, Rn. 27; *Hillenkamp*, in: Leipziger Kommentar, § 22, 142; *Jakobs*, Strafrecht, Allgemeiner Teil, 29/113; *Maurach/Gössel/Zipf*, Strafrecht, Allgemeiner Teil, Teilband 2, § 40, Rn. 135.

415 BGHSt 40, 257, 271; kritisch *Jescheck/Weigend*, Lehrbuch des Strafrechts Allgemeiner Teil, § 60 II 2, der davon ausgeht, dass die Formel bei Unterlassungsdelikten nicht weiterhelfe.

416 *Hillenkamp*, in: Leipziger Kommentar, § 22, Rn. 142.

417 *Stree/Bosch*, in: Schönke/Schröder, 29. Aufl, Vorbem. zu §§ 13 ff , Rn. 134.

418 Fischer, Vor § 13, Rn. 16; *Stree/Bosch*, in: Schönke/Schröder, 29. Aufl, Vorbem. zu §§ 13 ff. Rn. 135; *Zieschang*, Strafrecht AT, Rn. 524.

eingreift, der zum Vorliegen des objektiven Tatbestandes führt.[419] Zu der Einordnung eines Tatbestands als echtes oder unechtes Unterlassungsdelikt werden verschiedene Ansichten vertreten.[420] Diese führen, wie oben bereits angesprochen, bei der Steuerhinterziehung dazu, dass, je nachdem welcher Ansicht man folgt, die beiden Tatbestandsalternativen gemäß § 370 Abs. 1 Nr. 2, 3 AO echte oder unechte Unterlassungsdelikte darstellen können.[421] Ob diese Unterscheidung für die vorliegende Arbeit relevant ist, kann erst nach einer Auseinandersetzung mit den verschiedenen Ansätzen zur Abgrenzung im Bereich der echten und der unechten Unterlassungsdelikte beurteilt werden.

#### a) *Versuchsbeginn bei den unechten Unterlassungsdelikten*

Grundsätzlich unumstritten ist, dass ein unmittelbares Ansetzen beim Unterlassungsdelikt in dem Moment der Pflichtverletzung beginnt.[422] Problematisch ist aber, wann von einer solchen Pflichtwidrigkeit auszugehen ist. Hierzu werden verschiedene Ansätze vertreten.

##### aa) Theorie vom Verstreichenlassen der ersten Eingriffsmöglichkeit

Ein Versuch wird nach diesem Ansatz schon dann angenommen, wenn der Täter die erste Möglichkeit zur Erfolgsabwendung verstreichen lässt.[423] Zumeist wird hierbei auf den Zeitpunkt der Pflichtwidrigkeit abgestellt.[424] Nach *Maihofer* gibt es auch beim Versuch des Unterlassens einen Zeitraum und nicht nur einen Zeitpunkt, der das Versuchsstadium ausmacht.[425] Dieses Stadium beginne mit dem Zeitpunkt, in dem Täter dem Handlungsgebot nicht unverzüglich nachkomme und ende in dem Moment, in dem die Handlung nicht mehr rechtzeitig sei. Nach *Schröder* müsse der Täter beim bloßen Zuwarten noch den Beginn einer Gefahr

---

419 *Möller/Retemeyer*, in: Bender/Möller/Retemeyer, B I, Rn. 20; *Stree/Bosch*, in: Schönke/Schröder, 29. Aufl, Vorbem. zu §§ 13 ff., Rn. 135.

420 Siehe zum Streitstand: *Roxin*, Strafrecht, Allgmeiner Teil II, § 31, Rn. 16 ff.

421 Vgl. 27 f.; vgl. auch *Hellmann*, in: H/H/Sp, § 370 AO, Rn. 92, der darstellt, welche Ansichten bei der Steuerhinterziehung zur Annahme eines echten oder unechten Unterlassungsdeliktes führen.

422 Ebenso *Vehling*, Die Abgrenzung von Vorbereitung und Versuch, S. 158.

423 *Herzberg*, MDR 1973, 89, 96, der diese Auffassung in *Herzberg*, JuS 1985, 1, 6 aufgegeben hat; *Lönnies*, NJW 1962, 1950, 1951; *Maihofer*, GA 1958, 289, 294, 298 f.; *Schröder*, JuS 1962, 81, 86.

424 *Lönnies*, NJW 1962, 1950, 1951; *Maihofer*, GA 1958, 289, 294, 298 f.; *Schröder*, JuS 1962, 81, 86.

425 *Maihofer*, GA 1958, 289, 294, 298.

oder eine Erhöhung der Gefahr verursachen, um von einem Versuch ausgehen zu können.[426] Falls der Täter sich in dieser Phase doch noch umentscheide und die gebotene Handlung vornehme, so wäre er aufgrund der Rücktrittsregelungen straffrei.[427] Die Vertreter dieser Ansicht halten auch beim Unterlassen einen unbeendeten Versuch für möglich.[428]

*Herzberg* hält das Kriterium des Beginns der Pflichtwidrigkeit zur Abgrenzung von Vorbereitung und Versuch dagegen für ungeeignet. Es bleibe unklar, wann denn von einem Beginn der Pflichtwidrigkeit auszugehen sei.[429] Das bloße Zuwarten werde von denjenigen, die auf den Beginn der Pflichtwidrigkeit abstellen, ohne das Hinzukommen von Gefahr, noch nicht als Versuch gewertet. Allerdings könne es doch immer sein, dass der Unterlassungstäter direkt nach Verstreichen der ersten Eingriffsmöglichkeit stirbt oder er handlungsunfähig wird und dann wäre die erste zugleich die letzte gewesen. Bei den Begehungsdelikten könne unter Verwendung dieser Argumentation, auch wenn noch keine unmittelbare Gefahr vorliegt, ein strafbarer Versuch bejaht werden. Aus diesem Grunde stellt *Herzberg* zur Bestimmung des Versuchsbeginns vielmehr auf die Vergleichbarkeit des Unterlassungs- mit dem Begehungsdelikt ab.[430] Wenn ein Garant die Gefahr erkenne und sich dazu entschließe, den Erfolg nicht zu verhindern, so sei er in der gleichen Situation wie der Begehungstäter, der schon alles zur Tatbestandsverwirklichung Erforderliche getan hat und nur noch abwartet.[431] Der Unterlassungstäter müsse so behandelt werden, als ob er die Situation vorsätzlich geschaffen habe und wie der Begehungstäter in dieser Situation wegen Versuchs bestraft werden. Hieraus ergibt sich für *Herzberg* auch, dass der Unterlassungsversuch immer nur einen beendeten Versuch darstellen kann.[432]

#### bb) Theorie vom Verstreichenlassen der letzten Eingriffsmöglichkeit

Nach diesem Ansatz kann ein Versuch erst in dem Moment angenommen werden, in dem der Täter die letzte Möglichkeit zur Verhinderung des tatbestandlichen

---

426 *Schönke/Schröder*, 16. Aufl, Vorbem. § 43, Rn. 10 ff.
427 *Maihofer*, GA 1958, 289, 294, 298.
428 *Lönnies*, NJW 1962, 1950, 1951; *Maihofer*, GA 1958, 289, 293 ff.; *Schröder*, JuS 1962, 81, 86.
429 *Herzberg*, MDR 1973, 89, 91.
430 *Herzberg*, MDR 1973, 89, 91.
431 *Herzberg*, MDR 1973, 89, 93.
432 *Herzberg*, MDR 1973, 89, 93.

Erfolges verstreichen lässt.[433] Die Annahme, dass ein früheres Unterlassen den Beginn des Versuchs darstellen könne, würde zu einem Gesinnungsstrafrecht führen.[434] Der Grund hierfür wird darin gesehen, dass das Verhalten des Unterlassungstäters sich nicht als eine Einheit begreifen lässt, die mit den Versuchsstadien verglichen werden könnte, sondern dass es sich um viele einzelne Unterlassungen der Abwendung der Tatbestandsverwirklichung handelt.[435] Jede Handlung die den Erfolg verhindern würde, würde zwar dem Gesetz gerecht werden, die einzelnen Unterlassungen vor der letzten Eingriffsmöglichkeit jedoch seien noch nicht tatbestandsmäßig, da von Gesetzes wegen nur verlangt werde, dass der Erfolg überhaupt verhindert werde.[436] Allein die letzte Handlungsmöglichkeit zur Erfolgsabwendung sei von Gesetzes wegen geboten. Nach diesem Ansatz sind die vor der letzten Eingriffsmöglichkeit liegenden Unterlassungen nicht einmal mehr vergleichbar mit den Vorbereitungshandlungen bei den Begehungsdelikten.[437] Durch eine Vorbereitungshandlung wird eine Bedingung für die spätere Tatbestandsverwirklichung gesetzt. Da die vorherigen Unterlassungen aber gerade keine zwingenden Voraussetzungen der Erfolgsabwendung seien, können sie somit auch nicht mit den Vorbereitungshandlungen beim Begehungsdelikt gleichgesetzt werden.[438] Es kann danach immer nur einen beendeten, aber nie einen unbeendeten Versuch geben, da Beginn und Abschluss des Versuchs nur zusammenfallen können.[439]

Auf einen etwas früheren Zeitpunkt, nämlich auf das Stadium vor der letzten Abwendungsmöglichkeit, stellt der neuere Ansatz von *Küper* ab.[440] Er leitet den Versuchsbeginn aus dem Blickwinkel der letzten Erfolgsabwendungschance ab.[441] Wenn die Tat mit dem Unterlassen der letztmöglichen Handlung zur Erfolgsabwendung verwirklicht sei, so müsse das Untätigbleiben in der Phase des Zulaufens auf diesen Zeitpunkt als unmittelbares Ansetzen im Sinne des § 22 StGB angesehen werden. Zur Begründung vergleicht er seinen Ansatz mit den Theorien,

433 *Kaufmann*, Die Dogmatik der Unterlassungsdelikte, S. 215; *Welzel*, Das Deutsche Strafrecht, S. 221.
434 *Kaufmann*, Die Dogmatik der Unterlassungsdelikte, S. 216.
435 *Kaufmann*, Die Dogmatik der Unterlassungsdelikte, S. 215.
436 *Kaufmann*, Die Dogmatik der Unterlassungsdelikte, S. 215; *Welzel*, Das Deutsche Strafrecht, S. 221.
437 *Kaufmann*, Die Dogmatik der Unterlassungsdelikte, S. 216.
438 *Kaufmann*, Die Dogmatik der Unterlassungsdelikte, S. 216.
439 Vgl. *Heinrich*, Strafrecht – Allgemeiner Teil, Rn. 753.
440 *Küper*, ZStW 2000, 1, 29 m. Fn. 62, 43.
441 *Küper*, ZStW 2000, 1, 29 m. Fn. 62.

die für den Versuchsbeginn bei den Unterlassungsdelikten auf die Gefährdung abstellen.[442] Der Begriff der Gefahr sei zum einen viel zu vage.[443] Zum anderen könnten die Vertreter dieser Ansichten nur mit großen Schwierigkeiten ein der Vorbereitungshandlung beim Begehungsdelikt vergleichbares Unterlassen, das seiner Ansicht nach gegeben sein muss, annehmen. Dies folge daraus, dass ein solches vorbereitendes Unterlassen schon eine Pflichtverletzung und damit auch schon eine Gefährdung beinhalten müsse. Bei einer Gefahr für das Rechtsgut würden die anderen Ansätze aber schon von einem Versuchsbeginn ausgehen.[444]

#### cc) Vermittelnde Auffassungen

Die beiden vorgenannten Extrempositionen werden dahingehend kritisiert, dass sie zu einseitig auf einen Zeitpunkt abstellen. Um besser differenzieren zu können, ziehen die folgenden Ansätze materielle Kriterien heran.

##### (1) Theorie vom Verstreichenlassen der erfolgversprechendsten Möglichkeit

*Grünwald* hat in einem Aufsatz aus dem Jahre 1959 dargelegt, dass der Versuchsbeginn nicht erst mit dem Verstreichenlassen der letzten Eingriffsmöglichkeit erfüllt sei, aber auch nicht bereits mit dem Verstreichenlassen der ersten Möglichkeit.[445] Das Abstellen allein auf das Verstreichenlassen der letzten Eingriffsmöglichkeit, werde den Fällen nicht gerecht, in denen dem Täter mehrere rettende Handlungsoptionen zur Verfügung stehen oder in denen der Täter nicht sicher erkennen kann, ob bereits die letzte Eingriffsmöglichkeit herangerückt ist. Er differenziert für die Abgrenzung grob drei unterschiedlich zu behandelnde Fallgruppen.

In der ersten Fallgruppe ist sich der Täter unsicher, ob er, wenn er die eine Rettungsmöglichkeit verstreichen lässt, noch eine weitere hat. Handelt er trotz der Ungewissheit nicht, habe er bewiesen, dass er einen der Vollendung ebenbürtigen verbrecherischen Willen besitze. Er ist mit dem Verstreichenlassen der erfolgversprechendsten Möglichkeit in das Versuchsstadium eingetreten. Diese Fälle gleichen seiner Ansicht nach den Fällen des beendeten Versuchs beim Handlungsdelikt.[446]

Die beiden anderen Fallgruppen hält *Grünwald* dagegen mit den Fällen des unbeendeten Versuchs beim Handlungsdelikt für vergleichbar. Stehen dem Täter mehrere

---

442 Vgl. hierzu 80 f.

443 *Küper*, ZStW 2000, 1, 29 m. Fn. 62.

444 *Küper*, ZStW 2000, 1, 29 m. Fn. 62.

445 *Grünwald*, JZ 1959, 46, 48.

446 *Grünwald*, JZ 1959, 46, 49.

Handlungsoptionen zur Auswahl, so liegt ein Versuch bereits dann vor, wenn die Handlung unmöglich geworden ist, die von dem Täter das geringste Opfer verlangt hätte. Als Beispiel nennt er den Fall, dass ein Ehepaar sein neugeborenes Baby im Wald liegen lässt und dann auf dem Weg nach Hause von einer Bekannten angesprochen wird, die durchschaut, was die beiden getan haben und das Baby letztendlich rettet. Der Versuch beginne hier bereits mit dem Verlassen des Babys, da dieses die leichteste Rettungsmöglichkeit dargestellt habe. Bei diesen Fällen sei Bedingung für die Annahme eines Versuchs aber, dass der Täter entschlossen war auch im weiteren Verlauf nicht tätig zu werden. Im geschilderten Fall spreche für diesen Entschluss, dass das Ehepaar gerade die ihm am leichtesten fallende Rettungshandlung unterlassen habe. In der dritten Fallgruppe unterlässt der Täter es eine von mehreren gleichartigen, zeitlich gebundenen Handlungen vorzunehmen. Als Beispiel nennt *Grünwald* den Fall, dass eine Mutter ihrem Baby die Ernährung verweigert. Diese Unterlassungen seien mit den Handlungsdelikten insofern vergleichbar, als sie aus einzelnen, aufeinander aufbauenden Akten bestehen. Allerdings stelle sich hier, wie bei den Handlungsdelikten, die Problematik der Bestimmung des Versuchsbeginns. Ein solcher könne erst angenommen werden, wenn das Opfer anfange in einem erheblichen Maße zu leiden bzw. wenn ein Höchstmaß an krimineller Energie erreicht sei. Eine allgemeingültige Grenze für den Versuchsbeginn lässt sich seiner Ansicht nach in diesen Fällen aber nicht ziehen. Auf jeden Fall sei aber auch hier erforderlich, dass der Täter entschlossen war im weiteren Verlauf nicht tätig zu werden.[447]

### (2) Theorie der unmittelbaren Rechtsgutsgefährdung[448]

Nach diesem Ansatz sind die zu den Begehungsdelikten gefundenen materiellen Kriterien sinngemäß zu übertragen, da eine sachliche Differenzierung weder notwendig noch gerechtfertigt ist.[449] Der Versuch müsse auch hier mit dem unmittelbaren Ansetzen zum Unterlassen beginnen.[450] Die Rechtsprechung und die herrschende Lehre nehmen einen Versuch immer dann an, wenn es durch das Unterlassen zu einer konkreten Gefährdung oder – bei einer schon bestehenden Gefahr – zu einer Erhöhung der Gefahr kommt.[451] Zur Bestimmung der Gefahr greifen sie auf die

---

447 *Grünwald*, JZ 1959, 46, 49.

448 So benannt nach *Heinrich*, Strafrecht – Allgemeiner Teil, Rn. 755.

449 BGH, NStZ 1995, 80, 83.

450 BGH, NStZ 1995, 80, 83.

451 BGH, NStZ 1995, 80, 83; *Eser*, in: Schönke/Schröder, § 22, Rn. 50, 51; *Kühl*, in: Lackner/Kühl, § 22, Rn. 17; *Wessels/Beulke*, Strafrecht, Allgemeiner Teil, Rn. 1043 f.; wohl auch BGHSt 38, 356, 360, wobei der BGH in der Entscheidung aber offengelassen hat, ob er sich der Ansicht anschließt, ihr aber zumindest beachtliche Gründe zu-

Vorstellung des Täters zurück.[452] So könne es z. B. sein, dass sich der Täter bereits mit dem Verstreichenlassen der ersten Rettungsmöglichkeit eines Versuchs strafbar macht, wenn das Rechtsgut in diesem Moment schon konkret gefährdet ist.[453] Als Beispiel wird hierfür der Fall genannt, dass ein kleines Kind ins Wasser fällt.

Teile der Literatur und wohl auch die Rechtsprechung wollen zudem bereits mit dem „Aus-der-Hand-geben des Kausalverlaufs" einen Versuch annehmen.[454] In diesem Moment sei bereits die oben genannte Gefahrerhöhung anzunehmen.[455] Nach *Roxin* führt das Festhalten an dem Gefährdungskriterium in den Fällen, in denen der Täter den Tatort verlässt und die Kontrolle über das Geschehen aufgibt, dazu, dass der Versuchsbeginn zu weit nach hinten verlagert werde.[456] In diesem Punkt stimmt er mit der Ansicht von *Grünwald* überein.[457] Der Täter wisse, wenn er sich entfernt habe, in den meisten Fällen nicht, wann eine unmittelbare Gefahr für das Rechtsgut eintrete.[458] Würde man trotzdem erst bei einer unmittelbaren Gefahr von einem Versuchsbeginn ausgehen, wäre der Versuchsbeginn nicht mehr an der Person des Täters festgemacht, sondern es werde auf einen zufälligen Zeitpunkt abgestellt.[459] Zudem lasse sich das Abstellen auf das Gefährdungskriterium in dieser Fallkonstellation nicht mit dem von ihm vertretenen Strafgrund der Eindruckstheorie vereinen, da schon mit dem Verlassen des Tatorts und dem damit verbundenen „Im-Stich-Lassen" des Opfers ein rechtserschütternder Eindruck eintrete und nicht erst, wenn das Opfer unmittelbar gefährdet werde.[460]

### (3) Theorie von Vehling

Einen anderen Ansatz vertritt *Vehling*. Da für ihn die strafrechtliche Beurteilung des Verhaltens von dessen Bedeutung für die „normativen Erwartungen" abhängt,

---

spricht; BGHSt 40, 257, 271 der das Kriterium der konkreten Rechtsgutsgefährdung in seinen allgemeinen Ausführungen zum Versuchsbeginn beim Unterlassen verwendet, wobei er aber auch auf den ersten Abwendungszeitpunkt abstellt, obwohl er diese Ansicht vorher ausdrücklich ablehnt.

452 BGH, NStZ 1995, 80, 83; *Eser*, in: Schönke/Schröder, § 22, Rn. 50, 51.

453 *Wessels/Beulke*, Strafrecht, Allgemeiner Teil, Rn. 1043.

454 Fischer, § 22, Rn. 33; *Roxin*, JuS 1979, 1, 12 f.; *Wessels/Beulke*, Strafrecht, Allgemeiner Teil, Rn. 1044; *Zaczyk*, Das Unrecht der versuchten Tat, S. 319; *Zaczyk*, in: NK-StGB, § 22, Rn. 64; wohl auch BGHSt 38, 356, 360.

455 BGHSt 38, 356, 360.

456 *Roxin*, JuS 1979, 1, 12.

457 Vgl. zu *Grünwalds* Ansatz 79f.

458 *Roxin*, JuS 1979, 1, 13.

459 *Roxin*, JuS 1979, 1, 10, 13.

460 *Roxin*, JuS 1979, 1, 10, 13.

mache es keinen Unterschied, ob dieses Verhalten nun ein Tun oder ein Unterlassen darstelle.[461] Er greift somit auf seine bereits oben zum Begehungsdelikt erläuterten Kriterien zurück.[462] Man müsse die Frage stellen, ob das Ausbleiben des tatbestandlichen Erfolges, bei gegebener Garantenpflicht des Täters, auf einem Zufall beruht oder ob er dem Verhalten des Täters zugerechnet werden könne.[463] Von einem Versuchsbeginn im Rahmen des Unterlassens sei demgemäß auszugehen, wenn das Unterlassen sich nicht mehr mit den aufgrund seiner sozialen Rolle und der konkreten Situation in ihn gesetzten Erwartungen zur Vermeidung des tatbestandlichen Erfolges vereinbaren lasse. Entscheidend für die Abgrenzung sei die Normwidrigkeit des Unterlassens und nicht die Kriterien der Gefahr oder der Tatherrschaft.[464] Als Beispiel nennt er den Fall, dass ein Streckenwärter einen auf den Schienen schlafenden Betrunkenen findet.[465] Existiere z. B. eine Dienstvorschrift die von ihm verlange, Menschen die sich auf den Schienen befinden unverzüglich von den Schienen zu entfernen, so beginne der Versuch bereits mit dem Verstreichenlassen der ersten Rettungsmöglichkeit. Der Streckenwärter verhalte sich ab diesem Moment nicht mehr seiner sozialen Rolle entsprechend und zeige dadurch, dass er es mit der Tötung ernst meine. Auch wenn noch keine konkrete Gefahr für den Betrunkenen vorliege, überschreite er doch das erlaubte Risiko. Existiere dagegen eine solche Vorschrift nicht, so könne der Streckenwärter innerhalb des ihm durch seine Funktion zugeschriebenen Ermessens bestimmen, zu welchem Zeitpunkt er den Betrunkenen von den Schienen ziehen möchte. Wisse er, dass der nächste Zug erst Stunden nach seinem Dienstschluss komme, so könne er bis zum Dienstschluss auch noch andere Tätigkeiten verrichten und dann, nachdem er dem übernehmenden Kollegen von dem Betrunkenen auf den Schienen berichtet hat, auch den Ort verlassen, ohne dass er die Grenze zum Versuch überschreite.[466] Er hat seine „Zuständigkeit" für den Betrunkenen wirksam auf den Kollegen verlagert. Die Grenze zum Versuch sei selbst dann nicht überschritten, wenn in der Zwischenzeit ein Zug, von dessen Ankunft der Streckenwärter kraft seiner Funktion nichts hätte wissen müssen, den Betrunkenen überfahren hat.[467]

461 *Vehling*, Die Abgrenzung von Vorbereitung und Versuch, S. 163.
462 Vgl. zu *Vehlings* Abgrenzungstheorie und -kriterien bei den Begehungsdelikten 64 f.
463 *Vehling*, Die Abgrenzung von Vorbereitung und Versuch, S. 163.
464 *Vehling*, Die Abgrenzung von Vorbereitung und Versuch, S. 165.
465 *Vehling*, Die Abgrenzung von Vorbereitung und Versuch, S. 164.
466 *Vehling*, Die Abgrenzung von Vorbereitung und Versuch, S. 165.
467 *Vehling*, Die Abgrenzung von Vorbereitung und Versuch, S. 165.

### dd) Stellungnahme

Stellt man auf das Verstreichenlassen der ersten Eingriffsmöglichkeit ab, bietet dies, durch die Verpflichtung zum direkten Eingreifen, wohl den besten Rechtsgüterschutz. Allerdings rückt die Versuchsstrafbarkeit durch die hierdurch bedingte weite Vorverlagerung zu sehr in die Nähe des Gesinnungsstrafrechts.[468] Zudem führt dieser Ansatz, wie *Heinrich* richtig feststellt, dazu, dass das Unterlassen einer, wegen fehlender Rechtsgutsgefährdung nicht gebotenen Handlung, ein strafbares Verhalten darstellt.[469] Dem Täter verbleibt in diesen Fällen zwar noch die Möglichkeit des Rücktritts, allerdings kann dieser z. B. an der fehlenden Freiwilligkeit oder an dem vorherigen Einschreiten eines Dritten scheitern. Der Täter der davon ausgeht, dass er das Opfer später noch ohne Gefährdung retten könne, wird zu schnell in die Strafbarkeit gedrängt. Das wird insbesondere an dem Fall deutlich, in dem die Mutter erstmalig das Füttern ihres Babys unterlässt. Das einmalige Unterlassen führt noch nicht zu einer Gefährdung der Gesundheit des Babys und die Mutter kann diese noch problemlos jederzeit nachholen.

Dagegen würde ein Abstellen auf das Verstreichenlassen der letzten Eingriffsmöglichkeit im Sinne eines effektiven Rechtsgüterschutzes zu spät ansetzen.[470] Das unmittelbare Eintreten der Vollendung, würde zudem bewirken, dass es kaum noch Versuche gibt. Sollte doch ausnahmsweise ein Versuch vorliegen, so kann es sich grundsätzlich nur um einen beendeten Versuch handeln, während § 24 Abs. 1 S. 1 Alt. 1 StGB explizit die Möglichkeit des unbeendeten Versuchs vorsieht. Des Weiteren führt ein solcher Ansatz dazu, dass prinzipiell nur noch untaugliche oder fehlgeschlagene Versuche möglich sind. Der Rücktritt von diesen Versuchen ist allerdings nur sehr beschränkt möglich, so dass der Täter nach diesem Ansatz weitestgehend seiner Rücktrittsmöglichkeiten „beraubt" wird.[471] Da § 24 StGB aber nicht allein auf die Rücktrittsmöglichkeit des Versuchs beim Handlungsdelikt beschränkt ist, ist davon auszugehen, dass der Gesetzgeber auch beim Versuch eines unechten Unterlassungsdelikts die Rücktrittsoption geben wollte.[472] Zudem unterliegt der Ansatz auch einem Irrtum, indem er davon ausgeht, dass allein die Erfolgsabwendung von Gesetzes wegen verlangt sei. Bei Garantenpflichten ist be-

---

468 So auch *Heinrich*, Strafrecht – Allgemeiner Teil, Rn. 754; *Kühl*, Strafrecht, Allgemeiner Teil, § 18, Rn. 146.

469 *Heinrich*, Strafrecht – Allgemeiner Teil, Rn. 754.

470 So auch *Heinrich*, Strafrecht – Allgemeiner Teil, Rn. 753.

471 Vgl. *Heinrich*, Strafrecht – Allgemeiner Teil, Rn. 753; *Hillenkamp*, in: Leipziger Kommentar, § 22, Rn. 144.

472 Vgl. *Heinrich*, Strafrecht – Allgemeiner Teil, S. 753.

reits die Abwendung einer Gefährdung notwendig[473], die zumeist schon vor der letzten Eingriffsmöglichkeit gegeben sein wird.[474] Letztendlich gibt der Bundesgerichtshof zu Recht zu bedenken, dass der Zeitpunkt der letztmöglichen Rettung oft nicht eindeutig zu bestimmen und folglich das Kriterium zur Abgrenzung wenig geeignet sei.[475] Er verweist dazu auf den ihm vorliegenden Fall, in dem ein Arzt und der Sohn des Opfers, das irreversibel schwerst cerebral geschädigt war, beschlossen, die Sonderernährung einzustellen und dem Opfer nur noch Tee zu verabreichen, um den Tod herbeizuführen. Die Angeklagten waren von zwei bis drei Wochen bis zum Todeseintritt ausgegangen, allerdings hätte der Tod angesichts des Alters und des gesundheitlichen Zustands des Opfers auch ohne das Hinzutreten von Komplikationen bereits früher eintreten können. Der Eintritt des Todes und damit auch der Zeitpunkt der letzten Rettungsmöglichkeit waren hier ungewiss.

*Küpers* Ansatz, das unmittelbare Ansetzen in der Phase des Zulaufens auf diesen Zeitpunkt anzunehmen, erscheint zwar insofern überzeugend, als dass er nicht auf einen starren Zeitpunkt abstellt und dem Täter zudem noch die Rücktrittsoption eröffnet. Auch orientiert er sich am Wortlaut des § 22 StGB. Der Begriff des „Zulaufens auf das Verstreichenlassen der letzten Erfolgsabwendungschance" ist aber, gerade bei einer so wichtigen Frage die zwischen Strafbarkeit und Straflosigkeit entscheidet, wenig präzise. Es bleibt fraglich, wann denn dieses Zulaufen beginnen soll. Ist es zeitlich zu verstehen oder müssen bestimmte äußere Umstände eingetreten sein, um es annehmen zu können? Egal, welche Variante nun zutrifft, der Ansatz lässt offen, welche Umstände vorliegen müssen bzw. welcher Zeitraum notwendig ist. Auch die von *Küper* verwandte Formulierung des „unmittelbaren Bevorstehens" der letzten Erfolgsabwendungschance vermag keine weitere Bestimmtheit zu geben, da hier im Endeffekt nur der Gesetzeswortlaut wiederholt wird.

Trotz seiner Differenzierungen leidet der Ansatz von *Grünwald* an einem ähnlichen Mangel. So ist schon fraglich, worin der Gewinn des Begriffs der „größten Erfolgschance" gegenüber dem des „Verstreichenlassens der ersten Eingriffsmöglichkeit" liegt. Wie der Bundesgerichtshof bereits richtig festgestellt hat, hat die erste Eingriffsmöglichkeit auch immer die größte Erfolgschance, da immer Unwägbarkeiten den Erfolg späterer Handlungen verhindern können.[476] Im Endeffekt stellt damit auch er nur auf das Verstreichenlassen der ersten Eingriffsmöglichkeit ab. Die

473 *Freund*, in: MüKo-StGB, § 13, Rn. 168 ff.*Kühl*, Strafrecht, Allgemeiner Teil, § 18, Rn. 147; *Stree/Bosch*, in: Schönke/Schröder, 29. Aufl, § 13, Rn. 9.

474 So auch *Heinrich*, Strafrecht – Allgemeiner Teil, Rn. 753; *Kühl*, Strafrecht, Allgemeiner Teil, § 18, Rn. 147.

475 BGH, NStZ 1995, 80, 82.

476 BGH, NStZ 1995, 80, 83.

oben gegen diese Auffassung hervorgebrachten Argumente können damit ebenfalls gegen den Ansatz von *Grünwald* eingewendet werden. Aber auch die Formel des Verstreichenlassens der „Möglichkeit, die das geringste Opfer vom Täter fordert“, welche teilweise von *Grünwald* herangezogen wird, ist nicht eindeutig und erinnert ebenfalls sehr an das „Verstreichenlassen der ersten Eingriffsmöglichkeit“. Zu unbestimmt sind zudem seine weiteren Kriterien des „Leidens in erheblichem Maße“ und des „Höchstmaßes an krimineller Energie“. Wann ein Leiden in erheblichem Maße vorliegt, hängt stark von der subjektiven Sichtweise des Beurteilenden ab und lässt damit einen großen Beurteilungsspielraum zu. Genauso verhält es sich mit dem Kriterium des „Höchstmaßes an krimineller Energie“.

Das von *Vehling* angenommene generelle Ausscheiden eines Versuchs bei sozialadäquatem Verhalten ist allein schon wegen der vom ihm beispielhaft aufgezeigten divergierenden Ergebnisse zum Versuchsbeginn, die allein vom Vorliegen einer Dienstvorschrift abhängen, unbefriedigend. So wird der Versuchsbeginn in der zweiten Fallvariante, in der keine Dienstvorschrift existiert, viel zu weit nach hinten verlagert bzw. sogar gar nicht erst angenommen und dies, obwohl der Streckenwärter über einen langen Zeitraum hinweg die Rettungsmöglichkeiten verstreichen lässt und der Betrunkene überfahren wird. Diese Abgrenzung von Vorbereitung und Versuch widerspricht einem effektiven Rechtsgüterschutz. In der ersten Fallvariante entspricht der von *Vehling* angesetzte Versuchsbeginn dagegen dem der Theorie über das „Verstreichenlassen der ersten Rettungsmöglichkeit“ und unterliegt damit den gleichen Bedenken. Problematisch ist zudem, dass ein Dritter durch das Aufstellen von Dienstvorschriften über den Versuchsbeginn bestimmen kann. So kann es sein, dass der Bahnstreckenwärter in dem einen Ort bei dem gleichen Geschehen straflos aus der Sache hervorgeht, obwohl das Opfer verstirbt, während in einem anderen Ort der Bahnstreckenwärter trotz fehlender Gefährdung des Opfers wegen Versuchs bestraft wird. Die unterschiedliche Behandlung der beiden Fälle muss als ungerecht empfunden werden und ist dementsprechend auch in kriminalpolitischer Hinsicht nicht befriedigend.

Letztendlich führen nur die Kriterien der „unmittelbaren Rechtsgutsgefährdung“ und des „Aus-der-Hand-Gebens des Geschehens“ zu einem befriedigenden Ergebnis. Die Garantenpflicht dient, wie oben bereits erwähnt, schon der Abwendung einer Gefährdung für das Rechtsgut, so dass eine Handlung in dem Moment rechtlich geboten ist, in dem das Rechtsgut einer unmittelbaren Gefährdung ausgesetzt ist.[477] Das Abstellen auf eine konkrete Gefährdung zur Ermitt-

477 Vgl. auch *Freund*, in: MüKo-StGB, § 13, Rn. 168 ff.; *Heinrich*, Strafrecht – Allgemeiner Teil, Rn. 755; *Kühl*, Strafrecht, Allgemeiner Teil, § 18, Rn. 147; *Stree/Bosch*, in: Schönke/Schröder, 29. Aufl., § 13, Rn. 9.

lung des Versuchsbeginns im Rahmen des Unterlassens stimmt somit mit dem Moment überein, in welchem der Garant verpflichtet ist spätestens einzugreifen.

Gibt der Täter das Geschehen allerdings bereits vorher aus der Hand, ist schon in diesem Punkt von einem Versuch auszugehen. Dafür spricht zum einen, dass in diesem Moment die Gefahr einer Hinderung des Täters an einer Erfolgsabwendung steigt und das Opfer dem Zufall überlassen wird. Zudem würde der Täter die Möglichkeit erhalten sich später auf seine fehlende Erfolgsabwendungsmöglichkeit zu berufen, so dass er ebenfalls straflos wäre. Zum anderen erscheint es auch aus kriminalpolitischer Sicht nur schwer vertretbar in diesen Fällen keinen Versuch anzunehmen. So ist es nicht nachvollziehbar, dass wenn der Täter fest entschlossen ist, den Erfolg nicht abzuwenden, es diesem zugutekommen soll, dass die Tat durch das Eingreifen Dritter noch rechtzeitig verhindert werden kann. Dieses Ergebnis wäre nicht mit der zum beendeten Versuch bei den Handlungsdelikten gefundenen Lösung zu vereinbaren, bei welcher ebenfalls auf das Kriterium des „Aus-der-Hand-geben des Geschehens" zurückzugreifen ist.[478] Wenn derjenige wegen eines Versuchs strafbar ist, der eine Bombe im Flugzeug platziert und danach den Flughafen verlässt, so muss auch derjenige strafbar sein, der z. B. als Sicherheitsbeamter die Bombe entdeckt und mit dem Vorsatz sie explodieren zu lassen den Fund nicht mitteilt und weggeht.[479]

### b) *Versuchsbeginn bei den echten Unterlassungsdelikten*

Zur Beurteilung des Versuchsbeginns bei den echten Unterlassungsdelikten ist zu unterscheiden zwischen solchen die zugleich Erfolgsdelikt und solchen die ein reines Untätigbleiben erfordern. Ist das echte Unterlassungsdelikt zugleich ein Erfolgsdelikt, wie z. B. bei der Rechtsbeugung durch Unterlassen gemäß § 339 StGB oder des Imstichlassens gemäß § 221 Abs. 1 Nr. 2 StGB so gelten die zum Versuchsbeginn beim unechten Unterlassungsdelikt dargestellten Ansätze.[480] Handelt es sich dagegen um ein reines Untätigkeitsdelikt, wie dies beispielsweise bei der unterlassenen Hilfeleistung gemäß § 323c StGB der Fall ist, so dürfte ein tauglicher Versuch in der Regel nicht möglich sein, da mit dem Unterlassen bei bestehender Handlungspflicht direkt Vollendung eintritt.[481] Zumeist ist der Ver-

---

478 Vgl. 57, 74.

479 Vgl. *Roxin*, Strafrecht, Allgmeiner Teil II, § 29, Rn. 287.

480 *Eser*, in: Schönke/Schröder, § 22, Rn. 53; *Hillenkamp*, in: Leipziger Kommentar, § 22, Rn. 152; *Roxin*, Strafrecht, Allgmeiner Teil II, § 29, Rn. 294; zu den Ansätzen vgl. 76 ff.

481 *Eser*, in: Schönke/Schröder, § 22, Rn. 53; *Hillenkamp*, in: Leipziger Kommentar, § 22, Rn. 152; die Möglichkeit eines tauglichen Versuchs ausschließend Fischer,

such bei diesen Delikten auch nicht unter Strafe gestellt.[482] Sollte man doch bei einem reinen Untätigkeitsdelikt einen tauglichen Versuch für möglich halten, wie es teilweise beim Bankrott gemäß § 283 Abs. 3 i. V. m. Abs. 1 Nr. 5, 7 lit. b StGB angenommen wird[483], so ist, wie bei den Erfolgsdelikten, für die Abgrenzung auf die unmittelbare Rechtsgutsgefährdung abzustellen.[484]

*c) Ergebnis*

Bei der Abgrenzung des Versuchs von der Vorbereitung ist die Unterscheidung zwischen echten und unechten Unterlassungsdelikten nur dann relevant, wenn es sich bei dem Unterlassungsdelikt um ein reines Untätigkeitsdelikt handelt. Wie oben aber bereits dargelegt wurde, handelt es sich bei der Steuerhinterziehung in jeder seiner Varianten und damit auch bei den Unterlassungsvarianten, um ein Erfolgsdelikt.[485] Da in den Fällen, in denen ein echtes Unterlassungsdelikt zugleich ein Erfolgsdelikt darstellt, die gleichen Abgrenzungstheorien zur Anwendung kommen wie in den Fällen des Vorliegen eines unechten Unterlassungsdelikts, ist es für diese Arbeit nicht relevant, ob man die Unterlassungsvarianten der Steuerhinterziehung als echte oder unechte Unterlassungsdelikte einordnet.

## III. Abgrenzung Versuch und Vollendung

Abstrakt, also unabhängig vom konkreten Delikt gesehen, lässt sich die Abgrenzung von Versuch und Vollendung einfach dadurch vornehmen, dass überprüft wird, ob alle Tatbestandsvoraussetzungen gegeben sind oder nicht. Liegen sie vor, so ist die Tat vollendet.[486] Liegen sie nicht vor, so befindet sich die Tat noch im Versuchsstadium, wenn der Tatentschluss gegeben ist. Die Abgrenzungskriterien sind eindeutig und klar formuliert und folglich unstreitig.

In Bezug auf die zwei großen Tatbestandskategorien der Erfolgs- und der Tätigkeitsdelikte kann der Vollendungszeitpunkt noch weiter konkretisiert werden. Die Tätigkeitsdelikte sind danach bereits mit der bloßen Vornahme der Handlung voll-

§ 22, Rn. 34; *Jescheck/Weigend*, Lehrbuch des Strafrechts Allgemeiner Teil, § 60 II 1; *Roxin*, Strafrecht, Allgmeiner Teil II, § 29, Rn. 294.

482 *Hillenkamp,* in: Leipziger Kommentar, § 22 StGB, Rn. 152.

483 *Tiedemann,* in: LK-StGB, 12. Aufl., § 283, Rn. 151; wohl auch *Zaczyk,* in: NK-StGB, § 22, Rn. 59; a.A. BGH, NStZ 1992, 182; *Heine/Schuster,* in: Schönke/Schröder, 29. Aufl, § 283, Rn. 47 m.w.N.

484 *Zaczyk,* in: NK-StGB, § 22, Rn. 59.

485 *Schmitz/Wulf,* in: MüKo-StGB, § 370 AO, Rn. 11; vgl. auch 26.

486 Problematisch ist die Abgrenzung der Vollendung zur Beendigung, worauf aber wegen der fehlenden Bedeutung für diese Arbeit nicht weiter eingegangen werden soll.

endet.[487] Bei Unterlassungsdelikten, die sich in einer bloßen Untätigkeit erschöpfen, also keinen konkreten Erfolg erfordern, wird grundsätzlich ein unverzügliches Handeln gefordert, so dass hier von einer Vollendung bei Nichtvornahme auszugehen ist.[488] Bei den Erfolgsdelikten, wie der Steuerhinterziehung, muss unabhängig davon, ob es sich um ein Unterlassen oder ein Tun handelt, der Erfolg eingetreten sein, um eine Vollendung annehmen zu können.[489] Bei den Verletzungsdelikten muss es somit zur Rechtsgutsverletzung und bei den Gefährdungsdelikten zur Rechtsgutsgefährdung gekommen sein.[490] Dabei hindert ein Zurückbleiben hinter dem vom Täter angestrebten Erfolg die Vollendung nicht, solange der eingetretene Erfolg tatbestandsmäßig ist.[491]

Endgültig kann die Vollendung aber – wie der Versuchsbeginn – nur in Verbindung mit dem konkreten Tatbestand bestimmt werden. Da es hierfür entscheidend auf die Auslegung der einzelnen Tatbestandsmerkmale ankommt, handelt es sich mehr um eine Frage des Besonderen Teils des Strafrechts als um eine des Allgemeinen Teils.[492] Trotz der eindeutigen abstrakten Abgrenzungskriterien treten Probleme auf. Der Grund hierfür ist, dass beim konkreten Tatbestand oft umstritten ist, wann von einem Vorliegen der jeweiligen Tatbestandsvoraussetzung ausgegangen werden kann. So waren und sind in der Praxis beispielsweise die Tatbestandsmerkmale des Schadens bei § 263 StGB und des Nachteils bei § 266 StGB höchst problematisch. Die Rechtsprechung und das herrschende Schrifttum setzen beim Betrug und bei der Untreue teilweise eine schadensgleichen Vermögensgefährdung mit dem Schaden/Nachteil gleich.[493] Insbesondere bei der Untreue wurden und werden angesichts ihres äußerst weiten Tatbestands Bedenken gegen eine unveränderte Übernahme des im Bereich des Betrugs entwickelten Begriffs der schadensgleichen Vermögensgefährdung geäußert.[494] Als problematisch galt vor allem, dass die Rechtsprechung eine konkrete Bezifferung des Gefährdungsschadens nach anerkannten Bewertungsmaßstäben nicht immer für erforderlich hielt.[495] Dieser Praxis hat das Bundesverfassungsgericht in seinem

---

487 Fischer, § 22, Rn. 4.

488 *Hillenkamp,* in: Leipziger Kommentar, Vor § 22, Rn. 18; § 22, Rn. 152.

489 Fischer, § 22, Rn. 4.

490 *Hillenkamp,* in: Leipziger Kommentar, Vor § 22, Rn. 18.

491 Fischer, § 22, Rn. 4; *Hillenkamp,* in: Leipziger Kommentar, Vor § 22, Rn. 18.

492 *Beckemper/Cornelius*, in: BeckOK StGB, § 22, Rn. 10.

493 Ständige Rechtsprechung: BGHSt 20, 304 f.; BGH NJW 1999, 1489, 1491; BGH, NJW 2008, 1827, 1829; *Perron,* in: Schönke/Schröder, 29. Aufl, § 266, Rn. 45 m.w.N.; krit. *Dierlamm,* in: MüKo-StGB, § 266 StGB, Rn. 211.

494 BGH, NJW 2007, 1760, 1766.

495 RGSt 66, 255, 262; BGH, NJW 1975, 1234, 1236.

Beschluss aus dem Jahre 2010 in Bezug auf den Nachteil bei § 266 StGB Einhalt geboten.[496] Ein solcher Verzicht auf die Ermittlung sei geeignet die selbstständige, strafbarkeitsbegründende Funktion des Nachteils herabzusetzen und damit auch die gesetzgeberische Entscheidung gegen eine Versuchsstrafbarkeit zu unterlaufen. Normative Erwägungen dürfen zur Bestimmung des Schadens herangezogen werden, aber nicht wirtschaftliche Überlegungen verdrängen.[497] Das Bundesverfassungsgericht verlangt aus diesem Grunde im Hinblick auf das Bestimmtheitsgebot des Art. 103 Abs. 2 GG im Rahmen eines Gefährdungsschadens die konkrete Bezifferung des Nachteils. Die Ermittlung muss anhand von anerkannten kaufmännischen Bewertungsmaßstäben erfolgen und in den Urteilsgründen in wirtschaftlich nachvollziehbarer Weise dargelegt werden. Bei komplexen Analysen hält das Bundesverfassungsgericht die Hinzuziehung eines Sachverständigen für erforderlich. Der Bundesgerichtshof hat die in dem Beschluss aufgestellten Grundsätze, nicht nur für die Untreue übernommen, sondern wendet sie, obwohl es der Beschluss des Bundesverfassungsgerichts nicht ausdrücklich fordert, auch auf die Fälle des vermögensgleichen Gefährdungsschadens beim Betrug an.[498] So sehr die Entscheidung auch insofern zu begrüßen ist, als dass sie etwas zur Konkretisierung der Tatbestandsmerkmale beitragen konnte, so sind hierdurch auch neue Unsicherheiten entstanden. Zweifelhaft ist nun beispielsweise, ob und inwieweit der Eintritt eines Schadens bzw. Nachteils noch nach den Grundsätzen des persönlichen Schadenseinschlags begründet werden kann.[499] Die Tatbestandsmerkmale bleiben somit weiterhin problematisch.

## C. Zwischenergebnis für den 1. Teil

Ziel dieses Teils war es die notwendigen Grundlagen zur Beurteilung der Abgrenzung des Versuchs von der Vorbereitung und der Vollendung im Bereich der Steuerhinterziehung aufzuzeigen. Es wurde deutlich, dass die Abgrenzung des Versuchs von der Vorbereitung bei Handlungs- und Unterlassungsdelikten höchst problematisch ist und viele verschiedene Lösungsansätze existieren. Bei der Abgrenzung im Bereich der Handlungsdelikte führt allerdings allein der Rückgriff auf eine Kombination verschiedener Kriterien zu einem befriedigenden Ergebnis, wobei dem Kriterium der

496 BVerfG, NStZ 2010, 626, 629.

497 So jetzt auch BGH NStZ 2011, 37, 39.

498 BGH, NJW 2011, 2675, 2676; BGH, NStZ 2013, 37, 38.

499 Vgl. BGH NStZ 2014, 318, 320; *Dierlamm*, in: MüKo-StGB, § 266 StGB, Rn. 208; *Schmidt*, NJW 2015, 284 ff.

wesentlichen Zwischenschritte grundsätzlich der Vorrang einzuräumen ist.[500] Bei beendeten Versuchen und Distanzdelikten ist zur Ergänzung jedoch insbesondere auf das Merkmal des „Aus-der-Hand-Geben des Geschehens" zurückzugreifen. Im Bereich der Unterlassungsdelikte hat sich gezeigt, dass sich das Kriterium der unmittelbaren Rechtsgutsgefährdung am besten zur Abgrenzung eignet.[501] Gibt der Täter das Geschehen allerdings schon vorher aus der Hand, so ist auch bei den Unterlassungsdelikten bereits in diesem Moment von einem Versuch auszugehen. Im weiteren Verlauf wird nun zu prüfen sein, ob Rechtsprechung und Literatur sich bei der Handlungs- (§ 370 Abs. 1 Nr. 1 AO) und den Unterlassungsalternativen (§ 370 Abs. 1 Nr. 2, 3 AO) der Steuerhinterziehung dieser Kriterien bedienen und damit zu angemessenen Ergebnissen gelangen. Bei der Abgrenzung zu berücksichtigen sind auch die aufgezeigten – als Ordnungswidrigkeiten normierten – Vorbereitungshandlungen, da diese mögliche „Sanktionslücken" verhindern können.[502]

Bei der Abgrenzung des Versuchs von der Vollendung ergeben sich die Probleme demgegenüber nicht so sehr bei der allgemeinen Beurteilung, sondern vielmehr im Zusammenhang mit dem konkreten Tatbestand.[503] Im Rahmen der Steuerhinterziehung wird sich insbesondere die Bestimmung der Taterfolge als schwierig erweisen. Es hat sich gezeigt, dass es schon für die Unterscheidung der Steuerverkürzung von der Erlangung eines ungerechtfertigten Steuervorteils verschiedene Ansätze gibt, wobei sich die Abgrenzung am besten über eine Definition des Steuervorteils bestehend aus verschiedenen Annahmen vornehmen lässt.[504] Zum anderen ist die getroffene Einschätzung der Steuerhinterziehung als Gefährdungsdelikt insbesondere wegen des in § 370 Abs. 4 S. 3 AO geregelten Kompensationsverbots ebenfalls nicht unumstritten und hat damit Auswirkungen auf den Vollendungszeitpunkt.[505]

500 Vgl. oben 67 ff.
501 Vgl. oben 83 ff., 86.
502 Vgl. oben 40 ff.
503 Vgl. oben 87 ff.
504 Vgl. oben 30 ff., 34 f.
505 Vgl. oben 27 ff. und zum Kompernsationsverbot 23 ff.

# 2. Teil Vorbereitung, Versuch und Vollendung bei der Steuerhinterziehung

Im Folgenden wird die Abgrenzung der verschiedenen Verwirklichungsstufen bei der Steuerhinterziehung näher untersucht. Zum einen sollen für bestimmte Steuerarten Abgrenzungsgrundsätze entwickelt und gleichzeitig auf besondere Fallgestaltungen bei diesen Steuerarten eingegangen werden. Zum anderen werden gemeinsame tatbestandsalternativen- und steuerübergreifende Fallgruppen erläutert. Wie oben schon im ersten Teil dargelegt wurde, sollte bei der Abgrenzung der Verwirklichungsstufen im Rahmen der Steuerhinterziehung wegen der unterschiedlichen Verfahren und Mitwirkungspflichten zwischen Veranlagungs- und Anmeldungssteuern unterschieden werden.[506] Es ist zudem sinnvoll die Tatbestandsalternative der Nichtverwendung von Steuerzeichen und Steuerstemplern (§ 370 Abs. 1 Nr. 3 AO) sowie die Einfuhrabgaben (§§ 3 Abs. 3, 369 Abs. 1 AO) ebenfalls gesondert zu behandeln. So regelt die dritte Tatbestandsvariante des § 370 AO einen Sonderfall der Steuerhinterziehung.[507] Einfuhrabgaben unterliegen, im Gegensatz zu den anderen Steuern, größtenteils nicht dem deutschen, sondern dem europäischen Recht. Diese Besonderheiten und die sich daraus ergebenden Unterschiede, die zur gesonderten Behandlung führen, werden in den jeweiligen Abschnitten näher erläutert.

## A. Gemeinsame Fallgruppen

Bestimmte Fallgruppen gelten aber auch tatbestandsalternativen- und steuerübergreifend. Diese Fallgruppen sollen im Folgenden aufgezeigt werden.

### Abgrenzung Versuch und Vorbereitung

#### *1. Vorüberlegungen*

In der Regel kann davon ausgegangen werden, dass jede Handlung die der Steuerpflichtige bei Veranlagungssteuern, Anmeldungssteuern und Einfuhrabgaben vor der Abgabe bzw. vor Ablauf des Abgabetermins für Steuererklärungen, Steuer-

506 Vgl. 36 ff.

507 *Schmitz/Wulf*, in: MüKo-StGB, § 370 AO, Rn. 351.

anmeldungen[508] und Zollanmeldungen[509] vornimmt, um eine Steuerhinterziehung zu ermöglichen oder zu erleichtern, bloße Vorbereitungshandlungen darstellen.[510] Die Handlungen führen grundsätzlich nicht zu einer konkreten Gefährdung des geschützten Rechtsguts, da die Kausalkette sich noch im Einflussbereich des Täters befindet und somit jederzeit unterbrochen oder geändert werden kann.[511] Diese Handlungen sollen nur die Ausführung der eigentlichen Tatbestandshandlung erleichtern oder ermöglichen, aber auch nach der Vorstellung des Täters noch nicht unmittelbar in die Verwirklichung des Tatbestands einmünden.[512] Auch wenn solche Manipulationen z. B. während einer Fahndungsprüfung entdeckt werden, ergibt sich hieraus keine Strafbarkeit aus § 370 AO.[513] Demnach ist das falsche Ausfüllen und Unterschreiben des Steuererklärungsformulars, solange es noch nicht auf den Weg gebracht wurde, als straflose Vorbereitungshandlung zu bewerten.[514] Ebenso noch reine Vorbereitungshandlungen sind das Fälschen von Belegen sowie das Sammeln unrichtiger Belege oder auch Absprachen über Schwarzgeschäfte.[515]

Das Gleiche gilt in den Fällen, in denen der Steuerpflichtige sich durch Vorlage gefälschter Geschäftsunterlagen Steuernummern für nicht existente Unternehmen durch das Finanzamt erteilen lässt.[516] Der Tatbestand des § 370 Abs. 1 Nr. 1 AO

---

508 Gemäß § 150 Abs. 1 S. 3 AO fallen Steueranmeldungen auch unter den Oberbegriff Steuererklärung, vgl. *Joecks*, in: F/G/J, § 370 AO, Rn. 250, so dass bei der Darstellung der gemeinsamen Fallgruppen auf eine explizite Unterscheidung von Steuererklärung und Steueranmeldung verzichtet und nur noch von Steuererklärungen gesprochen wird.

509 Aus Vereinfachungsgründen wird in diesem Abschnitt nicht zwischen Zollanmeldungen und Steuererklärungen differenziert.

510 Vgl. z. B. BGH, NStZ-RR 2003, 20, 21 ohne Rückgriff auf Abgrenzungskriterien zu nehmen; BGH, NStZ 2004, 580, 581 f. wohl unter Rückgriff auf auf die Kombinationstheorie; *Joecks*, in: F/G/J, § 370 AO, Rn. 540, wohl unter Rückgriff auf die Gefährdungstheorie; *Wiese*, in: Wannemacher, Rn. 501, unter Bezugnahme auf ein BGH-Urteil, das sich auf die Kombinationstheorie stützt.

511 Wiese, in: Wannemacher, Rn. 501; anders kann dies allerdings in bestimmten Fällen der mittelbaren Täterschaft sein, vgl. 99 f.

512 *Mösbauer*, DStZ 1997, 577.

513 *Wiese*, in: Wannemacher, Rn. 502.

514 *Hellmann*, in: H/H/Sp, § 370 AO, Rn. 295; *Jäger*, in: Klein, § 370, Rn. 193; *Mösbauer*, DStZ 1997, 577, 579; *Schmitz/Wulf*, in: MüKo-StGB, § 370 AO, Rn. 427.

515 *Blesinger*, in: Kühn/v. Wedelstädt, § 370 AO, Rn. 65; *Ransiek*, in: Kohlmann, § 370, Rn. 704; *Wiese*, in: Wannemacher, Rn. 501.

516 BGH, NStZ-RR 2003, 20, 21; *Blesinger*, in: Kühn/v. Wedelstädt, § 370 AO, Rn. 65; *Hadamitzky/Senge*, in: Erbs/Kohlhaas, § 370 AO, Rn. 70.; *Jäger*, in: Klein, § 370, Rn. 43, 193; *Schmitz/Wulf*, in: MüKo-StGB, § 370 AO, Rn. 426.

setzt voraus, dass falsche oder unvollständige Angaben zu steuerlich erheblichen Tatsachen gemacht werden. Steuerlich erheblich sind Tatsachen, die für die Entstehung, die Fälligkeit oder die Höhe von Bedeutung sind.[517] Auch wenn der Täter im weiteren Verlauf unter Verwendung dieser Steuernummern beabsichtigt, z. B. unrichtige Umsatzsteuervoranmeldungen mit fiktiven Umsätzen und Vorsteuern einzureichen, um Vorsteuererstattungsansprüche geltend machen zu können, hat er durch das Machen falscher Angaben zur Erlangung einer Steuernummer noch nichts steuerlich Erhebliches erklärt.[518] Die Grenze zum Versuch wird erst mit Einreichen der Voranmeldung beim Finanzamt überschritten.[519]

## 2. *Unrichtige Buchführung und Aufstellung unrichtiger Bilanzen*

Fraglich ist, ob das unrichtige Führen von Büchern und das Aufstellen unrichtiger Bilanzen in bestimmten Fällen nicht den Versuch einer Steuerhinterziehung darstellen können. Nach § 140 AO ist jeder, der nach anderen Gesetzen Bücher und Aufzeichnungen zu führen hat, die für die Besteuerung von Bedeutung sind, verpflichtet, dies auch für steuerliche Zwecke zu tun. Solche außersteuerlichen Buchführungsvorschriften ergeben sich aus einer Vielzahl an unterschiedlichen Gesetzen und Verordnungen.[520] Bei Vorliegen der Voraussetzungen des § 141 AO sind auch gewerbliche Unternehmer, Land- und Forstwirte verpflichtet, Bücher und Aufzeichnungen zu erstellen. Des Weiteren können Steuerpflichtige auch freiwillig Bücher führen und Abschlüsse erstellen, wobei auch sie die Ordnungsvorschriften gemäß §§ 145, 146 AO erfüllen müssen. Beruft sich der Steuerpflichtige gegenüber der Finanzverwaltung in diesen Fällen auf seine falsch oder unvollständig geführten Bücher, ohne darauf hinzuweisen, so kommt auch für ihn eine Strafbarkeit gemäß § 370 AO in Betracht.[521]

---

517 BGH, NStZ-RR 2003, 20, 21;vgl. auch *Schmitz/Wulf*, in: MüKo-StGB, § 370 AO, Rn. 248.

518 BGH, NStZ-RR 2003, 20, 21.

519 BGH, NStZ-RR 2003, 20, 21.

520 Außersteuerliche Burchführungspflichten ergeben sich z. B. aus § 41 GmbHG und § 91 AktG. Eine Auflistung der ganzen außersteuerlichen Aufzeichnungs- und Buchführungspflichten befindet sich im Einführungserlass zur AO 1977 zu § 140 (BStBl. I S 576 ff.). Für die Besteuerung von Bedeutung sind die Bücher und Aufzeichnungen, wenn sie Sachverhalte erfassen, die, allein oder im Zusammenhang mit anderen Aufzeichnungen, den Tatbestand eines Steuergesetzes erfüllen oder aus denen Schlüsse für die Besteuerung gezogen werden können, *Cöster*, in: Pahlke/Koenig-AO, § 140, Rn. 14.

521 *Petersen/Zwirner/Wohlgemuth*, in: Pelka, Niemann (Hg.) 2013 – Beck'sches Steuerberater-Handbuch 2013/2014, Kapitel A, Rn. 266 K.

### a) *Die falsche, unvollständige oder unterlassene Buchführung und Bilanzierung*

Die unrichtige Buchführung, das gänzliche Unterlassen der Buchführung oder das Aufstellen unwahrer Bilanzen, solange die Steuererklärung noch nicht abgegeben wurde oder sonst wie Niederschlag in Erklärungen gegenüber dem Finanzamt gefunden hat, ist nach ganz herrschender Ansicht grundsätzlich nur eine straflose Vorbereitungshandlung.[522] Zur Begründung wird teilweise auf die Kriterien der Kombinationstheorie bzw. auf das von mehreren Theorien verwendete Kriterium des „Aus-der-Hand-geben des Kausalverlaufs" zurückgegriffen, zumeist aber keines der Abgrenzungskriterien verwendet. Der Täter habe in diesen Fällen noch nicht unmittelbar zur Verwirklichung des Tatbestands angesetzt, da er noch keine Kausalkette in Gang gesetzt habe, die seinen Machtbereich verlassen hat.[523] Die Buchführung und die Bilanzierung, die als Grundlage für die Steuerklärung dienen, erlangen erst mit dem Zeitpunkt für das Steuerrecht Bedeutung, in welchem sie, in der Steuerklärung verinnerlicht oder der Finanzbehörde zu Beweiszwecken zur Verfügung gestellt werden.[524] Vorher stellen sie eine allenfalls abstrakte Gefährdung des geschützten Rechtsguts dar.[525] So stellen nach dieser Ansicht auch die pflichtwidrige Nichtaufbewahrung von Buchführungsunterlagen[526] und das Unterdrücken und Sammeln falscher Belege[527] nur Vorbereitungshandlungen dar. Das Gleiche gilt, wenn Gegenstände des Anlage- oder Umlaufvermögens falsch, unvollständig oder gar nicht in die Buchhaltung aufgenommen werden.[528] Auch das Erwirken von Erleichterungen bei den Aufzeichnungs-, Buchführungs- und Bilanzierungspflichten unter anderem gemäß § 148 AO oder § 22 Abs. 6 UStG stellt nur eine Vorbereitungshandlung dar.[529]

Die Gegenansicht in der Literatur[530], die heute kaum mehr vertreten wird, geht davon aus, dass auch schon die unrichtige Buchführung und das gänzliche Unter-

---

522 BGH, NJW 1983, 1072; BGH, NStZ-RR 1996, 19, 20; *Herlan*, GA 1959, 45, 50; *Schauf*, in: Kohlmann, § 370, Rn. 1205; *Schmitz/Wulf*, in: MüKo-StGB, § 370 AO, Rn. 429; *Rolletschke*, Steuerstrafrecht, Rn. 127.

523 *Wiese*, in: Wannemacher, Rn. 501.

524 RGSt 76, 283, 284 f.

525 *Hellmann*, in: H/H/Sp, § 370 AO, Rn. 175.

526 FG Baden-Württemberg, EFG 2000, 105, 106.

527 *Wiese*, in: Wannemacher, Rn. 501.

528 *Jäger*, in: Klein, § 370, Rn. 192.

529 *Hellmann*, in: H/H/Sp, § 370 AO, Rn. 175; *Schmitz/Wulf*, in: MüKo-StGB, § 370 AO, Rn. 133. Die oft dieser Ansicht als entgegenstehend zitierte Entscheidung des BGH (BGH, NStZ 1996, 563) setzt sich mit diesem Thema nicht auseinander.

530 *Meine*, GA 1978, 321, 330; *Meine*, BB 1980, 1032.

lassen der Buchführung in gewissen Fällen eine Versuchshandlung darstellen kann. *Meine* stützt sich hierbei insbesondere auf eine Formulierung in einem Beschluss des Bundesgerichtshofs, in welchem dieser einen Versuchsbeginn darin gesehen hatte, „daß die überhöhten Rechnungen [...] bezahlt und *verbucht wurden*, in den Umsatzsteuervoranmeldungen Berücksichtigung fanden und somit in die Unterlagen des zuständigen Finanzamts eingingen“[531]. Diese Formulierung spricht nach *Meine* dafür, dass auch der Bundesgerichtshof schon die unrichtige Buchführung als Versuchshandlung werte.[532] Aber auch aus kriminologischer Sicht sei eine solche Vorverlagerung zumindest in schweren Fällen der Steuerhinterziehung zu befürworten, da Wirtschaftskriminelle keine Affekttäter seien, sondern vielmehr lange im Voraus planen und damit eine insofern erhöhte kriminelle Energie besitzen.[533]

Allein die Tatsache, dass Wirtschaftskriminelle ihre Taten grundsätzlich von längerer Hand planen, kann allerdings eine Vorverlagerung der Versuchsstrafbarkeit im Wirtschaftsstrafrecht nicht rechtfertigen, da es auch im allgemeinen Strafrecht Täter gibt, die ihre Taten von langer Hand planen. Eine zu weite Vorverlagerung rückt die Versuchsstrafbarkeit zu sehr in die Nähe des Gesinnungsstrafrechts, welches zu vermeiden ist. Der von *Meine* zitierte Beschluss des Bundesgerichtshofs kann seine Annahme ebenfalls nicht stützen.[534] Im weiteren Verlauf äußert der Bundesgerichtshof, „daß durch die unrichtigen Steuervoranmeldungen neben dem Tatbestand der Hinterziehung von Umsatzsteuer auch bereits die Voraussetzungen der versuchten Hinterziehung von Veranlagungssteuern verwirklicht worden sind.“[535] Von einem Versuchsbeginn durch das Verbuchen ist keine Rede mehr. *Meine*, der anerkennt, dass nicht jede unrichtige Buchführung einen Versuch darstellt, nennt zudem keine Abgrenzungskriterien um bestimmen zu können, wann in diesen Fällen von einem Versuch ausgegangen werden müsse.

Auch kriminalpolitisch ist die Annahme einer Versuchsstrafbarkeit im Rahmen der Steuerhinterziehung zu diesem Zeitpunkt nicht geboten, da es keine Strafbarkeits- bzw. Ahndungslücke gibt. So existieren mit den Ordnungswidrigkeiten des unrichtigen Verbuchens in § 379 Abs. 1 Nr. 3 AO und der Verletzung der Aufzeichnungspflichten in § 381 Abs. 1 Nr. 1 AO sowie den Straftatbeständen des Bankrotts und der Verletzung der Buchführungspflicht gemäß §§ 283, 283a, 283b StGB, der unrichtigen Darstellung gemäß § 331 HGB und den Urkundenfälschungsdelikte der §§ 267 ff. StGB bereits ausreichend Möglichkeiten um Verstöße

531 BGH, BB 1980, 1032 (Hervorhebung durch den Bearbeiter).

532 *Meine*, BB 1980, 1032.

533 *Meine*, GA 1978, 321, 328 f.

534 *Höser*, Vorbereitungshandlung und Versuch im Steuerstrafrecht, S. 39 ff.

535 BGH, BB 1980, 1032.

gegen Buchführungs- und Aufzeichnungspflichten zu ahnden bzw. bestrafen.[536] Da das Abschicken oder Übergeben der Erklärung noch einen wichtigen Zwischenschritt zwischen der unrichtigen Buchführung und der Tatbestandsverwirklichung darstellt, ist diese Ansicht abzulehnen.

### *b) Das Vernichten von Aufzeichnungen und Buchführungsunterlagen*

Kriminalpolitisch wünschenswert wäre es unter Umständen, wenn bereits das Vernichten z. B. von Aufzeichnungen über Kasseneinnahmen zu einem unmittelbaren Ansetzen und damit zur Bejahung des Versuchsbeginns führen würde.[537] *Meine* stützt sich zur Begründung hierbei auf die Kriterien der Gefährdungstheorie. Der Steuerpflichtige könne nicht mehr umkehren und die Buchführung richtigstellen. Durch die Zerstörung sei es zu einer unmittelbaren Gefährdung des Rechtsguts gekommen und subjektiv habe der Täter die Grenze zum „Jetzt geht es los" überschritten.

Allein aus der bei der Zerstörung der Unterlagen vorliegenden Absicht zur Steuerhinterziehung kann aber noch nicht auf den Beginn des Versuchs geschlossen werden. Eine solche Annahme tritt zu nah an die Grenze zum Gesinnungsstrafrecht, da allein die Vernichtung der Unterlagen nicht zwangsläufig zu einer Steuerhinterziehung führt. Entscheidend für den Beginn des Versuchs muss auch hier das Entlassen der unrichtigen Steuererklärung oder der Voranmeldung aus dem Machtbereich des Steuerpflichtigen sein. Zudem ist darauf zu verweisen, dass weiterhin noch die Möglichkeit der Schätzung besteht.[538] Wenn im Rahmen der Schätzung die Steuerschuld zu hoch festgesetzt werde, dann komme eine Versuchsstrafbarkeit nur in Betracht, wenn der Steuerpflichtige keine Steuererklärung abgebe und damit auch nicht auf die ihm fehlende Möglichkeit der Erklärung hinweise.[539] Fraglich ist letztendlich auch die Notwendigkeit einer solchen Strafbarkeit, da die Vernichtung von Buchführungsunterlagen zumindest den Straftatbestand der Urkundenunterdrückung gemäß § 274 StGB erfüllen kann.[540]

## *3. Übergabe der gefälschten Belege an den gutgläubigen Steuerberater*

In den Fällen in denen der Steuerpflichtige seinem gutgläubigen Steuerberater gefälschte Belege übergibt, die er in die Steuererklärung an die Finanzbehörde

---

536 Vgl. 40 f.

537 *Meine*, GA 1978, 321, 330.

538 *Hellmann*, in: H/H/Sp, § 370 AO, Rn. 298; *Höser*, Vorbereitungshandlung und Versuch im Steuerstrafrecht, S. 42.

539 *Höser*, Vorbereitungshandlung und Versuch im Steuerstrafrecht, S. 42.

540 *Louis*, BC 2002, 230, 232; *Rätke*, in: Klein, § 147, Rn. 70.

einfließen lässt, liegt eine Steuerhinterziehung in mittelbarer Täterschaft vor.[541] Der Steuerberater und dessen Angestellte agieren in diesen Fällen als unvorsätzlich handelnde Tatmittler, während der Steuerpflichtige aufgrund seines Wissens, dass die Belege falsch sind, sich als mittelbarer Täter einer sich anbahnenden Steuerhinterziehung darstellt.[542] Für die Frage desVersuchsbeginns ist zwischen der Abgabe von Voranmeldungen und der von Jahressteuerklärungen zu unterscheiden.

### *a) Voranmeldungen*

In Bezug auf die Abgabe von Voranmeldungen sind insbesondere zwei Fallkonstellationen zu differenzieren.

#### aa) Selbstständige Erstellung der Buchführung

In dieser Fallkonstellation hat der Steuerpflichtige ein Steuerberaterbüro mit der selbstständigen Erstellung der Buchführung des Unternehmens und der Einreichung der Steuererklärungen beauftragt und übergibt dem Büro gefälschte Belege für die Buchführung. Überzeugend erscheint es, wenn man mit dem Bundesgerichtshof in diesen Fällen zur Feststellung des Versuchsbeginns auf die im allgemeinen Strafrecht von Rechtsprechung und herrschender Lehre zum Versuchsbeginn bei mittelbarer Täterschaft vertretene Theorie der modifizierten Einzellösung[543] abstellt. Danach setzt der mittelbare Täter erst dann zum Versuch an, wenn er nach seiner Vorstellung die notwendige Einwirkung auf den Tatmittler abgeschlossen und diesen aus seinem Einwirkungsbereich entlassen hat bzw. das selbst in Gang gesetzte Geschehen aus der Hand gegeben hat und davon ausgeht, dass das Tatobjekt unmittelbar gefährdet ist.[544] An einer solchen Gefährdung fehlt es, wenn ungewiss ist, ob, und wenn ja wann, die Einwirkung tatsächlich wirkt.[545] In diesem Fall beginnt der Versuch des mittelbaren Täters

541 BGH, wistra 2015, 29, 32.

542 BGH, wistra 1994, 268; *Wiese*, in: Wannemacher, Rn. 502.

543 BGH, wistra 1994, 268; BGH, wistra 2015, 29, 32; diese Ansicht vertreten in der Literatur u. a. von *Hoffmann-Holland*, in: MüKo-StGB, § 22, Rn. 129, 137; *Zieschang*, Strafrecht AT, Rn. 523; siehe zum Streitstand des Versuchsbeginns bei der mittelbaren Mittäterschaft im allgemeinen Strafrecht *Hoffmann-Holland*, in: MüKo-StGB, § 22, Rn. 126 ff.; *Rengier*, Strafrecht, Allgemeiner Teil, § 36, Rn. 10 ff.

544 BGH, NJW 1982, 1164; OLG München, wistra 2006, 436, 437.

545 BGH, wistra 1994, 268; BGH, wistra 2015, 29, 32; *Hoffmann-Holland*, in: MüKo-StGB, § 22, Rn. 129.

erst dann, wenn der Tatmittler die Grenze zwischen Vorbereitung und Versuch überschritten hat, also selbst unmittelbar zur Tatausführung ansetzt.[546]

Nach der Übergabe der gefälschten Unterlagen an das Steuerbüro müssen die gefälschten Belege erst einmal erfasst und verbucht und das falsche Zahlenwerk erstellt werden. Wie der Bundesgerichtshof richtig festgestellt hat, stellen diese Handlungen eine eigene Prüfungsstufe zwischen dem Gebrauch der gefälschten Belege, also der Übergabe der Belege an das Steuerberaterbüro, und der Einreichung der Steuerunterlagen beim Finanzamt durch das Steuerbüro dar.[547] Es fehlt damit nach der Vorstellung des mittelbaren Täters an einer unmittelbaren Gefährdung des geschützten Rechtsguts, da es noch weiterer wesentlicher Zwischenschritte bedarf. Allein die Vorstellung des Täters, dass es durch sein Verhalten zwangsläufig, zu einer Abgabe falscher Steuererklärungen seitens des Steuerbüros an die Finanzbehörde kommen werde, reicht für die Annahme eines Versuchs nicht aus.[548] Die Gefährdung des Rechtsguts der Steuerhinterziehung tritt erst mit der Einreichung der Steuerunterlagen durch den Steuerberater ein.[549]

Im Ergebnis zur selben Lösung gelangt man auch, wenn man mit *Ransiek* in dieser Fallkonstellation auf die in der Literatur vertretene Gegenansicht zum Versuchsbeginn bei der mittelbaren Täterschaft – sogenannte Theorie der Gesamtlösung[550] – abstellt.[551] Danach ist ein Versuchsbeginn immer erst dann anzunehmen, wenn der Tatmittler seinerseits selbst zur Tat ansetzt.[552] Das soll sich nach diesem Ansatz aus § 22 StGB ergeben, der für den Versuchsbeginn auf das unmittelbare Ansetzen abstellt.[553] Der mittelbare Täter begeht die Tat durch das Werkzeug, so dass es vom Wortlaut des § 22 StGB auch nur darauf ankommen könne, wann der Tatmittler, gesteuert durch den mittelbaren Täter, zur Tat unmittelbar ansetze.[554] In der vorliegenden Konstellation kann ein solches unmittel-

---

546 *Hoffmann-Holland*, in: MüKo-StGB, § 22, Rn. 129.

547 BGH, wistra 1994, 268.

548 BGH, wistra 1994, 268.

549 BGH, wistra 1994, 268.

550 Die Gesamtlösung u. a. vertretend *Krey/Esser*, Deutsches Strafrecht, Allgemeiner Teil, Rn. 1239; *Kühl*, Strafrecht, Allgemeiner Teil, § 20, Rn. 90 f.

551 *Ransiek*, in: Kohlmann, § 370, Rn. 711 f.

552 *Krey/Esser*, Deutsches Strafrecht, Allgemeiner Teil, Rn. 1238; *Kühl*, Strafrecht, Allgemeiner Teil, § 20, Rn. 91.

553 *Krey/Esser*, Deutsches Strafrecht, Allgemeiner Teil, Rn. 1239.

554 *Kühl*, Strafrecht, Allgemeiner Teil, § 20, Rn. 91; *Krey/Esser*, Deutsches Strafrecht, Allgemeiner Teil, Rn. 1239.

bares Ansetzen erst mit der Übersendung der Erklärungen seitens des Steuerbüros an das Finanzamt angenommen werden.[555]

Unabhängig davon welchen der beiden Ansätze man präferiert, ist erst mit dem Abschicken der Voranmeldung durch den Steuerberater ein Versuch anzunehmen.

### bb) Nichtselbstständige Prüfung der Buchführung

Anders kann der Versuchsbeginn allerdings in den Fällen zu bewerten sein, in denen der Steuerberater ohne selbstständige inhaltliche Prüfung der eingereichten Unterlagen und der Buchführung die dort angegebenen Steuerbeträge übernimmt.[556] Der Bundesgerichtshof hatte einen Fall zu entscheiden, in welchem dem Steuerberater einige wenige Eingangs- und Ausgangsrechnungen (Scheinrechnungen) übergeben worden waren.[557] Aus diesen hatte der Steuerberater sodann nur die Umsätze und Steuerbeträge aufzuaddieren und die Summen in einer Umsatzsteuervoranmeldung an die Finanzbehörde zu übermitteln. Diese Fallkonstellation unterscheidet sich von der obigen zum einen durch die geringe Anzahl der dem Steuerberater übergebenen Rechnungen (vier bis zwanzig pro Monat). Zum anderen übernahm der Steuerberater im vorliegenden Fall die Steuerbeträge und Umsätze aus den Rechnungen ohne selbstständige inhaltliche Prüfung.[558]

Fraglich ist hier, in welchem Moment von einem Versuch ausgegangen werden kann. Stellt man auf die in der vorherigen Fallkonstellation von *Ransiek* angeführte Theorie der Gesamtlösung[559] ab, so beginnt der Versuch auch hier erst mit der Übersendung der Voranmeldung durch den Steuerberater an die Finanzbehörde. Erst in diesem Moment setzt der Steuerberater als Tatmittler selbst unmittelbar zur Tat an. Ein früherer Versuchszeitpunkt könnte aber angenommen werden, wenn man mit dem Bundesgerichtshof auf die Theorie der modifizierten Einzellösung[560] abstellt. Anders als in der zuvor geschilderten Fallkonstellation bedarf es keiner zwischengeschalteten buchungstechnischen Abläufe mehr, da der Steuerberater die Umsätze lediglich aufzuaddieren hat. Es liegt somit keine der Abgabe der Umsatzsteuervoranmeldungen vorgeschaltete Prüfungsstufe durch den Steuerberater vor.[561] Zudem bedarf es auch keiner weiteren Unterschrift seitens des mittelbaren Täters

---

555 *Ransiek,* in: Kohlmann, § 370, Rn. 712.
556 BGH, wistra 2015, 29, 32; *Madauß*, NZWiSt 2014, 432, 439 f.
557 BGH, wistra 2015, 29 ff.
558 So auch *Madauß*, NZWiSt 2014, 432, 439.
559 Vgl. 98.
560 Vgl. zu modifizierten Einzellösung 97 f.
561 BGH, wistra 2015, 29, 32.

mehr. In der Praxis werden Voranmeldungen üblicherweise – insbesondere aus Zeitgründen – an das Finanzamt gesendet, ohne diese vorher vom Steuererklärungspflichtigen unterschreiben zu lassen. Der Steuererklärungspflichtige bekommt zeitgleich nur eine Abschrift und ein Anschreiben mit den notwendigen Zahlungsinformationen übersendet. Der mittelbare Täter kann somit davon ausgehen, dass der Steuerberater als Tatmittler die Umsatzsteuervoranmeldungen nach Übergabe der Rechnungen ohne weitere wesentliche Zwischenschritte und ohne größeren zeitlichen Abstand an die Finanzbehörde übermitteln wird. Nach der Vorstellung des mittelbaren Täters ist mit der Übergabe der Scheinrechnungen an den Steuerberater die Einwirkung auf den Tatmittler abgeschlossen und es liegt eine Gefährdung des geschützten Rechtsguts vor. Nach diesem Ansatz wäre somit bereits in diesem Moment von einem Versuch der Steuerhinterziehung auszugehen.[562]

Die Ansicht, die bei mittelbarer Täterschaft einen Versuch immer erst mit dem unmittelbaren Ansetzen des Werkzeugs annehmen will, erscheint zu eng und zu undifferenziert.[563] Bei der mittelbaren Täterschaft hat der mittelbare Täter aufgrund seiner Wissens- oder Willensüberlegenheit die Tatherrschaft über das Werkzeug, hier den Steuerberater und seine Angestellten. Dies rechtfertigt es auf das Verhalten und die Vorstellung des mittelbaren Täters und nicht auf das seines Werkzeugs abzustellen.[564] Zudem ist es nicht überzeugend an das reale Handeln des Werkzeugs für den Versuchsbeginn anzuknüpfen, wo doch § 22 StGB entscheidend auf die Vorstellung des Täters, hier des mittelbaren Täters, abstellt.[565] Nach der Vorstellung des mittelbaren Täters setzt er bereits mit der Übergabe der Scheinrechnungen zur Tat an und eben nicht erst in dem Moment der Abgabe der Steuererklärung durch den Steuerberater. Die modifizierte Einzellösung vermag der Fallkonstellation der mittelbaren Täterschaft am besten gerecht zu werden. Dadurch, dass für den Versuchsbeginn in den Fällen, in denen nach der Vorstellung des Täters zwischen der Einwirkung und der Tatausführung des Werkzeugs noch ein längerer Zeitraum und weitere wesentliche Zwischenschritte des Werkzeugs liegen, erst auf das unmittelbare Ansetzen durch das Werkzeug abgestellt wird, wird dem Unmittelbarkeitserfordernis angemessen Rechnung getragen.[566] Auch der Tatbestand der

562 BGH, wistra 2015, 29, 32.

563 Im Bereich des Versuchsbeginns bei der Mittäterschaft wird allerdings von der Rechtsprechung und der herrschenden Literatur der Gesamtlösung gegenüber der Einzellösung der Vorrang gegeben, vgl. *Rengier*, Strafrecht, Allgemeiner Teil, § 36, Rn. 18 ff.

564 Ähnlich *Rengier*, Strafrecht, Allgemeiner Teil, § 36, Rn. 6; *Wessels/Beulke*, Strafrecht, Allgemeiner Teil, Rn. 857 f.

565 Vgl. *Hoffmann-Holland*, in: MüKo-StGB, § 22, Rn. 136.

566 *Hoffmann-Holland*, in: MüKo-StGB, § 22, Rn. 137.

Steuerhinterziehung erfordert keine andere Bewertung. Wie soeben gezeigt, führt die Ansicht in beiden Fällen zu angemessenen Ergebnissen.

### *b) Jahressteuererklärungen*

Bei den Jahressteuererklärungen muss nicht danach unterschieden werden, ob der Steuerberater die Buchführung des Unternehmens selbstständig erstellt oder nicht. Anders als bei den Voranmeldungen ist es in der Praxis üblich, dass der Steuererklärungspflichtige die Jahressteuererklärungen, bevor sie an das Finanzamt übersendet werden, noch unterschreibt. Auch wenn die Erklärungen grundsätzlich nur noch elektronisch abgesendet werden, sichert der Steuerberater sich mit dieser Unterschrift haftungsrechtlich ab und wird in der Regel nicht tätig, bevor die Steuerklärung nebst Vollständigkeitserklärung vom Steuererklärungspflichtigen unterschrieben wurde. Ob der Steuerberater zuvor die Belege erst noch erfassen, verbuchen und das Zahlenwerk erstellen muss oder nicht, ist insofern nicht relevant, da es jedenfalls noch einer weiteren Handlung des mittelbaren Täters bedarf, bevor die Steuererklärung abgesendet wird. Vorher hält er den Geschehensablauf noch in seinen Händen, weswegen ein früherer Versuchsbeginn nicht angenommen werden kann.

Als mögliche Zeitpunkte für den Versuchsbeginn kommen demnach zum einen der Zeitpunkt der Übermittlung der Jahressteuererklärung an das Finanzamt oder der der Aushändigung der unterschriebenen Steuererklärung an den Steuerberater in Betracht. Da der mittelbare Täter bereits in dem Moment des Übergebens der unterschriebenen Steuererklärung an den Steuerberater, das Geschehen aus der Hand gibt und seine Einwirkung auf den Tatmittler abschließt, kann bereits in diesem Moment von einem Versuch ausgegangen werden. Der Ansatz, der bei einer mittelbaren Täterschaft immer erst auf das unmittelbare Ansetzen des Tatmittlers, hier das Übermitteln der Jahressteuererklärung an das Finanzamt, abstellen möchte, setzt zu spät an. Da der mittelbare Täter mit der Abgabe der Unterschrift bereits sicher weiß, dass der Steuerberater diese zeitnah und ohne weitere wesentliche Zwischenschritte an das Finanzamt übersenden wird, ist das geschützte Rechtsgut nach der Vorstellung des mittelbaren Täters bereits in diesem Moment konkret gefährdet. Aus diesem Grund ist es nicht nachvollziehbar, warum erst auf den späteren Zeitpunkt des Übersendens an das Finanzamt abgestellt werden sollte, zumal § 22 StGB, wie bereits oben erläutert, die Vorstellung des Täters, hier des mittelbaren Täters, für maßgebend hält.[567]

567 Vgl. oben 100 f.

### 4. *Beitreibungs- und Rechtsmittelverfahren*

Eine Steuerhinterziehung und damit auch der Versuch einer Steuerhinterziehung kann ebenfalls im Beitreibungs- oder im Rechtsmittelverfahren begangen werden.[568] Sie kann hierbei einer Steuerhinterziehung im Festsetzungsverfahren nachfolgen.[569] In diesen Fällen ist normalerweise von mehreren prozessualen Taten auszugehen.[570] Tatbestandsmäßig ist allerdings allein das Verhindern der Beitreibung von Steuern und somit nicht das von Zwangsgeldern oder Verspätungs- und Säumniszuschlägen.[571]

Auch hier beginnt der Versuch grundsätzlich mit dem Absenden oder der Abgabe der steuererheblichen Erklärung gegenüber der Finanzbehörde. Gibt z. B. ein Drittschuldner im Beitreibungsverfahren eine Erklärung gegenüber den Finanzbehörden in der Absicht ab, diese in die Irre zu führen und von der Beitreibung der gepfändeten Forderung abzuhalten, so macht er sich mit dem Absenden oder dem Einwerfen der Erklärung bei der Finanzbehörde des Versuchs der Steuerhinterziehung strafbar. In diesem Moment ist das durch § 370 AO geschützte Rechtsgut aus der Sicht des Täters bereits konkret gefährdet, da er davon ausgeht, dass dieser Erklärung Glauben geschenkt und damit die Beitreibung verhindert wird.

In einem vom Oberlandesgericht München zum Versuch einer Steuerhinterziehung im Rechtsmittelverfahren entschiedenen Fall, hatte der Angeklagte eine Klage zum Finanzgericht wahrheitswidrig damit begründet, dass die Tatsache des Getrenntlebens von seiner Ehefrau, die den Änderungsbescheiden zur Einkommensteuer zugrunde gelegt wurde, nicht zutreffe.[572] Das Oberlandesgericht München hat zutreffend entschieden, dass sich der Angeklagte bereits durch das Absenden seiner Klagebegründung an das Finanzgericht einer versuchten Steuerhinterziehung strafbar gemacht hat. Der Angeklagte hat dadurch gegenüber einer Behörde unmittelbar dazu angesetzt unrichtige Angaben zu machen, da auch Gerichte zu den Behörden gemäß § 370 AO zählen.[573] Das Finanzgericht, als Gericht fällt zwar nicht gemäß § 6 Abs. 1 AO unter den Begriff der Steuer-

---

568 BGH, NJW 1976, 525; BGH, Beschl. v. 02.02.1981–3 StR 510/80 – Rn. 2; BGH, NZWiSt 2012, 470, 471; OLG München, NStZ-RR 2013, 15 f. BGH, *Hilgers-Klautzsch*, in: Kohlmann, § 370, Rn. 1564; *Joecks*, in: F/G/J, § 370 AO, Rn. 61.

569 *Maurer*, in: Wannemacher, Steuerstrafrecht, 6. Aufl., Rn. 1393.

570 BGH, NZWiSt 2012, 470, 471; *Maurer*, in: Wannemacher, Steuerstrafrecht, 6. Aufl., Rn. 1393.

571 Vgl. BGHSt 43, 381, 400 ff; *Hilgers-Klautzsch*, in: Kohlmann, § 370, Rn. 1565.

572 OLG München, NStZ-RR 2013, 15 f.

573 OLG München, NStZ-RR 2013, 15, f.; *Hellmann*, in: H/H/Sp, § 370 AO, Rn. 90; *Rolletschke*, NZWiSt 2013, 32; *Schmitz/Wulf*, in: MüKo-StGB, § 370 AO, Rn. 254, die in

behörde, allerdings gemäß § 11 Abs. 1 Nr. 7 StGB unter den Begriff der Behörde. § 369 Abs. 2 AO enthält eine Subsidiaritätsklausel wonach grundsätzlich die Strafvorschriften der Steuergesetze Vorrang gegenüber den allgemeinen Gesetzen über das Strafrecht haben. Der Begriff der Behörde wird zwar von § 370 AO verwendet, aber eben nicht definiert. Da es sich bei § 6 Abs. 1 AO nicht um eine Strafvorschrift, sondern um eine steuerrechtliche Vorschrift handelt, haben die allgemeinen Strafvorschriften und damit § 11 Abs. 1 Nr. 7 StGB Vorrang.[574]

## II. Das Erwirken von Grundlagen- und Feststellungsbescheiden

### *1. Grundsätzliches*

Der Steuerfestsetzung kann gemäß §§ 179 ff. AO ein Feststellungsbescheid vorausgehen. In einem solchen Bescheid, der gemäß § 171 Abs. 10 AO einen Grundlagenbescheid darstellt, werden bestimmte Besteuerungsgrundlagen schon einmal gesondert festgestellt. Diese Feststellung ist gemäß § 179 Abs. 1 AO allerdings nur in den vom Gesetz ausdrücklich vorgesehenen Fällen zulässig. Zu den Feststellungsbescheiden gehören beispielsweise die gesonderte und einheitliche Feststellung von Einkünften gemäß § 180 Abs. 1 Nr. 2 lit. a AO, welche wohl den Hauptanwendungsfall bildet, oder auch die Feststellung eines Verlustvortrags z. B. nach § 10d Abs. 4 EStG.[575] Aufgrund ihrer Praxisrelevanz und der hierzu ergangenen Entscheidungen des Bundesgerichtshofs wird insbesondere auf das Verfahren bei diesen beiden Fällen eingegangen.[576]

Das Herauslösen der Feststellung von Besteuerungsgrundlagen aus dem Festsetzungsverfahren, wirkt auf den ersten Blick verkomplizierend, doch es vereinfacht idealerweise aus Sicht des Staats die Sachverhaltsermittlung und fördert die einheitliche Rechtsanwendung.[577] Grund hierfür ist, dass zum einen die Sachverhaltsermittlung der sachnäheren Behörde überlassen wird, die die Umstände und das Umfeld besser kennt.[578] So kommt es z. B. vor, dass ein Steuerpflichtiger sein Unternehmen in dem Zuständigkeitsbereich einer Finanzbehörde betreibt, während für seinen Wohnsitz eine andere Finanzbehörde zuständig ist. In diesen

---

der Vorauflage noch davon ausgingen, dass Gerichte nicht zu den Behörden gemäß § 370 AO zählen.

574 OLG München, NStZ-RR 2013, 15; *Rolletschke*, NZWiSt 2013, 32.

575 *Claus*, HRRS 2009 (3), 102.

576 Auf die anderen Feststellungsbescheide wird unten auf den 164 f., 182 ff. noch einmal kurz eingegangen.

577 *Koenig*, in: Pahlke/Koenig-AO, § 179, Rn. 2; *Ratschow*, in: Klein, § 179, Rn. 2.

578 *Blesinger*, wistra 2009, 294, 296.

Fällen wird das Betriebsfinanzamt mit der Feststellung der betrieblichen Besteuerungsgrundlagen betraut und das Wohnsitzfinanzamt entlastet.[579] Zum anderen ist es sinnvoll, bei der Beteiligung mehrerer am Gegenstand der Besteuerung, nicht das jeweilige Wohnsitzfinanzamt tätig werden zu lassen, das nach allgemeinen Grundsätzen eigentlich zuständig wäre, sondern nur die sachnäheren Betriebs-, Belegenheits- oder Tätigkeitsfinanzämter.[580] Dadurch wird zum einen der Gefahr divergierender Rechtsanwendungsergebnisse begegnet und zum anderen der Verfahrensökonomie gedient, indem die Besteuerungsgrundlagen nur einmal insgesamt und nicht für alle Beteiligten einzeln ermittelt werden müssen.[581]

Mit dem Erlass des Feststellungsbescheids werden die dort festgestellten Besteuerungsgrundlagen für die spätere Steuerfestsetzung gemäß § 182 AO bindend, soweit sie für diese Folgebescheide von Bedeutung sind.[582] Das gilt selbst dann, wenn die Feststellungen falsch sind oder nicht hätten getroffen werden dürfen;[583] eine etwaige Rechtswidrigkeit des Bescheids schließt die Bindungswirkung also nicht aus.[584] Allein bei Nichtigkeit des Feststellungsbescheids entfällt die bindende Wirkung.[585] Ist der festsetzende Steuerbescheid bereits vor dem Feststellungsbescheid ergangen, dann ist dieser gemäß §§ 175 Abs. 1 Nr. 1, 182 Abs. 1 AO zwingend abzuändern. Das Gleiche gilt gemäß § 182 Abs. 1 S. 2 Hs. 2 AO, wenn der Feststellungsbescheid aufgehoben oder geändert wird.

Gemäß § 157 Abs. 2 AO ist ein Bescheid in dem die Besteuerungsgrundlagen gesondert festgestellt werden selbstständig anfechtbar. Durch Rechtsmittel gegen den Folgebescheid kann dieser gemäß § 351 AO nicht angegriffen werden. Vor der Bestandskraft des Feststellungsbescheids wird teilweise aber eine Umdeutung des Rechtsmittels für möglich gehalten.[586] Grundsätzlich ist jede im Bescheid festgestellte Besteuerungsgrundlage selbstständig anfechtbar, so dass auch eine Teilbestandskraft eintreten kann.[587] Allerdings ist auch hier zwischen den anfechtbaren eigentlichen Feststellungen und den Grundlagen dieser Feststellungen zu

---

579 *Blesinger*, wistra 2009, 294, 296.

580 *Blesinger*, wistra 2009, 294, 297; *Claus*, HRRS 2009 (3), 102.

581 BT-Drucks. VI/1982, 156 f.; *Claus*, HRRS 2009 (3), 102; *Koenig*, in: Pahlke/Koenig-AO, § 179, Rn. 2.

582 Ebenfalls bindend ist der Feststellungsbescheid gemäß § 182 Abs. 1, S. 1 AO für andere Feststellungsbescheide, für Steuermessbescheide und für Steueranmeldungen.

583 BFH, BFH/NV 1992, 363, 364.

584 *Ratschow*, in: Klein, § 182, Rn. 5.

585 *Ratschow*, in: Klein, § 182, Rn. 5.

586 Vgl. näher Rätke, in: Klein, § 351, Rn. 30 m.w.N.

587 Ratschow, in: Klein, § 181, Rn. 18.

unterscheiden, die nicht selbstständig angefochten werden können.[588] Bestandskräftig wird der Feststellungsbescheid, wenn die Einspruchsfrist gemäß § 355 AO abgelaufen ist. Mit Eintritt der Bestandskraft ist eine Korrektur nur noch über die § 181 Abs. 1 AO i. V. m. §§ 172 ff AO möglich, so dass die Änderung und Aufhebung eines Feststellungsbescheids grundsätzlich den gleichen Einschränkungen unterliegt wie die der Steuerfestsetzungsbescheide. Für die Bindungswirkung ist die Unanfechtbarkeit gemäß § 182 Abs. 1 S. 1 AO allerdings keine Voraussetzung.

Der Inhalt des Feststellungsbescheids wird den für die Steuerfestsetzung zuständigen Finanzämtern, in der Regel den jeweiligen Wohnsitzfinanzämtern, oder anderen Behörden über behördeninterne Mitteilungen zugänglich gemacht, soweit diese den Feststellungsbescheid nicht selbst erlassen haben.[589] Durch den Erlass des Feststellungsbescheids bzw. die behördeninterne Mitteilung werden die einzelnen Steuerpflichtigen zwar nicht von ihrer Erklärungspflicht, z. B. in Bezug auf die Einkommensteuererklärung, entbunden, jedoch wird der (mitgeteilte) Inhalt des Feststellungsbescheids bei der späteren Steuerfestsetzung von Amts wegen berücksichtigt.[590] Die Angaben zur Höhe des Verlustvortrags bzw. zur gesonderten und einheitlichen Feststellung von Einkünften, die der Steuerpflichtige in den jeweiligen Steuererklärungen machen muss, sind insofern, wegen der in § 182 Abs. 1 AO geregelten Bindungswirkung, deklaratorisch. Bei regelhaftem Ablauf fließen die falschen Informationen aus dem Feststellungsbescheid automatisch in die Festsetzung ein.[591]

## 2. *Problem*

Die soeben beschriebene Bindungswirkung und die dargestellten Besonderheiten die dieses zweistufige Verfahren mit sich bringt, werfen die Frage auf wie die Strafbarkeit des Steuerpflichtigen in Bezug auf das Erwirken eines Feststellungsbescheids zu beurteilen ist. So ist es denkbar in der Erlangung des Feststellungsbescheids bereits eine vollendete Steuerhinterziehung zu sehen oder auch nur eine reine Vorbereitungshandlung. Unstreitig scheint allein zu sein, dass der Feststellungsbescheid

---

588 *Rüsken*, in: Klein, § 157, Rn. 25.

589 Vgl. z. B. für die gesonderte und einheitliche Feststellung von Einkünften die sogenannte ESt 4 B-Mitteilung und die Sachverhalte bei BFH, BFH/NV 1999, 1538 und BFH, BFH/NV 1989, 138; *Claus*, HRRS 2009 (3), 102, 103; für die gesonderte Feststellung des verbleibenden Verlustabzugs ist gemäß § 10d Abs. 4 S. 1, 3 EStG das Finanzamt zuständig, das auch für die Besteuerung zuständig ist.

590 *Claus*, HRRS 2009 (3), 102, 103.

591 *Claus*, HRRS 2009 (3), 102, 103.

keinen Taterfolg in der Form der Steuerverkürzung gemäß § 370 Abs. 4 S. 1 AO darstellt, da er als Grundlagenbescheid keine Steuerfestsetzung enthält.[592]

Aufgrund der zum einen zeitlich sehr weit auseinanderreichenden Möglichkeiten zum Versuchsbeginn und zum Vollendungszeitpunkt und der zum anderen divergierenden Auffassungen zur Frage, welcher der beiden Taterfolge überhaupt in Betracht kommt, ist es notwendig die jeweiligen Ansätze danach zu unterteilen, von welchem Taterfolg sie ausgehen. Erst wenn feststeht, welcher Taterfolg angenommen wird, kann der Zeitpunkt des unmittelbaren Ansetzens bestimmt werden.

### *a) Vollendung im Zusammenhang mit der Erlangung eines Feststellungsbescheids*

#### aa) Erlangung des Feststellungsbescheids als Steuervorteil

Ein Teil der Literatur hält bereits mit dem Ergehen des Feststellungsbescheids bzw. der Bekanntgabe des Feststellungsbescheids den Taterfolg in der Form des Steuervorteils gemäß § 370 Abs. 4 S. 2 AO für gegeben.[593] Dies wird zumeist mit der Bindungswirkung des Grundlagenbescheids für den Folgebescheid begründet.[594] Unproblematisch sei dies, zumindest nach *Hardtke,* bei einem Feststellungsbescheid gemäß § 47 KStG a. F.[595] anzunehmen, da sich hier die steuermindernden Auswirkungen aufgrund des immer gleichen Steuersatzes – nach geltendem Recht in § 23 Abs. 1 KStG geregelt – schon direkt mit der Bekanntgabe des Feststellungsbescheids berechnen lassen.[596] *Patzelt* hält auch bei den anderen Feststellungsbescheiden, wie z. B. dem gemäß § 10d EStG, mit der Bekanntgabe eine konkrete Gefährdung des Steueranspruchs für gegeben.[597] Dem stehe nicht entgegen, dass der Grundlagenbescheid nur Feststellungen treffe und sich folglich nicht un-

---

592 *Sorgenfrei*, wistra 2006, 370, 372; *Schmitz/Wulf,* in: MüKo-StGB, § 370 AO, Rn. 100.

593 *Hardtke*, Steuerhinterziehung durch verdeckte Gewinnausschüttung, S. 130 ff. für den Feststellungsbescheid gemäß § 47 KStG; *Hardtke/Leip*, NStZ 1996, 217; *Jäger,* in: Klein, § 370, Rn. 122; *Joecks,* in: F/G/J, § 376 AO, Rn. 32 f.; *Otto,* in: Küper, Puppe et al. (Hg.) 1987 – Festschrift für Karl Lackner, S. 734 f.; *Patzelt*, Ungerechtfertigte Steuervorteile und Verlustabzug im Steuerstrafrecht, S. 100; *Rolletschke,* in: Rolletschke/Kemper, § 370 AO, Rn. 401; *Schuster*, JZ 2015, 27, 28.

594 *Otto,* in: Küper, Puppe et al. (Hg.) 1987 – Festschrift für Karl Lackner, S. 734 f.

595 In § 47 Abs. 1 S. 1 Nr. 1 KStG a. F. (in der Fassung der Bekanntmachung vom 22. April 1999, BGBl. I S. 817) war die gesonderte Feststellung von Besteuerungsgrundlagen geregelt. Vgl. hierzu auch die Kommentierung von *Danelsing,* in: Blümich, § 47 KStG 1999 a. F.

596 *Hardtke*, Steuerhinterziehung durch verdeckte Gewinnausschüttung, S. 131, 134.

597 *Patzelt*, Ungerechtfertigte Steuervorteile und Verlustabzug im Steuerstrafrecht, S. 100.

mittelbar betragsmäßig auswirke.[598] In der Literatur und in der Rechtsprechung seien viele Steuervorteile anerkannt, die sich nicht betragsmäßig auswirken, so wie z. B. steuerermäßigend wirkende Eintragungen auf der Lohnsteuerkarte. Der Steuervorteil werde dort ebenfalls direkt mit der Aushändigung der Lohnsteuerkarte angenommen und nicht erst mit Eingang bei der Finanzbehörde.[599]

Der Bundesgerichtshof schien in einer früheren Entscheidung noch davon auszugehen, dass der Erfolg, und zwar in der Form einer Steuerverkürzung, erst mit dem Zeitpunkt der Festsetzung eintrete.[600] Seit dem Wechsel der Zuständigkeit in Steuer- und Zollstrafsachen vom fünften zum ersten Strafsenat zum 1. Juni 2008, hat sich nun auch der Bundesgerichtshof dieser Rechtsauffassung angeschlossen und geht davon aus, dass bereits mit Erlangen des Feststellungsbescheids die Steuerhinterziehung vollendet ist.[601] Der Täter habe durch das Erlangen des Feststellungsbescheids zwar noch keine Steuerverkürzung gemäß § 370 Abs. 4 S. 1 AO erreicht, da in dem Feststellungsbescheid lediglich die Besteuerungsgrundlagen festgestellt werden und die Veranlagung einem späteren Bescheid vorbehalten bleibe.[602] Allerdings stelle der Feststellungsbescheid bereits einen nicht gerechtfertigten Steuervorteil gemäß § 370 Abs. 4 S. 2 AO dar. Das zuständige Finanzamt habe aufgrund der Bindungswirkung gemäß § 182 Abs. 1 AO, keine Möglichkeit den Inhalt des Feststellungsbescheids zu überprüfen.[603] Zudem werde es in den Fällen, in denen es den Feststellungsbescheid nicht selbst erlassen habe, von Amts wegen über den Feststellungsbescheid informiert, so dass es weder eines Antrags noch sonst einer Mitwirkungshandlung seitens des Steuerpflichtigen bedürfe. Der Annahme einer Vollendung stehe auch nicht entgegen, dass im Zeitpunkt des Ergehens des Feststellungsbescheids die betragsmäßige Bestimmung des später eintretenden Schadens in der Regel nicht möglich sei. Die Steuerhinterziehung sei zwar ein Erfolgsdelikt, aber, wie das Kompensationsverbot zeige, nicht notwendigerweise auch ein Verletzungsdelikt. Danach genüge für die Annahme eines ungerechtfertigten Steuervorteils bereits eine konkrete Gefährdung des Steueranspruchs. Die aus der falschen Festset-

---

598 *Patzelt*, Ungerechtfertigte Steuervorteile und Verlustabzug im Steuerstrafrecht, S. 100.

599 *Patzelt*, Ungerechtfertigte Steuervorteile und Verlustabzug im Steuerstrafrecht, S. 100 f. mit weiteren Nachweisen zu solchen Steuervorteilen.

600 BGH, NStZ 1984, 510, 512.

601 BGH, NStZ-RR 2009, 344, 346 f.; ebenso BGH, NStZ-RR 2009, 340, 341; BGH, HRRS 2011, Nr. 223, Rn. 103; BGH, NJW 2013, 1750 ff.

602 BGH, NStZ-RR 2009, 344, 346.

603 BGH, NStZ-RR 2009, 344, 346 (unter Berufung auf die Ausführungen des Generalbundesanwaltes).

zung folgenden Folgebescheide und die damit einhergehende Steuerverkürzung seien lediglich weitergehende Taterfolge, die für die Beendigung von Bedeutung seien.[604]

### bb) Erlangung des Folgebescheids als Steuerverkürzung

Ein Teil der Literatur steht der Rechtsansicht des Bundesgerichtshofs kritisch gegenüber.[605] Sie halten die Steuerhinterziehung weiterhin erst mit der Bekanntgabe des unrichtigen Steuerbescheids, also des Folgebescheids, für vollendet und zwar in der Form der Steuerverkürzung.[606]

Es bestehe keine Notwendigkeit den Feststellungsbescheid einem Steuervorteil gleichzusetzen, da er immer zu einem Steuerbescheid führe und somit nur einen Zwischenakt darstelle.[607] Es gäbe folglich keine Strafbarkeitslücke, die die Annahme eines Feststellungsbescheids als Steuervorteil rechtfertigen würde.[608] Des Weiteren spreche gegen die Annahme des frühen Tatvollendungszeitpunkts, dass sich zum Zeitpunkt der Bekanntgabe des Feststellungsbescheids zumeist noch nicht die Höhe des steuerlichen Schadens feststellen lasse.[609] So seien z. B. bei der Einkommensteuer viele Faktoren im Feststellungsverfahren noch unbekannt, die wegen des progressiven Tarifs aber unmittelbare Auswirkungen auf den Schaden haben.[610]

Erst recht ist eine Vollendung dann zu verneinen, wenn man wie *Beckemper* die Steuerhinterziehung als Verletzungsdelikt versteht, da durch den Erlass des Feststellungsbescheids schon keine für eine Vollendung notwendige schadensgleiche Vermögensgefährdung gegeben ist.[611] Eine solche setzt voraus, dass die Durchsetzbarkeit der wirtschaftlichen Position gefährdet erscheint. Der Feststellungsbescheid hat aber erst direkte Auswirkungen auf die Durchsetzbarkeit, wenn er gebraucht wird.[612]

Ähnlich argumentiert *Rübenstahl,* insbesondere für Bescheide gemäß § 180 Abs. 1 Nr. 2 lit. a AO, also Fälle in denen z. B. ein Gewerbebetrieb in einem anderen Bezirk als das Wohnsitzfinanzamt liegt. Zur Bestimmung der konkreten

---

604 BGH, NStZ-RR 2009, 344, 347.

605 *Beckemper*, NStZ 2002, 518, 521; *Blesinger*, wistra 2009, 294, 298; *Claus*, HRRS 2009 (3), 102, 104 ff.; *Hellmann,* in: H/H/Sp, § 370 AO, Rn. 299a; *Rübenstahl*, HRRS 2009, 93, 101; *Sorgenfrei*, wistra 2006, 370, 374; *Wittig*, ZIS 2011 (7), 660, 668.

606 *Blesinger*, wistra 2009, 294, 298.

607 *Blesinger*, wistra 2009, 294, 297.

608 *Blesinger*, wistra 2009, 294, 298.

609 *Beckemper*, NStZ 2002, 518, 521; *Blesinger*, wistra 2009, 294, 298; *Claus*, HRRS 2009 (3), 102, 104; *Hellmann,* in: H/H/Sp, § 370 AO, Rn. 299a; *Wittig*, ZIS 2011 (7), 660, 668.

610 *Blesinger*, wistra 2009, 294, 298.

611 *Beckemper*, NStZ 2002, 518, 521.

612 *Beckemper*, NStZ 2002, 518, 521.

Gefährdung, die der Bundesgerichtshof in seiner Entscheidung nicht definiert habe, greift er zum einen auf die Rechtsprechung zu den konkreten Gefährdungsdelikten und zum anderen auf die zur schadensgleichen Vermögensgefährdung bei den Vermögensdelikten zurück.[613] Bei Gefährdungsdelikten, die wie die Steuerhinterziehung zugleich auch Erfolgsdelikte sind, werde eine hinreichend konkrete Gefährdung erst dann angenommen, wenn der Schadenseintritt bzw. dessen Vermeidung sich allein als Zufall darstellt.[614] Eine solch intensive Gefährdung sei aber erst mit der Abgabe der Steuererklärung anzunehmen, da noch offen sei, ob es zu der Abgabe überhaupt komme.[615] Zum gleichen Ergebnis komme man, wenn man die Rechtsprechung zum schadensgleichen Vermögensschaden in Bezug auf den Betrug und die Untreue gemäß §§ 263, 266 StGB auf den vorliegenden Fall übertrage. Danach muss für die Annahme einer schadensgleichen Vermögensgefährdung mit einem wirtschaftlichen Nachteil in dem Zeitpunkt ernstlich gerechnet werden können.[616] Der Feststellungsbescheid müsse danach zumindest einen wirtschaftlichen Wert im Sinne einer Anwartschaft haben.[617] Wegen der wohl unmöglichen annähernden Bezifferung der Gefährdung des steuerlichen Anspruchs zur Zeit der Erlangung des Feststellungsbescheids, scheide eine solche allerdings aus.[618]

Die Annahme eines Steuervorteils scheidet auch dann aus, wenn man mit *Hellmann* Steuervorteile nur als Besserstellungen definiert, die außerhalb des Festsetzungsverfahrens erfolgen.[619] Für die Einordung des Feststellungsverfahrens als Teil des Festsetzungsverfahrens im weiteren Sinne spricht seiner Ansicht nach, dass die Feststellung allein der Festsetzung diene, also keinen eigenen Zweck verfolge. Das Festsetzungsverfahren werde in diesen Fällen nur in mehrere Stufen aufgeteilt.[620] Besserstellungen, die im Vorfeld der Festsetzungen erfolgen, können dabei allenfalls dann einen Steuervorteil darstellen, wenn sie bereits im Zeitpunkt ihrer Gewährung einen steuerlichen Schaden verursachen. Da der Festsetzungsbescheid selbst aber nicht zu einem steuerlichen Schaden führe, stelle er keinen Steuervorteil dar.[621]

---

613 *Rübenstahl*, HRRS 2009, 93, 95.
614 *Rübenstahl*, HRRS 2009, 93, 95; vgl. BGH, NJW 1985, 1036.
615 *Rübenstahl*, HRRS 2009, 93, 96.
616 Vgl. BGH, NJW 1966, 1975, 1976.
617 *Rübenstahl*, HRRS 2009, 93, 97.
618 *Rübenstahl*, HRRS 2009, 93, 97.
619 *Hellmann*, in: H/H/Sp, § 370 AO, Rn. 299a; vgl. zu dieser Definition oben 32f.
620 *Hellmann*, in: H/H/Sp, § 370 AO, Rn. 299a.
621 *Hellmann*, in: H/H/Sp, § 370 AO, Rn. 299a.

Der Argumentation des Bundesgerichtshofs, für die Annahme der Vollendung spreche auch die aus dem Feststellungsbescheid folgende Bindungswirkung, wird seitens *Claus* widersprochen. Die Situation, dass eine Handlung bei planmäßigem Verlauf in den Erfolg, hier die hinreichend konkrete Gefährdung, mündet, sei gerade für den Versuch und nicht für die Vollendung typisch.[622] Es liege bisher, wie beim Versuch, nur das Handlungsunrecht vor, das Erfolgsunrecht stehe noch aus. Der Bundesgerichtshof argumentiere sogar mit der für den Versuch typischen Terminologie der Zwischenschritte.[623]

Auch die Ansicht des Bundesgerichtshofs, dass der spätere, mit der Umsetzung des Feststellungsbescheids in den Folgebescheid, eintretende Steuerhinterziehungserfolg in der Form der Steuerverkürzung, der Annahme eines Steuervorteils nicht entgegenstehen würde, wird seitens *Claus* kritisch gesehen. Durch den Erlass des Feststellungsbescheids entstehe gerade kein eigener, von der Festsetzung abtrennbarer, Schaden.[624] Nichts anderes ergebe sich, wenn man zur Unterstützung der Ansicht des Bundesgerichtshofs die Umsatzsteuerhinterziehung heranziehe. Bei der Umsatzsteuer entstehe schon durch die Abgabe der Umsatzsteuervoranmeldungen ein eigener Schaden in der Form eines Zinsschadens, der auch dann bestehen bliebe, wenn die Angaben zur Umsatzsteuerjahreserklärung richtig seien.[625] Die unrichtigen Angaben in den Umsatzsteuervoranmeldungen und die darauf folgende falsche Angabe in der Umsatzsteuerjahreserklärung führen folglich zu unterschiedlichen Steuerschäden. Dies sei im Festsetzungsverfahren gerade nicht der Fall. Der Erlass des Feststellungsbescheids stelle damit nur ein Durchgangsstadium zur späteren Steuerverkürzung dar.[626] Die dadurch gegebene rein abstrakte Gefährdung sei für die Annahme der Vollendung nicht ausreichend.[627]

---

622 *Claus*, HRRS 2009 (3), 102, 104 f.; unterstützend *Hellmann*, in: H/H/Sp, § 370 AO, Rn. 299b.

623 *Claus*, HRRS 2009 (3), 102, 105 bezugnehmend auf die Ausführungen des Generalbundesanwalts, denen sich der BGH ausdrücklich anschließt, in welchen er zur Begründung der Vollendung anführt, „dass seine falschen Angaben im Feststellungsverfahren ohne weitere Zwischenschritte in die Festsetzung einfließen", BGH, NStZ-RR 2009, 344, 346.

624 *Claus*, HRRS 2009 (3), 102, 105.

625 *Claus*, HRRS 2009 (3), 102, 105.

626 *Sorgenfrei*, wistra 2006, 370, 374.

627 *Claus*, HRRS 2009 (3), 102, 105.

*Wittig* äußert gegen die Annahme des Bundesgerichtshofs sogar verfassungsrechtliche Bedenken.[628] Sie beruft sich dabei auf den oben bereits erwähnten Beschluss des Bundesverfassungsgerichts[629], in welchem dieser zur verfassungskonformen Auslegung von strafrechtlichen Normen, gerade im Hinblick auf das Bestimmtheitsgebot, durch die Gerichte Stellung bezogen hat. Auch wenn es in dem Beschluss im Prinzip um die Untreue gemäß § 266 StGB gehe, so habe sich das Bundesverfassungsgericht, ihrer Ansicht nach, generell mit den Voraussetzungen der Präzisierung von Tatbestandsmerkmalen durch die Gerichte beschäftigt.[630] Sie kritisiert, dass der Bundesgerichtshof auf die Darstellung der genauen wirtschaftlichen Auswirkungen der zukünftigen Verlustgefahr verzichte.[631] Dies sei bei einem vermögensnahen Erfolgsdelikt, wie der Steuerhinterziehung, nach dem Beschluss unzulässig. Durch diese Rechtsprechung würden die Strafbarkeitsvoraussetzungen verschwimmen und der Gehalt des Tatbestandsmerkmals Steuervorteil werde zu unbestimmt.[632]

#### cc) Differenzierende Ansicht

Ein Teil der Literatur schlägt einen differenzierenden Ansatz vor. Grundsätzlich gehen sie, wie die soeben erläuterte Ansicht davon aus, dass die Bekanntgabe eines Feststellungsbescheids noch keinen Steuervorteil darstellt und der Taterfolg der Steuerhinterziehung erst mit der Bekanntgabe des Festsetzungsbescheids eintritt.[633] Sie wollen hiervon allerdings eine Ausnahme zulassen. Ein Steuervorteil könne dann mit der Bekanntgabe des Feststellungsbescheids ungerechtfertigt erlangt werden, wenn dieser Bescheid dem Festsetzungsbescheid nachfolge.[634] In diesem Fall sei das Rechtsgut bereits konkret gefährdet, da der Festsetzungsbescheid gemäß § 175 Abs. 1 Nr. 1 AO ohne Mitwirkung des Steuerpflichtigen von Amts wegen geändert werden müsse.[635]

628 *Wittig*, ZIS 2011 (7), 660, 668, unter Bezugnahme auf den Beschluss des BVerfG vom 23.06.2010 (2BvR 2559/08), in welchem das BVerfG sich mit der Verfassungsmäßigkeit der Auslegung von § 266 StGB durch die Fachgerichte auseinandergesetzt hat.

629 BVerfG, NStZ 2010, 626; vgl. oben 88f.

630 *Wittig*, ZIS 2011 (7), 660.

631 *Wittig*, ZIS 2011 (7), 660, 668.

632 *Wittig*, ZIS 2011 (7), 660, 668.

633 *Schmitz/Wulf*, in: MüKo-StGB, § 370 AO, Rn. 103.

634 *Schmitz/Wulf*, in: MüKo-StGB, § 370 AO, Rn. 103.

635 *Schmitz/Wulf*, in: MüKo-StGB, § 370 AO, Rn. 102 f.

#### dd) Zwischenergebnis

Wie sich gezeigt hat, gestaltet sich die Bestimmung des Vollendungszeitpunkts im Zusammenhang mit der Erlangung eines Feststellungsbescheids als sehr schwierig. Eine abschließende Entscheidung kann hier aber noch nicht getroffen werden, da die Festlegung des Vollendungszeitpunkts auch Auswirkungen auf den Versuchsbeginn hat. Ohne Kenntnis der sich dort stellenden Folgeprobleme, kann die strafrechtliche Bedeutung der Erlangung eines Feststellungsbescheids nicht zufriedenstellend beurteilt werden.

### *b) Versuchsbeginn im Zusammenhang mit der Erlangung eines Feststellungsbescheids*

#### aa) Versuchsbeginn bei der Annahme der Erlangung des Feststellungsbescheids als Steuervorteil

Fraglich ist, wann in diesen Fällen von einem unmittelbaren Ansetzen auszugehen ist. Ein solches könnte bereits mit dem Absenden oder dem Übergeben der Feststellungserklärung bzw. der Erklärung, die zu dem Erlass des falschen Feststellungsbescheids führt, an das Finanzamt anzunehmen sein. Ein früherer Zeitpunkt scheidet aus, da der Steuererklärungspflichtige erstmals mit dieser Handlung steuerlich erhebliche Tatsachen gegenüber der Finanzbehörde erklärt. Alle Handlungen die der Steuerpflichtige vor der Abgabe einer solchen Erklärung vornimmt, um eine Steuerhinterziehung zu ermöglichen oder zu erleichtern, stellen grundsätzlich, wie bereits oben erläutert[636], reine Vorbereitungshandlungen dar. Durch das Machen der falschen steuerlich erheblichen Angaben und das Entlassen der Feststellungserklärung aus seinem Machtbereich hat der Täter aber bereits alles seiner Ansicht nach Notwendige zur Herbeiführung des Taterfolgs getan. Die falschen Angaben führen ohne weitere Zwischenschritte seinerseits in die Tatvollendung. Damit ist das durch § 370 AO geschützte Rechtsgut bereits konkret gefährdet und der Täter hat zur Erlangung eines ungerechtfertigten Steuervorteils unmittelbar angesetzt.

#### bb) Versuchsbeginn bei der Annahme des Folgebescheids als Steuerverkürzung

Innerhalb des Ansatzes, der erst mit der Bekanntgabe des Folgebescheids eine vollendete Steuerhinterziehung annehmen will, ist trotz der Einstimmigkeit bei der Ablehnung eines Steuervorteils höchst umstritten, wann der Täter die Grenze zum Versuch der Steuerverkürzung überschreitet.

---

636 Vgl. oben 91 ff.

Ein Teil der Literatur und der fünfte Strafsenat des Bundesgerichtshofs in einer älteren Entscheidung halten einen strafbaren Versuch bereits in dem Moment für gegeben, in dem die Feststellungserklärung auf den Weg gebracht bzw. abgegeben wird.[637] Bei der Begründung greifen sie nicht auf die Abgrenzungstheorien zurück, sondern ziehen vielmehr als Vergleich den Versuchsbeginn im Steuerfestsetzungsverfahren heran, in dem die herrschende Ansicht auch von einem Versuchsbeginn mit dem unwiderruflichen Entlassen der Steuerklärung aus dem Machtbereich des Steuerpflichtigen ausgeht.[638] Es könne keinen Unterschied machen, ob der Steuerpflichtige die Besteuerungsgrundlagen in einer Steuererklärung, wie z. B. der Einkommensteuererklärung, oder in einer gesonderten Feststellungserklärung mitteile.[639] In beiden Fällen gehe der Täter davon aus, dass das Mitteilen der unrichtigen Besteuerungsgrundlagen der erste Schritt auf dem Weg zur Erlangung einer unrichtigen Steuerfestsetzung sei.[640] Es solle nicht allein deshalb etwas anderes gelten, weil die Steuerminderung erst in späteren Veranlagungszeiträumen und somit eine erhebliche Zeit nach der Abgabe der Verlusterklärung eintreten könne.[641] Entscheidend sei nämlich, dass die Abgabe der falschen Feststellungserklärung nach dem aus dem Tatplan folgenden ungestörten Ablauf zu ungerechtfertigten Steuerminderungen in den späteren Veranlagungszeiträumen führe.[642]

Andere kommen zum selben Ergebnis, gehen aber bei dem Erwirken eines Feststellungsbescheids von einer mittelbaren Täterschaft aus.[643] Zur Bestimmung des Versuchsbeginns greifen sie auf die Argumentation der im allgemeinen Strafrecht herrschend vertretenen Theorie der modifizierten Einzellösung[644] zurück.[645] Danach setzt der mittelbare Täter zum Versuch an, wenn er nach seiner Vorstellung den Tatmittler aus seinem Einwirkungsbereich entlassen hat und davon

---

637 BGH, NStZ 1984, 510, 512; *Blesinger*, wistra 2009, 294, 297; *Claus*, HRRS 2009 (3), 102, 105; Gußen, Peter J. G., Praxiswissen Steuerstrafrecht, Rn. 149; *Simon/Vogelberg*, Steuerstrafrecht, S. 23; *Sorgenfrei*, wistra 2006, 370, 374, 376.

638 BGH, NStZ 1984, 510, 512; *Blesinger*, wistra 2009, 294, 297; ähnlich *Claus*, HRRS 2009 (3), 102, 105; Gußen, Peter J. G., Praxiswissen Steuerstrafrecht, Rn. 149; vgl. zu den Grundsätzen zur Abgrenzung des Versuchs von der Vorbereitung unten 126 ff.

639 Gußen, Peter J. G., Praxiswissen Steuerstrafrecht, Rn. 149.

640 Gußen, Peter J. G., Praxiswissen Steuerstrafrecht, Rn. 149.

641 BGH, NStZ 1984, 510, 512.

642 BGH, NStZ 1984, 510, 512.

643 *Claus*, HRRS 2009 (3), 102, 105; *Sorgenfrei*, wistra 2006, 370, 373 f.

644 Vgl. zur modifizierten Einzellösung oben 97 f. und *Schmitz/Wulf*, in: MüKo-StGB, § 370 AO, Rn. 129.

645 *Sorgenfrei*, wistra 2006, 370, 373 f.; *Claus*, HRRS 2009 (3), 102, 105, die auf die Argumentation von *Sorgenfrei* verweist.

ausgeht, dass das Tatobjekt unmittelbar gefährdet ist.[646] Ist es aber ungewiss, ob und wann die Einflussnahme ihre Wirkung entfaltet, beginnt der Versuch erst, wenn der Tatmittler selbst zur Tat unmittelbar ansetzt.[647] In der vorliegenden Konstellation halten sie den engen Zusammenhang zwischen der tatbestandsmäßigen Handlung des Tatmittlers (Erlass des Feststellungsbescheids) und dem Abschluss der Einwirkung (Einreichen der Feststellungserklärung) für gegeben, weswegen ein Versuch bereits mit dem „Aus-der-Hand-geben", also der Abgabe der Feststellungserklärung, vorliege.[648] Durch die Bindungswirkung des Feststellungbescheids sei das von § 370 AO geschützte Rechtsgut auch bereits konkret gefährdet. Die Unmittelbarkeit der Rechtsgutsgefährdung scheide nicht durch eine möglicherweise lange Zeitspanne zwischen der Einwirkung auf den Tatmittler und dem Eintritt des tatbestandsmäßigen Erfolgs (unrichtige Steuerfestsetzung) aus. Der mittelbare Täter, also der Steuerpflichtige, habe aufgrund seines überlegenen Wissens über die Unrichtigkeit der Feststellungserklärung die Tatherrschaft und sei sich gewiss wie die Tat weiter verlaufen werde. Hieraus begründe sich die Unmittelbarkeit der Gefahr. Der Verweis auf einen möglichen langen Zeitraum vermöge nichts an dem Vorliegen einer konkreten Gefährdung bereits mit Abgabe der Feststellungserklärung zu ändern. Eine konkrete Vorstellung des Steuerpflichtigen über die Zeitspanne, die zwischen der Handlung und dem Erfolg liege, sei nicht erforderlich.[649]

*Eschenbach,* der in der gegebenen Konstellation ebenfalls eine mittelbare Täterschaft annimmt, will einen Versuch dagegen erst mit der Mitteilung der Feststellungen an das veranlagende Finanzamt annehmen, da vorher noch nicht der für den Versuch notwendige Grad der Gefährdung erreicht sei.[650] Wie die zuvor genannte Ansicht greift auch er bei seiner Argumentation auf die Theorie der modifizierten Einzellösung[651] zurück. Er geht allerdings davon aus, dass der Tatmittler in der Fallkonstellation des Erwirkens eines Feststellungsbescheids noch wesentliche Zwischenschritte auszuführen hat, weswegen der Versuch nicht bereits mit dem „Aus-den-Händen-Geben des Geschehens" (Abgabe der Feststellungserklärung) beginnen soll, sondern erst, wenn der Tatmittler zur Ausführung

646 BGH, NJW 1982, 1164; OLG München, wistra 2006, 436, 437.

647 BGH, NJW 1997, 3453, f.

648 *Sorgenfrei*, wistra 2006, 370, 374

649 *Sorgenfrei*, wistra 2006, 370, 374.

650 *Eschenbach*, DStZ 1997, 851, 855; unklar *Wiese,* in: Wannemacher, Rn. 507, der für den Versuchsbeginn auf die Mitteilung bzw. auf das Bevorstehen des Erlasses des Folgebescheids abstellen will.

651 Vgl. zur modifizierten Einzellösung oben 97 f.

ansetzt (Mitteilung an das Besteuerungsfinanzamt). Der Feststellungsbescheid sei erst die Grundlage für die folgende Steuererklärung bzw. Mitteilung an das Veranlagungsfinanzamt.[652]

*Beckemper* und *Rübenstahl* halten diesen Zeitpunkt für die Annahme des Versuchsbeginns für verfrüht.[653] Sie verweisen zur Begründung auf den für die Veranlagung notwendigen Antrag bzw. die notwendige Steuererklärung hin.[654] *Rübenstahl* argumentiert mit dem von mehreren Abgrenzungstheorien verwendeten Kriterium des unmittelbaren räumlichen und zeitlichen Zusammenhangs und verweist auf den langen Zeitraum zwischen Erlass des Feststellungsbescheids und der Veranlagung. *Beckemper* bezieht sich bei der Argumentation gegen den Versuchsbeginn durch das Erwirken eines Feststellungsbescheids auf die Grundsätze der Abgrenzung von Versuch und Vorbereitung beim Betrug und zwar insbesondere auf die Problematik beim mehraktigen Betrug, wie dem Abrechnungsbetrug.[655] Bei diesen Fällen mache der Täter zuerst falsche Angaben gegenüber einer Person, die das Aufmaß erstelle und prüfe und diese Unterlagen dann zur Abrechnung weitergebe. Der Bundesgerichtshof halte erst in dem Zeitpunkt der Abgabe der Unterlagen zur Abrechnung die tatbestandsmäßige Täuschungshandlung für gegeben. Erst mit dieser werde der für die überhöhte Zahlung ursächliche Irrtum bewirkt. Übertragen auf den vorliegenden Fall bedeute das, dass das Erwirken des Feststellungsbescheids noch eine straflose Vorbereitungshandlung sei, da aufgrund der fehlenden engen Verknüpfung zur Tatbestandshandlung, dem Machen falscher Angaben, ein unmittelbares Einmünden in die Tatbestandsverwirklichung fehle.[656] Das Fehlen der engen Verknüpfung begründet sie, wohl unter Rückgriff auf die Kombinationstheorie, damit, dass der Steuerpflichtige erst noch eine weitere Aktion vollziehen und zwar den Feststellungsbescheid beim Finanzamt einreichen müsse, damit eine unmittelbare Gefährdung aus der Sicht des Täters vorliege. Erst in diesem Moment sei die Versuchsgrenze überschritten worden.[657]

*Ransiek* stellt auf den wohl spätesten Zeitpunkt für den Versuchsbeginn ab. Seiner Ansicht nach beginnt der Versuch erst in dem Moment, in dem die Übernahme der Besteuerungsgrundlagen aus dem Feststellungsbescheid in die Ver-

652 *Eschenbach*, DStZ 1997, 851, 855.
653 *Beckemper*, NStZ 2002, 518, 522; *Rübenstahl*, HRRS 2009, 93, 98, 101.
654 *Rübenstahl*, HRRS 2009, 93, 101.
655 *Beckemper*, NStZ 2002, 518, 522 mit Bezug zu BGH, StV 2001, 272, 273.
656 *Beckemper*, NStZ 2002, 518, 522.
657 *Beckemper*, NStZ 2002, 518, 522.

anlagung kurz bevorsteht.[658] Wegen eines möglichen langen Zeitraums zwischen der Abgabe der Erklärung und der Veranlagung sei das Rechtsgut erst in dem Moment unmittelbar gefährdet, in welchem die Veranlagung unmittelbar bevorstehe. Zur Stützung seiner Argumentation verweist er teilweise auf die von *Roxin* vertretene Sphärentheorie, aber dann auch wieder auf die Kombinationstheorie.

#### cc) Differenzierende Ansicht

Ein Teil der Literatur schlägt auch bei der Beurteilung des Versuchsbeginns einen differenzierenden Ansatz vor. Unabhängig davon welcher der Abgrenzungstheorien man sich anschließe, sei grundsätzlich davon auszugehen, dass der Erlass des Feststellungsbescheids, nur eine Vorbereitungshandlung in Bezug auf die mit Bekanntgabe des Folgebescheids eintretende Steuerverkürzung darstelle.[659] Selbst wenn er eine Publikumsgesellschaft betreffe, müsse der Täter diesen noch an die Gesellschafter weiterleiten, die dann auf dessen Grundlage die falschen Steuererklärungen abgeben würden. Erst in diesem Moment, also mit der Abgabe der Steuererklärung sei die Versuchsgrenze überschritten. Anders sei dies allerdings zu beurteilen, wenn der unrichtige Feststellungsbescheid erst nach erfolgter Veranlagung erlassen wird.[660] In diesen Fällen müsse der Veranlagungsbescheid gemäß § 175 Abs. 1 Nr. 1 AO von Amts wegen geändert werden, ohne dass es noch einer Mitwirkung seitens des Steuerpflichtigen bedürfe. In der Erlangung eines unrichtigen Feststellungsbescheids sei dann der Versuch einer Steuerverkürzung zu sehen.

### 3. *Stellungnahme*

Die Annahme einer vollendeten Steuerhinterziehung erst mit der Bekanntgabe des unrichtigen Steuerbescheids, also des Folgebescheids in der Form der Steuerverkürzung vernachlässigt die vom Feststellungsbescheid ausgehende bindende Wirkung. Der Feststellungsbescheid ist in jedem Fall von der festzusetzenden Behörde zu berücksichtigen, auch wenn der Steuerklärungspflichtige Angaben hierzu in der Steuererklärung unterlässt. Unterlässt er die Abgabe der Steuererklärung, so ergeht ein Schätzungsbescheid unter Berücksichtigung der Angaben im Feststellungsbescheid. Da die festsetzende Behörde wegen der Bindungswir-

---

658 *Ransiek,* in: Kohlmann, § 370, Rn. 709; unklar *Wiese,* in: Wannemacher, Rn. 507, der für den Versuchsbeginn auf die Mitteilung bzw. auf das Bevorstehen des Erlasses des Folgebescheids abstellen will.

659 *Schmitz/Wulf,* in: MüKo-StGB, § 370 AO, Rn. 102 f.

660 *Schmitz/Wulf,* in: MüKo-StGB, § 370 AO, Rn. 102.

kung weder verpflichtet noch berechtigt ist, den Feststellungsbescheid auf Fehler zu untersuchen, werden die falschen Angaben bei regelhaftem Ablauf Bestandteil der Steuerfestsetzung. Somit kann in dem Moment des Erlasses des Feststellungsbescheids davon ausgegangen werden, dass die dortigen falschen Angaben in den Steuerbescheid eingehen. Damit ist das durch § 370 AO geschützte Rechtsgut bereits in diesem Moment so konkret gefährdet, dass von der Erlangung eines ungerechtfertigten Steuervorteils ausgegangen werden muss.

Die Situation ist auch durchaus vergleichbar mit der Situation des Erschleichens eines Schuldscheins über eine nicht bestehende Forderung im Rahmen von § 263 StGB. Eine schadensgleiche Vermögensgefährdung wird in derartigen Fällen angenommen, wenn mit wirtschaftlichen Nachteilen ernsthaft zu rechnen ist.[661] Dies ist z. B. dann der Fall, wenn schon im Tatzeitpunkt konkret mit der Inanspruchnahme durch den aufgrund des Schuldscheins beweisbegünstigten Täter zu rechnen ist. Beim Feststellungsbescheid kann wegen der Bindungswirkung davon ausgegangen werden, dass die dortigen Angaben automatisch in die Steuerfestsetzung einfließen und zu einer unrichtigen Festsetzung führen. Folglich ist im Moment der Bekanntgabe des Feststellungsbescheids ebenfalls konkret mit wirtschaftlichen Nachteilen zu rechnen. Dies bestätigt die Annahme der Erlangung eines ungerechtfertigten Steuervorteils.

Dem steht auch nicht entgegen, dass der Grundlagenbescheid nur Feststellungen trifft und sich folglich nicht unmittelbar betragsmäßig auswirkt. So war und ist, worauf von *Patzelt* hingewiesen wird, z. B. anerkannt, dass sich auch nicht direkt betragsmäßig auswirkende steuerermäßigende Eintragungen auf der Lohnsteuerkarte Steuervorteile darstellen.[662] Es ist kein Grund ersichtlich, warum die Fälle unterschiedlich behandelt werden sollten. Auch die von *Wittig* geäußerten verfassungsrechtlichen Bedenken verfangen nicht. Wie der Bundesgerichtshof in einem späteren Urteil richtig anmerkt, kommt es durch die Feststellung der Art und der Höhe des erlangten Steuervorteils durch die Gerichte zu keiner „verfassungsrechtlich unzulässige[n] Verschleifung von Tatbestandsmerkmalen der Steuerhinterziehung".[663] So sind die Art und der Umfang des Steuervorteils, wie z. B. die Höhe des ungerechtfertigten Verlustvortrags, von den Tatgerichten festzustellen und im Urteil darzulegen. Die vom Bundesverfassungsgericht im Hinblick auf den Bestimmtheitsgrundsatz des Art. 103 Abs. 2 GG für den Betrug und die

---

661 BGH, NStZ 2000, 197; BGH, Urt. v. 15.05.2001–4 StR 139/01 – Rn. 7.

662 Vgl. z. B. *Dumke/Webel,* in: Schwarz, § 370 AO, Rn. 107; *Jäger* in: Klein, § 370, Rn. 124; *Kürzinger,* in: Wannemacher, Rn. 361; *Ransiek,* in: Kohlmann, § 370, Rn. 436; *Rolletschke,* in: Rolletschke/Kemper, § 370, Rn. 632.

663 BGH, NJW 2013, 1750.

Untreue geforderte konkrete Bezifferung des Schadens – hier der Auswirkungen auf den Steueranspruch des Staates – ist angesichts der Besonderheiten und der von Untreue und Betrug verschiedenen Struktur des § 370 AO nicht notwendig.[664] Zum einen weist die Steuerhinterziehung im Gegensatz zu den anderen beiden Delikten zwei unterschiedliche Taterfolge auf, wodurch den Besonderheiten des Steuerrechts und seinen Verfahrensarten, wie dem Feststellungsverfahren, Rechnung getragen wird. Aufgrund dieser Differenzierung muss der Erlangung eines Steuervorteils im Feststellungsverfahren auch eine Steuerverkürzung im Festsetzungsverfahren nachfolgen können.[665] Zum anderen weist der Bundesgerichtshof richtigerweise darauf hin, dass sich das Bundesverfassungsgericht in seinem Beschluss allein auf Konstellationen bezieht, in denen es um das Vorliegen eines Schadens im Sinne einer hinreichend konkreten Gefährdung des geschützten Vermögens bei Rechtsgutsverletzungsdelikten geht. Die Steuerhinterziehung ist aber in keiner ihrer Taterfolgsvarianten ein Rechtsgutsverletzungsdelikt.[666] Die vom Bundesverfassungsgericht vorgenommenen Begrenzungen des Rechtsgutsverletzungserfolgs können somit nicht auf die Steuerhinterziehung übertragen werden und stehen somit der Annahme eines ungerechtfertigt erlangten Steuervorteils nicht entgegen.[667]

Fraglich könnte in Anbetracht von Art. 103 Abs. 2 GG allerdings noch sein, ob Einkünfte die in einem Feststellungsbescheid festgestellt werden, vom Wortlaut her wirklich als Steuervorteile angesehen werden können. Werden Einkünfte positiv festgestellt, so erhöht sich hierdurch das zu versteuernde Einkommen, was zu einer höheren Steuerfestsetzung führt und somit für den Steuerpflichtigen grundsätzlich nachteilig ist. Macht der Steuererklärungspflichtige allerdings falsche Angaben, so wird er damit beabsichtigen, dass die Einkünfte nicht in der vollen Höhe festgestellt werden können, was im Endeffekt zu einer niedrigeren Steuerfestsetzung führt. Der Feststellungsbescheid ist dadurch für den Steuerpflichtigen günstiger als er es bei wahrheitsgemäßen Angaben gewesen wäre und kann damit einen ungerechtfertigt erlangten Steuervorteil darstellen.

Letztendlich sprechen für die Annahme eines ungerechtfertigt erlangten Steuervorteils auch die aufgezeigten Probleme und Unsicherheiten, die sich bei der Bestimmung des Versuchsbeginns stellen, wenn man eine vollendete Steuerhinterziehung erst mit der Bekanntgabe des Folgebescheids annehmen würde.

---

664 BGH, NJW 2013, 1750, 1751.
665 BGH, NJW 2013, 1750, 1751.
666 Vgl. hierzu näher oben 27 f.
667 BGH, NJW 2013, 1750, 1752.

Ist die Bekanntgabe des Feststellungsbescheids dementsprechend weder nur Vorbereitungs- noch Versuchshandlung, sondern bereits eine vollendete Steuerhinterziehung, so kann der Versuch, wie oben bereits erläutert[668], auch nur mit dem Absenden oder dem Übergeben der Feststellungserklärung bzw. der Erklärung, die zu dem Erlass des falschen Feststellungsbescheids führt, beginnen. Der Täter hat mit dem Entlassen der Erklärung aus seinem Machtbereich bereits alles seiner Ansicht nach Notwendige zur Herbeiführung des Taterfolgs getan. Ein früherer Versuchsbeginn scheidet aus, da er erstmals mit dieser Handlung steuerlich erhebliche Tatsachen gegenüber der Finanzbehörde erklärt.

## III. Abgrenzung Versuch und Vollendung

### *1. Steuervergütungen*

Unter Steuervergütungen sind in der Regel die Fälle zu verstehen, in denen eine Auszahlung an denjenigen stattfindet, der die Steuer wirtschaftlich getragen hat, ohne selbst Schuldner zu sein oder die Fälle, in denen eine Mehrfachbesteuerung durch Auszahlung beseitigt wird.[669] Hierunter fallen beispielsweise die Umsatzsteuervergütungen gemäß § 4a UStG oder auch die Ansprüche auf Kindergeld gemäß § 31 S. 3 EStG.[670]

Steuervergütungen stellen gemäß § 370 Abs. 4 S. 2 Hs. 2 AO Steuervorteile dar. Ein solcher wird z. B. dann gemäß § 370 Abs. 4 S. 2 Hs. 2 AO ungerechtfertigt erlangt, soweit er zu Unrecht gewährt wird. Fraglich ist, auf welchen Zeitpunkt es für das Gewähren ankommt. In Betracht kommt zum einen die Bekanntgabe der Verfügung durch die Finanzbehörde und zum anderen die Auszahlung der Steuervergütung. Das Abstellen auf die Bekanntgabe der Verfügung wird teilweise mit Verweis auf § 2 Abs. 1 SubvG und § 264 StGB, die zwischen den Begriffen der „Gewährung" und der „Bewilligung" unterscheiden, kritisch gesehen.[671] In Bezug auf Subventionen wird in § 2 Abs. 1 SubvG und § 264 StGB für den Begriff der „Gewährung" im Gegensatz zu dem der „Bewilligung" nicht auf die Bekanntgabe der Verfügung, sondern auf den Auszahlungszeitpunkt abgestellt. Als rechtliche Grundlage für den Steuervorteil hat die gemäß § 124 AO wirksame Verfügung aber schon einen „wirtschaftlich messbaren Wert", so dass das Gewähren eines

668 Vgl. 112.

669 *Hellmann,* in: H/H/Sp, § 370 AO, Rn. 120; *Rolletschke,* Steuerstrafrecht, Rn. 91; *Schmitz/Wulf,* in: MüKo-StGB, § 370 AO, Rn. 134.

670 *Hellmann,* in: H/H/Sp, § 370 AO, Rn. 169; *Rolletschke,* Steuerstrafrecht, Rn. 90; *Schmitz/Wulf,* in: MüKo-StGB, § 370 AO, Rn. 134.

671 *Joecks,* in: F/G/J, § 370 AO, Rn. 146; *Kürzinger,* in: Wannemacher Rn. 365.

Steuervorteils im Sinne einer Bewilligung ausgelegt werden kann.[672] Das Abstellen auf den Auszahlungszeitpunkt würde zudem zu einer unterschiedlichen Erfolgsdefinition führen, je nachdem, ob der Steuervorteil, materiell gesehen, einen Hinzugewinn oder ein Behalten darstellt.[673] Richtigerweise ist somit davon auszugehen, dass eine Steuervergütung in diesen Fällen – in Übereinstimmung mit dem Steuerverkürzungserfolg – bereits mit der Bekanntgabe der Verfügung durch die Finanzbehörde ungerechtfertigt erlangt wird und nicht erst dann, wenn diese Verfügung wirksam, also die Steuervergütung ausgezahlt wird.[674]

### 2. *Beitreibungsverfahren*

Wie bereits festgestellt wurde, kann eine Steuerhinterziehung auch in dem dem Festsetzungsverfahren nachfolgenden Beitreibungsverfahren, also dem Erhebungs- und Vollstreckungsverfahren, begangen werden.[675] Macht der Vollstreckungsschuldner im Vollstreckungsverfahren falsche Angaben um die Vollstreckung zu verhindern, dann liegt bis zu dem Zeitpunkt, in welchem bei wahrheitsgemäßen Angaben die Beitreibung bzw. Vollstreckung erstmals erfolgreich hätte stattfinden können, nur ein Versuch vor.[676] Verheimlicht der Vollstreckungsschuldner z. B. im Vermögensverzeichnis einen noch nicht festgesetzten Steuererstattungsanspruch, so ist die Steuerhinterziehung erst mit der Festsetzung des Erstattungsanspruchs vollendet.[677] Vor der Festsetzung hätte der Anspruch weder gepfändet noch mit der Steuerschuld verrechnet werden können.[678]

Werden Ansprüche aus dem Steuerschuldverhältnis im Beitreibungsverfahren durch nicht wahrheitsgemäß begründete Anträge gemäß § 222 AO gestundet, gemäß § 227 AO erlassen oder wird dem Vollstreckungsschuldner aufgrund eines nicht wahrheitsgemäßen Antrags ein Vollstreckungsaufschub oder eine einstweilige Vollstreckungseinstellung gemäß § 258 AO gewährt, so ist der ungerecht-

---

672 *Joecks*, in: F/G/J, § 370 AO, Rn. 146; *Schmitz/Wulf*, in: MüKo-StGB, § 370 AO, Rn. 141. In der Literatur ist umstritten, ob für die Erfolgsannahme die wirtschaftlichen Verhältnisse entscheidend sind, vgl. hierzu *Kürzinger*, in: Wannemacher, Rn. 367 ff.

673 *Schmitz/Wulf*, in: MüKo-StGB, § 370 AO, Rn. 141.

674 *Kürzinger*, in: Wannemacher, Rn. 365; *Schmitz/Wulf*, in: MüKo-StGB, § 370 AO, Rn. 141.

675 Vgl. 102; BGH, NZWiSt 2012, 470, 471; *Hilgers-Klautzsch*, in: Kohlmann, § 370, Rn. 1564; *Joecks*, in: F/G/J, § 370 AO, Rn. 61.

676 *Hadamitzky/Senge*, in: Erbs/Kohlhaas, § 370 AO, Rn. 42; *Joecks*, in: F/G/J, § 370 AO, Rn. 61; *Maurer*, in: Wannemacher, Steuerstrafrecht, 6. Aufl., Rn. 1398.

677 *Maurer*, in: Wannemacher, Steuerstrafrecht, 6. Aufl., Rn. 1398.

678 *Maurer*, in: Wannemacher, Steuerstrafrecht, 6. Aufl., Rn. 1398.

fertigte Steuervorteil schon in dem Moment der Bekanntgabe der begünstigenden Verfügung erlangt.[679] Im Falle der Stundung ändert die spätere Nachzahlung der Steuer mit Säumniszuschlägen nichts an dem Vorliegen eines ungerechtfertigt erlangten Steuervorteils.[680] Ebenfalls keine Auswirkungen auf den Erfolg hat im Falle des Erlasses eine spätere Rücknahme des Erlasses seitens der Finanzbehörde gemäß § 130 AO.[681]

### 3. *Rechtsmittelverfahren*

Zur Darstellung des Vollendungszeitpunkts von Steuerhinterziehungen, die im Rechtsmittelverfahren begangen werden, werden beispielhaft die Fälle der Anfechtungs- und der Verpflichtungsklage herangezogen.

#### *a) Anfechtungsklage*

Gemäß § 100 Abs. 2 S. 1 FGO kann das Gericht bei Anfechtungsklagen zur Änderung eines Verwaltungsakts, der z.B. einen Geldbetrag festsetzt, den Betrag in anderer Höhe selbst festsetzen. In diesen Fällen ist die Verkündung des Urteils mit der Bekanntgabe der festgesetzten Steuern im Steuerbescheid gemäß §§ 124 Abs. 1 S. 1, 122 AO vergleichbar. Die Steuerhinterziehung ist somit vollendet, wenn das Gericht das Urteil verkündet.[682] In Ausnahmefällen kann das Gericht aber gemäß § 100 Abs. 2 S. 2 FGO auch von der Betragserrechnung absehen und sie der Finanzbehörde auferlegen. Fraglich ist, ob hier ebenfalls in dem Moment von einer vollendeten Steuerhinterziehung ausgegangen werden kann, in welchem das Gericht, im Falle einer erfolgreichen Anfechtungsklage, die Betragserrechnung gemäß § 100 Abs. 2 S. 2 FGO der Finanzbehörde mit Verkündung des Urteils auferlegt. *Rolletschke* bejaht dies unter Verweis auf den Beschluss des Bundesgerichtshofs zu den Feststellungsbescheiden vom 10. De-

---

679 BayObLGSt 1980, 142, 145 für den Erlass; *Hardtke*, Steuerhinterziehung durch verdeckte Gewinnausschüttung, S. 130; *Hellmann*, in: H/H/Sp, § 370 AO, Rn. 312 *Joecks*, in: F/G/J, § 370 AO, Rn. 146; *Kürzinger*, in: Wannemacher, Rn. 361, 365; *Muhler*, in: Müller-Gugenberger (Hg.) 2015 – Wirtschaftsstrafrecht, § 44, Rn. 55; *Schmitz/Wulf*, in: MüKo-StGB, § 370 AO, Rn. 136, 141.

680 *Hellmann*, in: H/H/Sp, § 370 AO, Rn. 146; *Hilgers-Klautzsch*, in: Kohlmann, § 370, Rn. 1573.

681 *Hilgers-Klautzsch*, in: Kohlmann, § 370, Rn. 1574.

682 *Hilgers-Klautzsch*, in: Kohlmann, § 370, Rn. 1563; *Rolletschke*, NZWiSt 2013, 32. Vgl. zur Problematik des Unterfallens der Finanzgerichte unter den Behördenbegriff, 102 f.

zember 2008 und will einen ungerechtfertigten Steuervorteil annehmen.[683] Die beiden Situationen seien vergleichbar.

Um das zu klären, muss man sich das Verfahren genauer ansehen. Im Falle des § 100 Abs. 2 S. 2 FGO muss das Gericht die Änderung des Bescheids inhaltlich mit bindender Wirkung für die Verfahrensbeteiligten trotz allem selbst vornehmen und muss alle entscheidungsrelevanten Rechtsfragen klären.[684] Nur die reine Berechnung darf der Finanzbehörde überlassen werden.[685] Diese ist verpflichtet die Berechnung gemäß § 100 Abs. 2 S. 3 FGO unverzüglich durchzuführen und mitzuteilen.[686] Da das Gericht die entscheidungs- und berechnungsrelevanten Grundlagen somit schon bindend feststellt und die Finanzbehörde allein noch die Berechnung vorzunehmen hat, kann der Steueranspruch bereits mit Verkündung des Urteils konkret gefährdet sein und Vollendung angenommen werden.[687] Dies gilt allerdings nur für die Fälle, in denen es sich um ein unanfechtbares Urteil handelt. Der Täter hat in diesem Moment zwar noch keine Steuerverkürzung gemäß § 370 Abs. 1 Alt. 1 AO erreicht, da im Urteil nur Besteuerungsgrundlagen festgestellt wurden, die sich folglich nicht unmittelbar betragsmäßig auswirken.[688] Der festsetzende Steuerbescheid wird erst nach Rechtskraft durch die Finanzbehörde erlassen und bekanntgegeben.[689] Allerdings kann der Anfechtungskläger in dem Moment sicher davon ausgehen, dass seine unrichtigen Angaben, so wie gewollt, in den Steuerbescheid einfließen und die Steuer dadurch falsch festgesetzt wird. Diese Konstellation ähnelt damit der der Feststellungsbescheide, so dass auch hier von der Erlangung eines ungerechtfertigten Steuervorteils ausgegangen werden kann.[690]

Ist das Urteil dagegen weiterhin anfechtbar, so ist mit Verkündung des Urteils noch kein ungerechtfertigter Steuervorteil durch den Kläger erlangt worden. Die Finanzbehörde hat dem Kläger zwar gemäß § 100 Abs. 2 S. 3 FGO unverzüglich

683 *Rolletschke*, NZWiSt 2013, 32. Vgl. zum Feststellungsbescheidbeschluss BGH, NStZ-RR 2009, 344 ff. und oben 107 f.

684 *Staperfend*, in: Gräber, FGO, § 100, Rn. 42.

685 *Staperfend*, in: Gräber, FGO, § 100, Rn. 42.

686 *Staperfend*, in: Gräber, FGO, § 100, Rn. 46.

687 *Rolletschke*, NZWiSt 2013, 32, der einen Steuervorteil annehmen will, unabhängig davon um welche Instanz es sich handelt.

688 Vgl. auch *Rolletschke*, NZWiSt 2013, 32 f.

689 So auch u.a. BFH, Urt. v. 4.05.2011 – I R 67/10 – Rn. 9 ff.; FG Sachsen, Urt. v. 11.09.2013–8 K 788/10 – Rn. 39 ff.; *Cöster*, in: Koenig-AO, § 155, Rn. 16; anders *Rüsken*, in: Klein, § 155, Rn. 13 m.w.N.

690 *Rolletschke*, NZWiSt 2013, 32.

den errechneten Betrag mitzuteilen, allerdings ist die Mitteilung der Neuberechnung noch nicht die Bekanntgabe eines Steuerbescheids im Sinne eines Verwaltungsakts, sondern vielmehr eine formlose Mitteilung des Rechenergebnisses.[691] Der Steuerbescheid wird gemäß § 100 Abs. 2 S. 3 Hs. 2 FGO erst nach Rechtskraft bekanntgegeben. Nach dem finanzgerichtlichen Urteil kann die Finanzbehörde noch Revision einlegen und damit zum einen verhindern, dass die vom Finanzgericht festgestellten tatsächlichen und rechtlichen Verhältnisse bindend werden und zum anderen dadurch erreichen, dass der Bundesfinanzhof das Urteil zu Gunsten der Finanzbehörde abändert.[692] Der zu der Feststellungsbescheid-Rechtsprechung gezogene Vergleich passt hier nicht, da die Feststellungen des Feststellungsbescheids, selbst bei Rechtswidrigkeit, ohne erneute Prüfung und unverändert der Besteuerung zugrunde gelegt werden müssen.[693] Im vorliegenden Fall bleibt dagegen bei Verkündung des erstinstanzlichen Urteils offen, wie die Steuer später festgesetzt wird, da das Urteil insofern noch keine Bindungswirkung für die Finanzbehörde entfaltet. Der steuerliche Anspruch ist darum in dem Moment noch nicht hinreichend konkret gefährdet, so dass noch kein ungerechtfertigter Steuervorteil erlangt wurde. Erst mit Bekanntgabe des geänderten Bescheids durch die Finanzbehörde ist die Steuer verkürzt und die Steuerhinterziehung vollendet.

*b) Verpflichtungsklage*

Im Falle einer zugrundeliegenden Verpflichtungsklage gemäß § 101 FGO hängt die Entscheidung des Gerichts davon ab, ob die Sache spruchreif ist oder nicht. Ist die Sache nicht spruchreif, so spricht das Gericht gemäß § 101 S. 2 FGO nur die Verpflichtung aus, die Sache unter Beachtung der Rechtsauffassung des Gerichts neu zu bescheiden. Das Gericht muss hierbei nicht durch eigene Sachaufklärung die Grundlage für eine neue Ermessensentscheidung der Finanzbehörde schaffen, sondern nur die Ermessensfehlerhaftigkeit des Bescheids aufzeigen.[694] Die Finanzbehörde ist an tatsächliche Feststellungen, soweit das Gericht solche getroffen hat, nur insoweit gebunden, als nicht neu bekannt werdende Tatsachen und Beweis-

691 *Wagner,* in: Kühn/v. Wedelstädt, § 100 FGO, Rn. 14.

692 BVerwG, NVwZ 2010, 1308, 1309; *Brandis,* in: Tipke/Kruse, § 100 FGO, Rn. 29 zur Frage der Rechtskraft von Determinanten (tatsächliche und rechtliche Verhältnisse) für die Neuberechnung eines Geldbetrags.

693 Vgl. z. B. für die gesonderte Feststellung von Besteuerungsgrundlagen *Ratschow,* in: Klein, § 182, Rn. 3, 4; vgl. zur Feststellungsbescheid-Rechtsprechung des BGH oben 107 f.

694 *Brandis,* in: Tipke/Kruse, § 101 FGO, Rn. 5.

mittel eine andere Beurteilung rechtfertigen.[695] *Rolletschke* will auch in diesen Fällen mit der Entscheidung des Gerichts einen ungerechtfertigten Steuervorteil annehmen.[696] Zu beachten ist aber, dass der Finanzbehörde zum einen noch ein Ermessensspielraum zusteht und insbesondere im Hinblick auf die tatsächlichen Feststellungen auch nur bedingt gebunden ist. Zum anderen hat die Finanzbehörde noch die Möglichkeit Rechtsmittel einzulegen. Der Steueranspruch ist damit noch nicht hinreichend konkret gefährdet. Erst mit der Bekanntgabe des begehrten Bescheids ist die Steuerhinterziehung in der Form der Steuerverkürzung vollendet.

Ist die Sache spruchreif, so spricht das Gericht gemäß § 101 S. 1 FGO die Verpflichtung aus, den begehrten Verwaltungsakt zu erlassen. Dieser Fall ist mit dem des § 100 Abs. 2 S. 2 FGO vergleichbar.[697] Auch hier hängt es davon ab, ob das Gericht, das die Verpflichtung ausspricht, die letzte Instanz ist oder nicht.[698] Handelt es sich um das letztinstanzliche Gericht, so kann aus den gleichen Gründen mit der Verkündung des Urteils ein Steuervorteil angenommen werden. Ist dieses nicht der Fall, so muss auch hier die Erlangung eines nicht gerechtfertigten Steuervorteils mit der Verkündung des Urteils abgelehnt werden. Die Steuerhinterziehung ist erst mit der Bekanntgabe des begehrten Bescheids in der Form der Steuerverkürzung vollendet.

### *4. Verletzung der Erfassungspflichten (§§ 137–139 AO)*

Gemäß den §§ 137 bis 139 AO müssen Steuerpflichtige dem zuständigen Finanzamt oder der zuständigen Gemeinde Daten, die für die steuerliche Erfassung und Erhebung von Bedeutung sind, anzeigen. So müssen sie z. B. den Beginn ihrer gewerblichen oder freiberuflichen Tätigkeit anzeigen. Unterlassen sie eine solche Anzeige, so bleibt das Finanzamt über die Steuerpflicht im Unklaren. Hierdurch werden die Festsetzung von beispielsweise Einkommensteuer- oder Gewerbesteuervorauszahlungen, die Erzwingung der Abgabe von Steuererklärungen und der Erlass von Steuerbescheiden verhindert.[699] Insofern

---

695 *Brandis*, in: Tipke/Kruse, § 101 FGO, Rn. 7 unter Verweis auf § 100 Abs. 1, S. 1 Hs. 1 FGO.

696 *Rolletschke*, NZWiSt 2013, 32.

697 Vgl. hierzu 121 f.

698 Anders *Rolletschke*, NZWiSt 2013, 32, 33, welcher unabhängig davon, ob das letztinstanzliche Gericht die Verpflichtung ausspricht oder ein anderes, im Falle der Spruchreife generell davon ausgeht, dass die Steuerhinterziehung mit der Verkündung des Urteils vollendet ist.

699 *Kürzinger*, in: Wannemacher, Rn. 137.

ist allerdings grundsätzlich das Unterlassen der Abgabe von Steuererklärungen die maßgebliche Tathandlung und die unterlassene Anzeige nur Vorbereitungshandlung.[700] Bei der Umsatzsteuer z. B. stellt demnach erst die Nichtabgabe der Voranmeldung das für die Steuerhinterziehung entscheidende Unterlassen dar.[701] Das Unterlassen der Anzeigepflicht ist nur insoweit geeignet eine Pflichtwidrigkeit gemäß § 370 Abs. 1 Nr. 2 AO zu begründen, als die Finanzbehörde bei Abgabe der Anzeige unmittelbar Vorauszahlungen festgesetzt hätte.[702] Steuerstrafrechtlich relevant wird das Unterlassen damit nur soweit es um die Hinterziehung von bis zur erstmaligen Veranlagung normalerweise festzusetzenden Vorauszahlungen geht.[703] Es kommt zu einer Steuerverkürzung auf Zeit.[704] In diesen Fällen tritt eine Steuerverkürzung in dem Moment ein, in welchem zu den jeweiligen Fälligkeitstagen[705] die Vorausfestsetzungszahlungen unterbleiben.[706] Die Vorauszahlungen sind nämlich, obwohl sie sich auf Veranlagungssteuern beziehen, Fälligkeitssteuern.[707] Mit dem Verstreichen der letztmöglichen Festsetzungsmöglichkeit für die Vorauszahlung tritt die Steuerverkürzung ein.

## B. Veranlagungssteuern

### I. Abgrenzung Versuch und Vorbereitung

#### *1. Grundsatz*

Um den Zeitpunkt des Versuchsbeginns der Hinterziehung von Veranlagungssteuern bestimmen zu können, ist zwischen der Steuerhinterziehung durch Handeln und der Steuerhinterziehung durch Unterlassen zu unterscheiden.

---

700 *Pflaum,* in: Wabnitz, Janovsky (Hg.) 2014 – Handbuch des Wirtschafts- und Steuerstrafrechts, 20. Kap. Rn. 55.

701 *Joecks,* in: F/G/J, § 370 AO, Rn. 245.

702 *Joecks,* in: F/G/J, § 370 AO, Rn. 245; *Kürzinger,* in: Wannemacher Rn. 138;*Schmitz/Wulf,* in: MüKo-StGB, § 370 AO, Rn. 300.

703 *Pflaum,* in: Wabnitz, Janovsky (Hg.) 2014 – Handbuch des Wirtschafts- und Steuerstrafrechts, 20. Kap. Rn. 55.

704 *Joecks,* in: F/G/J, § 370 AO, Rn. 245; *Kürzinger,* in: Wannemacher, Rn. 138; *Simon/Vogelberg,* Steuerstrafrecht, S. 92.

705 Vgl. zu den Fälligkeitstagen z. B. § 37 EStG für die Einkommensteuer, § 19 GewStG für die Gewerbesteuer und § 31 Abs. 1 KStG, § 37 EStG für die Körperschaftsteuer.

706 *Rolletschke,* in: Rolletschke/Kemper, § 370 AO, Rn. 409.

707 *Joecks,* in: F/G/J, § 376 AO, Rn. 36.

### a) *Handlungsalternative (§ 370 Abs. 1 Nr. 1 AO)*

#### aa) Grundsatz

Bei der Handlungsalternative gehen die Rechtsprechung und ein Teil der Literatur pauschal davon aus, dass der Versuch mit der Einreichung der Erklärung bei der Finanzbehörde beginnt.[708] Insbesondere die Rechtsprechung präzisiert diesen Zeitpunkt nicht weiter. Nach der wohl herrschenden Ansicht in der Literatur beginnt der Versuch mit dem Entlassen der Erklärung aus dem Machtbereich des Steuerpflichtigen.[709] Gemeint sind damit der Einwurf der Erklärung in den Briefkasten beim Finanzamt, die Aufgabe der Erklärung zur Post, die Übergabe an einen Dritten, damit der diese übergibt oder einwirft oder auch das Absenden in Dateiform gemäß § 130 BGB,[710] auch wenn die Erklärung später nicht beim Finanzamt ankommen sollte.[711] Wichtig ist, dass die Erklärung mit Wissen und Wollen des Steuerpflichtigen auf den Weg zum Finanzamt gebracht wird.[712] Eine Überschreitung der Grenze zum Versuch liegt auch in den Fällen vor, in denen im Rahmen einer Außenprüfung dem Prüfer die unrichtigen Unterlagen vorgelegt werden.[713]

Seitens der Rechtsprechung wird diese Ansicht, unter Rückgriff auf die Kriterien der Zwischenaktstheorie, damit begründet, dass der Steuerpflichtige erst mit dem Einreichen der Erklärung Angaben über steuerlich erhebliche Tatsachen gegenüber der Finanzbehörde mache.[714] Das Einreichen bewirke, dass bei dem Tatplan zugrundeliegenden ungestörten Verlauf eine nicht gerechtfertigte Steuerminderung erreicht werden könne.[715] Der Täter habe damit objektiv zur Tatbestandserfüllung angesetzt, so dass sein Handeln ohne weitere wesentliche Zwischenakte in die Tatbestandserfüllung übergehe.[716]

---

708 BGH, NStZ 1984, 510, 512; BGH, NStZ-RR 2003, 20, 21; *Blesinger*, in: Kühn/v. Wedelstädt, § 370 AO, Rn. 67; *Jäger*, in: Klein, § 370, Rn. 194.

709 *Mösbauer*, DStZ 1997, 577, 579; *Wiese*, in: Wannemacher, Rn. 506.

710 *Eschenbach*, DStZ 1997, 851, 855; *Hellmann*, in: H/H/Sp, § 370 AO, Rn. 336; *Mösbauer*, DStZ 1997, 577, 579; *Rolletschke*, Steuerstrafrecht, Rn. 127; *Schmitz/Wulf*, in: MüKo-StGB, § 370 AO, Rn. 428.

711 *Mösbauer*, DStZ 1997, 577, 578.

712 *Hellmann*, in: H/H/Sp, § 370 AO, Rn. 336.

713 *Blesinger*, in: Kühn/v. Wedelstädt, § 370 AO. Rn. 68; *Herlan*, GA 1959, 45, 50 f.; *Mösbauer*, DStZ 1997, 577, 579.

714 BGH, NStZ 1984, 510, 512; BGH, NStZ-RR 2003, 20, 21.

715 BGH, NStZ 1984, 510, 512.

716 BGH, NStZ 2004, 580, 581.

Der größere Teil der Literatur begründet seine Ansicht entweder nicht näher[717] oder argumentiert damit, dass der Steuerpflichtige in diesem Moment den Kausalverlauf aus den Händen gegeben habe[718]. Das Kriterium des „Aus-der-Hand-gebens des Kausalverlaufs" wird von Anhängern der Kombinationstheorie und der Sphärentheorie verwendet, ist aber ohne Hinzukommen von weiteren Kriterien keiner Theorie eindeutig zuordenbar. *Mösbauer* greift demgegenüber auf das Gefährdungskriterium zurück und geht davon aus, dass der Steuerpflichtige in dem Moment, in dem er die Erklärung auf den Weg zur Finanzbehörde bringe, durch seine Handlung eine objektive Gefahr für das geschützte Rechtsgut gesetzt habe.[719]

Teile der Literatur wenden sich gegen diesen Ansatz.[720] Sie gestehen ihm zu, dass für die Annahme des Versuchsbeginns mit der Abgabe spreche, dass der Täter damit in der Regel alles getan habe, um die Tatbestandsverwirklichung zu erreichen.[721] Allerdings lasse er unberücksichtigt, dass der Taterfolg erst sehr viel später nach der Tathandlung eintreten könne, je nachdem wann die Erklärung von der Finanzbehörde bearbeitet werde. *Joecks* bezieht sich zur Begründung auf die Rechtsprechung des Bundesgerichtshofs zur Giftfalle. Der Bundesgerichtshof hatte in der Entscheidung festgestellt, dass abgeschlossenes Täterhandeln nicht immer unmittelbar in den tatbestandlichen Erfolg einmünden müsse.[722] Entscheidend müsse auf die Gefährdung abgestellt werden.[723] Das Gleiche gelte nach *Joecks*, unabhängig von der Täterschaftsform, auch für die Steuerhinterziehung in den Fällen, in denen der Steuerpflichtige davon ausgeht, dass zwischen der Abgabe der Erklärung und der Festsetzung mehrere Monate liegen.[724] Die Annahme eines Versuchs schon zum Zeitpunkt der Abgabe der Erklärung würde unnatürlich wirken. *Ransiek* zieht einen Vergleich zur Rechtsprechung zu § 263 StGB.[725] In dem von ihm herangezogenen Fall erreichte der Täter durch Täuschung in einem Gespräch, dass das Opfer einer Geldschenkung zustimmte.[726] Bevor der Vertrag über die Schenkung ausgefertigt und notariell beurkundet werden konnte, wurde der Täter festgenommen. Der

717 So z. B. *Blesinger*, wistra 2009, 294, § 370 AO, Rn. 67; *Jäger*, in: Klein, § 370, Rn. 194.

718 So. z. B. *Rolletschke*, Steuerstrafrecht, Rn. 127; *Wiese*, in: Wannemacher, Rn. 506.

719 *Mösbauer*, DStZ 1997, 577, 579.

720 *Joecks*, in: F/G/J, § 370 AO, Rn. 541; *Ransiek*, in: Kohlmann, § 370, Rn. 706 f.

721 *Joecks*, in: F/G/J, § 370 AO, Rn. 541; *Ransiek*, in: Kohlmann, § 370, Rn. 705.

722 BGH, NJW 1997, 3453, 3454.

723 BGH, NJW 1997, 3453, 3454.

724 *Joecks*, in: F/G/J, § 370 AO, Rn. 541.

725 *Ransiek*, in: Kohlmann, § 370, Rn. 706 unter Bezugnahme auf BGH, NStZ 2011, 400 f.

726 BGH, NStZ 2011, 400; *Ransiek*, in: Kohlmann, § 370, Rn. 706.

Bundesgerichtshof lehnte hier einen Versuchsbeginn allein durch das Gespräch ab, da nur dann von einem unmittelbaren Ansetzen ausgegangen werden könne, wenn die Täuschungshandlung unmittelbar auf die Herbeiführung der Vermögensverfügung gerichtet sei.[727] Erst in diesem Moment bestehe auch aus der Sicht des Täters eine Gefahr für das Rechtsgut.[728] Übertragen auf die Steuerhinterziehung bedeutet das nach *Ransiek*, dass nur dann mit dem Eingang der falschen oder unvollständigen Unterlagen die Schwelle zum Versuch überschritten sei, wenn der Steuerpflichtige davon ausgehe, dass die Steuer alsbald festgesetzt oder ein Steuervorteil alsbald gewährt werde.[729] Werde die Steuer erst später festgesetzt, könne erst kurz vorher von einer unmittelbaren Gefahr für das Rechtsgut ausgegangen und somit die Grenze zum Versuch überschritten werden.[730]

Dem von *Joecks* und *Ransiek* vertretenen Ansatz, der sich auf das Gefährdungskriterium stützt, muss zugestanden werden, dass ein möglicher langer Zeitraum zwischen Abgabe der Erklärung und deren Bearbeitung zunächst gegen ein unmittelbares Ansetzen zu sprechen scheint. Allerdings ist zu beachten, dass der Täter schon alles seinerseits Erforderliche zur Tatbestandsverwirklichung getan hat und sicher davon ausgeht, dass die Finanzbehörde die Erklärung bearbeiten wird. Durch das sichere Wissen des Täters um die Bearbeitung ist das Rechtsgut schon in diesem Zeitpunkt unmittelbar gefährdet. Das entspricht auch der herrschenden Ansicht zum Versuchsbeginn bei den Distanzdelikten, mit welchen die Steuerhinterziehung in diesen Fällen zumindest vergleichbar ist.[731] So hatte der Bundesgerichtshof einen Fall zu entscheiden, in dem die Täter eine Handgranate am Auto des Opfers angebracht hatten, die allerdings bei der Benutzung des Wagens nicht zündete.[732] Der Bundesgerichtshof war von einem Versuch bereits mit Abschluss der Tatbegehung ausgegangen, da die Täter damit aus ihrer Sicht alles Erforderliche getan hatten und sicher gewesen waren, dass die Opfer irgendwann erscheinen würden.[733]

---

727 BGH, NStZ 2011, 400, 401; *Ransiek*, in: Kohlmann, § 370, Rn. 706.

728 *Ransiek*, in: Kohlmann, § 370, Rn. 706.

729 *Ransiek*, in: Kohlmann, § 370, Rn. 707.

730 *Ransiek*, in: Kohlmann, § 370, Rn. 707; vgl. auch *Ransieks* Argumentation zum Versuchsbeginn im Bereich der Feststellungsbescheide auf 115 f.

731 Vgl. zum Versuchsbeginn bei Distanzdelikten *Rengier*, Strafrecht, Allgemeiner Teil, § 34, Rn. 45 ff.

732 BGH, NStZ 1998, 294, 295.

733 Genauso hatte der BGH auch in einem anderen Fall (BGH, NStZ 2001, 475 ff.) entschieden, in welchem ein früherer Mieter die Elektroinstallationen in der Mietwohnung vor dem Auszug so manipulierte, dass bei bestimmungsgemäßen Gebrauch

Insofern überzeugt auch *Joecks* Argumentation mit der Giftfallen-Rechtsprechung nicht. Es stimmt zwar, dass der Bundesgerichtshof geäußert hat, dass ein abgeschlossenes Täterhandeln nicht immer unmittelbar zum Taterfolg führen muss. Im weiteren Verlauf seiner Entscheidung führt er aber aus, dass wenn der Täter sicher ist, dass das Opfer die für den Taterfolg eingeplante Handlung vornehmen werde, schon mit Beendigung der Tathandlung die Grenze zum Versuch überschritten wird. „Steht für den Täter fest, das Opfer werde erscheinen und sein für den Taterfolg eingeplantes Verhalten bewirken, so liegt eine unmittelbare Gefährdung (nach dem Tatplan) bereits mit Abschluss der Tathandlung vor"[734]. Dieser Ansicht ist zuzustimmen. Das Wissen um das Erscheinen des Opfers führt zu der aus Tätersicht konkreten Gefährdung, da der Täter sicher davon ausgeht, dass der Erfolg eintreten wird. Der zeitliche Aspekt ist bei einer solchen Sicherheit vernachlässigbar. Auf das Delikt der Steuerhinterziehung übertragen bedeutet es, dass auch hier ein möglicher längerer Zeitraum zwischen der Abgabe der Erklärung und dem Taterfolg einer konkreten Gefährdung nicht entgegensteht, wenn der Täter weiß, dass die Finanzbehörde die unrichtigen Angaben übernehmen wird. Der Steuerpflichtige weiß, dass wenn er seine Steuererklärung abgegeben hat, diese auch von der Finanzbehörde bearbeitet wird. Somit spricht diese Rechtsprechung sogar gegen *Joecks* Ansicht.

Das von *Ransiek* zur Begründung herangezogene Urteil vermag in dem vorliegenden Fall ebenso wenig zu überzeugen. Dass ein langer Zeitraum einer konkreten Gefährdung entgegenstehen könne, wird in der Entscheidung nicht erwähnt. Aber auch in Bezug auf das Kriterium der „wesentlichen Zwischenschritte" kann der Vergleich mit dem Urteil nicht überzeugen. Im Gegensatz zu dem dort entschiedenen Fall, in dem der Vertrag noch durch einen Rechtsanwalt hätte ausgearbeitet und einem Notar zur Beurkundung hätte vorgelegt werden müssen, sind bei der Steuerhinterziehung zwischen der Einreichung und der Bearbeitung der Unterlagen keine ähnlich wesentlichen Zwischenschritte ersichtlich.

Auch wenn angeführt wird, dass der Täter bis zur Bearbeitung der Erklärung diese möglicherweise noch vom Finanzamt zurückbekommen und richtigstellen könnte, so dürfte hierin aufgrund des Vorliegens eines beendeten Versuchs nur ein Rücktritt vom Versuch zu sehen sein.[735] Aus diesen Gründen ist mit der Recht-

---

Lebensgefahr bestand. Der BGH hatte hier einen Versuch angenommen, da der Mieter alles aus seiner Sicht Erforderliche für das Gelingen des Plans getan hatte und es gewiss gewesen sei, dass der Taterfolg in einem überschaubaren Zeitraum eintreten würde.

734 Vgl. BGH, NJW 1997, 3453.

735 *Wiese*, in: Wannemacher, Rn. 506.

sprechung und der wohl herrschenden Ansicht in der Literatur davon auszugehen, dass der Versuch bei der Steuerhinterziehung gemäß § 370 Abs. 1 Nr. 1 AO grundsätzlich mit Einreichen der Erklärung bei der Finanzbehörde und nicht später beginnt. Zudem muss schon das Abschicken der Erklärung als Versuchsbeginn gewertet werden, da der Steuerpflichtige sich in diesem Augenblick seines Einflusses auf diese begibt. Bei der Verwendung von der Elster-Software bedeutet das, dass der Täter die Versuchsgrenze entweder mit dem digitalen Absenden der mit einer elektronischen Signatur versehenen Steuererklärung überschreitet oder wenn er die ausgedruckte komprimierte Steuererklärung in Papierform versendet.

#### bb) Die Abgabe von Umsatzsteuervoranmeldungen

Problematisch ist, ob bereits die Abgabe von unrichtigen Umsatzsteuervoranmeldungen den Versuchsbeginn zur Hinterziehung von Veranlagungssteuern darstellen kann. Der Bundesgerichtshof hatte das in einem Beschluss aus dem Jahre 1979 entschieden und bejaht.[736] Es ging in dem Beschluss an sich um die Frage der Tateinheit der Umsatzsteuerhinterziehung mit der Hinterziehung von Veranlagungssteuern. Der Bundesgerichtshof bestätigte hierbei die Ansicht der Vorinstanz, dass der Versuch der Verkürzung von Veranlagungssteuern nicht erst mit der Abgabe der Steuererklärungen der jeweiligen Veranlagungssteuern beginnen könne, sondern dass auch bereits die Abgabe von Umsatzsteuervoranmeldungen zu einem Versuch führen könne. Begründet hatte die Vorinstanz diese Ansicht damit, dass die bereits verbuchten gefälschten Belege in die Umsatzsteuervoranmeldungen eingeflossen und damit bei der zuständigen Finanzbehörde eingegangen seien. Um zu verhindern, dass die Finanzbehörde entdecke, dass Umsatzsteuervoranmeldungen unrichtig seien, müsse der Steuerpflichtige nun auch unrichtige Veranlagungssteuererklärungen einreichen. Er habe sich mit der Abgabe der falschen Voranmeldungen insofern bereits festgelegt. Der Bundesgerichtshof ist dieser Argumentation ohne Bezugnahme auf irgendwelche Abgrenzungskriterien gefolgt und hat die Tateinheit der Steuerhinterziehungen bejaht.[737] Ein Teil der Literatur hat sich dieser Ansicht angeschlossen ohne diese unter Rückgriff auf die Abgrenzungstheorien zu begründen.[738]

Die Gegenansicht in der Literatur hält die Abgabe der falschen Umsatzsteuervoranmeldungen in Bezug auf die Veranlagungssteuern allein für straflose Vorberei-

---

736 BGH, BB 1980, 1032.

737 BGH, BB 1980, 1032.

738 *Dumke/Webel*, in: Schwarz, § 370 AO, Rn. 143; *Meine*, BB 1980, 1032, der aber auch schon die unrichtige Buchführung als Versuchsbeginn wertet, vgl. 94.

tungshandlungen.[739] Die Annahme des Versuchsbeginns würde nach *Joecks*, unter Verweis auf Urteile des Bundesgerichtshofs, die sich auf die Zwischenaktstheorie berufen,[740] zu einem Verstoß gegen § 22 StGB und zur Wiederaufnahme von Gefährdungsgesichtspunkten führen.[741] *Quedenfeld* verweist bei seiner Argumentation darauf, dass der Steuerpflichtige das Geschehen bzw. die Kausalkette noch vollständig in den Händen halte.[742] Er könne das Geschehen bis zur Abgabe der Erklärung zur Veranlagungssteuer noch korrigieren und eine richtige Erklärung abgeben.

Die zuletzt genannte Ansicht überzeugt. Es ist zwar richtig, dass der Steuerpflichtige mit der Voranmeldung schon steuerlich erhebliche Tatsachen der Finanzbehörde gegenüber erklärt hat, aber diese betreffen zunächst allein die Umsatzsteuer. In Bezug auf die später noch zu erklärenden Veranlagungssteuern hat er sich gegenüber der Finanzbehörde noch nicht geäußert. Dies tut er erst, wenn er diese Steuererklärungen einreicht. Wie *Quedenfeld* richtig einwendet hat er das Geschehen diesbezüglich noch vollständig in der Hand. Er kann durch die Abgabe einer berichtigten Umsatzsteuervoranmeldung oder einer richtigen Umsatzsteuerjahreserklärung Straffreiheit wegen der Umsatzsteuerhinterziehung erreichen, da diese als Selbstanzeige gemäß § 371 AO zu werten sind.[743] Er muss somit nicht gezwungenermaßen eine unrichtige Steuererklärung zur Veranlagungssteuer einreichen, um der Strafbarkeit wegen Umsatzsteuerhinterziehung zu entgehen. Die Aussage, dass der Steuerpflichtige sich durch die Abgabe der unrichtigen Umsatzsteuervoranmeldungen bereits festgelegt hat, ist somit nicht richtig. Die Abgabe der unrichtigen Umsatzsteuervoranmeldungen führt danach noch nicht zu einer konkreten Gefährdung des durch § 370 AO geschützten Rechtsguts. Zudem hat der Steuerpflichtige mit der notwendigen Einreichung der Steuererklärung zur Veranlagungssteuer noch einen wesentlichen Zwischenschritt zu vollziehen und hat damit zur Steuerverkürzung noch nicht unmittelbar angesetzt.

Man könnte unter Heranziehung der Rechtsprechung zu den Feststellungsbescheiden noch überlegen, ob nicht mit der Abgabe von Umsatzsteuervoranmeldungen der Versuch zur Erlangung eines ungerechtfertigten Steuervorteils vorliegt. Wie oben festgestellt wurde, ist mit Abgabe der Feststellungserklärung von einem Versuch der Erlangung eines ungerechtfertigten Steuervorteils aus-

---

739 *Jäger*, in: Klein, § 370, Rn. 194; *Joecks*, in: F/G/J, § 370 AO, Rn. 540; *Quedenfeld/Füllsack*, Verteidigung in Steuerstrafsachen, Rn. 284; *Joecks*, in: F/G/J, § 370, Rn. 261.

740 *Joecks*, in: F/G/J, § 370 AO, Rn. 539.

741 *Joecks*, in: F/G/J, § 370 AO, Rn. 540.

742 *Quedenfeld/Füllsack*, Verteidigung in Steuerstrafsachen, Rn. 284

743 Nr. 132 Abs. 2 der Anweisungen für das Straf- und Bußgeldverfahren (Steuer) – AStBV (St) 2014; *Schwartz*, PStR 2012, 116.

zugehen.[744] Allerdings ist der Fall der Abgabe von Feststellungserklärungen nicht mit dem vorliegenden vergleichbar. So führt die Abgabe von Umsatzsteuervoranmeldungen nicht zum Erlass eines Bescheids mit Bindungswirkung für die nachfolgenden Veranlagungssteuerbescheide. Im Gegensatz zu den Feststellungsbescheiden, bei denen das festsetzende Finanzamt verpflichtet ist, den Feststellungsbescheid ohne erneute Prüfung der Besteuerung zu Grunde zu legen oder den Folgebescheid wieder zu ändern, wenn ein Feststellungsbescheid ergeht[745], ist das die Veranlagungssteuer festsetzende Finanzamt nicht verpflichtet die Umsatzsteuervoranmeldung ungeprüft zu übernehmen. Die Bindungswirkung der Feststellungsbescheide ist aber der entscheidende Grund für die Annahme eines Versuchs zur Erlangung eines Steuervorteils mit Abgabe der Feststellungserklärung.[746] Die Annahme eines Versuchs durch die Einreichung der unrichtigen Umsatzsteuervoranmeldungen ist somit abzulehnen.

### *b) Unterlassungsalternative (§ 370 Abs. 1 Nr. 2 AO)*

#### aa) Grundsätzliches

Gemäß § 149 Abs. 2 S. 1 AO sind Steuererklärungen, die sich auf ein Kalenderjahr oder einen gesetzlich bestimmten Zeitpunkt beziehen, spätestens fünf Monate danach abzugeben, soweit die Steuergesetze nichts anderes bestimmen.[747] Bei Steuerpflichtigen, die den Gewinn aus Land- und Forstwirtschaft nach einem vom Kalenderjahr abweichenden Wirtschaftsjahr ermitteln, endet die Frist gemäß § 149 Abs. 2 S. 2 AO nicht vor Ablauf des fünften Monats, der auf den Schluss des in dem Kalenderjahr begonnenen Wirtschaftsjahres folgt. Eine Steuererklärungsfrist kann sich zudem aus den Aufforderungen zur Abgabe einer Steuererklärung seitens der Finanzbehörden gemäß § 149 Abs. 1 S. 2, 3 AO ergeben.

Gemäß § 109 Abs. 1 AO können die obersten Finanzbehörden der Länder die Steuererklärungsfristen verlängern. Von dieser Regelung wird regelmäßig durch jährliche, gleichlautende ministerielle Verwaltungsvorschriften in Form von Erlassen Gebrauch gemacht und die Abgabefristen für Steuererklärungen zur Einkommens-, Körperschafts- und Gewerbesteuer, die durch einen Angehörigen der steuerberatenden Berufe i.S.v. §§ 3, 4 StBerG[748] angefertigt werden, allgemein bis

---

744 Vgl. oben 112 ff., 119.

745 Vgl. zur Bindungswirkung der Feststellungsbescheide 104 f.

746 Vgl. hierzu 107 f.

747 Eine vorrangige Sonderregelung ist z. B. § 28 Abs. 2 BewG; Vgl. zum Verfahren der Anmeldungssteuern auch 37 f.

748 Im Folgenden wird stellvertretend für die Angehörigen der steuerberatenden Berufe gemäß §§ 3, 4 StBerG nur noch von dem Steuerberater gesprochen.

zum 31. Dezember des Folgejahres verlängert (allgemeine Fristverlängerung).[749] Aufgrund begründeter Einzelanträge erlauben die Erlasse eine nochmalige Fristverlängerung bis zum 28. Februar des auf das Folgejahr folgenden Jahres.[750] Durch die Erlasse werden die nachgeordneten Finanzbehörden allerdings nur aufgefordert ihr Ermessen in Bezug auf die Fristverlängerungen gemäß den Erlassen auszuüben.[751] Es handelt sich bei ihnen um sogenannte Ermessensrichtlinien, die für die konkrete Finanzbehörde Grundsätze für die Ausübung des Ermessens im Einzelfall aufstellen.[752] Die eigentliche Fristverlängerung, wird somit nicht durch die Erlasse gewährt, sondern durch die Verwaltungsakte der nachgeordneten Finanzämter. Dies soll nach herrschender Ansicht nicht nur für die Fristverlängerung aufgrund begründeter Einzelanträge gelten, sondern auch für die allgemeine Fristverlängerung bis zum 31. Dezember des Folgejahres.[753] Für die allgemeine Fristverlängerung ist ein Antrag nicht erforderlich.[754] Die Gewährung der allgemeinen Fristverlängerungen wird dementsprechend stillschweigend gewährt, indem das Finanzamt auf die Möglichkeit zur Vorabanforderung verzichtet.[755] Den Finanzbehörden verbleibt aber die Möglichkeit die Erklärungen mit angemessener Frist vor Ablauf der allgemein verlängerten Frist bevorzugt anzufordern.[756]

---

749 *Buse*, wistra 1997, 173 f.; vgl. z.B. für Steuererklärungen für das Kalenderjahr 2014 den Erlass vom 01.02.2014 (BStBl. I S. 64). Die Fristverlängerung bis zum 31.12. des Folgejahres gilt seit dem Erlass vom 23.02.2006 (BStBl. I S. 234). In den vorhergehenden Erlassen wurde nur eine Fristverlängerung bis zum 30.09. des Folgejahres gewährt. Bei Steuererklärungen für Steuerpflichtige, die den Gewinn aus Land- und Forstwirtschaft nach einem vom Kalenderjahr abweichenden Wirtschaftsjahr ermitteln, tritt gemäß II. (1) des Erlasses vom 02.01.2014 an die Stelle des 31. Dezember 2014 der 31. Mai 2015. Die Erlasse betreffen als einzige Anmeldungssteuer auch die Umsatzsteuer.

750 Vgl. z.B. Erlass vom 02.01.2014 (BStBl. I S. 64). Bis zum Erlass vom 23.02.2006 (BStBl. I S. 234) reichte für die Fristverlängerung noch ein Antrag in einem vereinfachten Verfahren.

751 *Buse*, wistra 1997, 173 ff.

752 BFH, Urt. v. 28.06.2000 – X R 24/95 – Rn. 5; FG Münster, Urt. v. 18.07.2012–12 K 553/12 Kg – Rn. 24; *Heuermann* in: H/H/Sp, § 149 AO, Rn. 24.

753 *Buse*, wistra 1997, 173 f.; *Dißars*, in: Schwarz, § 149 AO, Rn. 45 ff.; *Heuermann*, in: H/H/Sp, § 149 AO, Rn. 24; wohl auch BGH, NZWiSt 2013, 478, 479; zweifelnd *Deckers*, NZWiSt 2013, 480.

754 *Buse*, wistra 1997, 173 f.

755 *Buse*, wistra 1997, 173 f.

756 Erlass vom 02.01.2014 (BStBl. I S. 64)

Der Sinn und Zweck der Erlasse liegt darin, einen Ausgleich zwischen dem Finanzamt, dem Steuerberater und dem Steuerpflichtigen zu schaffen.[757] Zum einen soll hierdurch verhindert werden, dass es durch eine geballte Abgabe von Steuererklärungen am 31. Mai des Folgejahres zu Störungen bei der Tätigkeit der Finanzverwaltung kommt. Zum anderen soll dadurch den Steuerberatern entgegengekommen werden, indem ihnen mehr Zeit für die Fertigstellung der Steuererklärungen gewährt wird.[758]

Am 01. Januar 2017 tritt das Gesetz zur Modernisierung des Besteuerungsverfahrens in Kraft.[759] Für die Besteuerungszeiträume, die nach dem 31. Dezember 2017 beginnen und Besteuerungszeitpunkte, die nach dem 31.12.2017 liegen, sieht das Gesetz neue Abgabezeitpunkte vor. Danach endet die Frist für die Abgabe der Steuerklärung – anstatt wie bisher nach Ablauf des fünften Monats – nicht vor Ablauf des siebten Monats. Steuererklärungen zur Einkommens-, Körperschafts- und Gewerbesteuer, die durch einen Angehörigen der steuerberatenden Berufe i.S.v. §§ 3, 4 StBerG angefertigt werden, können vorbehaltlich einer „Kontingentierung“ oder einer „Vorabanforderung“ auch ohne begründete Einzelanträge spätestens bis zum letzten Tag des Monats Februar abgegeben werden. Mit dieser Änderung wird der Tatsache Rechnung getragen, dass zum einen die Veranlagungsarbeiten und damit auch die Erstellung der Jahressteuererklärungen innerhalb von 12 Monaten abgeschlossen sein müssem, zum anderen aber mit der Fertigung der Steuererklärungen faktisch erst im März und nicht bereits im Januar des Folgejahres begonnen werden kann, da die erforderlichen Bescheinigungen, wie z. B. die Lohnsteuerbescheinigung, dann erst vorliegen.[760]

### bb) Streitstand zum Versuchsbeginn in der Unterlassungsalternative

Unterlässt der Steuerpflichtige die Abgabe der Steuererklärung z. B. in der Hoffnung, dass die Steuer im darauffolgenden Schätzungsverfahren zu niedrig oder, wenn er der Finanzbehörde noch unbekannt ist, gar keine Steuer festgesetzt werde oder „dies zumindest später erfolgt“, so ist umstritten, wann von einem Versuch der Steuerhinterziehung ausgegangen werden kann. Anlass für die unterschiedlichen Ansätze geben die soeben erläuterten unterschiedlichen Fristverlängerun-

757 BFH, Urt. v. 28.06.2000 – X R 24/95 – Rn. 52; BFH, Urt. v. 11.04.2006 – VI R 64/02 – Rn. 16; BGH, NZWiSt 2013, 478, 479.

758 BFH, Beschl. v. 19.08.2010 – VIII B 58/10 – Rn. 5.

759 BR-Drucks. 255/16.

760 BT- Drucks. 18/7457, S. 50.

gen, aber auch die Möglichkeit des Bestehens eines langen Zeitraums zwischen dem Ablauf der Fristen und dem Taterfolg.

### (1) Annäherung an Veranlagungsschluss

Eine im Schrifttum stark vertretene Ansicht will einen Versuchsbeginn erst annehmen, wenn der Zeitpunkt des Abschlusses der Veranlagungsarbeiten kurz bevorsteht.[761] Zur Begründung greifen sie auf das von der Theorie der unmittelbaren Rechtsgutsgefährdung verwendete Gefährdungskriterium zurück.[762] Vor dem von ihnen vorgeschlagenen Zeitpunkt liege keine Gefährdung des Rechtsguts vor, da zugunsten des Steuerpflichtigen davon ausgegangen werden müsse, dass die Bearbeitung seiner Steuerangelegenheit erst zum Schluss anfalle.[763] Werde sie doch früher bearbeitet, so werde diese Gefahr nicht durch das Unterlassen hervorgerufen, sondern beruhe allein auf der Arbeitsweise bei der jeweiligen Finanzbehörde.[764] Die Abgabefristen sollen dem hier angenommenen Versuchsbeginn nicht entgegenstehen, da steuerrechtliche Normierungen nicht die Voraussetzung der Gefährdung außer Kraft setzen dürfen.[765]

*Joecks* legt sich hierbei für den Versuchsbeginn auf den Ablauf des 31. Dezember des Folgejahres fest. Er will damit explizit nicht an die mögliche Fristverlängerung anknüpfen, sondern nur einen Zeitpunkt festsetzen, bei dem von einer Gefährdung ausgegangen werden könne.[766]

### (2) Orientierung an den gegebenen Fristen

Der andere Teil der Literatur und die Rechtsprechung orientieren sich für den Versuchsbeginn an den durch die Gesetze oder seitens der Finanzbehörden ge-

---

761 *Flore,* in: Flore/Tsambikakis, § 370 AO, Rn. 525; *Hellmann,* in: H/H/Sp, § 370 AO, Rn. 340; *Joecks,* in: F/G/J, § 370 AO, Rn. 544 ff.; *Ransiek,* in: Kohlmann, § 370, Rn. 718; *Wiese,* in: Wannemacher, Rn. 509. Diese Ansicht korrespondiert teilweise mit der insbesondere von *Ransiek* und *Joecks* vertretenen Meinung zum Versuchsbeginn bei der Handlungsalternative, die dort den Versuchsbeginn erst annehmen wollen, wenn der Zeitpunkt der Bearbeitung der Steuerklärung durch die Finanzbehörde herangerückt ist, vgl. 127 f.

762 *Flore,* in: Flore/Tsambikakis, § 370 AO, Rn. 523 ff.; *Hellmann,* in: H/H/Sp, § 370 AO, Rn. 340; *Joecks,* in: F/G/J, § 370 AO, Rn. 544; *Ransiek,* in: Kohlmann, § 370, Rn. 718; *Wiese,* in: Wannemacher, Rn. 509.

763 *Ransiek,* in: Kohlmann, § 370, Rn. 718.

764 *Ransiek,* in: Kohlmann, § 370, Rn. 718.

765 *Ransiek,* in: Kohlmann, § 370, Rn. 718.

766 *Joecks,* in: F/G/J, § 370 AO, Rn. 544, 546.

setzten Fristen. Mit deren Ablauf soll der Versuch beginnen.[767] *Hellmann* ordnet diese Ansichten der im allgemeinen Strafrecht zum Versuchsbeginn vertretenen Ansicht des Verstreichenlassens der ersten Eingriffsmöglichkeit[768] zu.[769] Allerdings dürfte der Ansatz eher in die Richtung der Theorie der unmittelbaren Rechtsgutsgefährdung[770] gehen, da der Täter schon vor dem letzten Abgabetermin die Möglichkeit hat durch eine frühere Einreichung der Erklärung den Erfolg abzuwenden. Das Verstreichenlassen der gesetzlichen Frist ist somit nicht die erste Eingriffsmöglichkeit. Da bei der Begründung dieses Ansatzes zumeist nicht mit den aus dem allgemeinen Strafrecht bekannten Kriterien argumentiert wird, kann es aber nicht abschließend beurteilt werden.[771]

Umstritten ist innerhalb dieser Ansicht, welche Frist die entscheidende Frist ist, wenn nicht durch Aufforderung seitens der Finanzbehörde eine spezielle Frist zur Abgabe der Steuererklärung gesetzt wurde.

#### (a) 31. Dezember des Folgejahres

Ein Teil der Literatur nimmt als Zeitpunkt des Versuchsbeginns den 31. Dezember des Folgejahres an.[772] *Schmitz* und *Wulf* sehen in der allgemeinen Fristverlängerung eine Regelung die für jedermann und nicht nur für Steuerberater gelte.[773] Sie weisen darauf hin, dass in § 370 Abs. 1 Nr. 2 AO nur geregelt sei, dass der Steuerpflichtige eine Erklärung abzugeben habe und nicht, dass er es über einen Steuerberater zu tun habe. Darum scheide die Annahme eines Versuchs aus, wenn der Steuerpflichtige die vollständige Erklärung selbst und nicht über einen Steuerberater bis zum Ablauf des 31. Dezember des Folgejahres einreiche. Der Versuch beginne erst mit Ablauf der allgemein verlängerten Abgabefristen. Werde dem

767 BGH, NStZ 2002, 437; OLG Düsseldorf, wistra 1987, 354; FG Münster, EFG 2000, 103; *Rolletschke*, Steuerstrafrecht, Rn. 143, 472 ff.; *Rolletschke*, ZWH 2014, 29; *Schmitz/Wulf*, in: MüKo-StGB, § 370 AO, Rn. 440; ganz pauschal auch *Eschenbach*, DStZ 1997, 851, 855.

768 Vgl. 76.

769 *Hellmann*, in: H/H/Sp, § 370 AO, Rn. 340.

770 Vgl.80.

771 Als einziger mit dem für die Theorie der unmittelbaren Rechtsgutsgefährdung typischen Begriff der Gefährdung des Rechtsguts argumentierend, *Ceffinato*, wistra 2014, 88, 91.

772 *Ceffinato*, wistra 2014, 88, 90 f.; *Schmitz/Wulf*, in: MüKo-StGB, § 370 AO, Rn. 440; *Rolletschke*, Steuerstrafrecht, Rn. 137, 143.

773 *Schmitz/Wulf*, in: MüKo-StGB, § 370 AO, Rn. 440.

Steuerpflichtigen seitens der Finanzbehörde allerdings eine kürzere Frist gesetzt, beginne der Versuch mit Ablauf dieser früheren Frist.[774]

*Ceffinato* geht bei seiner Begründung von der Frage aus, was Teil der Gebotsnorm des § 370 Abs. 1 Nr. 2 AO ist.[775] Das Merkmal der Pflichtwidrigkeit in § 370 Abs. 1 Nr. 2 AO verweise auf § 149 AO und damit auf die gesetzlichen Erklärungsfristen, die dadurch Teil der Gebotsnorm werden. Er ist allerdings der Ansicht, dass die Voraussetzungen für die Fristverlängerung, hier die Beauftragung eines Steuerberaters, nicht Teil der Gebotsnorm werden. Zur Begründung zieht er den Zweck der Fristverlängerung heran. Die Entlastung der Steuerberater und der Finanzämter stelle eine reine Zweckmäßigkeitserwägung und keine am Rechtsgüterschutz orientierte Erwägung dar. Hieraus schlussfolgert er, dass der Gesetzgeber erst mit Ablauf des 31. Dezember des Folgejahres von einer Gefährdung des Rechtsguts ausgehe.[776] Da das Strafrecht immer erst als ultima ratio hinzutrete und eine Gefährdung durch den Gesetzgeber erst mit dem Ablauf der allgemein verlängerten Frist am 31. Dezember des Folgejahres angenommen werde, dürfe bei der Festlegung des Versuchsbeginns eine Differenzierung danach, ob jemand einen Steuerberater beauftragt hat oder nicht, nicht vorgenommen werden. Dafür spreche zudem, dass § 370 Abs. 1 Nr. 2 AO nicht das Gebot enthalte die Steuererklärung durch einen Steuerberater erstellen zu lassen. Die Annahme eines späteren Zeitpunkts, der sich dem Schluss der Veranlagungsarbeiten annähert, schließt er aus, da der Steuerpflichtige u. a. wegen einer Veranlagung durch Schätzung seitens der Finanzbehörde, keine sichere Erfolgsabwendungschance mehr habe.[777]

(b) Differenzierende Ansichten

Ein Teil der Literatur differenziert für den Versuchsbeginn zum einen nach dem Entdeckungszeitpunkt und zum anderen nach den Einlassungsmöglichkeiten des Steuerpflichtigen.[778] Wird die Tat vor dem 31. Dezember des Folgejahres entdeckt, könne sich der Steuerpflichtige glaubhaft dahingehend einlassen, er habe noch einen Steuerberater mit der Erstellung und Einreichung der Steuererklärung beauftragen wollen.[779] Eine solche Einlassung würde dazu führen, dass man einen Versuch erst mit Ablauf des 31. Dezember des Folgejahres annehmen könne. Äu-

---

774 *Schmitz/Wulf*, in: MüKo-StGB, § 370 AO, Rn. 440.
775 *Ceffinato*, wistra 2014, 88, 90.
776 *Ceffinato*, wistra 2014, 88, 91.
777 *Ceffinato*, wistra 2014, 88, 90.
778 *Rolletschke*, Steuerstrafrecht, Rn. 473 ff.
779 *Rolletschke*, Steuerstrafrecht, Rn. 474.

ßere sich der Steuerpflichtige hingegen bei seiner Entdeckung nicht dahingehend, so sei weiter von einem Versuchsbeginn mit Ablauf des 31. Mai des Folgejahres auszugehen.

Wird die Tat dagegen erst nach dem 31. Dezember des Folgejahres entdeckt, so hänge der Versuchsbeginn davon ab, ob der Steuerpflichtige zum 31. Mai des Folgejahres einen Steuerberater beauftragt hatte bzw. beauftragen wollte oder nicht.[780] Liegt keine Beauftragung bzw. kein Beauftragungswille vor, so bleibe es für den Versuchsbeginn beim Ablauf des 31. Mai des Folgejahres. Hatte der Steuerpflichtige hingegen einen Steuerberater beauftragt oder bestand zumindest ein entsprechender Wille, so könne ein Versuch erst mit Ablauf des 31. Dezember des Folgejahres bzw. – wenn der Steuerberater einen Verlängerungsantrag gemäß § 109 Abs. 1 S. 1 AO gestellt und bewilligt bekommen hat – mit Ablauf dieser Frist angenommen werden.[781]

Die Rechtsprechung hat sich mit dem Versuchsbeginn bei den Veranlagungssteuern durch Unterlassen bisher kaum befasst. Ein Beginn des Versuchs soll nach der Rechtsprechung dann angenommen werden, wenn der Steuerpflichtige die letzte Abgabefrist verstreichen lässt.[782] Der Bundesgerichtshof hat in einer Entscheidung aus dem Jahre 2002 den Versuch der Steuerhinterziehung mit Ablauf des 31. Mai des Folgejahres für einen Steuerpflichtigen angenommen, der nicht durch einen Steuerberater vertreten worden war.[783] Ebenso hat das FG Münster in einem Fall entschieden, in dem der Steuerpflichtige selbst seine Steuererklärung erst am 29. September des Folgejahres eingereicht hatte.[784] Eine nähere Begründung unter Rückgriff auf die Abgrenzungstheorien unterblieb in diesen Entscheidungen.

In einem neuen Beschluss des Bundesgerichtshofs[785] aus dem Jahre 2013 setzt sich dieser erstmals ausführlicher mit dem Beginn des Versuchs durch Unterlassen bei den Veranlagungssteuern auseinander. In dem der Entscheidung zu Grunde liegenden Fall hatte der Geschäftsführer einer GmbH den, unter anderem für die Erstellung der Körperschafts- und Lohnsteuererklärungen beauftragten, Steuerberater am 27. Juni 2008 mit sofortiger Wirkung gekündigt. Er selber wurde als Geschäftsführer fünf Tage später abberufen, ohne vorher einen neuen Steuerberater beauftragt zu haben. Die Vorinstanz war von einer versuchten Steuerhinterziehung der Veranlagungssteuern und der Umsatzsteuer ausgegangen, da der Geschäfts-

780 *Rolletschke*, Steuerstrafrecht, Rn. 475.
781 *Rolletschke*, Steuerstrafrecht, Rn. 475 f.
782 BGH, NJW 2002, 1733, 1735; OLG Düsseldorf, wistra 1987, 354.
783 BGH, NJW 2002, 1733, 1734.
784 FG Münster, EFG 2000, 103.
785 BGH, NZWiSt 2013, 478.

führer vor seiner Abberufung keine Steuererklärungen mehr eingereicht habe. Zur Begründung wurde angeführt, dass die wegen der Beauftragung des Steuerberaters gewährte Verlängerung der Abgabefrist bis zum 31. Dezember 2008 mit der Kündigung wieder entfallen und die Abgabe der Erklärungen sofort fällig geworden sei. Der Bundesgerichtshof hat sich dieser Ansicht nicht angeschlossen. Im Gegensatz zur Vorinstanz geht er davon aus, dass die Erklärungsfrist für die Steuerklärungen noch nicht abgelaufen war.[786] Dies beruhe aber nicht, wie die Literatur[787] es teilweise annehme, an der weiterhin bestehenden Möglichkeit oder dem Willen des Steuerpflichtigen einen Steuerberater bis zum Ablauf der allgemeinen Verlängerungsfrist zu mandatieren. Der Steuerpflichtige könne sich nämlich allein dann auf die durch die obersten Finanzbehörden gewährte allgemeine Fristverlängerung berufen, wenn er einen Steuerberater wirklich beauftragt habe. Solange dieses nicht geschehen sei, liege keine Rechtfertigung für die Verlängerung der Frist vor, da diese eben nicht für jedermann gelte. Ein Versuch komme aber deswegen nicht in Betracht, weil es sich bei den gewährten Fristverlängerungen um Verwaltungsakte gemäß § 118 AO handele. Dies bedeute, dass die Fristverlängerung, wie auch § 131 Abs. 2 AO zeige, nicht automatisch mit dem Wegfall ihres Grundes entfalle. Den Finanzämtern sei es aber vorbehalten, ab diesem Zeitpunkt die ausstehenden Erklärungen unter angemessener Fristsetzung anzufordern, wobei eine Frist von fünf Tagen nach Ansicht des Bundesgerichtshofs zu kurz angesetzt ist.[788]

Fraglich ist hier, warum sich der Bundesgerichtshof zur Angemessenheit der Frist auslässt, da eine Anforderung seitens des zuständigen Finanzamtes aus dem Tatbestand des Beschlusses nicht ersichtlich ist. Es bleibt offen, ob der Bundesgerichtshof einen Widerruf der Fristverlängerung in der Form der Aufforderung zur Abgabe der Steuererklärung für den Versuchsbeginn voraussetzt oder ob er nur auf die Möglichkeit zur Aufforderung abstellt.[789] Im ersten Fall würde trotz allem die Frist des 31. Dezember des Folgejahres gelten, solange keine Aufforderung zur Abgabe der Steuererklärung seitens der Finanzbehörde erfolgt. Im

786 BGH, NZWiSt 2013, 478 f.; BGH, NZWiSt 2013, 478; BGH, NZWiSt 2013, 478; BGH, NZWiSt 2013, 478, 479.

787 Der BGH nimmt hier explizit Bezug auf die soeben dargelegte Begründung von *Schmitz/Wulf* und *Rolletschke* und lehnt diese ab.

788 BGH, NZWiSt 2013, 478, 479; vgl. auch Abschnitt II Abs. 2 der gleichlautenden Erlasse vom 02.01.2014 (BStBl. I S. 64), wonach es den Finanzämtern vorbehalten bleibt, Erklärungen mit angemessener Frist für einen Zeitpunkt vor Ablauf der allgemein verlängerten Frist anzufordern.

789 Ebenfalls die Unklarheit der Entscheidung in dieser Hinsicht betonend *Beyer*, AO-StB 2014, 6.

zweiten Fall wäre hypothetisch zu überlegen, welche Frist für eine solche Aufforderung angemessen wäre und der Versuch würde, ohne dass ein Widerruf seitens der Finanzbehörde erfolgt, mit Ablauf dieser fiktiven Frist beginnen. Für die letzte Alternative spricht, dass sich der Bundesgerichtshof mit der Frist beschäftigt hat, ohne dass im zu entscheidenden Falle eine solche Aufforderung vorlag. Überzeugender ist allerdings, dass der Bundesgerichtshof von der ersten Alternative ausgegangen ist, da er unter Verweis auf die Widerrufsmöglichkeit gemäß § 131 Abs. 2 AO explizit erklärt, dass die Fristverlängerung nicht allein wegen einer im Nachhinein entfallenden Voraussetzung entfalle.[790]

Der Bundesgerichtshof äußert sich ebenfalls nicht ausdrücklich zu der Frage, wann im Allgemeinen, also ohne dass das Steuerberatermandat im Nachhinein gekündigt wird, von einem Versuch der Steuerhinterziehung durch Unterlassen ausgegangen werden kann. Seine Argumentation spricht allerdings dafür, dass er eine Differenzierung vornehmen will. Wurde vom Steuerpflichtigen vor Ablauf der gesetzlichen Abgabefrist ein Steuerberater mit der Erstellung der Steuererklärung beauftragt, so gilt für ihn die allgemeine Verlängerungsfrist.[791] Hat der Steuerpflichtige keinen Auftrag erteilt, so fehlt es an einer Rechtfertigung für die Fristverlängerung und er befindet sich mit Ablauf des 31. Mai des Folgejahres in der Versuchsstrafbarkeit.[792]

(3) Stellungnahme

Zunächst überzeugt es zur Bestimmung des Versuchsbeginns auf den Ablauf der – möglicherweise verlängerten – Abgabefristen abzustellen. Der gegenteiligen Ansicht, die ein Überschreiten der Grenze zum Versuch erst zu dem Zeitpunkt annehmen möchte, in welchem der Abschluss der Veranlagungsarbeiten kurz bevorsteht, kann nicht gefolgt werden. Sie führt zu Rechtsunsicherheiten, da der Begriff des Bevorstehens der Abschlussarbeiten wenig präzise ist. Unter einem baldigen Abschluss der Veranlagungsarbeiten könnte ein Zeitraum von einer Woche verstanden werden, aber, angesichts der langen Dauer der Veranlagungsarbeiten, auch schon ein Zeitraum von drei Monaten.

Eine Präzisierung des Zeitpunkts wird allein von *Joecks* vorgenommen, der den zeitnahen Abschluss am 31. Dezember des Folgejahres annimmt. Diese Präzisierung ist aus Gründen der Rechtssicherheit zu begrüßen. Allerdings erscheint sie,

---

790 Im Ergebnis den BGH auch so verstehend *Schmitz/Wulf*, in: MüKo-StGB, § 370 AO, Rn. 442.

791 Den BGH ebenfalls so verstehend *Beyer*, AO-StB 2014, 6, 7.

792 Vgl. BGH, NZWiSt 2013, 478, 479.

wie er selbst eingesteht, willkürlich, da er diesen Zeitpunkt nicht wegen der allgemeinen Fristverlängerung annimmt.[793] Zudem überzeugt die Argumentation mit der Gefährdung nicht. Es mag zwar stimmen, dass beim unmittelbaren Bevorstehen des Abschlusses der Veranlagungsarbeiten die Gefährdung konkreter wird. Allerdings hat der Gesetzgeber durch die Festlegung von Fristen den Zeitpunkt des Gebotenseins der Abgabe der Steuererklärung ausdrücklich normiert.[794] Die Finanzbehörde ist mit Ablauf der Frist berechtigt, die Besteuerungsgrundlagen zu schätzen und aufgrund dieser Erkenntnisse die Steuer zu veranlagen. Zwar geht der Schätzung grundsätzlich eine Erinnerung zur Abgabe der Erklärung seitens der Finanzbehörde an den Steuerpflichtigen voraus, allerdings ist diese keine Voraussetzung für die Schätzung.[795] Da der Steuerpflichtige auf den Schätzungszeitpunkt somit keinen Einfluss hat, hat er, worauf *Ceffinato* richtig hingewiesen hat, keine sichere Erfolgsabwendungschance mehr. Aus seiner Sicht muss das Rechtsgut somit schon konkret gefährdet sein. Es ist zwar möglich, dass die Bearbeitung seiner Steuersache erst zum Ende der Veranlagungsarbeiten erfolgt und somit ein enger zeitlicher Zusammenhang nicht notwendigerweise gegeben ist, allerdings hat der Täter hier das Geschehen mit dem Ablaufen der Frist aus der Hand gegeben und kann nicht mehr beeinflussen, wann Schätzung und Veranlagung erfolgen.

Fraglich ist nun noch, was als spätester Abgabezeitpunkt anzusehen ist und wie es sich mit der Mandatierung eines Steuerberaters verhält. Nicht gefolgt werden kann der Ansicht von *Schmitz* und *Wulf*, dass es sich bei der allgemeinen Verlängerungsfrist bis zum 31. Dezember des Folgejahres um eine Frist handele, die für jedermann gelte, weswegen der Steuerpflichtige auch ohne Heranziehung eines Steuerberaters seine Steuererklärung bis zu dem Zeitpunkt abgeben könne. Die Fristverlängerung gilt ausdrücklich nur für die Fälle, in denen ein Steuerberater diese anfertigt. Durch sie sollen die Steuerberater entlastet werden, weswegen ihre Mandatierung Voraussetzung für die Fristverlängerung ist.[796]

Aber auch die Ansicht von *Ceffinato*, dass die Gebotsnorm des § 370 Abs. 1 Nr. 2 AO nur die Fristen an sich, aber nicht die Voraussetzungen für die Fristverlängerung erfasse, ist nicht überzeugend.[797] *Ceffinato* begründet seine Ansicht damit, dass die Erlasse zu einer Entlastung der Steuerberater führen sollen und somit reine Zweckmäßigkeitsaspekte und eben keine Rechtsgüterschutzaspekte eine Rolle spielen. Da die Mandatierung für den Rechtsgüterschutz danach

793 *Joecks*, in: F/G/J, 546; *Joecks*, in: F/G/J, § 370 AO, Rn. 546.
794 So auch *Schmitz/Wulf*, in: MüKo-StGB, § 370 AO, Rn. 439.
795 *Wedelstädt*, in: Kühn/v. Wedelstädt, § 162 AO, Rn. 17.
796 *Heuermann*, in: H/H/Sp, § 149 AO, Rn. 24.
797 Vgl. zur Ansicht *Ceffinatos* 137 f.

nicht ausschlaggebend sei, werde sie auch nicht Bestandteil der Gebotsnorm des § 370 Abs. 1 Nr. 2 AO. Allerdings gilt diese Argumentation genauso für die Fristverlängerung bis zum 31. Dezember des Folgejahres. Ebenso wie der Voraussetzung der Hinzuziehung eines Steuerberaters liegen auch der Fristverlängerung reine Zweckmäßigkeitsaspekte zu Grunde. Gemäß *Ceffinatos* Argumentation dürfte schon die Frist kein Bestandteil der Gebotsnorm des § 370 Abs. 1 Nr. 2 AO werden. Letzteres ist aber mit verschiedenen Begründungen von der ganz herrschenden Meinung und auch von *Ceffinato* anerkannt.[798] Somit ist für die allgemeine Fristverlängerung Voraussetzung, dass ein Steuerberater mandatiert wurde.

Es ist zudem davon auszugehen, dass der Steuerberater schon vor Ablauf des 31. Mai des Folgejahres mandatiert worden sein muss, da nur in diesen Fällen die Fristverlängerung rechtzeitig greift. Lag das Mandat zu dem Zeitpunkt noch nicht vor, so war die letzte Abgabefrist für den Steuerpflichtigen der 31. Mai des Folgejahres. Da ab dem Zeitpunkt die Möglichkeit besteht, dass die Finanzbehörde die Steuern mittels einer Schätzung veranlagt, ist das Rechtsgut ab diesem Zeitpunkt unmittelbar gefährdet. Eine spätere Mandatierung, die gemäß § 109 Abs. 1 S. 2 AO zu einer rückwirkenden Fristverlängerung seitens der Finanzbehörde führen kann, kann dann allenfalls noch als Rücktritt gewertet werden. Liegt dagegen zu dem Zeitpunkt ein Mandat vor, so ist die Frist zunächst bis zum 31. Dezember des Folgejahres verlängert, so dass auch erst mit Ablauf dieser Frist ein Versuchsbeginn angenommen werden kann. Wird das Mandat aus irgendwelchen Gründen gekündigt ohne gleichzeitig einen anderen Steuerberater zu beauftragen, ist fraglich, was mit der Fristverlängerung geschieht. Wie oben bereits erläutert[799], wird hier davon ausgegangen, dass es sich auch bei der allgemeinen Fristverlängerung um einen Verwaltungsakt, und zwar um einen konkludenten Verwaltungsakt, handelt. Somit ist mit dem Bundesgerichtshof davon auszugehen, dass dieser mit Wegfall der Voraussetzungen nicht einfach unwirksam wird. Die Fristverlängerung muss zunächst widerrufen werden.[800] Das kann in Verbindung mit einer Aufforderung zur Abgabe der Steuererklärung geschehen, wobei die Abgabefrist angemessen sein muss. Liegt demnach ein Widerruf verbunden mit einer Aufforderung zur Abgabe der Steuererklärung vor, so richtet sich der Versuchsbeginn nach der dort bestimmten Frist. Mit Verstreichenlassen dieser Frist liegt Versuch vor. Kommt es dagegen zu keiner Abgabeaufforderung seitens des Finanzamts, dann gilt für den Steuerpflichtigen weiterhin die Frist des 31. Dezember des Folgejahres.

---

798 Vgl. die bei *Ceffinato*, wistra 2014, 88, 90 angeführte Literatur.

799 Vgl. 132.

800 Vgl. § 43 Abs. 2 VwVfG.

Von einem Versuch ist damit in dem Zeitpunkt auszugehen, in dem der Täter den Zeitpunkt verstreichen lässt, bis zu dem er seine Erklärung noch innerhalb der Erklärungsfrist dem Finanzamt zustellen könnte.

## 2. *Erbschaft- und Schenkungsteuer*

### a) *Grundsätzliches*

In der steuerstrafrechtlichen Praxis haben die Hinterziehung von Erbschaft- und Schenkungsteuer quantitativ gesehen keine große Bedeutung, was auch die geringe Anzahl von Urteilen zu dieser Thematik erklärt.[801] Dies mag zum einen an der Mitteilungspraxis der festsetzenden Finanzämter liegen, zum anderen aber sicher auch daran, dass das steuerliche Verfahren sich von dem der anderen Veranlagungssteuern unterscheidet, welches zu weitergehenden Unsicherheiten bei der Bestimmung der Strafbarkeit wegen Steuerhinterziehung führt.[802]

Erbschaft- und Schenkungsteuer unterscheiden sich in verfahrensrechtlicher Hinsicht von den anderen Veranlagungssteuern insbesondere dadurch, dass das Erbschaftsteuergesetz gemäß § 149 Abs. 1 S. 1 AO, § 31 Abs. 1 S. 1 ErbStG keine allgemeine Erklärungspflicht vorsieht. Erbschaften und Schenkungen gemäß § 1 ErbStG müssen dem zuständigen Finanzamt vom Erwerber – bei der Schenkungsteuer gemäß § 30 Abs. 2 ErbStG auch vom Schenker – zunächst innerhalb einer Frist von drei Monaten nach erlangter Kenntnis vom relevanten Erwerb gemäß § 30 Abs. 1 ErbStG schriftlich angezeigt werden.[803] Andere zur Anzeige Verpflichtete sind die in den §§ 33, 34 AO Genannten, wie z. B. der Vermögensverwalter, Notare oder das Gericht. Der Beginn der dreimonatigen Frist aus § 30 Abs. 1 ErbStG setzt die sichere und zuverlässige Kenntnis des Erwerbs voraus, weswegen er in komplizierten Sachverhalten z. B. auch erst mit der Erteilung des Erbscheins vorliegen kann.[804] Eine Verlängerung der Frist zur Anzeige gemäß § 109 AO scheidet aus.[805]

---

801 *Eich*, ErbStB 2008, 76; *Rolletschke*, wistra 2001, 287.

802 *Rolletschke*, wistra 2001, 287.

803 Siehe aber die Ausnahmen zur Anzeigepflicht in § 30 Abs. 3 ErbStG. Das Finanzamt wird hier durch das Gericht, den Notar oder den Konsul gemäß § 34 ErbStG informiert. Ist eine Anzeige nicht erforderlich, so löst auch der nachträgliche Fund von solchen Gegenständen keine Anzeige oder Berichtigungspflicht aus (BFH, Urt. v. 30.01.2002 – II R 52/99 – Rn. 15 ff.).

804 BFH, Urt. v. 08.03.1989 – II R 63/86 – Rn. 16; Eisele, in: Kapp/Ebeling, § 30, Rn. 3.

805 *Seipl*, in: Wannemacher, Steuerstrafrecht, 6. Aufl., Rn. 1062; anders *Rätke*, in: Klein, § 109, Rn. 1.

Durch die Anzeige wird es dem Finanzamt ermöglicht zu prüfen, ob ein steuerrechtlich relevanter Vorgang vorliegt und wenn ja, von wem es die Steuererklärung zu fordern hat.[806] Hält es eine Steuererklärung für erforderlich, so kann es diese gemäß § 31 Abs. 1 AO von jedem an dem Erbfall, der Schenkung oder der Zweckzuwendung Beteiligten verlangen. Erst hierdurch entsteht die Pflicht zur Abgabe einer Steuererklärung.[807] Die vom Finanzamt bestimmte Frist muss gemäß § 31 Abs. 1 S. 2 ErbStG mindestens einen Monat betragen.

Da es sich bei Erbschaft- und Schenkungsteuer um Veranlagungssteuern handelt, gelten grundsätzlich die oben schon besprochenen allgemeinen Grundsätze zur Abgrenzung der Versuchs- von der Vorbereitungshandlung.[808] Aufgrund des soeben erläuterten zweistufigen Verfahrens ergeben sich aber Besonderheiten. Da § 370 Abs. 1 Nr. 1, 2 AO vom Wortlaut her nicht auf Steuerklärungen beschränkt ist, besteht die Möglichkeit, dass auch die Verletzung der Anzeigepflicht gemäß § 30 ErbStG zu einer Steuerhinterziehung führt.[809] Gefordert ist nach § 370 Abs. 1 Nr. 1, 2 AO nur das Machen unrichtiger oder unvollständiger Angaben zu steuerlich erheblichen Tatsachen. Solche Tatsachen sind gemäß § 30 ErbStG in der Anzeige aufzunehmen.[810] Die Anzeigepflicht stellt folglich eine besondere Form der Mitwirkungspflicht des Steuerpflichtigen gemäß § 90 AO dar.[811] Auch der in § 33 Abs. 4 ErbStG normierte Bußgeldtatbestand, der Zuwiderhandlungen gegen die Anzeigepflicht ahndet, sperrt nicht, sondern tritt ggf. als subsidiär zurück.[812]

Hinzuweisen ist noch auf die Tatsache, dass Erklärungen, die gegenüber einem Nachlassgericht gemacht werden, nicht tatbestandsmäßig sind, da es keine „andere Behörde“ im Sinne des § 370 Abs. 1 Nr. 1 AO ist.[813]

### *b) Abgabe einer unrichtigen oder unvollständigen Anzeige*

Bei der Abgabe einer unrichtigen oder unvollständigen Anzeige gemäß § 30 ErbStG ist fraglich, ob der Versuch schon mit dieser Handlung beginnt oder

---

806 *Meincke*, in: Meincke ErbStG, § 30, Rn. 2.

807 *Rolletschke*, wistra 2001, 287, 289.

808 Vgl. 125 ff.

809 Vgl. *Randt*, Der Steuerfahndungsfall, D Rn. 250; *Seipl*, in: Wannemacher, Steuerstrafrecht, 6. Aufl., Rn. 1065, 1070, der in der 4. Auflage (Rn. 853 ff.) dieses noch verneinte.

810 *Randt*, Der Steuerfahndungsfall, D Rn. 250.

811 *Randt*, Der Steuerfahndungsfall, D Rn. 250.

812 Ausführlich *Rolletschke*, wistra 2001, 287, 289 und *Sackreuther*, PStR 2011, 254; *Seipl*, in: Wannemacher, Steuerstrafrecht, 6. Aufl., Rn. 1064, 1095.

813 BFH, Urt. v. 30.01.2002 – II R 52/99 – Rn. 10; *Schmitz/Wulf*, in: MüKo-StGB, § 370 AO, Rn. 255.

doch erst mit der späteren Abgabe der Steuererklärung. Teile der Literatur gehen unter Berücksichtigung des Kriteriums des Zwischenakts davon aus, dass die Abgabe der Anzeige immer eine reine Vorbereitungshandlung sei, da aus der Sicht des Anzeigepflichtigen noch zumindest ein weiterer Schritt, nämlich die Abgabe der Steuererklärung, notwendig sei.[814] Der Versuch beginne frühestens mit der Abgabe der Steuererklärung.

Der wohl herrschende Teil der Literatur will dagegen, ohne auf die Abgrenzungskriterien zurückzugreifen, danach differenzieren, was der Anzeigepflichtige mit der Abgabe der Anzeige erreichen will.[815] Tätigt er die Anzeige um zu verhindern, dass die Finanzbehörde gemäß § 31 Abs. 1 ErbStG eine Steuererklärung von ihm anfordert, so sei unter Beachtung der bereits oben erläuterten Grundsätze[816] der Versuchsbeginn mit dem Entlassen der Anzeige aus dem Machtbereich des Anzeigenden anzunehmen. Geht der Anzeigeerstatter dagegen sicher davon aus, dass die Finanzbehörde ihn zur Abgabe einer Steuererklärung auffordern wird und will er dieses auch nicht verhindern, sondern geht es ihm bei der Abgabe der unrichtigen oder unvollständigen Anzeige allein darum Widersprüche zwischen der Anzeige und der später einzureichenden Steuererklärung zu vermeiden, so geht diese Ansicht erst mit der Abgabe der Steuererklärung von einem Versuchsbeginn aus. Die vorhergehende Anzeige ist bloße Vorbereitungshandlung.[817]

Der differenzierende Ansatz überzeugt. Der Anzeigepflichtige macht durch die unrichtige bzw. unvollständige Anzeige den Finanzbehörden gegenüber über steuerlich erhebliche Tatsachen unrichtige bzw. unvollständige Angaben. Hat der Anzeigeerstatter die Angaben gerade so verfälscht, dass die Finanzbehörde von keinem steuerrechtlich relevanten Sachverhalt ausgehen und damit auch auf die Abgabe einer Steuererklärung verzichten wird, so gefährdet bereits die Abgabe einer solchen Anzeige das geschützte Rechtsgut konkret. Es hängt nur noch vom Zufall ab, ob die Finanzbehörde von dem Sachverhalt noch auf anderem Wege erfährt und die Erbschaft- oder Schenkungsteuer doch noch erheben wird oder nicht. Das gilt insbesondere für die Fälle, in denen nicht noch ein weiterer Anzeigepflichtiger, wie z. B. der Vermögensverwahrer gemäß § 33 ErbStG, existiert. Aufgrund dieser Unsicherheit und der damit verbundenen konkreten Gefahr eines Unterlassens der Steuerfestsetzung ist davon auszugehen, dass der Versuch bereits mit dem Einreichen der Anzeige vorliegt.

---

814 *Joecks,* in: F/G/J, § 370 AO, Rn. 541.

815 *Hilgers-Klautzsch,* in: Kohlmann, § 370, Rn. 1523; *Sackreuther,* PStR 2011, 254; *Seipl,* in: Wannemacher, Steuerstrafrecht, 6. Aufl., Rn. 1066 f.

816 Siehe zu den Grundsätzen in der Handlungsalternative 126 ff.

817 *Seipl,* in: Wannemacher, Steuerstrafrecht, 6. Aufl., Rn. 1067.

Wenn es dem Anzeigepflichtigen aber nicht darum geht die Aufforderung zur Abgabe der Steuererklärung zu verhindern, sich der Anzeige also der steuerrechtlich relevante Sachverhalt entnehmen lässt, so liegt mit dem Einreichen der Anzeige noch keine konkrete Gefährdung für das geschützte Rechtsgut vor. Die Finanzbehörde wird die Aufforderung aussprechen und erst aufgrund der falschen Angaben in der Steuererklärung die Steuer unrichtig festsetzen. Die Einreichung der Steuererklärung stellt hier noch einen wesentlichen Zwischenschritt dar. Diese Fallkonstellation ist im weitesten Sinne mit der der unrichtigen Buchführung vergleichbar. Der Anzeigeerstatter hat durch die falschen Angaben in der Anzeige bisher nur ermöglicht, dass falsche Angaben in seiner Steuererklärung nicht auffallen würden. Allerdings besteht für ihn weiterhin die Möglichkeit eine wahrheitsgemäße Steuererklärung abzugeben. Somit ist das Rechtsgut erst in dem Moment konkret gefährdet, in dem er die unrichtige Steuererklärung einreicht.

*c) Unterlassen der Anzeige*

Fraglich ist zudem, ab wann bei dem Unterlassen der Anzeige gemäß § 30 ErbStG von einem Versuch ausgegangen werden kann. *Joecks* sieht in einem Unterlassen der Anzeige gemäß § 30 ErbStG kein strafrechtlich relevantes Verhalten. Er stützt sich bei seiner Argumentation auf den Gefährdungsgedanken und scheint dementsprechend von der Theorie der unmittelbaren Rechtsgutsgefährdung auszugehen. Das Verstreichenlassen der drei Monate gefährde das durch § 370 AO geschützte Rechtsgut noch nicht.[818] Der Versuch beginnt seiner Ansicht nach erst, wenn die Finanzbehörde eine entsprechende Erklärung anfordert und der Steuerpflichtige die dort gesetzte Frist verstreichen lässt. Fordere die Finanzbehörde, wie es in vielen Fällen mangels Kenntnis vom Sachverhalt sein wird, keine Erklärung an, so sei von einer fiktiven Aufforderung und Fristsetzung auszugehen.[819]

Andere halten den Versuch, ohne auf die Kriterien der Abgrenzungstheorien einzugehen, in dem Zeitpunkt für gegeben, in welchem die dreimonatige Anzeigefrist verstreicht.[820] Dieser Ansatz ist überzeugend, da der Anzeigepflichtige in diesem Zeitpunkt alles seinerseits Erforderliche getan hat, um den Taterfolg herbeizuführen.[821] Die Annahme einer noch fehlenden Gefährdung des Rechtsguts beim Verstreichenlassen der Anzeigefrist überzeugt nicht, weil die Anzeige steuerlich erhebliche Tatsachen enthält und somit vom Tatbestand des § 370 AO

818 *Joecks*, in: F/G/J, § 370 AO, Rn. 341.
819 *Joecks*, in: F/G/J, § 370 AO, Rn. 341.
820 *Randt*, Der Steuerfahndungsfall, D Rn. 251; *Sackreuther*, PStR 2011, 254.
821 *Randt*, Der Steuerfahndungsfall, D Rn. 251.

erfasst wird. Da die Anzeige gemäß § 30 ErbStG bei den Schenkung- und Erbschaftsteuern eine wichtige, wenn nicht sogar die einzige, Informationsquelle ist, erhöht das Unterlassen die Gefahr, dass die Finanzbehörde nichts von dem steuerlich erheblichen Vorfall erfährt und keine Steuererklärung anfordert. Eine Veranlagung der Schenkung- oder Erbschaftsteuer wird unwahrscheinlich. Es bedarf seitens des Anzeigepflichtigen auch keiner weiteren wesentlichen Zwischenschritte mehr um den Taterfolg herbeizuführen. Der Versuch beginnt beim Unterlassen der Anzeige somit schon mit dem Ablauf der dreimonatigen Antragsfrist.

### 3. *Tabaksteuer*

Die Tabaksteuer gehört zu den Verbrauchsteuern im Sinne der Abgabenordnung[822], worunter Steuern zu verstehen sind, „die die wirtschaftliche Leistungsfähigkeit erfassen, welche sich in der Verwendung von Einkommen zum Zwecke des Verbrauchs von bestimmten Waren manifestiert“[823]. Die Tabaksteuer hat aber innerhalb dieser Gruppe eine Sonderstellung, da sich je nach Entstehungstatbestand ihr Charakter ändert.[824] Unter diesem Punkt wird allein auf die Abgrenzung für die Entstehungstatbestände eingegangen, die die Abgabe einer Steuererklärung erfordern und damit die Tabaksteuer in diesen Fällen als Veranlagungssteuer qualifizieren.[825] Diesen Fällen ist gemein, dass der Steuerpflichtige, sobald die Steuer entstanden ist, unverzüglich eine Steuerklärung abzugeben hat. Der Begriff „unverzüglich“ meint nach allgemeiner Definition, die auch § 121 Abs. 1 S. 1 BGB zu entnehmen ist, „ohne schuldhaftes Zögern“.[826]

Als Abgrenzungsbeispiel für diese Fälle wird die Verbringung gemäß § 23 TabStG untersucht.[827] Im Fall der Verbringung entsteht die Steuer gemäß § 23 TabStG z. B. wenn die Tabakwaren entgegen § 17 Abs. 1 TabStG, also ohne die vorherige Anbringung von Steuerzeichen, aus dem freien Verkehr anderer Mitgliedstaaten[828] zu gewerblichen Zwecken in das Steuergebiet[829] verbracht oder

822 Vgl. § 1 Abs. 1 S. 3 TabStG.

823 *Joecks*, in: Joecks/Jäger/Randt, § 381 AO, Rn. 32.

824 *Weidemann*, ZfZ 2008, 97, 98.

825 *Weidemann*, ZfZ 2008, 97, 99 f.

826 Vgl. auch *Weidemann*, wistra 2012, 1, 6.

827 Ein weiterer Fall, in dem die Tabaksteuer als Veranlagungssteuer zu qualifizieren ist, ist z. B. § 17 Abs. 3 TabStG.

828 Gemäß § 4 Nr. 5 TabStG ist mit den anderen Mitgliedstaaten das Verbrauchsteuergebiet der Europäischen Gemeinschaft ohne das Steuergebiet gemeint.

829 § 1 Abs. 1 S. 2 TabStG: Steuergebiet ist das Gebiet der Bundesrepublik Deutschland ohne das Gebiet von Büsingen und ohne die Insel Helgoland.

dorthin versandt und erstmals zu gewerblichen Zwecken in Besitz gehalten werden. Das bedeutet, dass die Steuer mit dem Überschreiten der deutschen Grenze entsteht und gemäß § 23 Abs. 1 S. 4 TabStG sofort fällig ist.[830]

Der Versuch des Verbringers[831] beginnt, trotz möglicherweise bereits eingetretener Fälligkeit, da es sich in diesen Fällen bei der Tabaksteuer um eine Veranlagungssteuer handelt, erst in dem Moment, in dem der Steuerpflichtige die Steuererklärung gemäß § 23 Abs. 1 S. 3 TabStG nicht mehr unverzüglich abgeben kann und damit seine Handlungspflicht verletzt.[832] Da der Verbringer nicht verpflichtet ist, die Tabakware direkt beim Grenzübertritt zu gestellen, er die Grenze also nicht nur bei einer Zollabfertigungsstelle überqueren darf[833], ist die Handlungspflicht erst in dem Moment verletzt, in welchem er von dem direkten Weg zum nächsten annahmebereiten Zollamt[834] abweicht.[835] In diesem Moment kann die Steuererklärung nicht mehr unverzüglich nach Grenzüberschreitung erfolgen und das Rechtsgut ist konkret gefährdet. Überquert der Steuerpflichtige die Grenze bei einer Zollabfertigungsstelle und lässt sich dort abfertigen, ohne die Tabaksteuererklärung abzugeben, so beginnt der Versuch in dem Moment in dem die Abfertigung abgeschlossen ist.[836]

---

830 *Weidemann*, wistra 2012, 1, 6.

831 Umstritten ist, ob sich der Verbringer allein wegen § 370 Abs. 1 Nr. 2 AO oder gleichzeitig auch gemäß § 370 Abs. 1 Nr. 3 AO strafbar macht. Siehe zu der Problematik und dem etwaigen Konkurrenzverhältnis *Jäger*, in: Böse (Hg.) 2009 – FS Amelung, S. 463 ff.; *Jäger*, in: Joecks/Jäger/Randt, § 370 AO, Rn. 393; *Ransiek*, in: Kohlmann, § 370, Rn. 362; *Weidemann*, wistra 2009, 174, 175; *Weidemann*, wistra 2012, 1, 6 f.

832 *Schmitz/Wulf*, in: MüKo-StGB, § 370 AO, Rn. 443, die zwar vom Versuch der Eingangsabgabenhinterziehung sprechen, aber den Fall der illegalen Verbringung beschreiben und diesen auch später wörtlich benennen. Da die von ihnen in der Fußnote zitierte Fundstelle sich ebenfalls mit dem Fall der Verbringung und eben nicht mit der Einfuhr befasst, ist wohl davon auszugehen, dass der Begriff der Eingangsabgabenhinterziehung nur nicht präzise gewählt wurde und der Fall der Verbringung gemeint ist; *Weidemann*, wistra 2012, 1, 6.

833 Anders ist dies bei der Einfuhrtabaksteuer und dem Einführer, worauf später im Rahmen der Einfuhrabgaben (vgl. 203, 208) noch eingegangen wird.

834 Gemäß § 12 Abs. 2 FVG sind die Hauptzollämter für die Verwaltung der bundesgesetzlich geregelten Verbrauchsteuern zuständig.

835 *Weidemann*, wistra 2009, 174, 175.

836 *Schmitz/Wulf*, in: MüKo-StGB, § 370 AO, Rn. 443, wegen der missverständlichen Verwendung des Begriffs der Eingangsabgabenhinterziehung vergleiche Fn. 832; *Weidemann*, wistra 2009, 174, 175. Die Literatur bedient sich bei ihrer Begründung nicht der Abgrenzungskriterien.

Die Annahme eines Versuchs muss danach aber dann ausscheiden, wenn der Steuerpflichtige beim oder direkt nach dem Passieren der grünen Grenze gestellt wird, ohne sich bereits von dem direkten Weg zum nächsten Zollamt entfernt zu haben.[837] Die Abgabe der Steuererklärung war bis zu diesem Zeitpunkt noch unverzüglich möglich.[838] Da das geschützte Rechtsgut damit noch nicht unmittelbar gefährdet ist, befindet sich die Tat noch im Vorbereitungsstadium. Ebenfalls eine reine Vorbereitungshandlung stellt das Sich-Verschaffen oder Ankaufen von Zigaretten, um sie ohne Anbringung von Steuerzeichen nach Deutschland zu verbringen, dar.[839]

### 4. *Einkommensteuer*

Nach den oben festgestellten Grundsätzen beginnt der Versuch bei der Einkommensteuer regelmäßig mit der Abgabe der Einkommensteuererklärung.[840] Die Literatur geht, allerdings ohne Rückgriff auf die Abgrenzungstheorien zu nehmen, richtigerweise davon aus, dass auch in den Fällen, in denen der Arbeitnehmer eine unrichtige Eintragung auf der Lohnsteuerkarte erwirkt oder eine Speicherung unrichtiger Lohnsteuerabzugsmerkmale, wie die Freibeträge gemäß § 39a EStG, bewirkt, kein früherer Versuchszeitpunkt in Betracht kommt.[841] Die unrichtige Eintragung bzw. Speicherung kann zwar durchaus der Einkommensteuerhinterziehung dienen.[842] Allerdings haben die Lohnsteuerkarte oder die elektronischen Lohnsteuerabzugsmerkmale – anders als für die Lohnsteuererhebung[843] – keine bindende Wirkung für die Veranlagung der Einkommensteuer.[844] Aufgrund der fehlenden Bindung ist das Rechtsgut der Steuerhinterziehung mit dem Stellen des Antrags z. B. auf Ermittlung des Freibetrags gemäß § 39a EStG noch nicht unmittelbar gefährdet. Es handelt sich vielmehr um eine rein vorbereitende Handlung.

837 *Weidemann*, wistra 2009, 174, 175 f. ohne Rückgriff auf die Abgrenzungskriterien zu nehmen.

838 *Weidemann*, wistra 2009, 174, 175 f.

839 BGH, NStZ 2009, 159.

840 *Hilgers-Klautzsch,* in: Kohlmann, § 370, Rn. 1314; *Seipl,* in: Wannemacher, Steuerstrafrecht, 6. Aufl., Rn. 985. Vgl. 125 ff.

841 *Hilgers-Klautzsch,* in: Kohlmann, § 370, Rn. 1314; *Seipl,* in: Wannemacher, Steuerstrafrecht, 6. Aufl., Rn. 985.

842 *Seipl,* in: Wannemacher, Steuerstrafrecht, 6. Aufl., Rn. 985.

843 Vgl. hierzu 181.

844 *Eisgruber,* in: Kirchhof EStG, § 39a, Rn. 2; *Hilgers-Klautzsch,* in: Kohlmann, § 370, Rn. 1314; *Seipl,* in: Wannemacher, Steuerstrafrecht, 6. Aufl., Rn. 985.

## II. Abgrenzung Versuch und Vollendung

### *1. Grundsatz*

Auch bei der Abgrenzung des Versuchs von der Vollendung ist im Falle der Veranlagungssteuer zwischen der Steuerhinterziehung durch Handeln und durch Unterlassen zu unterscheiden.

#### *a) Handlungsalternative (§ 370 Abs. 1 Nr. 1 AO)*

Gibt der Steuerpflichtige eine unrichtige Steuererklärung ab, so ist die Tat grundsätzlich mit der Bekanntgabe der zu niedrigen oder nicht rechtzeitigen Festsetzung durch den Steuerbescheid gemäß §§ 122, 124 Abs. 1 S. 1 AO vollendet.[845] Vor der Bekanntgabe handelt es sich bei dem Steuerbescheid nur um ein Internum, das noch ohne Einhaltung besonderer Formalien geändert werden kann und noch keine Rechtswirksamkeit besitzt.[846] Folglich kann in dem Zeitraum vor der Bekanntgabe auch keine Vollendung eintreten.

Die Fälligkeit der in dem Steuerbescheid festgesetzten Forderung oder die Bestandskraft des Bescheids sind für die Vollendung nicht relevant.[847] Die sich hierauf beziehenden Verwaltungsakte wie die Stundung gemäß § 222 AO und der Erlass gemäß § 227 AO können die bereits eingetretene Vollendung nicht mehr rückwirkend beseitigen.[848] Ebenso wenig wirkt sich eine Zahlung seitens des Steuerpflichtigen auf den Vollendungszeitpunkt aus.[849] Eine solche kann allerdings für die Strafzumessung eine Rolle spielen.[850] Die Möglichkeit der späteren Abänderung oder Berichtigung des Bescheids lässt die Vollendung ebenfalls unberührt.[851] Treten z. B. in den Jahren nach Bekanntgabe des maßgeblichen Bescheids Verluste ein, weswegen der Bescheid durch einen anderen Bescheid, der den Verlustrücktrag z. B. gemäß § 8 KStG, § 10d EStG berücksichtigt, abgeändert wird, ändert dies nichts mehr an der bereits eingetretenen Vollendung.[852]

---

845 OLG Hamburg, wistra 1993, 274, 275; *Eschenbach*, DStZ 1997, 851, 854; *Hellmann*, in: H/H/Sp, § 370 AO, Rn. 311; *Schmitz*, in: Hirsch (Hg.) 2003 – Festschrift für Günter Kohlmann, S. 518; *Wiese*, in: Wannemacher, Rn. 514.

846 *Hellmann*, in: H/H/Sp, § 370 AO, Rn. 311.

847 *Hellmann*, in: H/H/Sp, § 370 AO, Rn. 311; *Rolletschke*, Steuerstrafrecht, Rn. 130.

848 *Rolletschke*, Steuerstrafrecht, Rn. 130a.

849 *Rolletschke*, Steuerstrafrecht, Rn. 130a.

850 *Rolletschke*, Steuerstrafrecht, Rn. 130a.

851 *Dumke/Webel*, in: Schwarz, § 370 AO, Rn. 149; *Rolletschke*, Steuerstrafrecht, Rn. 130b.

852 BGH, Beschl. v. 25.04.2001–5 StR 613/00 – Rn. 2.

Der Verlustrücktrag trägt allein später eingetretenen wirtschaftlichen Entwicklungen Rechnung.[853]

Bei der Bekanntgabe ist die in § 122 Abs. 2 AO normierte Fiktion zu beachten.[854] Danach gilt ein durch die Post übermittelter schriftlicher Verwaltungsakt, hier der Steuerbescheid, bei einer Übermittlung im Inland als am dritten Tage nach der Aufgabe zur Post als bekannt gegeben und bei einer Übermittlung im Ausland einen Monat nach der Aufgabe zur Post als bekannt gegeben. Geht ein Steuerbescheid dem Steuerpflichtigen tatsächlich vor Ablauf dieser Frist zu, so gilt der Bescheid trotzdem nicht in diesem Zeitpunkt als zugegangen, sondern erst zu dem durch die Fiktion vorgegebenen Zeitpunkt.[855] Legt der Steuerpflichtige aber substantiiert dar, dass der Steuerbescheid ihm erst später zugegangen oder gar nicht zugegangen sei und kann die Finanzbehörde ihm nicht das Gegenteil beweisen, so gilt der Steuerbescheid nicht oder erst zu dem von ihm benannten Zeitpunkt als bekannt gegeben.[856]

##### *b) Unterlassungsalternative (§ 370 Abs. 1 Nr. 2 AO)*

###### aa) Vorüberlegungen

Unterlässt ein der Finanzbehörde unbekannter Steuerpflichtiger die Abgabe einer Erklärung, so ist bei Veranlagungssteuern der Vollendungszeitpunkt grundsätzlich nur hypothetisch bestimmbar. Was genau geschehen wäre, wenn der Steuerpflichtige die Steuererklärung fristgerecht abgegeben hätte, lässt sich unmöglich nachträglich rekonstruieren.[857] Um dem Grundsatz „in dubio pro reo" gerecht zu werden, wird auf den Zeitpunkt abgestellt, in dem der unterlassende Steuerpflichtige, hätte er die Steuererklärung abgegeben, spätestens veranlagt worden wäre.[858] Entscheidend ist somit der Veranlagungsschluss. Wann der für die Vollendung entscheidende Veranlagungsschluss allerdings vorliegen soll, ist umstritten. Hierauf wird sogleich noch eingegangen.[859]

Wenn der Finanzbehörde der unterlassende Steuerpflichtige aber bekannt ist, hat sie die Möglichkeit bzw. ist sogar verpflichtet, da sich die Besteuerungsgrundlagen nicht ermitteln lassen, diese gemäß § 162 Abs. 1 AO zu schätzen.

---

853 BGH, Beschl. v. 25.04.2001–5 StR 613/00 – Rn. 2.

854 *Rolletschke*, Steuerstrafrecht, Rn. 129.

855 *Ratschow*, in: Klein, § 122, Rn. 56.

856 *Rolletschke*, Steuerstrafrecht, Rn. 129.

857 *Wulf*, wistra 2012, 485.

858 BGH, NStZ 2002, 265, 266; *Ferschl*, wistra 1990, 177, 178; *Wiese*, in: Wannemacher, Rn. 515.

859 Vgl. hierzu 158.

Sie hat diesbezüglich kein Ermessen.[860] Im Falle einer Schätzung werden die Besteuerungsgrundlagen, aber nicht die Höhe der Steuer, anhand von Wahrscheinlichkeitsüberlegungen geschätzt.[861] Hierfür hat die Finanzbehörde alle ihr zugänglichen Unterlagen, Belege und Auskünfte des Steuerpflichtigen, egal ob zu seinen Gunsten oder Ungunsten, zu berücksichtigen, solange ihre Beweiskraft nicht angezweifelt wird.[862] Das Schätzungsergebnis muss plausibel sein und es soll die höchstmögliche Wahrscheinlichkeit dafür bestehen, dass das Ergebnis richtig ist.[863] Die aus diesem Grunde bestehende Möglichkeit einer zu hohen Veranlagung ist hinzunehmen.[864] Dies gilt insbesondere für die Fälle der Verletzung der Mitwirkungspflichten seitens des Steuerpflichtigen, in denen sich die Finanzbehörde nach Ansicht der Rechtsprechung im oberen Bereich des Schätzungsrahmens bewegen darf.[865] Schätzungen, welche vorgenommen werden, um den Steuerpflichtigen wegen der Verletzung seiner Steuererklärungspflichten zu bestrafen, haben aber zu unterbleiben.[866] Die Schätzung unterscheidet sich somit von der ansonsten durchzuführenden Sachaufklärung dadurch, dass ein kleineres Maß an Sicherheit gefordert wird.[867] Das Finanzgericht München geht davon aus, dass die Schätzung auch schon vor dem Ablauf der durch die Erlasse der obersten Finanzbehörden für die Steuerberater allgemein verlängerten Frist möglich ist.[868]

Die Schätzungsverpflichtung der Finanzbehörde bei einem ihr bekannten Steuerpflichtigen und die damit einhergehende Möglichkeit des Ergehens eines Schätzungsbescheids nach Veranlagungsschluss – je nachdem wann der Veranlagungsschluss angenommen wird – führen bei der Bestimmung des Vollendungszeitpunkts zu weiteren Problemen. Einige differenzieren bei der Bestimmung des Vollendungszeitpunkts wegen der Schätzungsmöglichkeit zwischen dem von der Finanzbehörde steuerlich geführten und dem nicht geführten Steuerpflichtigen.[869] Beim steuerlich nicht geführten Steuerpflichtigen scheidet eine Schätzung, mangels Kenntnis von der Existenz, in der Regel aus. Eine Vollendung würde für ihn ohne Festlegung

860 *Cöster,* in: Pahlke/Koenig-AO, § 162, Rn. 1.
861 *Cöster,* in: Pahlke/Koenig-AO, § 162, Rn. 1, 32.
862 *Cöster,* in: Pahlke/Koenig-AO, § 162, Rn. 49.
863 *Cöster,* in: Pahlke/Koenig-AO, § 162, Rn. 4.
864 BFH, Urt. v. 26.04.1983 – VIII R 38/82 – Rn. 19; BFH, NVwZ 2001, 1326, 1327.
865 BFH, NVwZ 2001, 1326, 1327.
866 BFH, NVwZ 2001, 1326, 1327.
867 *Rüsken,* in: Klein, § 162, Rn. 1.
868 FG München, Urt. v. 27.10.2003–7 K 1365/02 – Rn. 14; vgl. zur allgemeinen Fristverlängerung 132 f.
869 *Dörn*, wistra 1993, 241, 242; *Rolletschke*, Steuerstrafrecht, Rn. 133.

eines fiktiven Zeitpunkts nie in Betracht kommen.[870] Beim steuerlich geführten Steuerpflichtigen dagegen besteht als Vollendungszeitpunkt neben dem Veranlagungsschluss noch die Möglichkeit den Zeitpunkt der Bekanntgabe des Schätzungsbescheids als Vollendungszeitpunkt anzunehmen. Einstimmig anerkannt ist nur, dass eine Vollendung dann nicht mehr eintreten kann, wenn der Steuerpflichtige in einem Schätzungsbescheid vor Veranlagungsschluss zu hoch oder richtig veranlagt wird.[871] Durch die richtige oder zu hohe Veranlagung wird der angestrebte Erfolg der Steuerhinterziehung, sich seinen steuerlichen Zahlungspflichten zu entziehen, vereitelt.[872] Es liegt dann nur ein fehlgeschlagener Versuch vor.

Zunächst wird im Folgenden auf die Problematik bei der Bestimmung des Vollendungszeitpunkts bei vorliegender Schätzungsmöglichkeit der Finanzbehörde eingegangen und dann auf die Frage der Bestimmung des fiktiven spätesten Veranlagungszeitpunkts bzw. des Veranlagungsschlusses.

#### bb) Bestimmung des Vollendungszeitpunkts bei Vorliegen einer Schätzungsmöglichkeit seitens der Finanzbehörde

##### (1) Herrschende Ansicht

Die herrschende Ansicht in der Literatur und in der Rechtsprechung stellt, ohne eine sich auf das Ergebnis auswirkende Unterscheidung zwischen dem steuerlich geführten und dem steuerlich nicht geführten Steuerpflichtigen vorzunehmen, für die Vollendung grundsätzlich auf den Abschluss der Veranlagungsarbeiten ab.[873] Der Veranlagungszeitpunkt lasse sich für den konkreten Steuerpflichtigen, selbst bei Einhaltung einer bestimmten Reihenfolge, nicht exakt bestimmen. Aus diesem Grunde wird zu Gunsten des unterlassenden Steuerpflichtigen unterstellt, dass seine Veranlagung, hätte er die Steuererklärung abgegeben, als letzte und

---

870 *Dörn*, wistra 1993, 241, 244.

871 OLG Celle, MDR 1965, 504; *Dörn*, wistra 1989, 290; OLG Karlsruhe, Justiz 1977, 105 f.; BayObLG, wistra 1990, 159 f.; OLG Düsseldorf, wistra 2005, 353, 354; *Buse*, wistra 2008, 51; *Rolletschke*, Steuerstrafrecht, Rn. 143.

872 OLG Düsseldorf, wistra 2005, 353, 354.

873 BayObLG, wistra 1990, 159 ff.; BayObLG, wistra 2001, 194; OLG Düsseldorf, wistra 2005, 353 ff.; *Buse*, wistra 2008, 51, 54, der zwar zunächst darauf hinweist, dass die Unterscheidung zwischen steuerlich geführten und steuerlich nicht geführten Steuerpflichtigen von Bedeutung sei, sie aber im Nachhinein für den vorliegenden Fall nicht vormimmt; *Ferschl*, wistra 1990, 177, 178 ff.; *Hübner*, MDR 1977, 1040; *Rolletschke*, Steuerstrafrecht, Rn. 133, 136 ff., 143 ff, der wie *Buse* auf die Bedeutung der Unterscheidung zwischen steuerlich geführten und steuerlich nicht geführten Steuerpflichtigen hinweist, aber in den Fällen hier zum selben Ergebnis kommt.

somit direkt vor dem Abschluss der Veranlagungsarbeiten erfolgt wäre.[874] Ergeht vor dem Veranlagungsschluss bereits ein Schätzungsbescheid, so sei allerdings auf diesen abzustellen und danach zu differenzieren, ob die Steuern zu hoch bzw. richtig oder zu niedrig veranlagt wurden. Wurden sie zu niedrig veranlagt, so liege bereits zu diesem Zeitpunkt Vollendung vor.[875] Den Schaden stellt hierbei der Differenzbetrag zur richtigen Veranlagung dar.[876] Wurden sie dagegen zu hoch oder richtig veranlagt, dann kann die Tat sich, wie soeben erläutert, nicht mehr vollenden und es bleibe beim strafbaren Versuch.[877]

Ergeht dagegen nach dem Abschluss der Arbeiten noch ein Schätzungsbescheid, so soll dieser für die Vollendung bedeutungslos sein.[878] Mit diesem Fall hatte sich das Bayerische Oberste Landesgericht in einem Urteil aus dem Jahre 1989 intensiver auseinandergesetzt und dies ausführlich begründet.[879] Für die Vollendung der Steuerhinterziehung reiche es aus, dass die Steuern nicht rechtzeitig festgesetzt werden.[880] Es komme allein darauf an, ob eine Festsetzung der Steuern vor oder nach einem bestimmten Zeitpunkt erfolge. Nach dem Abschluss der Veranlagungsarbeiten sei eine rechtzeitige Steuerfestsetzung nicht mehr möglich, so dass allein hierdurch schon die Vollendung eingetreten sei. Der nachträgliche Erlass eines Steuerbescheids, in welchem die Steuern zu hoch oder richtig veranlagt werden, könne die bereits eingetretene Vollendung nicht mehr beseitigen, sondern sei allenfalls noch dafür relevant, ob neben die Steuerverkürzung auf Zeit auch noch eine solche auf Dauer trete.[881] Eine Unterscheidung zwischen dem steuerlich geführten und dem steuerlich nicht geführten Steuerpflichtigen sei somit nicht notwendig.[882]

---

874 BGH, NStZ 2002, 265, 266; *Ferschl*, wistra 1990, 177, 178; *Wiese*, in: Wannemacher, Rn. 515. Auf die Frage, wann von einem solchen Abschluss der Veranlagungstätigkeit auszugehen ist, wird auf 158 ff. eingegangen.

875 BayObLG, wistra 1990, 159, 161; BayObLG, wistra 2001, 194; OLG Düsseldorf, wistra 2005, 353, 354.

876 BayObLG, wistra 2001, 194; *Buse*, wistra 2008, 51, 53; *Ferschl*, wistra 1990, 177, 180.

877 OLG Celle, MDR 1965, 504; BayObLG, wistra 1990, 159, 160; OLG Düsseldorf, wistra 2005, 353, 354.

878 BGH, NZWiSt 2013, 33, 34, welcher dies zwar nicht ausdrücklich erklärt, aber es durch Bezugnahmen auf andere Urteile klarstellt; BayObLG, wistra 1990, 159, 160; BayObLG, wistra 2001, 194; OLG Düsseldorf, wistra 2005, 353, 354.

879 BayObLG, wistra 1990, 159.

880 BayObLG, wistra 1990, 159, 160; ebenso OLG Düsseldorf, wistra 2005, 353, 354 und *Rolletschke*, Steuerstrafrecht, Rn. 147.

881 BayObLG, wistra 1990, 159, 160; ebenso *Buse*, wistra 2008, 51, 54.

882 BayObLG, wistra 1990, 159, 161.

*Buse* weist ergänzend daraufhin, dass es zu Strafbarkeitslücken führen würde, wenn man die Vollendungsstrafbarkeit beim steuerlich geführten Steuerpflichtigen allein von dem Erlass eines Schätzungsbescheids abhängig machen würde und für den Fall, dass ein solcher nicht ergeht, nur einen strafbaren Versuch annehme.[883] Für einen Steuerpflichtigen der nie eine Steuererklärung habe abgeben wollen, sei die Annahme nur eines Versuchs mit dem Gerechtigkeitssinn nicht vereinbar.[884]

### (2) Andere Rechtsprechung, insbesondere der Oberlandesgerichte

Der andere in der Rechtsprechung – insbesondere von einigen Oberlandesgerichten – vertretene Ansatz schließt sich der herrschenden Ansicht im Großen und Ganzen an. Allerdings sei, auch in den Fällen, in denen ein Schätzungsbescheid erst nach Veranlagungsschluss ergeht, auf diesen abzustellen und nicht auf den Abschluss der Veranlagungsarbeiten.[885] Sei die Schätzung zu hoch oder richtig ausgefallen, so liege nur ein Versuch der Steuerhinterziehung vor. Wurde die Steuer dagegen zu niedrig veranlagt, so trete auch erst mit diesem Zeitpunkt die Vollendung ein. Zur Begründung führen die Oberlandesgerichte aus, dass der Abschluss der Veranlagungsarbeiten nur fiktiv und nur hilfsweise herangezogen werde, da beim Unterlassen ein Anknüpfungspunkt, gerade in den Fällen des Unterbleibens einer Veranlagung, fehle. Ergehe aber ein Schätzungsbescheid, egal zu welchem Zeitpunkt, so habe diese Fiktion keine Berechtigung mehr und es sei auf den Bescheid und das dort dargelegte Ergebnis der Veranlagung abzustellen.[886]

### (3) Differenzierender Ansatz

*Dietz* und *Dörn* haben einen ähnlichen Ansatzpunkt wie die soeben dargestellte Meinung der Oberlandesgerichte, unterscheiden zur Bestimmung des Vollendungszeitpunkts aber explizit zwischen dem steuerlich geführten und dem

883 *Buse*, wistra 2008, 51, 54, so aber insbesondere *Dietz* und *Dörn* vgl. 155 ff.

884 *Buse*, wistra 2008, 51, 54, der aber um einem Missbrauch seitens der Finanzbehörden entgegenzuwirken, bei rechtsmissbräuchlichem Verhalten oder auch wenn die Finanzbehörde durch ein Handeln die Vollendung hätte verhindern können (Organisationsverschulden), eine Korrektur über die Strafzumessung vornehmen möchte.

885 OLG Karlsruhe, Justiz 1977, 105 f.; OLG Köln, wistra 1982, 156; wohl auch OLG Hamburg, wistra 1993, 274, 275 und OLG Celle, MDR 1965, 504.

886 OLG Karlsruhe, Justiz 1977, 105 f.; OLG Köln, wistra 1982, 156; ebenso OLG Hamburg, wistra 1993, 274, 275.

steuerlich nicht geführten Steuerpflichtigen.[887] Bei dem steuerlich nicht geführten Steuerpflichtigen wollen sie für die Vollendung, wie die herrschende Ansicht, auf den allgemeinen Abschluss der Veranlagungsarbeiten abstellen.[888]

Bei dem steuerlich geführten Steuerpflichtigen gehen sie dagegen immer erst, aber auch nur dann von einer vollendeten Steuerhinterziehung aus, wenn ein Schätzungsbescheid bekanntgegeben wird und die dort festgesetzte Steuer zu niedrig ausfällt.[889] Unerheblich ist ihrer Ansicht nach hierbei, ob der Schätzungsbescheid vor oder nach dem Veranlagungsschluss ergeht.[890] *Dörn* begründet die Ansicht damit, dass der Annahme der Vollendung mit Abschluss der Veranlagungsarbeiten die fehlende objektive Zurechenbarkeit des Taterfolgs entgegenstehe.[891] Das Finanzamt sei zur Schätzung verpflichtet und sei dazu vor dem allgemeinen Veranlagungsschluss auch in der Lage. Vollendung könne deswegen immer erst mit Bekanntgabe des Schätzungsbescheids eintreten.[892] So werde auch im allgemeinen Strafrecht dem Täter der Erfolg dann nicht zugerechnet, wenn dieser in den rechtlichen Verantwortungsbereich des Opfers falle.[893] Da die Schätzung und der Schätzungszeitpunkt aber allein in den Verantwortungsbereich des Beamten bei der Finanzbehörde falle und es bei der vorliegenden Vollendung gerade auf die zeitliche Verzögerung der Schätzung ankomme, kann dem Steuerpflichtigen diese Verzögerung nicht zugerechnet werden. Unterlässt die Behörde Maßnahmen, wie die Zwangsmittel und die Schätzung, so trägt sie die Verantwortung dafür. Der Kausalzusammenhang zwischen dem Untätigbleiben des Steuerpflichtigen und dem Erfolg der Steuerhinterziehung ist unterbrochen.[894] Die Annahme der Vollendung, ohne dass die Finanzbehörde diese außerstrafrechtlichen Mittel genutzt habe, führe nach *Dietz* zu einem gerade unter rechtsstaatlichen Gesichtspunkten nicht vertretbaren Ergebnis, da die Finanzbehörde es so in der Hand habe den Steuerpflichtigen in die Vollendung zu drängen.[895]

887 *Dietz*, in: Leise/Dietz/Cratz, § 370, Rn. 22a; *Dörn*, wistra 1993, 241, 242.
888 *Dietz*, in: Leise/Dietz/Cratz, § 370, Rn. 28; *Dörn*, wistra 1993, 241, 244.
889 *Dietz*, in: Leise/Dietz/Cratz, § 370, Rn. 32; *Dörn*, wistra 1993, 241, 244; *Dörn*, wistra 1989, 290, 292.
890 *Dietz*, in: Leise/Dietz/Cratz, § 370, Rn. 32 f.; *Dörn*, wistra 1993, 241, 242 f.
891 *Dörn*, wistra 1993, 241, 243 f.
892 *Dietz*, in: Leise/Dietz/Cratz, § 370, Rn. 32 f.; *Dörn*, wistra 1989, 290, 292.
893 *Dörn*, wistra 1993, 241, 243.
894 Ähnlich wie *Dörn* auch *Dietz*, in: Leise/Dietz/Cratz, § 370, Rn. 33.
895 *Dietz*, in: Leise/Dietz/Cratz, § 370, Rn. 33; *Dörn*, wistra 1993, 241, 242 f.; *Dörn*, Steuerhinterziehung durch Unterlassen?, S. 37, 57.

Im Gegensatz zu dem Fall des steuerlich nicht geführten Steuerpflichtigen besteht nach *Dietz* und *Dörn* auch keine Notwendigkeit den Abschluss der Veranlagungsarbeiten als Vollendungszeitpunkt anzunehmen.[896] Beim unbekannten Steuerpflichtigen sei eine Schätzung und somit auch eine Bekanntgabe des Steuerbescheids grundsätzlich nicht möglich. Ohne die Annahme eines fiktiven Zeitpunkts hätte sich die Steuerhinterziehung beim steuerlich nicht geführten Steuerpflichtigen somit nie vollenden können.[897] Den bekannten Steuerpflichtigen kann die Finanzbehörde dagegen durch Mahnungen, Erinnerungen und Zwangsmittel gemäß §§ 328 AO zur Abgabe der Steuererklärung veranlassen und ansonsten, falls die Steuererklärung trotz allem nicht abgegeben wird, eine Schätzung vornehmen.[898]

(4) Stellungnahme

Es ist mit der herrschenden Ansicht in Rechtsprechung und Literatur davon auszugehen, dass für den Vollendungszeitpunkt immer auf den Veranlagungsschluss abzustellen ist, es sei denn, vor diesem Zeitpunkt wurde ein Schätzungsbescheid erlassen. Die gegenteiligen Ansichten verkennen, dass für eine vollendete Steuerhinterziehung eine Steuerverkürzung auf Zeit bereits ausreicht.[899] Wie das Bayerische Oberste Landesgericht richtig festgestellt hat, kann nach dem Abschluss der Veranlagungsarbeiten die Steuer gerade nicht mehr rechtzeitig festgesetzt werden, weswegen die Steuerhinterziehung bereits mit Ablauf dieses Zeitpunkts vollendet ist. Die Vollendung kann auch nicht mehr durch den Erlass eines Schätzungsbescheids rückgängig gemacht werden. Entgegen der Ansicht von *Dietz* und *Dörn* ist damit auch eine Unterscheidung zwischen dem steuerlich geführten und dem steuerlich nicht geführten Steuerpflichtigen nicht notwendig. Insbesondere führt das Abstellen auf den Veranlagungsschluss nicht dazu, dass der Steuerpflichtige durch den späten Erlass des Schätzungsbescheids von der Finanzbehörde in die Vollendung gedrängt werde, da sie, wie der Steuerpflichtige, untätig bleibe. Nicht die fehlende Überwachung seitens der Finanzbehörde, sondern vielmehr das pflichtwidrige Unterlassen des Steuerpflichtigen führen zur Vollendung.[900] Die Finanzbehörde hätte zwar die grundsätzliche Möglichkeit durch Zwangsmittel gemäß §§ 328 AO den

896 *Dörn*, wistra 1993, 241, 244; sehr ähnlich *Dietz*, in: Leise/Dietz/Cratz, § 370, Rn. 33.

897 *Dörn*, wistra 1993, 241, 244; *Dörn*, NStZ 2002, 189, 190.

898 *Dietz*, in: Leise/Dietz/Cratz, § 370, Rn. 33.

899 BayObLG, wistra 1990, 159, 160.

900 BayObLG, wistra 1990, 159, 161; ebenso *Ferschl*, wistra 1990, 177, 179.

Steuerpflichtigen zur Abgabe der Steuererklärung zu veranlassen, eine Außenprüfung gemäß § 193 AO anzuordnen oder die Besteuerungsgrundlagen gemäß § 162 AO zu schätzen. Allerdings kann zum einen aus praktischen Gründen in Anbetracht der relativ hohen Zahl von nicht abgegebenen Steuererklärungen nicht immer eine Außenprüfung durchgeführt werden.[901] Zum anderen steht es im pflichtgemäßen Ermessen der Finanzbehörde diese Mittel anzuwenden bzw. auszuüben. Wie das Bayerische Oberste Landesgericht richtig feststellt, gibt es keinen Grundsatz, wonach das Opfer verpflichtet ist, eine bereits ins Versuchsstadium gerückte, gegen ihn gerichtete Tat, an der Vollendung zu hindern.[902] Das muss auch für den Fiskus gelten. Letztendlich fallen solche Maßnahmen, wie an dem vor Veranlagungsschluss ergehenden Schätzungsbescheid zu sehen ist, nicht immer zu Gunsten des Steuerpflichtigen aus.[903]

#### cc) Bestimmung des Zeitpunkts des Veranlagungsschlusses

##### (1) Darstellung der verschiedenen Ansätze

Zu der Frage, wann denn überhaupt von einem Abschluss der Veranlagungsarbeiten ausgegangen werden kann, werden verschiedene Ansätze vertreten. Übereinstimmend wird davon ausgegangen, dass für die Vollendung der Zeitpunkt entscheidend ist, zu welchem die rechtzeitige Steuerfestsetzung spätestens vereitelt wird.[904] Unstreitig ist ebenfalls, dass es dafür, wie bereits erwähnt, darauf ankommt, wann der unterlassende Steuerpflichtige spätestens veranlagt worden wäre, wenn er die Steuererklärung abgegeben hätte.[905]

Der Bundesgerichtshof und Teile der Literatur nehmen Vollendung an, wenn die Veranlagungstätigkeit im zuständigen Veranlagungsbezirk[906] „im Allgemei-

---

901 BayObLG, wistra 1990, 159, 161.

902 BayObLG, wistra 1990, 159, 161; ebenso *Ferschl*, wistra 1990, 177, 179.

903 BayObLG, wistra 1990, 159, 161; *Ferschl*, wistra 1990, 177, 179.

904 BGH, NStZ 2002, 265, 266; *Joecks*, in: F/G/J, § 370 AO, Rn. 56; *Schmitz/Wulf*, in: MüKo-StGB, § 370 AO, Rn. 96 f.

905 BGH, Urt. v. 06.10.1953–1 StR 448/53 – Rn. 5; BGH, NJW 1989, 1615, 1617; BGH, NStZ 2002, 265, 266; *Joecks*, in: F/G/J, § 370 AO, Rn. 56; *Schmitz/Wulf*, in: MüKo-StGB, § 370 AO, Rn. 96 f.

906 Oder auch Veranlagungsbezirk und Veranlagungsplatz, vgl. *Rolletschke*, Steuerstrafrecht, Rn. 136; *Wiese*, in: Wannemacher, Rn. 515 (Fn. 5); auf den Veranlagungsschluss beim jeweiligen Finanzamt abstellend BGH, NJW 1989, 1615, 1617; BayObLG, wistra 2001, 194; nur auf den Abschluss abstellend ohne Bezugnahme auf Bezirk oder Finanzamt BGH, Beschl. v. 13.05.2009–1 StR 704/08; BGH, NJW 1981, 1970; BayObLG, wistra 2001, 194.

nen“[907] bzw. „im Wesentlichen“[908] abgeschlossen ist.[909] Die wohl herrschende Meinung geht dabei davon aus, dass der allgemeine Abschluss bei Vorliegen einer 95 %igen Erledigungsquote gegeben ist.[910] In diesem Zeitpunkt werden in der Regel die jährlichen Veranlagungslisten der Veranlagungsbezirke – in denen alle Steuerpflichtigen, für die der Bezirk zuständig ist, mit Steuermerkmalen aufgeführt sind – geschlossen.[911] Die Steuerfälle die zu diesem Zeitpunkt noch nicht erledigt sind, werden in die Veranlagungsliste für das nächste Jahr übertragen.[912]

Ein Teil der Literatur möchte entgegen der herrschenden Ansicht auf den vollständigen Abschluss der Veranlagungsarbeiten abstellen, wobei *Schmitz* und *Wiese* zudem die Zeit der Bekanntgabefiktion gemäß § 122 Abs. 2 AO hinzurechnen.[913] Gegen ein Abstellen auf eine Erledigungsquote spreche, dass auch nach einer 95 %igen Erledigung noch weitere Veranlagungen stattfinden, so dass die rechtzeitige Festsetzung nicht unbedingt immer mit dem “offiziellen“ Abschluss der Veranlagungsarbeiten vereitelt wird.[914] Der Grundsatz „in dubio pro reo“ gebiete es den Vollendungszeitpunkt so weit wie möglich nach hinten zu verschieben, um dem Täter die Möglichkeit des Rücktritts gemäß § 24 StGB längst möglich zu gewähren.[915] Zudem wird argumentiert, dass wenn nicht auf den vollständigen Abschluss abgestellt werde, die Finanzbehörde es in der Hand

907 BGH, NStZ 2002, 265, 266; BGH, Beschl. v. 13.05.2009–1 StR 704/08; *Dietz*, in: Leise/Dietz/Cratz, § 370, Rn. 28; *Dörn*, wistra 1993, 241, 242; *Jäger*, in: Klein, § 370, Rn. 201.

908 BGH, wistra 1999, 385, 386; BGH, NStZ 2002, 437, 438; BGH, HRRS 2011, Nr. 223.

909 *Dietz*, in: Leise/Dietz/Cratz, § 370, Rn. 28; *Dörn*, wistra 1993, 241, 242 f., 248.

910 OLG Hamm, Beschl. v. 02.08 2001–2 Ws 156/01 – Rn. 20; FG Hessen, Urt. v. 16.09.2003–13 K 29/00 – Rn. 43; FG Düsseldorf, Urt. v. 26.05.2010–7 K 298/09 E – Rn. 23; Briel, Olaf G. von/*Ehlscheid*, Steuerstrafrecht, § 1, Rn. 71; Gußen, Peter J. G., Praxiswissen Steuerstrafrecht, Rn. 84; in Hamburg wird der Abschluss der Veranlagungsarbeiten wohl schon ab Erreichen einer 90 %-Grenze angenommen, OLG Hamburg, wistra 1993, 274, 275.

911 Gußen, Peter J. G., Praxiswissen Steuerstrafrecht, Rn. 84.

912 Gußen, Peter J. G., Praxiswissen Steuerstrafrecht, Rn. 84.

913 *Flore*, in: Flore/Tsambikakis, § 370 AO, Rn. 255, 289; *Hellmann*, in: H/H/Sp, § 370 AO, Rn. 150; *Joecks*, in: F/G/J, § 370 AO, Rn. 57; *Schmitz*, in: Hirsch (Hg.) 2003 – Festschrift für Günter Kohlmann, S. 519; *Schmitz/Wulf*, in: MüKo-StGB, § 370 AO, Rn. 97; *Schmitz*, wistra 1993, 248, 250 f. (Fn. 36); *Wiese*, in: Wannemacher, Rn. 516.

914 *Wiese*, in: Wannemacher, Rn. 516.

915 *Wiese*, in: Wannemacher, Rn. 516.

hätte, durch eine spätere Veranlagung eine Vollendung herbeizuführen.[916] Einer Manipulation durch die Finanzbehörde sei Tür und Tor geöffnet.[917]

Zur Begründung für das Hinzurechnen der Bekanntgabefiktion wird angeführt, dass die herrschende Ansicht übersehe, dass der Erfolg erst durch das Unterbleiben der Bekanntgabe des Steuerbescheids eintrete und eben nicht schon durch das Unterbleiben der Veranlagung.[918] Die steuerliche Festsetzung setzt gemäß § 155 Abs. 1 S. 1, 2 AO voraus, dass der Steuerbescheid, als Verwaltungsakt nach § 122 Abs. 1 AO, bekannt gegeben wird. Aus diesem Grunde müsse dem Zeitpunkt des Abschlusses der Veranlagungsarbeiten noch die Zeit der bereits oben erwähnten Bekanntgabefiktion gemäß § 122 Abs. 2 AO hinzugerechnet werden.[919] Hierbei handele es sich um die konsequenteste Durchführung des Grundsatzes „in dubio pro reo".[920]

In einem neueren Beschluss aus dem Jahr 2011 hat der Bundesgerichtshof erwogen, in einfach gelagerten Fällen eine Bearbeitungszeit von fristgerecht eingereichten Steuererklärungen von maximal einem Jahr anzunehmen.[921] Maßgeblich seien zwar die konkreten Gegebenheiten in dem jeweils zuständigen Finanzamt, allerdings dürften auch die steuerlichen Verhältnisse des Steuerpflichtigen nicht außer Acht gelassen werden. Ergeben sich daraus keine Besonderheiten, die für eine längere Bearbeitungszeit sprechen würden, so sei das Gericht nicht gehalten für den Vollendungszeitpunkt auf den letztmöglichen Veranlagungszeitpunkt und somit auf den „offiziellen" Veranlagungsschluss abstellen. Weder der Grundsatz „in dubio pro reo" noch andere Gründe gebieten es bei fehlenden Anhaltspunkten zu Gunsten des Angeklagten vom „offiziellen" Veranlagungsschluss auszugehen.[922]

#### (2) Stellungnahme

Die Erwägung des Bundesgerichtshofs, in einfach gelagerten Fällen pauschal von maximal einem Jahr auszugehen, überzeugt nicht. Zunächst möchte man meinen, dass die Festsetzung der Bearbeitungszeit in einfach gelagerten Fällen auf ein Jahr zu einer Vereinfachung und auch zu einer Vereinheitlichung des Vollendungszeitpunkts führt. Es bleibt aber zu bedenken, dass der Bundesgerichtshof offen

---

916 *Wiese,* in: Wannemacher, Rn. 516.
917 *Schmitz,* wistra 1993, 248, 250.
918 *Schmitz,* wistra 1993, 248, 250; *Wiese,* in: Wannemacher, 516.
919 *Wiese,* in: Wannemacher, Rn. 516.
920 *Schmitz,* wistra 1993, 248, 251; *Wiese,* in: Wannemacher, Rn. 516.
921 BGH, wistra 2012, 484, 485, wobei er sich aber einer Entscheidung hierüber enthalten hat, da er es nicht für entscheidungserheblich hielt.
922 BGH, wistra 2012, 484, 485.

lässt, wann denn von einem solchen einfach gelagerten Fall auszugehen ist.[923] Es fehlen Kriterien damit die Gerichte einen solchen bestimmen können. Zudem hat der Bundesgerichtshof seine Argumentation nicht konsequent zu Ende geführt. Dem Bundesgerichtshof ist zuzustimmen, dass das entscheidende Gericht aufgrund des Grundsatzes „in dubio pro reo“ nicht gezwungen ist von etwas auszugehen, für das es keine konkreten Anhaltpunkte gibt. Allerdings ist es genauso ständige Rechtsprechung, dass wenn der Vollendungszeitpunkt nicht eindeutig bestimmbar ist, der Zweifelssatz greift. Auf diesem Grundsatz beruht auch die Rechtsprechung, die für den Vollendungszeitpunkt beim Unterlassen auf den allgemeinen Veranlagungsschluss abstellt.[924] Lässt sich somit nicht feststellen, wann die Tat vollendet wurde, ist bei der Bestimmung des Vollendungszeitpunkts, zu Gunsten des Täters vom spätestmöglichen Zeitpunkt auszugehen, um dem Täter so lang wie möglich die Möglichkeit des Rücktritts zu gewähren. Anders ist es nur, wenn sich im Rahmen der Beweiswürdigung ein früherer Zeitpunkt zur Überzeugung des Gerichts ergibt. Das Problem, dass sich hieraus an der oben genannten Erwägung des Bundesgerichtshofs ergibt, ist, dass der Bundesgerichtshof pauschal einen früheren Zeitpunkt annehmen will, ohne dass das Gericht diesen individuell ermittelt.[925] Dieses wäre mit dem Grundsatz „in dubio pro reo“ aber nur vereinbar, wenn es als gesichert gilt, dass in einfach gelagerten Fällen eine längere Bearbeitungszeit als ein Jahr nicht zu erwarten ist.[926] Der Bundesgerichtshof hat aber nicht dargelegt, wieso er von einer maximalen Bearbeitungszeit von einem Jahr ausgeht und somit auch nicht, ob diese Annahme auf gesicherten Erkenntnissen beruht.[927] Fraglich ist zudem, ob dies aufgrund der unterschiedlichen Größen der Finanzämter und der unterschiedlichen Veranlagungspraxis überhaupt so generell für alle Finanzämter gesagt werden kann. Des Weiteren ist bei dieser Rechtsprechung auch zu bedenken, dass sich späte Veranlagungen nicht nur aus einer steuerberaterlichen Vertretung, aus Fristverlängerungen oder aus der Komplexität bzw. dem Umfang der Steuererklärungen ergeben, sondern auch einfach auf Organisationsdefiziten bei dem Finanzamt beruhen können.[928] Den späten Veranlagungen liegen somit nicht immer erkennbare „Besonderheiten, die Abweichungen rechtfertigen könnten“[929] zugrunde, wie der Bundesgerichtshof

923 Vgl. auch *Heuel*, AO-StB 2011, 99, 100; *Wulf*, wistra 2012, 485, 486.
924 Vgl. OLG Hamm, Beschl. v. 02.08.2001–2 Ws 156/01 – Rn. 20.
925 Mit den gleichen Bedenken *Wulf*, wistra 2012, 485, 486.
926 Vgl. auch *Schmitz/Wulf*, in: MüKo-StGB, § 370 AO, Rn. 979.
927 So auch *Schmitz/Wulf*, in: MüKo-StGB, § 370 AO, Rn. 979.
928 So auch *Wiese*, in: Wannemacher, Rn. 518.
929 BGH, wistra 2012, 484, 485.

für seinen Ansatz annehmen will. Da der Bundesgerichtshof offen lässt, wann ein einfach gelagerter Fall vorliegt, handelt es sich bei der einjährigen Frist vielmehr um eine für den Täter nachteilige Fiktion, da zumindest der Veranlagungsschluss sich bestimmen lässt.[930] Die Ansicht des Bundesgerichtshof ist damit abzulehnen.

Dem Ansatz, der auf den vollkommenen Abschluss der Veranlagungsarbeiten abstellt, ist zuzugeben, dass er tatsächlich die konsequenteste Durchführung des Grundsatzes „in dubio pro reo" darstellt. Allerdings führt er zu Problemen bei der Rechtssicherheit, da sich dieser Zeitpunkt im Gegensatz zu der 95 %igen Erledigungsquote, wenn überhaupt, nur schwer bestimmen lässt. So gibt es Veranlagungslisten in denen sich der Stand für das jeweilige Jahr und die entsprechende Steuerart für jedes Finanzamt ermitteln lässt.[931] In Niedersachsen ist für die Bereitstellung der elektronischen Übersicht z. B. das Finanzrechenzentrum zuständig. Diese Listen werden aber bei einer Erledigungsquote von 95 % geschlossen und die Fälle die bis dahin noch nicht erledigt sind, werden in die Liste für das nächste Jahr übertragen.[932] Der 100 %ige Abschluss der Veranlagungstätigkeit lässt sich danach kaum noch feststellen. Zudem ist der Veranlagungsschluss aus zeitlicher Sicht völlig ungewiss. Über den Abschluss der Veranlagungstätigkeit im Allgemeinen lässt sich dagegen mit den Veranlagungslisten sogar Urkundsbeweis führen.[933]

Der von *Schmitz* und *Wiese* vorgebrachte Einwand, dass mit Annahme der Erledigungsquote von 95 % der Manipulation seitens der Finanzbehörde Tür und Tor geöffnet sei, überzeugt nicht. Es mag zwar stimmen, dass die Finanzbehörde, indem sie bewusst die Schätzung einzelner Steuerpflichtiger auf den Zeitpunkt nach dem allgemeinen Veranlagungsschluss legt, die Möglichkeit hat, die Vollendung künstlich herbeizuführen. Allerdings kann die Finanzbehörde einzelne Steuerpflichtige auch einfach früher schätzen, als andere, denen sie möglicherweise wohlgesonnen ist, und so die Vollendung schneller herbeiführen. Auch könnte sie, wenn man auf den vollkommenen Abschluss der Veranlagung abstellt, die Vollendung einiger Taten manipulativ verhindern bzw. hinauszögern. In beiden Fällen hat die Finanzbehörde, wenn sie es für nötig erachten würde, Möglichkeiten einige Steuerpflichtige gegenüber anderen zu benachteiligen bzw. zu bevorzugen. Der Einwand von *Schmitz* und *Wiese* spricht somit weder gegen den von der herrschenden Ansicht vertretenen Ansatz noch für ihren Ansatz.

---

930 *Wiese*, in: Wannemacher, Rn. 518.

931 Gußen, Peter J. G., Praxiswissen Steuerstrafrecht, Rn. 84.

932 Gußen, Peter J. G., Praxiswissen Steuerstrafrecht, Rn. 84.

933 Vgl. *Flore*, in: Flore/Tsambikakis, § 370 AO, Rn. 288; Gußen, Peter J. G., Praxiswissen Steuerstrafrecht, Rn. 84.

Weiterhin gegen die Ansicht, die auf den vollkommenen Abschluss der Veranlagungsarbeiten abstellt, spricht, dass danach die Steuerhinterziehung durch Unterlassen, zumindest nach dem vom Bundesgerichtshof angenommenen Zeitpunkt des Verjährungsbeginns[934] – dem ich mich anschließe – im Rahmen der Veranlagungssteuern nicht verjähren könnte. Die Strafverfolgungsverjährung beginnt bei Unterlassungsdelikten im Kernstrafrecht erst in dem Moment in dem die Rechtspflicht zum Handeln entfällt.[935] Der Bundesgerichtshof geht im Rahmen der Steuerhinterziehung von Veranlagungssteuern durch Unterlassen konsequenterweise von dem gleichen Ansatz aus.[936] Die Rechtspflicht zum Handeln ist hier die Steuererklärungspflicht. Diese besteht gemäß § 169 Abs. 2 AO bis zum Eintritt der Festsetzungsverjährung, die gemäß § 171 Abs. 7 AO nicht vor der Strafverfolgungsverjährungsfrist endet. Würde man nun nicht auf den Veranlagungsschluss bei einer 95 %igen Erledigungsquote abstellen, sondern auf den vollkommenen Abschluss, so würde die Steuerhinterziehung wohl in vielen Fällen nicht verjähren können, da ungewiss ist, ob noch ein Bescheid gegen den Steuerpflichtigen ergeht.[937] *Schmitz* erkennt dies selbst und formuliert zutreffend, „beide Verjährungsfristen hingen in einer Endlosschleife aneinander."[938]

Von dem für die Vollendung entscheidenden Veranlagungsschluss ist folglich – in Übereinstimmung mit dem Bundesgerichtshof und Teilen der Literatur – in dem Moment auszugehen, in dem die Veranlagungstätigkeit im zuständigen Veranlagungsbezirk „im Allgemeinen" bzw. „im Wesentlichen" abgeschlossen ist. Dies ist bei Vorliegen einer 95 %igen Erledigungsquote der Fall.

### dd) Zusammenfassung

Die Steuerhinterziehung ist – unabhängig davon, ob der Steuerpflichtige der Finanzbehörde bekannt ist oder nicht – in dem Moment vollendet, in welchem

---

934 BGH, NStZ 2002, 265, 267: „Die für den Beginn der Verfolgungsverjährung maßgebliche Tatbeendigung ist vielmehr erst dann gegeben, wenn ein Steuerbescheid ergangen ist oder wenn feststeht, dass ein solcher Bescheid nicht mehr ergehen wird"; anders für die Verjährung der Erbschaft- und Schenkungsteuer BGH, NJW 2011, 3249, 3253 f., welches allerdings damit begründet wird, dass es dort keinen allgemeinen Veranlagungsschluss gibt; ablehnend z. B. *Schmitz*, wistra 1993, 248, 251 und *Grötsch*, in: Wannemacher, Steuerstrafrecht, 6. Aufl., Rn. 730 ff., die beide für die Verjährung auf einen anderen, früheren Beendigungszeitpunk abstellen und die Verjährung in dem Zeitpunkt beginnen lassen wollen, in welchem der Steuerbescheid frühestens bekannt gegeben worden wäre.

935 BGH, NJW 1980, 406, 408.

936 BGH, NStZ 2002, 265, 267 f.

937 Vgl. BGH, NStZ 2002, 265, 267.

938 *Schmitz*, wistra 1993, 248.

die Veranlagungstätigkeit für den Veranlagungszeitraum im Allgemeinen abgeschlossen ist. Vom Abschluss der Veranlagungstätigkeit ist mit Erreichen einer 95 %igen Erledigungsquote auszugehen.[939] Ergeht vor diesem Zeitpunkt ein Schätzungsbescheid, in dem die Steuer zu niedrig veranlagt wird, ist die Steuerhinterziehung bereits mit der Bekanntgabe des Schätzungsbescheids vollendet. Wurde die Steuer dagegen richtig oder zu hoch veranlagt, so liegt mit der Bekanntgabe ein fehlgeschlagener Versuch vor. Das Ergehen eines Schätzungsbescheids nach Abschluss der Veranlagungsarbeiten ist dagegen für die bereits mit Veranlagungsschluss eingetretene Vollendung bedeutungslos.[940]

### 2. *Gewerbesteuer*

Das Verfahren der Gewerbesteuer unterscheidet sich von dem normalen Verfahren der Veranlagungssteuern insbesondere in zwei Punkten. Zum einen ist gemäß § 10a S. 6 GewStG die Höhe der vortragsfähigen Fehlbeträge gesondert festzustellen. Es handelt sich hierbei um einen Feststellungsbescheid, der als Grundlagenbescheid gemäß § 182 AO für den Gewerbesteuermessbescheid des nächsten Jahres sowie für einen eventuellen Verlustfeststellungsbescheid des Folgejahres bindend ist, sodass sich die oben bereits erläuterte Problematik des Vorliegens eines ungerechtfertigt erlangten Steuervorteils mit Bekanntgabe eines Feststellungsbescheids stellt.[941] Da die festgestellten Verluste aufgrund der Bindungswirkung sozusagen automatisch in den Folgeveranlagungszeiträumen berücksichtigt werden, ist die Erlangung eines ungerechtfertigten Steuervorteils mit der Bekanntgabe des Feststellungsbescheids zu bejahen.[942]

Zum anderen werden auf die Abgabe der Gewerbesteuererklärung hin zwei festsetzende Bescheide in Bezug auf die Gewerbesteuer bekanntgegeben. Gemäß § 14a S. 1 GewStG, § 25 GewStDV[943] muss der Steuerpflichtige eine Erklärung zur Festsetzung des Steuermessbetrags – die Gewerbesteuererklärung – an das zuständige Finanzamt übersenden. Das Finanzamt ermittelt daraus den Gewerbeertrag und ausgehend hiervon den sogenannten Steuermessbetrag. Der Steuermessbetrag wird sodann von dem Finanzamt gemäß § 14 S. 1 GewStG

---

939 Vgl. oben 160 ff.

940 Vgl. oben 157 f.

941 Vgl. allgemein zu den Feststellungsbescheiden 103 ff. und für den Streitstand 106 ff.

942 So auch BGH, HRRS 2011, Nr. 223, Rn. 103; *Kürzinger*, in: Wannemacher, Rn. 361; *Rolletschke*, in: Rolletschke/Kemper, § 370 AO, Rn. 286; a.A. *Schmitz/Wulf*, in: MüKo-StGB, § 370 AO, Rn. 103 ff. Vgl. näher hierzu oben 103 ff. 116 ff.

943 Gewerbesteuer-Durchführungsverordnung, BGBl. 2002 I S. 4180.

im Gewerbesteuermessbescheid[944] festgesetzt. Da der Steuermessbetrag kein Steuerbetrag sondern eine gesondert festgesetzte Besteuerungsgrundlage ist, ist diese Festsetzung keine Steuerfestsetzung und der Gewerbesteuermessbescheid damit auch kein Steuerbescheid gemäß § 157 AO.[945] Der Gewerbesteuermessbescheid ist ein Grundlagenbescheid gemäß § 171 Abs. 10 AO, der für die gemäß § 16 GewStG festzusetzende Gewerbesteuer bindend ist.[946] Als Verwaltungsakt ist er den Beteiligten gemäß § 122 AO bekanntzugeben. Darüber hinaus verpflichtet § 184 Abs. 3 AO die Finanzämter den Inhalt des Gewerbesteuermessbescheids den Gemeinden mitzuteilen, denen die Festsetzung der Gewerbesteuer obliegt. Die Gemeinde setzt sodann gemäß § 16 Abs. 1 GewStG, unter Anwendung des von ihr bestimmten Hebesatzes (Prozentsatzes), den Gewerbesteuerbetrag in dem den Beteiligten bekanntzugebenden Gewerbesteuerbescheid fest.

Fraglich ist nun, wann der Taterfolg der Steuerhinterziehung eintritt. Die Literatur war lange Zeit wohl unstreitig davon ausgegangen, eine vollendete Steuerhinterziehung sei erst im Moment der Bekanntgabe des Gewerbesteuerbescheids in der Form der Steuerverkürzung gegeben.[947] Seit dem Feststellungsbescheidbeschluss des Bundesgerichtshofs[948] wollen nun einige, wegen der Vergleichbarkeit der Situationen und der ebenfalls bindenden Wirkung des Steuermessbescheids, diese Rechtsprechung auf den Gewerbesteuermessbescheid anwenden und einen ungerechtfertigten Steuervorteil bereits in dem Moment der Bekanntgabe des Gewerbesteuermessbescheids annehmen.[949] Dieser Ansicht hat sich das Landgericht Düsseldorf angeschlossen.[950] In dem dortigen Fall hatte der Angeklagte trotz der Erzielung von hohen Provisionseinkünften aus gewerblicher Tätigkeit keine Gewerbesteuererklärung abgegeben, weswegen auch kein Gewerbesteuer-

---

944 Auch wenn der Gewerbesteuermessbescheid zwar kein Steuerbescheid ist, so weist er doch so viel Ähnlichkeit mit einer Steuerfestsetzung auf, dass gemäß § 184 Abs. 1 S. 3 AO die Vorschriften über die Besteuerung sinngemäß anzuwenden sind, vgl. auch *Hofmeister,* in: Blümich, § 14 GewStG, Rn. 8.

945 *Hofmeister,* in: Blümich, § 14 GewStG, Rn. 8.

946 *Hofmeister,* in: Blümich, § 14 GewStG, Rn. 8, 31; vgl. zum Umfang der Bindungswirkung *Gosch,* in: Blümich, § 16 GewStG, Rn. 34 f.

947 Vgl. *Rolletschke,* Steuerstrafrecht, 2. Aufl., Rn. 67; *Seipl,* in: Wannemacher, Steuerstrafrecht, 5. Aufl., Rn. 1162 f.

948 BGH, NStZ-RR 2009, 344 ff.; vgl. hierzu 107 f.

949 *Rolletschke,* Steuerstrafrecht, Rn. 95; *Rolletschke,* in: Rolletschke/Kemper, § 370 AO, Rn. 287 f.; wohl auch einen Steuervorteil bejahend *Seipl,* in: Wannemacher, Steuerstrafrecht, 6. Aufl., Rn. 1043; a. A. *Schmitz/Wulf,* in: MüKo-StGB, § 370 AO, Rn. 103 ff.

950 LG Düsseldorf, NZWiSt 2014, 70, 71.

messbescheid erlassen worden war. Hieraus schloss das Landgericht Düsseldorf, dass der Angeklagte die Finanzbehörden über steuerlich erhebliche Tatsachen in Unkenntnis gelassen hatte und dadurch einen Steuervorteil erlangt habe.

Die zuletzt genannte Ansicht überzeugt. Wie bereits oben beim Feststellungsbescheidbeschluss ausgeführt, führt die bindende Wirkung eines Feststellungsbescheids dazu, dass mit diesem ein ungerechtfertigter Steuervorteil erlangt wird.[951] Die vorliegende Situation ist, worauf die Literatur richtigerweise hinweist, aufgrund der bindenden Wirkung des Gewerbesteuermessbescheids für den Gewerbesteuerbescheid vergleichbar. Es handelt sich bei beiden Bescheiden um Grundlagenbescheide, wobei der Gewerbesteuermessbescheid sogar bereits Festsetzungen enthält. Zudem ist der Steuerpflichtige in diesem Fall, anders als bei den oben besprochenen Feststellungsbescheiden, nicht verpflichtet nach Erlass des Gewerbesteuermessbescheids noch eine weitere Erklärung einzureichen. Damit entfällt ein Argumentationsstrang, der bei dem Streit um das Vorliegen eines Steuervorteils mit Bekanntgabe des Feststellungsbescheids von der Gegenansicht gegen die Annahme eines Steuervorteils angeführt wird.[952] Dadurch, dass die Festsetzungen des Messbescheids ohne weiteren Zwischenschritt des Steuerpflichtigen direkt vom Finanzamt an die Gemeinde weitergegeben werden und die Festsetzungen bindend sind, hat der Steuerpflichtige bereits mit dessen Bekanntgabe einen nicht gerechtfertigten Steuervorteil erlangt.

### *3. Erbschaft- und Schenkungsteuer*

Bei der Erbschaft- und Schenkungsteuer können sich auch für die Vollendung aus dem bereits oben erläuterten zweistufigen Verfahren andere Zeitpunkte ergeben.[953] Da § 370 Abs. 1 Nr. 1, 2 AO vom Wortlaut her nicht auf Steuerklärungen beschränkt ist, ist es möglich, dass ein Verstoß gegen die Anzeigepflicht gemäß § 30 ErbStG zu einer vollendeten Steuerhinterziehung führt.[954]

#### *a) Machen einer unrichtigen oder unvollständigen Anzeige*

Im Bereich des § 370 Abs. 1 Nr. 1 AO stellt sich insofern die Frage, ab welchem Zeitpunkt Vollendung vorliegt, wenn der Anzeigepflichtige eine unrichtige oder unvollständige Anzeige macht. Hatte der Anzeigepflichtige die unrichtigen oder unvollständigen Angaben allein gemacht, um Widersprüche zwischen der An-

951 Vgl. oben 106 ff., 116 f.

952 Vgl. zur Gegenansicht bei den Feststellungsbescheiden 108 ff.

953 Vgl. zum zweistufigen Verfahren 143 ff.

954 Vgl. 144.

zeige und der später einzureichenden Steuererklärung zu vermeiden und nicht um die Abgabe einer Steuererklärung zu verhindern und kommt es zu einer Aufforderung der Finanzbehörde eine Steuererklärung abzugeben, so ist die Steuerhinterziehung erst mit der Bekanntgabe des Steuerbescheids vollendet. Hat der Anzeigepflichtige mit der Anzeige dagegen erreichen wollen, dass die Finanzbehörde keine Steuererklärung einfordert, so ist auf die Entscheidung der Finanzbehörde, keine Steuererklärung einzufordern, abzustellen.[955] Vollendung liegt somit in dem Zeitpunkt vor, in dem die Mitteilung über das Absehen von der Aufforderung gemäß § 31 Abs. 1 ErbStG dem Steuerpflichtigen bekanntgegeben wird oder, wenn eine solche Mitteilung nicht erfolgt, der Zeitpunkt der verwaltungsinternen Entscheidung, in dem der zuständige Sachbearbeiter die Entscheidung trifft, keine Erklärung anzufordern.[956]

### b) *Unterlassen der Anzeige*

Probleme wirft im Rahmen der Erbschaft- und Schenkungsteuer insbesondere das Unterlassen der Anzeige auf. Grund hierfür ist, dass es im Gegensatz zu den anderen Veranlagungssteuern, keinen allgemeinen Veranlagungsschluss gibt.

#### aa) Darstellung der verschiedenen Ansätze

Nach *Seipl* muss der Zeitpunkt der fiktiven Veranlagung grundsätzlich konkret festgestellt werden, weswegen sich eine schematische Bestimmung zunächst verbiete.[957] Sei dieses nicht möglich, so müsse wegen des Grundsatzes „in dubio pro reo“ der letztmögliche Veranlagungszeitpunkt zur Bestimmung der Vollendung angenommen werden. In den Fällen der Erbschaft- und Schenkungsteuer könne der längste Bearbeitungszeitraum einige Jahre in Anspruch nehmen.[958]

*Rolletschke* bezieht in seine Überlegungen noch das der konkreten Behörde eigene Fristverlängerungsverhalten und die Einmonatsfrist gemäß § 31 Abs. 1 S. 2 ErbStG mit ein.[959] Im Unterschied zu *Seipl* geht er von einer fiktiven Bearbeitungsdauer von drei bis sechs Monaten aus. Hierbei stellen allerdings

---

955 *Seipl*, in: Wannemacher, Steuerstrafrecht, 5. Aufl., Rn. 1066.

956 *Eich*, ErbStB 2008, 76, 78; *Hilgers-Klautzsch*, in: Kohlmann, § 370, Rn. 1523; *Rolletschke*, wistra 2001, 287, 288; *Sackreutner*, PStR 2011, 254; *Seipl*, in: Wannemacher, Steuerstrafrecht, 6. Aufl., Rn. 1066. Siehe zur bereits oben abgelehnten Ansicht von *Joecks*, der einen Versuchsbeginn erst mit der Einreichung der Steuererklärung annehmen will und somit auch zu einem späteren Vollendungszeitpunkt kommen würde, 145.

957 *Seipl*, in: Wannemacher, Steuerstrafrecht, 6. Aufl., Rn. 1078.

958 *Seipl*, in: Wannemacher, Steuerstrafrecht, 6. Aufl., Rn. 1078.

959 *Rolletschke*, Steuerstrafrecht, Rn. 157.

nur drei Monate die reine Bearbeitungszeit dar.[960] Die anderen, optionalen drei Monate sind der Zeitraum, der seiner Ansicht nach, bei nicht näher begründeten Fristverlängerungsanträgen gewährt werden würde. Die von *Seipl* angenommene Bearbeitung von einigen Jahren könne nur in den Fällen zutreffen, in denen begründete Fristverlängerungsanträge gestellt und diese auch gewährt werden.[961] Diese nur im Einzelfall vorkommende langjährige Bearbeitungszeit könne aber gerade nicht auf den komplett untätigen Steuerpflichtigen übertragen werden. Für den Vollendungszeitpunkt sind nach *Rolletschke* die Einmonatsfrist, die fiktive Bearbeitungsdauer und die dreimonatige Anzeigefrist zu addieren, so dass die Vollendung typischerweise sieben bis zehn Monate nach Kenntniserlangung seitens des Steuerpflichtigen eintritt.[962]

Auch *Randt* hält es, wegen der fehlenden regelmäßigen Veranlagungsarbeiten, für angemessen einen im Vergleich zu den anderen Veranlagungssteuern bedeutend früheren Tatvollendungszeitpunkt anzunehmen.[963] Erstatte der Anzeigepflichtige keine Anzeige, die die wesentliche Informationsquelle für das Finanzamt sei, so sei die Chance, dass die Finanzbehörde trotzdem von dem Vorfall erfährt, vergleichsweise gering. Er will deswegen mit Ablauf von sechs Monaten nach der Kenntnis des Erklärungspflichtigen von dem Vorfall Vollendung annehmen.[964] Nach diesem Zeitpunkt sei nicht mehr davon auszugehen, dass entweder der Anzeigepflichtige selbst oder ein Dritter dem Finanzamt die notwendigen Informationen verschaffe.[965] Zur Stützung seiner Annahme weist er darauf hin, dass auch bei den anderen Veranlagungssteuern, nach der herrschenden Meinung, für die Annahme der Vollendung keine absolute Gewissheit darüber vorausgesetzt werde, dass keine Veranlagung mehr stattfinde. Es reiche der Abschluss der Veranlagungsarbeiten im Allgemeinen. Der von ihm angenommene Zeitraum sei in Anbetracht der einmonatigen Frist für die Anzeigepflichtigen gemäß § 33 Abs. 1 S. 2 Nr. 1 ErbStG auch angemessen. Auch bei den nach § 34 ErbStG Verpflichteten, bei denen keine explizite Frist festgelegt ist, sondern nur eine unverzügliche Anzeige verlangt wird, sei eine solche nach

960 *Rolletschke*, wistra 2001, 287, 289.

961 *Rolletschke*, wistra 2001, 287, 289; *Seipl*, in: Wannemacher, Steuerstrafrecht, 6. Aufl., Rn. 1078 (Fn. 3), erwidert, *Rolletschke* zweifele zu Unrecht an der langen Bearbeitungszeit in der Praxis.

962 *Rolletschke*, Steuerstrafrecht, Rn. 157; im Ergebnis wohl auch, *Hilgers-Klautzsch*, in: Kohlmann, § 370, Rn. 1525.

963 *Randt*, Der Steuerfahndungsfall, D Rn. 265.

964 *Randt*, Der Steuerfahndungsfall, D Rn. 251, 264 f.

965 *Randt*, Der Steuerfahndungsfall, D Rn. 265.

den sechs Monaten nicht mehr zu erwarten.[966] Woraus sich der Zeitraum von sechs Monaten zusammensetzt, definiert er nicht. In jedem Fall scheint aber die dreimonatige Anzeigefrist enthalten zu sein.

Der Bundesgerichtshof hat sich in einer Entscheidung aus dem Jahre 2011 mit der Verjährung und der Beendigung, aber nicht explizit mit der Vollendung der Steuerhinterziehung bei der Schenkungsteuer auseinandergesetzt. Unter Bezugnahme auf die Regelungen in § 31 Abs. 1, 7 ErbStG ist er von einem fiktiven Bearbeitungszeitraum von einem Monat ausgegangen.[967] Innerhalb dieses Zeitraums könne das Finanzamt gemäß § 31 Abs. 1, 7 ErbStG vom Steuerpflichtigen die Abgabe der Steuererklärung verlangen. Zu diesem Monat hat der Bundesgerichtshof noch die dreimonatige Anzeigefrist gemäß § 30 Abs. 1 ErbStG addiert. Die Beendigung trete danach vier Monate nach der Kenntniserlangung ein. Fraglich ist, ob der Bundesgerichtshof sich mit diesem Zeitpunkt nicht nur für den Verjährungsbeginn, sondern auch für den die Abgrenzung von Versuch und Vollendung entscheidenden Zeitpunkt festlegen wollte. Es wird teilweise vertreten, dass der Zeitpunkt des Taterfolgs wegen des Grundsatzes „in dubio pro reo“ unterschiedlich ausfallen könne, wenn es sich um einen hypothetischen Zeitpunkt handele.[968] Für den Verjährungsbeginn sei dann auf den Zeitpunkt der frühestmöglichen Veranlagung und für die Abgrenzung des Versuchs von der Vollendung auf den spätestmöglichen Veranlagungszeitpunkt abzustellen. Diese Vorverlegung des Beendigungszeitpunkts allein für den Fall der Verjährung hatte der Bundesgerichtshof in einer früheren Entscheidung zur Vermögenssteuer (Veranlagungssteuer) ausdrücklich abgelehnt.[969] In der vorliegenden Entscheidung weist der Bundesgerichtshof allerdings daraufhin, dass es für den Verjährungsbeginn – wegen des fehlenden allgemeinen Veranlagungsschlusses bei den Schenkung- und Erbschaftsteuern – maßgeblich sei, wann die Veranlagung frühestens bekanntgegeben worden wäre. Dies spricht dafür, dass der Bundesgerichtshof, anders als bei den anderen Veranlagungssteuern, bei der Schenkung- und Erbschaftsteuer einen vom Beendigungszeitpunkt abweichenden, späteren Vollendungszeitpunkt annehmen möchte, um dem dort ebenfalls geltenden „in dubio pro reo“-Grundsatz gerecht werden zu können. Eindeutig lässt sich dies der Entscheidung allerdings nicht entnehmen.

---

966 *Randt*, Der Steuerfahndungsfall, D Rn. 265.

967 BGH, NJW 2011, 3249, 3253 f.

968 So insbesondere *Schmitz,* in: Hirsch (Hg.) 2003 – Festschrift für Günter Kohlmann, S. 525; OLG Hamm, Beschl. v. 02.08.2001–2 Ws 156/01 – Rn. 21 f.

969 BGH, NStZ 2002, 265, 267.

*Sackreuther* hat sich der soeben genannten Rechtsprechung des Bundesgerichtshofs angeschlossen.[970] Die Möglichkeit der Selbstanzeige lasse die Annahme des frühen Vollendungszeitpunkts zugunsten eines frühen, tätergünstigen Verjährungsbeginns vertretbar erscheinen.

### bb) Stellungnahme

Grundsätzlich sollten Erkundigungen zur voraussichtlichen Veranlagung der Steuer bei rechtzeitiger Anzeige eingeholt werden. Lässt sich der Zeitpunkt aber nicht bestimmen, muss der Zeitpunkt hypothetisch festgelegt werden. Die dreimonatige Anzeigefrist muss in jedem Fall in die Berechnung mit einbezogen werden, da der Steuerpflichtige erst mit dem Ablauf dieser Frist in den strafrechtlich relevanten Bereich tritt. Zudem sollte die einmonatige Frist des § 31 Abs. 1 S. 2 ErbStG hinzugerechnet werden. Dies ist der minimale Zeitraum, den das Finanzamt dem Steuerpflichtigen zur Abgabe der Erklärung geben muss und vor dem die Behörde somit auch nicht mit der Bearbeitung anfangen kann.

Fraglich ist noch, wie lang die Bearbeitungsdauer anzusetzen ist. Der Bundesgerichtshof differenziert in seiner Entscheidung nicht zwischen der Anforderungsfrist gemäß § 31 Abs. 1 S. 2 ErbStG und der Bearbeitungsdauer. Er geht in seiner zur Beendigung ergangenen Entscheidung davon aus, dass die Bearbeitungsdauer wegen § 31 Abs. 1 S. 2 ErbStG genau einen Monat betrage, da das Finanzamt in dieser Zeit die Abgabe einer Steuererklärung verlangen könne. Diese Ansicht ist für die vorliegende Abgrenzung zwischen Vollendung und Versuch abzulehnen. Da es sich bei der Veranlagung um einen hypothetisch festgelegten Zeitpunkt handelt und somit Zweifel über den richtigen Zeitpunkt bestehen, muss zugunsten des Täters der Grundsatz „in dubio pro reo“ angewendet werden. Danach kommt als Vollendungszeitpunkt nur der letztmögliche Veranlagungstag in Betracht. Um dem gerecht zu werden, ist aber über die einmonatige Anforderungsfrist der Finanzbehörde hinaus auch ein Zeitraum für die Bearbeitung der Steuererklärung durch die Finanzbehörde zu berücksichtigen. Der Bundesgerichtshof hat selbst dargelegt, dass er zugunsten eines frühen Verjährungszeitpunkts auf den frühestmöglichen Veranlagungszeitpunkt abstellt. Das widerspricht bei der Festlegung des Vollendungszeitpunkts im Rahmen der Abgrenzung dem Grundsatz „in dubio pro reo“ und ist abzulehnen, auch wenn es gegebenenfalls dazu führt, dass es zwei abweichende Zeitpunkte bei der Verjährung und bei der hier gesuchten Vollendung gibt.

---

970 *Sackreuther*, PStR 2011, 254.

*Seipls* Ansicht, dass die Veranlagung der Schenkung- oder Erbschaftsteuer durchaus mehrere Jahre dauern kann, ist zum einen sehr unpräzise und zum anderen wohl auch zu lang angesetzt. Aus Gründen der Rechtssicherheit, aber auch der Vereinfachung bietet es sich bei der hypothetischen Bestimmung an, den Zeitraum für den Vollendungszeitpunkt so weit wie möglich einzuschränken. Wie bereits *Randt* mit zutreffender Begründung dargelegt hat, ist bereits sechs Monate nach dem Erwerb nicht mehr mit einer Anzeige seitens der gemäß §§ 33, 34 ErbStG Anzeigepflichtigen zu rechnen, so dass ab diesem Zeitpunkt nicht mehr davon auszugehen ist, dass das Finanzamt von dem Vorfall erfährt und eine Veranlagung vornimmt. Da die Bearbeitungszeit in den verschiedenen Finanzämtern aber variiert, erscheint es gerade auch im Hinblick auf den Grundsatz „in dubio pro reo" richtig mit *Rolletschke* einen Bearbeitungszeitraum von drei bis sechs Monaten anzunehmen, um noch eine gewisse Flexibilität bei der Bestimmung des Vollendungszeitpunkts zu gewähren. Innerhalb dieses Zeitraums sollte das Finanzamt Schenkung- oder Erbschaftsteuerfälle, solange es sich nicht um Ausnahmefälle handelt, bearbeitet haben. Addiert man nun die Bearbeitungsdauer mit der dreimonatigen Anzeigefrist und der Einmonatsfrist aus § 31 Abs. 1 S. 2 ErbStG, so ist von einer Vollendung sieben bis zehn Monate nach Kenntniserlangung von dem steuerrechtlich relevanten Erwerb auszugehen. Die Annahme der Vollendung zu diesem Zeitpunkt ist angemessen, da auch in den Fällen des normalen Veranlagungsverfahrens mit der Annahme des Vollendungszeitpunkts bei Vorliegen des allgemeinen Veranlagungsschlusses eine spätere Veranlagung nicht ausgeschlossen werden kann.[971]

### c) *Unterlassen der Erklärung*

Da es keinen allgemeinen Veranlagungsschluss gibt ist, ist für die Vollendung auf den Zeitpunkt der fiktiven Festsetzung abzustellen und davon auszugehen, dass unter den gleichzeitig angeforderten Steuerklärungen die des Täters als letzte bekanntgegeben worden wäre.[972] Für die Festlegung des Vollendungszeitpunkts ist demnach die fiktive Bearbeitungsdauer ab dem in der Aufforderungserklärung genannten Abgabetermin für die Steuererklärung entscheidend. Abzustellen ist hierbei auf das konkrete Fristverlängerungsverhalten der zuständigen Finanzbehörde.[973] Grundsätzlich kann aber wohl mit Teilen der Literatur davon aus-

971 Vgl. *Randt*, Der Steuerfahndungsfall, D Rn. 265.

972 *Rolletschke*, wistra 2001, 287, 289; *Seipl*, in: Wannemacher, Steuerstrafrecht, 5. Aufl., Rn. 1069.

973 *Hilgers-Klautzsch*, in: Kohlmann, § 370, Rn. 1522.1; *Rolletschke*, wistra 2001, 287, 289.

gegangen werden, dass der durchschnittliche Bearbeitungszeitraum, wie bei der Fallkonstellation des Unterlassens der Anzeige, zwischen drei und sechs Monaten liegt.[974] In dieser Zeit sollte das Finanzamt bei „normalen" Schenkungen oder Erbschaften die Steuererklärungen bearbeitet haben, so dass in diesen Fällen spätestens mit dem Ablauf von sechs Monaten ab dem in der Aufforderungserklärung genannten Abgabetermin Vollendung eintritt.

### 4. *Tabaksteuer*

Die Bestimmung des Vollendungszeitpunkts durch Unterlassen bei der Tabaksteuer als Veranlagungssteuer wird anhand des Tatbestands der Verbringung gemäß § 23 Abs. 1 TabStG beispielhaft dargestellt.[975]

Die Rechtsprechung und Teile der Literatur gehen davon aus, dass die Tabaksteuerhinterziehung in der Unterlassungsalternative zu dem Zeitpunkt vollendet ist, in dem die Anmeldung nicht mehr unverzüglich erfolgen kann.[976] Andere präzisieren diese Ansicht, indem sie die Vollendung in dem Moment annehmen wollen, in dem der Steuerpflichtige an dem nächstgelegenen, annahmebereiten Zollamt vorbeifährt bzw. von dem direkten Weg abweicht.[977]

Dieser Ansicht ist aber nicht in jedem Falle zuzustimmen, da sie einen möglichen Veranlagungszeitraum außer Acht lässt. Wie bereits oben festgestellt wurde, ist bei den Veranlagungssteuern im Falle des Unterlassens grundsätzlich auf den Zeitpunkt abzustellen, in dem der unterlassende Steuerpflichtige, hätte er die Steuererklärung abgegeben, spätestens veranlagt worden wäre. Es mag sein, dass allein schon wegen der Anordnung der sofortigen Fälligkeit der Steuer bei Grenzübertritt, diese in den überwiegenden Fällen direkt nach Abgabe der Steuererklärung vom zuständigen Zollamt festgesetzt worden wäre.[978] Es mag aber auch Fälle geben, in denen das Zollamt überlastet ist und die Steuer erst Tage oder Wochen später veranlagen kann.[979] Die generelle Annahme der Vollendung mit Vorbeifahren am Zollamt bzw. dem Abweichen vom direkten Wege ist somit zu undifferenziert. Um dem Grundsatz „in dubio pro reo" gerecht zu werden, ist zur Bestimmung des Vollendungszeitpunkts vielmehr immer auf das Veranlagungs-

974 *Rolletschke*, Steuerstrafrecht, Rn. 157.

975 Zum Entstehungszeitpunkt und näheren Erläuterung der Tabaksteuer siehe oben 147 f.

976 BGH, NJW 2007, 1294, 1297; BGH, NStZ 2007, 592, 594; BGH, NStZ 2008, 409, 411; BGH, NStZ 2009, 159; *Jäger*, in: Klein, § 370, Rn. 392; *Jäger*, in: Joecks/Jäger/Randt, § 370 AO, Rn. 386.

977 *Schmitz/Wulf*, in: MüKo-StGB, § 370 AO, Rn. 443.

978 Hiervon wohl ausgehend *Ransiek*, in: Kohlmann, § 370, Rn. 718.

979 *Weidemann*, ZfZ 2008, 97, 100.

verhalten des konkreten Zollamts und den dort typischen Veranlagungszeitraum abzustellen.[980] Bis zu dem danach bestimmten hypothetischen Veranlagungszeitraum und der danach zu bestimmenden hypothetischen Bekanntgabe der Steuerfestsetzung bei rechtzeitiger Abgabe der Steuererklärung befindet sich die Tat noch im Versuchsstadium.[981]

Genauso verhält es sich, wenn der Steuerpflichtige die Grenze bei einer Zollabfertigungsstelle überquert und sich dort abfertigen lässt, ohne die Tabaksteuererklärung abzugeben. Auch hier ist für den Vollendungszeitpunkt auf das Veranlagungsverhalten des Zollamts abzustellen. Wenn z. B. typischerweise sofort veranlagt wird, dann ist die Tat auch direkt mit Verlassen der Zollabfertigungsstelle vollendet.

## C. Anmeldungssteuern

Den Anmeldungssteuern liegt, wie bereits oben gesagt, ein anderes Verfahren zugrunde als den Veranlagungssteuern.[982] Der wichtigste Unterschied ist, dass es grundsätzlich keinen Veranlagungszeitraum gibt, sondern die Steueranmeldungen in den Fällen des § 168 S. 1 AO schon mit Eingang bei der Finanzbehörde und in den Fällen des § 168 S. 2 AO erst mit Zustimmung der Finanzbehörde als Steuerfestsetzung unter Vorbehalt der Nachprüfung gelten.

### I. Abgrenzung Versuch und Vorbereitung

#### 1. Grundsatz

##### a) Handlungsalternative (§ 370 Abs. 1 Nr. 1 AO)

Bei der Handlungsvariante ist bezüglich des Versuchsbeginns zwischen der Steueranmeldung gemäß § 168 S. 1 AO und der gemäß § 168 S. 2 AO zu differenzieren.

##### aa) § 168 S. 2 AO

Führt die Steueranmeldung[983] gemäß § 168 S. 2 AO zu einer Herabsetzung der bisher zu entrichtenden Steuer oder zu einer Steuervergütung, entfaltet sich um

980 So wohl auch *Weidemann*, ZfZ 2008, 97, 100.

981 BGH, wistra 2014, 486, wonach maßgeblich ist, wann bei rechtzeitiger Abgabe der Steuererklärung mit der Bekanntgabe der Steuerfestsetzung zu rechnen gewesen wäre.

982 Vgl. zum Verfahren der Anmeldungssteuern 37 ff.

983 Im Folgenden wird aus Vereinfachungsgründen nicht von Steuer(vor)anmeldung, sondern nur noch von Steueranmeldung gesprochen. Steuervoranmeldungen werden von diesem Begriff erfasst

den Versuchszeitpunkt der gleiche Streit, der sich auch bei der Handlungsalternative bei den Veranlagungssteuern ergibt.[984] Da die Steueranmeldung erst mit der Bekanntgabe der Zustimmung durch die Finanzbehörde eine Steuerfestsetzung unter Vorbehalt der Nachprüfung darstellt – die in § 370 Abs. 4 S. 1 Hs. 2 AO der Steuerfestsetzung gleichgesetzt wird – kann ein Zeitraum bis zu sechs Monaten und länger zwischen der Abgabe der Steueranmeldung und der Steuerfestsetzung liegen.[985] Es stellt sich somit auch hier die Frage, ob von einem Versuch bereits in dem Moment ausgegangen werden kann, in dem der Steuerpflichtige die Steuererklärung wissentlich und willentlich, z. B. durch Aufgabe zur Post, aus seinem Machtbereich entlässt oder ob der Versuch erst später, frühestens mit Eingang der Steueranmeldung bei der Finanzbehörde, beginnen kann.[986] Gegen die Annahme des früheren Versuchszeitpunkts könnte der mögliche lange Zeitraum zwischen der Tathandlung und dem Taterfolg – der mit Zustimmung der Finanzbehörde eintritt – sprechen.[987] Eine unmittelbare Gefahr für das geschützte Rechtsgut könnte somit erst angenommen werden, wenn die Steuerfestsetzung oder die Gewährung des Steuervorteils kurz bevorstehen.[988] Wie auch bei den Veranlagungssteuern, steht dieser Annahme aber entgegen, dass der Steuerpflichtige sich bereits mit der Abgabe der Steueranmeldung seines Einflusses auf ebendiese begeben hat und sicher weiß, dass sie von der Finanzbehörde bearbeitet werden wird.[989] Diese Konstellation ähnelt der der Distanzdelikte, bei welchen ein Versuchsbeginn auch bereits mit dem Abschluss der Tathandlung angenommen wird.[990] Zudem liegen zwischen der Abgabe der Steueranmeldung und deren Be-

984 Vgl. zur näheren Darstellung der Ansätze und zu ihrer Argumentation oben 126 ff.

985 BFH, DStR 1996, 747; *Cöster*, in: Koenig-AO, § 168, Rn. 18. Da das Gesetz keine Frist für die Zustimmung vorsieht, orientieren sich Rechtsprechung und Literatur an der Sechsmonatsfrist gemäß § 46 Abs. 1 FGO, vgl. hierzu und zu § 168 S. 2 AO oben 37 ff.

986 Vgl. oben 126 ff.

987 *Ransiek*, in: Kohlmann, § 370, Rn. 702 i.V.m. Rn. 701, 705 ff.; unklar bei *Joecks*, in: F/G/J, § 370 AO, Rn. 541: „Weiß der Täter, dass zwischen der fristgemäßen Abgabe der Erklärung zum 31. 5. des Jahres und seiner Veranlagung regelmäßig mehr als sechs Monate liegen, wirkt es gekünstelt, einen Versuchsbeginn bereits mit dem 1. 6. des Jahres anzunehmen." In dem vorliegenden Fall würde es aber grundsätzlich nicht mehr als 6 Monate bis zur Steuerfestsetzung unter Vorbehalt der Nachprüfung dauern. Es bleibt somit unklar, wann er in diesen Fällen von einem Versuchsbeginn ausgeht.

988 *Ransiek*, in: Kohlmann, § 370, Rn. 702 i.V.m. Rn. 707. Vgl. näher zu *Ransieks* Ansicht zum Versuchsbeginn bei den Veranlagungssteuern 127 f.

989 Vgl. oben ausführlich 128 f.

990 Vgl. zum Versuchsbeginn bei Distanzdelikten *Rengier*, Strafrecht, Allgemeiner Teil, § 34, Rn. 45 ff.

arbeitung keine wesentlichen Zwischenschritte mehr, so dass das Rechtsgut der Steuerhinterziehung auch bereits mit der Abgabe der Steueranmeldung konkret gefährdet ist.[991]

### bb) § 168 S. 1 AO

Steht die Steueranmeldung gemäß § 168 S. 1 AO bereits mit Eingang bei der Finanzbehörde einer Steuerfestsetzung unter Vorbehalt der Nachprüfung gleich, so beginnt der Versuch der Steuerhinterziehung in dem Moment, in dem der Steuerpflichtige die Steueranmeldung auf den Weg zur Finanzbehörde bringt bzw. dort abgibt.[992] In der Literatur wird dies insbesondere unter Rückgriff auf die Kombinationstheorie begründet, teilweise aber auch gar nicht.[993] Richtigerweise hat der Täter den Kausalverlauf in diesem Moment aus der Hand gegeben. Da eine Steuererklärung gemäß § 168 S. 1 AO, sobald sie bei der Finanzbehörde eingeht, als Steuerfestsetzung unter Vorbehalt der Nachprüfung gilt,[994] ist das geschützte Rechtsgut aus Tätersicht auch bereits konkret gefährdet. Der soeben im Zusammenhang mit § 168 S. 2 AO angesprochene Ansatz den Versuchsbeginn wegen des Gefährdungsgedankens frühestens mit Eingang der Steueranmeldung bei der Finanzbehörde anzunehmen, greift bei einer Steueranmeldung gemäß § 168 S. 1 AO nicht. Der Taterfolg tritt, wegen der Gleichstellung der Steuerfestsetzung unter Vorbehalt der Nachprüfung mit der Steuerfestsetzung in § 370 Abs. 4 S. 1 Hs. 2 AO zeitnah zur Tathandlung ein. Der lange Zeitraum bis zur Festsetzung ist bei den Anmeldungssteuern in dieser Fallkonstellation nicht gegeben.

### *b) Unterlassungsalternative (§ 370 Abs. 1 Nr. 2 AO)*

Unterlässt es der Steuerpflichtige die Steueranmeldung abzugeben so wollen Teile der Literatur einen Versuch in dem Zeitpunkt annehmen, in dem der Steuerpflichtige die letzte Frist zur Abgabe der Steueranmeldung verstreichen lässt.[995] Ein früherer Zeitpunkt scheidet nach diesem Ansatz aus, da der Steuerpflichtige

---

991 BGH, NStZ 2004, 580, 581; in der Literatur z. B. *Rolletschke*, Steuerstrafrecht, Rn. 127; *Wiese*, in: Wannemacher, Rn. 506.

992 Vgl. z. B. *Ransiek*, in: Kohlmann, § 370, Rn. 702; *Rolletschke*, Steuerstrafrecht, Rn. 131; *Schmitz/Wulf*, in: MüKo-StGB, § 370 AO, Rn. 428 f. m.w.N.

993 *Ransiek/Schauf*, in: Kohlmann, § 370, Rn. 700 ff.; *Schmitz/Wulf*, in: MüKo-StGB, § 370 AO, Rn. 426 ff.; keine Begründung nennend z. B. *Rolletschke*, Steuerstrafrecht, Rn. 131.

994 Nr. 1 S. 1 AEAO zu § 168AO; vgl. auch oben 37 ff.

995 Gußen, Peter J. G., Praxiswissen Steuerstrafrecht, Rn. 152; *Wiese*, in: Wannemacher, Rn. 511. Eine Auseinandersetzung mit den Kriterien der Abgrenzungstheorien erfolgt nicht.

die Frist rechtmäßig bis zum Ende ausreizen darf. Bis zum Fristablauf sei das Unterlassen grundsätzlich pflichtgemäß und dürfe daher keine Strafbarkeit, auch nicht wegen Versuchs, begründen.[996]

Wie bei den Veranlagungssteuern könnte allerdings auch hier gegen das Abstellen auf die Abgabefristen eingewendet werden, dass für den Fall der Abgabe einer Steueranmeldung zwischen dem Ablauf der Abgabefrist und der Steuerfestsetzung noch ein erheblicher Zeitraum liegen kann.[997] Das ist zumindest bei Steueranmeldungen gemäß § 168 S. 2 AO möglich, da es bei diesen erst mit Zustimmung der Finanzbehörde – die möglicherweise erst sechs Monate oder später nach Eingang der Steueranmeldung erteilt wird – zu einer Steuerfestsetzung unter Vorbehalt der Nachprüfung kommt.[998] Unter Berücksichtigung des Grundsatzes „in dubio pro reo" könnte man aus diesem Grund beim Unterlassen im Moment des Ablaufs der Abgabefrist an dem Vorliegen einer unmittelbaren Gefährdung für das geschützte Rechtsgut zweifeln und einen Versuchsbeginn dementsprechend erst in dem Zeitpunkt annehmen, in dem eine fiktive Zustimmung kurz bevorstehen würde. Dies erscheint allerdings – wie bereits für die Veranlagungssteuern festgestellt wurde – insofern nicht überzeugend, als dass der Gesetzgeber mit der Normierung von Fristen den Zeitpunkt des Gebotenseins der Abgabe von Steueranmeldungen ausdrücklich festgelegt hat.[999] Ab diesem Zeitpunkt sind Schätzungen möglich, so dass der Steuerpflichtige ab diesem Zeitpunkt auch keine sichere Erfolgsabwendungschance mehr hat.[1000] Da der Steuerpflichtige gemäß seiner Vorstellung mit dem Unterlassen bis zum Ablauf der Frist alles seinerseits Notwendige zur Tatbestandserfüllung getan hat, ist das Rechtsgut damit bereits konkret gefährdet.

### 2. *Umsatzsteuer*

Die Umsatzsteuer weist in Bezug zu den anderen Anmeldungssteuern eine Besonderheit auf. Die jährlichen, gleichlautenden Erlasse der obersten Finanzbehörden über Steuererklärungsfristen, die oben bereits erläutert wurden, erfassen als ein-

---

996 *Ransiek,* in: Kohlmann, § 370, Rn. 719.

997 *Flore,* in: Flore/Tsambikakis, § 370 AO, Rn. 523 f.; *Hellmann,* in: H/H/Sp, § 370 AO, Rn. 340; *Joecks,* in: F/G/J, § 370 AO, Rn. 543 ff. Vgl. hierzu auch oben 135 f. Ob dieser Ansatz ebenfalls für die Steueranmeldungen gelten soll, bleibt, wegen des Abstellens auf den allgemeinen Veranlagungsschluss und des fehlenden klaren Bezugs zur Veranlagungs- oder Anmeldungssteuer, offen.

998 Vgl. zum Verfahren bei den Anmeldungssteuern 37 ff.

999 Zur näheren Argumentation vgl. oben 140 f.

1000 Vgl. *Ceffinato,* wistra 2014, 88, 90.

zige Anmeldungssteuer auch die Umsatzsteuer.[1001] Dies bedeutet, dass die Anmeldungen im Einklang mit § 149 Abs. 2 S. 1 AO bis zum 31. Mai des Folgejahres abgegeben werden müssen.[1002] Zudem sehen die Erlasse für Steuererklärungen, die durch einen Angehörigen der steuerberatenden Berufe i.S.v. §§ 3, 4 StBerG angefertigt werden, eine allgemeine Fristverlängerung bis zum 31. Dezember des Folgejahres vor.[1003] Es stellt sich somit, wie bei den ebenfalls von den Erlassen erfassten Veranlagungssteuern der Gewerbe-, Körperschafts- und Einkommensteuer die Frage, wann der Versuch in der Unterlassungsalternative beginnt.

Wie bereits erläutert, wird davon ausgegangen, dass beim Unterlassen bei Anmeldungssteuern der Versuch grundsätzlich mit dem Ablauf der Abgabefrist beginnt.[1004] Wie bei den Veranlagungssteuern ist fraglich, auf welche Frist für den Versuchsbeginn abgestellt werden soll, so dass hierzu auf den oben bereits bei den Veranlagungssteuern dargestellten Streitstand Bezug genommen werden kann.[1005] Danach ist auch im Rahmen der Umsatzsteuer davon auszugehen, dass es sich bei der allgemeinen Verlängerungsfrist bis zum 31. Dezember des Folgejahres nicht um eine Frist handelt, die für jedermann gilt. Wurde kein Angehöriger der steuerberatenden Berufe vor Ablauf des 31. Mai des Folgejahres mandatiert, so kann sich der Steuerpflichtige nicht auf diese Fristverlängerung berufen und es kommt für den Versuchsbeginn auf den Ablauf des 31. Mai des Folgejahres an. Wurde dagegen ein Steuerberater rechtzeitig mandatiert, so beginnt der Versuch erst mit Ablauf des 31. Dezember des Folgejahres. Wird das Mandat vor Ablauf der Abgabefrist gekündigt, und kommt es zu keinem Widerruf der Fristverlängerung seitens der Finanzbehörde, so bleibt die für den Versuchsbeginn entscheidende Frist weiterhin der 31. Dezember des Folgejahres. Fordert die Finanzbehörde dagegen unter Fristsetzung eine frühere Abgabe der Steueranmeldung, so ist diese Frist für den Versuchsbeginn entscheidend.[1006]

1001 Vgl. z. B. für Steuererklärungen für das Kalenderjahr 2014 den Erlass vom 01.02.2014 (BStBl. I S. 64); näheres zu den jährlich ergehenden gleichlautenden Erlassen der obersten Finanzbehörden siehe oben auf 132.

1002 Für Steuerpflichtige, die den Gewinn aus Land- und Forstwirtschaft nach einem vom Kalenderjahr abweichenden Wirtschaftsjahr ermitteln, nicht vor Ablauf des fünften Monats, der auf den Schluss des jeweiligen Wirtschaftsjahres folgt.

1003 Für Steuerpflichtige, die den Gewinn aus Land- und Forstwirtschaft nach einem vom Kalenderjahr abweichenden Wirtschaftsjahr ermitteln, tritt an die Stelle des 31. Dezember 2013 der 31. Mai 2014.

1004 Vgl. 175 f.

1005 Vgl. zum Streitstand und zur Stellungnahme 135 ff.

1006 Vgl. zu dem ganzen und zur Begründung dieser Ansicht noch einmal 140 ff.

### *3. Mineralölsteuer*

Die Mineralölsteuer gehört zu den Verbrauchsteuern.[1007] Durch das Energiesteuergesetz vom 15. Juli 2006[1008] ist das Energiesteuerrecht und damit auch das Mineralölsteuerrecht mit Wirkung zum 1. August 2006 neu gestaltet worden. Das Mineralölsteuergesetz wurde durch das neue Energiesteuergesetz ersetzt. Wie früher gilt aber auch nach der heutigen Gesetzesfassung gemäß § 2 Abs. 3 EnergieStG[1009] für ordnungsgemäß gekennzeichnetes Heizöl im freien Verkehr ein ermäßigter Steuersatz, wenn es zu gesetzlich bestimmten Zwecken verwendet oder zu diesen Zwecken abgegeben wird. Wer es zu anderen Zwecken, z. B. entgegen § 46 Abs. 1 S. 1 EnergieStV als Dieselkraftstoff verwendet, hat gemäß § 21 Abs. 2 S. 4 EnergieStG unverzüglich eine Steueranmeldung abzugeben.[1010] Kommt der Steuerpflichtige dieser Verpflichtung nicht nach, so macht er sich gemäß § 370 Abs. 1 Nr. 2 AO der Steuerhinterziehung durch Unterlassen im Sinne einer Steuerverkürzung strafbar.[1011] Bei Anmeldungssteuern ist das Unterlassen grundsätzlich bis zum Verstreichenlassen des gesetzlich bestimmten Zeitpunkts pflichtgemäß. Einen in zeitlicher Hinsicht genau bestimmten Abgabetermin sieht das Gesetz im Bereich der Mineralölsteuer allerdings nicht vor, sondern es spricht nur von einer unverzüglichen Anmeldung. Der Versuch muss danach grundsätzlich in dem Moment beginnen, in dem die Anmeldung nicht mehr unverzüglich erfolgen kann. Fraglich ist aber, wann eine Anmeldung nicht mehr unverzüglich ist.

Das Oberlandesgericht Karlsruhe hat in einem Urteil einen sehr frühen Zeitpunkt des Versuchsbeginns angenommen.[1012] In dem von ihm entschiedenen Fall sollte ein Unternehmen im Auftrag eines Beschuldigten wöchentlich Heizöl auf eigene Rechnung kaufen.[1013] Es sollte dann das Heizöl buchmäßig an eine Scheinfirma liefern. Der Beschuldigte hatte zur Deckung des Scheingeschäfts einen gefälschten, angeblich auf die Scheinfirma ausgestellten, Erlaubnisschein des Hauptzollamts an die Inhaber des Unternehmens übergeben. In Wirklichkeit sollte das Heizöl als Dieselkraftstoff an ein drittes Unternehmen verkauft und

---

1007 Vgl. zum Begriff derVerbrauchsteuer 147.

1008 BGBl. I 2006, 1534.

1009 Früher enthielt § 8 Abs. 2 MinöStG eine vergleichbare Regelung.

1010 *Jäger*, in: Joecks/Jäger/Randt, § 370 AO, Rn. 426; früher musste eine Anzeige gemacht werden.

1011 *Jäger*, in: Joecks/Jäger/Randt, § 370 AO, Rn. 426.

1012 OLG Karlsruhe, JR 1973, 425, 426.

1013 OLG Karlsruhe, JR 1973, 425.

geliefert werden. Die Abnahme war durch dessen Prokuristen bereits zugesagt worden und auch das Angebot seitens des ersten Unternehmens lag dem dritten Unternehmen vor.[1014] Zudem waren schon ein Lieferschein an die Scheinfirma und eine gleichartige Rechnung über den Fuhrlohn vorbereitet sowie ein Spediteur mit der geplanten Lieferung beauftragt worden.[1015] Das Oberlandesgericht hatte einen Versuch der Mineralölsteuerhinterziehung bejaht.[1016] Bei der Begründung dieser Ansicht hat es sich größtenteils kriminalpolitischer Aspekte bedient und an fiskalischen Interessen orientiert, aber auch mit dem Gefährdungskriterium der Gefährdungstheorie argumentiert.[1017] Es legt dar, dass die Wirtschaftsstraftaten in den letzten Jahren zugenommen und enorme finanzielle Schäden verursacht hätten.[1018] Da dieser Art der Kriminalität zumeist moderne Methoden zugrunde liegen würden, die geeignet seien sich den jeweiligen rechtlichen und wirtschaftlichen Gegebenheiten anzupassen, sei es schwer diese wirksam zu bekämpfen. Selbst wenn die Taten aufgedeckt werden, sei zumeist eine nachträgliche Einziehung der Steuer nicht mehr möglich. Aus kriminalpolitischer Sicht sei es folglich notwendig die Strafbarkeit im Rahmen des Grundsatzes „nulla poena sine lege“ und „zulässiger richterlicher Rechtsfortbildung“ schon früh anzunehmen.[1019] So hat es dann auch argumentiert, dass die Beschuldigten durch ihre Maßnahmen bereits einen „kriminellen Apparat“ derart aufgebaut hätten, dass es nur noch eines „Knopfdrucks“ bedurft hätte, um den Angriff auf das Rechtsgut zu starten.[1020] Durch das Vorliegen des „kriminellen Apparats“ sei das Rechtsgut bereits unmittelbar gefährdet und der Angriff stehe unmittelbar bevor.[1021]

*Tiedemann* hat sich diesem Ergebnis, wenn auch unter Ablehnung der Argumentation des Oberlandesgericht Karlsruhe, angeschlossen.[1022] Es liege entgegen der Ansicht des Oberlandesgericht Karlsruhe kein unmittelbares Ansetzen zum Begehungsdelikt vor, aber ein Versuch des Unterlassens. Er geht davon aus, dass der Aufbau des „kriminellen Apparates“ darauf schließen lasse, dass der Täter mit an Sicherheit grenzender Wahrscheinlichkeit in der Handlungsfrist nicht mehr von seinem beabsichtigten Unterlassen Abstand nehmen und die Anmeldung

---

1014 OLG Karlsruhe, JR 1973, 425, 426.
1015 OLG Karlsruhe, JR 1973, 425, 426.
1016 OLG Karlsruhe, JR 1973, 425, 426.
1017 Vgl. auch *Tiedemann*, JR 1973, 412, 413.
1018 OLG Karlsruhe, JR 1973, 425, 426.
1019 OLG Karlsruhe, JR 1973, 425, 426.
1020 OLG Karlsruhe, JR 1973, 425, 426.
1021 OLG Karlsruhe, JR 1973, 425, 426 f.
1022 *Tiedemann*, JR 1973, 412, 414.

vornehmen werde. Für den Versuchsbeginn des Unterlassens komme es nicht erst auf das Verstreichenlassen der letzten Möglichkeit einer rechtzeitigen Anzeige an, da in diesem Moment bereits direkt die Vollendung eintreten würde.[1023] Seiner Ansicht nach müssen vielmehr bei echten Unterlassungsdelikten, die für die gebotene Handlung einen Zeitraum vorsehen, vorher taugliche Versuchshandlungen möglich sein. Auch die Theorie der unmittelbaren Rechtsgutsgefährdung und die Theorie vom Verstreichenlassen der erfolgversprechendsten Möglichkeit seien hier abzulehnen, da die Rechtsgutsgefährdung innerhalb des Anmeldungszeitraums kontinuierlich ansteige und die Erfolgschancen in diesem Zeitraum stetig abnehmen. Vielmehr müsse bei der Abgrenzung auf die Objektivierung des Entschlusses zum Unterlassen der Anzeige abgestellt werden. Durch das Schaffen der verschleiernden Geschäftsbeziehungen sei von einer hinreichenden Objektivierung auszugehen und Versuchsbeginn anzunehmen.[1024] Bei einer solchen Objektivierung sei davon auszugehen, dass der Täter den Unterlassungsvorsatz fest gefasst habe.

Andere Teile der Literatur stimmen mit *Tiedemann* dahingehend überein, dass es sich bei der gegebenen Fallgestaltung um eine Unterlassungskonstellation handelt, lehnen die Ansicht aber ansonsten ab.[1025] Wohl unter Rückgriff auf die Theorie der unmittelbaren Rechtgutsgefährdung gehen sie davon aus, dass das Vorliegen eines solchen „kriminellen Apparates“ noch nicht zu einer unmittelbaren Gefährdung der Rechtsgüter führen könne.[1026] Eine solche könne erst angenommen werden, wenn der Täter zum Knopfdruck ansetze oder einem gutgläubigen Dritten die Auslösung überlasse. Im vorliegenden Fall war das Heizöl noch nicht bestellt und der Transport des Heizöls zum dritten Unternehmen noch nicht erfolgt.[1027] Erst die Durchführung der noch notwendigen Telefonate und das Heranrücken des Liefertermins könnten die Gefahr entsprechend erhöhen und eine unmittelbare Gefahr für das Rechtsgut schaffen. Ein Versuch sei solange abzulehnen, wie die Anzeige der zweckwidrigen Verwendung noch ohne deren Zweck wesentlich zu gefährden oder zu unterlaufen, erfolgen könne. Allein die Absicht des Unterlassens der Anzeige reiche in diesem Moment noch nicht aus.[1028]

---

1023 *Tiedemann*, JR 1973, 412, 414.

1024 *Tiedemann*, JR 1973, 412, 414.

1025 *Hellmann*, in: H/H/Sp, § 370 AO, Rn. 310, welcher von einer Unterlassungsalternative ausgeht, sich aber zum Versuchsbeginn nicht äußert; *Höser*, Vorbereitungshandlung und Versuch im Steuerstrafrecht, S. 158 ff.

1026 *Höser*, Vorbereitungshandlung und Versuch im Steuerstrafrecht, S. 158.

1027 *Höser*, Vorbereitungshandlung und Versuch im Steuerstrafrecht, S. 158, 161.

1028 *Höser*, Vorbereitungshandlung und Versuch im Steuerstrafrecht, S. 161.

Mit der Literatur und entgegen der Ansicht des Oberlandesgericht Karlsruhe ist im vorliegenden Falle von einem Unterlassungsdelikt auszugehen, da der Schwerpunkt der Vorwerfbarkeit beim Unterlassen liegt.[1029] Dies folgt daraus, dass die zweckwidrige Verwendung zulässig ist, aber nur, wenn eine Anmeldung erfolgt. Von einem Versuch konnte zu diesem Zeitpunkt allerdings noch nicht ausgegangen werden, da die Anmeldung in diesem Fall noch unverzüglich hätte abgegeben werden können. Die Beschuldigten hatten, worauf berechtigterweise hingewiesen wird, noch einige wesentliche Zwischenschritte zu vollziehen, wie die Übergabe des Heizöls an den Lieferanten. Zudem fehlte noch die Zustimmung zur Lieferung seitens des dritten Unternehmens. Die Begründung einer unmittelbaren Gefahr, allein aus kriminalpolitischen Erwägungen, führt zu einer Aufweichung der im allgemeinen Strafrecht, aber auch der im konkreten Fall des Unterlassens bei Anmeldungssteuern festgestellten Abgrenzungskriterien und der damit versuchten Grenzziehung zwischen Versuch und Vorbereitung. Durch die kriminalpolitischen Erwägungen und der damit einhergehenden Vernachlässigung der Abgrenzungskriterien kommt es zu der ausdrücklich in der Gesetzesbegründung abgelehnten weiten Vorverlagerung des Versuchs in den Bereich der Vorbereitungshandlungen.[1030]

### 4. *Lohnsteuer*

#### a) *Grundsätzliches*

Die Lohnsteuer ist keine selbstständige Steuerart, sondern stellt vielmehr die Einkommensteuer von Arbeitnehmern aus nichtselbstständiger Arbeit (§ 19 EStG) und damit eine besondere Erhebungsform der Einkommensteuer dar.[1031] Eine Besonderheit dieser Steuer liegt darin, dass bei der Lohnsteuer gemäß § 41a Abs. 1 Nr. 1, 2 EStG ein Dritter, nämlich der Arbeitgeber, der grundsätzlich nicht der Schuldner der Lohnsteuer ist[1032], diese zu berechnen, anzumelden und abzuführen hat.[1033]

---

1029 Insbesondere die Rechtsprechung, aber auch Teile der Literatur stellen zur Abgrenzung des Unterlassens vom positiven Tun auf den Schwerpunkt der Vorwerfbarkeit ab. Dieser Ansicht schließe ich mich an. Vgl. zum Streitstand bei der Abgrenzung des Unterlassens vom positiven Tun, Gaede, in: NK-StGB, § 13, Rn. 7.

1030 Vgl. BT- Drucks. IV/650, S. 144.

1031 *Joecks*, in: F/G/J, § 370 AO, Rn. 291; *Rolletschke*, Steuerstrafrecht, Rn. 161.

1032 *Seipl*, in: Wannemacher, Steuerstrafrecht, 5. Aufl., Rn. 967, wonach bei Vorliegen einer Lohnsteuerpauschalierung der Arbeitgeber ggf. seine eigene Steuerschuld gemäß §§ 40a Abs. 5, 40 Abs. 3 EStG verkürzt.

1033 *Seipl*, in: Wannemacher, Steuerstrafrecht, 5. Aufl., Rn. 953.

Bei der Ermittlung der Lohnsteuer ist der Arbeitgeber insbesondere an die Lohnsteuerkarte oder die Lohnsteuerabzugsmerkmale gebunden.[1034] Früher war der Arbeitnehmer gemäß § 39b Abs. 1 S. 1 EStG a. F.[1035] verpflichtet, dem Arbeitgeber die Lohnsteuerkarte vor Beginn des Kalenderjahres oder beim Eintritt in das Dienstverhältnis vorzulegen. Seit dem Kalenderjahr 2013 hat der Arbeitnehmer dem Arbeitgeber gemäß § 39e Abs. 4 S. 1 EStG bei Eintritt in das Dienstverhältnis unter anderem sein Geburtsdatum und seine Identifikationsnummer zum Zwecke des Abrufs der ELStAM bei der ELStAM-Datenbank der Finanzverwaltung mitzuteilen.[1036] Ohne die Mitteilung der Daten kann der Arbeitgeber die ELStAM nicht abrufen.[1037] Bei den ELStAM handelt es sich um die Angaben die bislang auf der Vorderseite der Lohnsteuerkarte eingetragen waren, wie z. B. Steuerklasse, Freibeträge. Die ELStAM werden weitestgehend aufgrund der von den Meldebehörden an die Finanzverwaltung übermittelten melderechtlichen Daten, i. d. R. automatisiert, gebildet.[1038] Im Rahmen des Lohnsteuerermäßigungsverfahrens gemäß § 39a EStG kann der Arbeitnehmer aber auch einen individuellen vom Arbeitslohn abzuziehenden Freibetrag beim zuständigen Finanzamt beantragen, der ebenfalls zu den ELStAM gemäß § 39 Abs. 4 EStG zählt. Die Berücksichtigung eines Freibetrags stellt einen Feststellungsbescheid gemäß § 179 Abs. 1 AO dar, der gemäß § 39 Abs. 1 S. 4 EStG unter dem Vorbehalt der Nachprüfung steht. Er ist als Grundlagenbescheid Grundlage für die Erhebung der Lohnsteuer, insbesondere die Lohnsteueranmeldung, aber nicht für das Veranlagungsverfahren.[1039] Der Arbeitgeber ist bei der Ermittlung der Lohnsteuer an den festgestellten Freibetrag als ELStAM gebunden, selbst wenn er wissen sollte, dass er falsch ist.[1040]

### *b) Abgrenzung*

Für die Lohnsteuer gelten im Grundsatz die bereits oben dargestellten Grundsätze zur Abgrenzung des Versuchs von der Vorbereitung.[1041] Der Versuch der Steuer-

1034 *Seipl*, in: Wannemacher, Steuerstrafrecht, 6. Aufl., Rn. 972.

1035 § 39b Abs. 1 S. 1 EStG in der Fassung vom 01. November 2011.

1036 Vgl. BMF-Schreiben vom 07. August 2013 - IV C 5 – S 2363/13/10003, (BStBl. I S. 242), Rn. 3, 68.

1037 *Krüger*, in: Schmidt EStG, § 39c, Rn. 2.

1038 *Krüger*, in: Schmidt EStG, § 39, Rn. 2.

1039 *Eisgruber*, in: Kirchhof EStG, § 39a, Rn. 2; *Krüger*, in: Schmidt EStG, § 39a, Rn. 20; vgl. auch oben zur Einkommensteuer 149.

1040 *Rolletschke*, Steuerstrafrecht, Rn. 161a; *Seipl*, in: Wannemacher, Steuerstrafrecht, 6. Aufl., Rn. 972.

1041 Vgl. 173 ff.

hinterziehung durch den Arbeitgeber beginnt danach mit der Übermittlung der falschen Lohnsteueranmeldung an die Finanzbehörde. Die Lohnsteueranmeldung kann hier insofern falsch sein, als dass der Arbeitgeber von den elektronischen Lohnsteuerabzugsmerkmalen abweicht oder indem er in einem Fall des § 39c Abs. 1 S. 1 EStG nicht Steuerklasse VI anwendet.[1042]

In den Fällen in denen Arbeitnehmer und Arbeitgeber eine sogenannte „Schwarzlohnvereinbarung" treffen und der Arbeitgeber daraufhin unrichtige Lohnsteueranmeldungen abgibt, handeln sie grundsätzlich mittäterschaftlich gemäß § 25 Abs. 2 StGB.[1043] Hier beginnt der Versuch für den Arbeitnehmer mit der im allgemeinen Strafrecht herrschend vertretenen Gesamtlösung[1044] ebenfalls im Zeitpunkt der Übermittlung der Anmeldung durch den Arbeitgeber an die Finanzbehörde. Nach der Gesamtlösung ist für alle Mittäter die Grenze zum Versuch überschritten, sobald nur einer von ihnen unmittelbar zur Verwirklichung des Tatbestandes ansetzt.[1045]

Neben den versuchten Lohnsteuerhinterziehungen durch den Arbeitgeber im Zusammenhang mit einer Steueranmeldung, sind auch versuchte Lohnsteuerhinterziehungen durch den Arbeitnehmer denkbar. Bewirkt der Arbeitnehmer z. B. durch unrichtige Angaben auf der Lohnsteuerkarte oder neuerdings durch das Herbeiführen der Speicherung unzutreffender ELStAM, dass der gutgläubige Arbeitgeber die Lohnsteuer danach falsch berechnet, anmeldet und abführt, so liegt eine Steuerhinterziehung in mittelbarer Täterschaft vor.[1046] Wohl anders sieht das *Rolletschke* für die Fälle der ELStAM, da sich die Tätigkeit des Arbeitnehmers in der Einreichung des Lohnsteuerermäßigungsantrags erschöpfe und der Arbeitgeber die unzutreffenden elektronischen Lohnsteuerabzugsmerkmale durch einen Datenabruf erhalte.[1047] Allerdings hat der Arbeitnehmer auch in diesen Fällen aufgrund des Wissens um die falschen ELStAM Tatherrschaft.[1048] Durch die Angabe seiner Identifikationsnummer und seines Geburtsdatums bewirkt er, dass der Arbeitgeber die unrichtigen ELStAM abrufen kann und als Grund-

---

1042 *Seipl,* in: Wannemacher, Steuerstrafrecht, 6. Aufl., Rn. 973.

1043 *Hilgers-Klautzsch,* in: Kohlmann, § 370, Rn. 1313. 1.

1044 *Eser,* in: Schönke/Schröder, § 22, Rn. 55, wo auch die kaum noch vertretene Einzellösung dargestellt wird.

1045 *Hoffmann-Holland,* in: MüKo-StGB, § 22, Rn. 139.

1046 *Hilgers-Klautzsch,* in: Kohlmann, § 370, Rn. 1313.3; *Seipl,* in: Wannemacher, Steuerstrafrecht, 6. Aufl., Rn. 983.

1047 *Rolletschke,* in: Rolletschke/Kemper, § 370, Rn. 632.

1048 Vgl. zu den Voraussetzungen einer mittelbaren Täterschaft *Rengier*, Strafrecht, Allgemeiner Teil, § 43, Rn. 1 ff.

lage für die Lohnsteueranmeldung verwendet. Der Arbeitgeber wird damit zum Werkzeug des Arbeitnehmers.

Der Versuch einer Lohnsteuerverkürzung beginnt in den Fällen der mittelbaren Täterschaft mit der modifizierten Einzellösung spätestens, in dem Zeitpunkt, in dem der Arbeitnehmer dem Arbeitgeber die unrichtige Lohnsteuerkarte vorlegt oder ihm die Daten gemäß § 39e Abs. 4 S. 1 EStG, wie die ihm zugeteilte Identifikationsnummer und das Geburtsdatum, mitteilt.[1049] In diesem Moment hat der Arbeitnehmer das von ihm angestoßene Geschehen aus der Hand gegeben und hält, da er sicher weiß, dass der Arbeitgeber die ELStAM für die Lohnsteueranmeldung verwenden wird, das Rechtsgut bereits für unmittelbar gefährdet.[1050] Mit der Mitteilung der Daten gemäß § 39e Abs. 4 S. 1 EStG bekommt der Arbeitgeber die Möglichkeit die ELStAM bei der Datenbank abzurufen und in das Lohnkonto des Arbeitnehmers zu übernehmen, wonach er gemäß § 39e Abs. 4 S. 2 EStG bei Beginn des Dienstverhältnisses verpflichtet ist. Der Arbeitnehmer weiß dadurch, dass der Arbeitgeber diese Daten, zeitnah, zur Lohnsteueranmeldung verwenden wird.

Eine Besonderheit bei der Lohnsteuer ergibt sich noch durch das Lohnsteuerermäßigungsverfahren, bei dem ein Feststellungsbescheid ergeht. Unter Berücksichtigung der oben bereits erlangten Abgrenzungsergebnisse im Zusammenhang mit dem Erwirken von Feststellungsbescheiden beginnt der Versuch des Erschleichens eines ungerechtfertigten Steuervorteils bereits mit der Übermittlung eines unzutreffenden Lohnsteuerermäßigungsantrags durch den Arbeitnehmer an das zuständige Finanzamt.[1051] In diesem Moment ist aufgrund der bindenden Wirkung der Feststellung des Freibetrags aus der Sicht des Arbeitnehmers der Steueranspruch unmittelbar gefährdet.

---

1049 *Hilgers-Klautzsch,* in: Kohlmann, § 370, Rn. 1313.4, welche sich nicht ausdrücklich auf die modifizierte Einzellösung beruft, aber das von ihr genutzte Kriterium des „Aus-der-Hand-geben des Geschehensablaufs“ verwendet. Offen bleibt allerdings, ob sie sich nicht auf eine Variante der modifizierten Einzellösung, die Theorie der Einzellösung (vgl. sogleich 187), stützt. Vgl. für die bei der mittelbaren Täterschaft vertretene Versuchstheorie der modifizierten Einzellösung 97 f. und für die Gegenansicht der Theorie der Gesamtlösung 98.

1050 Ähnlich *Hilgers-Klautzsch,* in: Kohlmann, § 370, Rn. 1313.4.

1051 *Hilgers-Klautzsch,* in: Kohlmann, § 370, Rn. 1313.4; *Joecks,* in: F/G/J, § 370 AO, Rn. 292; *Rolletschke,* in: Rolletschke/Kemper, § 370, Rn. 632; wohl auch *Seipl,* in: Wannemacher, Steuerstrafrecht, 6. Aufl., Rn. 984; vgl. hierzu den Streitstand zum Versuchsbeginn bei den Feststellungsbescheiden, 112 ff. und zum Ergebnis 116 ff.

## 5. *Bauabzugsteuer*

Die Bauabzugsteuer wurde mit Wirkung zum 1. Januar 2002 eingeführt und ist in den §§ 48–49d EStG geregelt. Zur Eindämmung der illegalen Beschäftigung im Baugewerbe ist der Leistungsempfänger gemäß § 48 Abs. 1 S. 1 EStG verpflichtet von der Gegenleistung einen bestimmten Steuerabzug für Rechnung des Leistenden vorzunehmen. Den Steuerabzug hat er gemäß § 48a Abs. 1 S. 1 EStG selbst zu berechnen und dann bis zum zehnten Tag nach Ablauf des Monats, in dem die Gegenleistung im Sinne des § 48 EStG erbracht wurde, eine entsprechende Anmeldung beim zuständigen Finanzamt abzugeben. Gemäß § 48 Abs. 2 S. 1 EStG ist ein solcher Steuerabzug allerdings insbesondere dann nicht vorzunehmen, wenn der Leistende eine Freistellungsbescheinigung gemäß § 48b Abs. 1 S. 1 EStG erfolgreich beantragt und sie dem Leistungsempfänger vorlegt.

Grundsätzlich gelten bezüglich der Begehung einer Steuerverkürzung seitens des Leistungsempfängers durch die Abgabe oder das Unterlassen der Abgabe von Anmeldungen die oben gemachten allgemeinen Ausführungen.[1052] Fraglich ist allerdings, ob in den Fällen des Erwirkens eines Freistellungsbescheids durch das Machen falscher Angaben bei der Antragstellung ein früherer Versuchsbeginn angenommen werden kann. Ein Teil der Literatur scheint einen Versuchsbeginn zur Erlangung eines ungerechtfertigten Steuervorteils mit Antragstellung oder spätestens dann für möglich zu halten, wenn die Übernahme der falschen Angaben in den Freistellungsbescheid unmittelbar bevorsteht.[1053] *Hilgers-Klautzsch* verweist zur Begründung auf den, wie sie sagt, gleichgearteten Fall der Feststellungsbescheide hin.[1054] Dieser Vergleich ist aber nicht passend. Feststellungsbescheide sind als Grundlagenbescheide für die Folgebescheide gemäß § 182 Abs. 1 S. 1 AO bindend und werden von den Finanzämtern ohne weitere Mitwirkung oder Antragstellung des Steuerpflichtigen bei den Folgebescheiden berücksichtigt.[1055] Der Freistellungsbescheid dagegen ist kein Grundlagenbescheid und kann insofern

---

1052 Vgl. oben 173 ff.

1053 Den Gedanken aufwerfend *Hilgers-Klautzsch,* in: Kohlmann, § 370, Rn. 1350; *Seipl,* in: Wannemacher, Steuerstrafrecht, 6. Aufl., Rn. 997. Beide äußern sich zwar nicht explizit zum Versuchsbeginn. Da sie allerdings bereits mit der Erwirkung eines unrichtigen Freistellungsbescheids von der Erlangung eines ungerechtfertigten Steuervorteils ausgehen, kann davon ausgegangen werden, dass sie einen der beiden genannten Versuchszeitpunkte annehmen.

1054 *Hilgers-Klautzsch,* in: Kohlmann, § 370, Rn. 1350. Zu dem Streit um den Versuchsbeginn durch das Erwirken eines Feststellungsbescheids, siehe oben 112 ff

1055 Vgl. zu den Feststellungsbescheiden allgemein bereits oben 103 f.; BGH, NStZ-RR 2009, 344, 346 f.

auch nicht bindend für Folgebescheide sein. Bei dem Freistellungsbescheid ist es zudem so, dass allein durch das Erwirken des Freistellungsbescheids nicht erreicht wird, dass der Leistungsempfänger den Steuerabzug nicht durchführt. Die vom Bundesgerichtshof bei den Grundlagenbescheiden angeführte „automatische" Weiterleitung und Übernahme des Bescheids in die Folgebescheide, ist bei der Erwirkung eines Freistellungsbescheids nicht gegeben. Solange der Freistellungsbescheid dem Leistungsempfänger nicht vorliegt, wird dieser um einer etwaigen Haftung zu entgehen, den Abzug auch durchführen und eine entsprechende Anmeldung abgeben. Um den Steuerabzug zu verhindern, muss der Steuerpflichtige den Freistellungsbescheid erst noch beim Leistungsempfänger vorlegen. Diese Unterschiede zwischen den Grundlagenbescheiden und dem Freistellungsbescheid stehen der Annahme des Versuchsbeginns mit der Antragstellung gemäß § 48b EStG entgegen. Der Steueranspruch ist mit der Antragstellung noch nicht unmittelbar gefährdet, da der Leistende noch einen wesentlichen Zwischenschritt, nämlich die Vorlage beim Leistungsempfänger, zu vollziehen hat, um zu erreichen, dass der Leistungsempfänger eine falsche bzw. gar keine Anmeldung abgibt. Der Versuch beginnt damit weder im Moment der Antragstellung noch im Moment der Erwirkung des Freistellungsbescheids. Es handelt sich um straflose Vorbereitungshandlungen.[1056] Das Gleiche gilt für die Herstellung einer unechten oder die Verfälschung einer echten Freistellungsbescheinigung, da auch in diesen Fallkonstellationen der Leistende diese erst noch dem Leistungsempfänger vorlegen muss, damit dieser keinen Steuerabzug vornimmt.[1057]

Demnach kann der Versuch durch den Leistenden, hier dann in mittelbarer Täterschaft[1058], auch erst in dem Moment beginnen, in dem er dem Leistungsempfänger die Rechnung in Verbindung mit dem Freistellungsbescheid übersendet oder vorlegt.[1059] In diesem Moment hat der Leistende seine Einwirkung auf den Tatmittler abgeschlossen und das Geschehen aus der Hand gegeben. Unter Rück-

---

1056 *Kindshofer*, PStR 2003, 160; im Ergebnis wohl auch *Joecks*, in: F/G/J, § 370 AO, Rn. 333.

1057 *Hilgers-Klautzsch*, in: Kohlmann, § 370, Rn. 1350; *Kindshofer*, PStR 2003, 160; vgl hierzu auch bereits 91 f.

1058 So auch *Joecks*, in: F/G/J, § 370 AO, Rn. 331.

1059 *Kindshofer*, PStR 2003, 160, die dieBegehung in mittelbarer Täterschaft nicht ausdrücklich benennt, aber auf die Kriterien der bei der mittelbaren Täterschaft vertretenen modifizierten Einzellösung zurückgreift; dies nur für den Fall, dass der Leistungsempfänger gutgläubig ist, annehmend *Hilgers-Klautzsch*, in: Kohlmann, § 370, Rn. 1350; *Joecks*, in: F/G/J, § 370 AO. Rn. 333.

griff auf die überzeugende modifizierte Einzellösung[1060] ist dies der Moment, in dem der mittelbare Täter zur Steuerhinterziehung unmittelbar ansetzt. Er kann nun sicher davon ausgehen, dass der Leistungsempfänger wegen des unrichtigen Freistellungsbescheids seiner Pflicht gemäß §§ 48 Abs. 1 S. 1, 48a Abs. 1 S. 1 EStG nicht ordnungsgemäß nachkommen wird. Das Rechtsgut der Steuerhinterziehung ist damit unmittelbar gefährdet.

Für den Zeitpunkt des Versuchsbeginns kann es allerdings keinen Unterschied machen, ob der Leistungsempfänger gutgläubig oder bösgläubig ist.[1061] Diese von *Joecks* und *Hilgers-Klautzsch* vorgenommene Differenzierung beruht auf einer heute kaum noch vertretenen Variante der modifizierten Einzellösung.[1062] Danach soll der Versuch des mittelbaren Täters bei einem bösgläubigen Werkzeug nicht, wie beim gutgläubigen Werkzeug, mit Abschluss der Einwirkung und dem Entlassen des Werkzeugs aus dem Einwirkungsbereich beginnen, sondern erst dann, wenn das Werkzeug selbst zur Tat unmittelbar ansetze.[1063] Für den vorliegenden Fall wollen sie, wenn der Leistungsempfänger bösgläubig ist, einen Versuch danach erst mit dem unmittelbaren Ansetzen zur Einreichung der unrichtigen Anmeldung nach § 48 a EStG bzw. unmittelbar vor Verstreichenlassen des Fälligkeitstermins annehmen.[1064] Diesem Ansatz liegt die irrige Annahme zugrunde, dass der Einsatz eines gutgläubigen Tatmittlers mit größerer Sicherheit zum Erfolg führe und wegen der erhöhten Gefährlichkeit folglich von einem früheren Versuchsbeginn ausgegangen werden dürfe.[1065] Bei einem bösgläubigen Werkzeug wird die Unwissenheit des gutgläubigen Werkzeugs aber durch die erhöhte kriminelle Energie des Tatmittlers wieder ausgeglichen.[1066] Eine Besserstellung des mittelbaren Täters bei Vorliegen eines bösgläubigen Werkzeugs lässt sich auch nicht mit einer anderen Begründung rechtfertigen.[1067] Dem Gesetz lässt sich eine solche Differenzierung nach Bös- und Gutgläubigkeit bei der mittelbaren Täterschaft jedenfalls nicht entnehmen.[1068] Zudem wird auch bei einer vollendeten

1060 Siehe zur modifizierten Einzellösung und zum Streitstand des Versuchsbeginns in mittelbarer Täterschaft 97 f., *Hoffmann-Holland*, in: MüKo-StGB, § 22, Rn. 129 ff.
1061 So aber *Hilgers-Klautzsch*, in: Kohlmann, § 370, Rn. 1350; *Joecks*, in: F/G/J, § 370 AO, Rn. 333.
1062 Diese Ansicht für überholt haltend *Rengier*, Strafrecht, Allgemeiner Teil, § 36, Rn. 9.
1063 *Busch*, in: LK, § 43, Rn. 33.
1064 *Hilgers-Klautzsch*, in: Kohlmann, § 370, Rn. 1350; *Joecks*, in: F/G/J, § 370 AO, Rn. 333.
1065 *Roxin*, Strafrecht, Allgemeiner Teil II, § 29, Rn. 258.
1066 *Roxin*, Strafrecht, Allgemeiner Teil II, § 29, Rn. 258.
1067 *Rengier*, Strafrecht, Allgemeiner Teil, § 36, Rn. 9.
1068 *Heinrich*, Strafrecht – Allgemeiner Teil, Rn. 750.

Tat in mittelbarer Täterschaft diese Unterscheidung nicht vorgenommen und dem mittelbaren Täter die Tat des Werkzeugs auch zugerechnet, wenn dieses bösgläubig war.[1069] Es kann für den Versuchsbeginn des Leistenden somit dahinstehen, ob der Leistungsempfänger bös- oder gutgläubig war.

## II. Abgrenzung Versuch und Vollendung

### *1. Grundsatz*

#### *a) Handlungsvariante (§ 370 Abs. 1 Nr. 1 AO)*

Bei der Bestimmung des Vollendungszeitpunkts ist auch hier wieder zwischen den Fallkonstellationen des § 168 S. 1 AO und § 168 S. 2 AO zu unterscheiden.

##### aa) § 168 S. 1 AO

Im Falle des § 168 S. 1 AO tritt nach ganz herrschender Ansicht in Rechtsprechung und Literatur die Vollendung in dem Moment ein, in dem die Steueranmeldung bei der Finanzbehörde eingeht, da sie dann einer Steuerfestsetzung unter Vorbehalt der Nachprüfung und damit gemäß § 370 Abs. 4 S. 1 Hs. 2 Alt. 3 AO einer Steuerfestsetzung gleichsteht.[1070] Es bedarf grundsätzlich keiner gesonderten Steuerfestsetzung durch die Finanzbehörde mehr.

*Hellmann* will dagegen die Vollendung erst in dem Moment annehmen, in dem die Finanzbehörde entweder die Steueranmeldung nach Prüfung als richtig akzeptiert oder in dem Moment in dem sie die Steuer abweichend festsetzt.[1071] Er gesteht der herrschenden Ansicht zu, dass der Wortlaut der §§ 167 Abs. 1 S. 1, 168 S. 1 AO für sie spricht. Er gibt aber zu bedenken, dass die Finanzbehörde die eingegangene Steueranmeldung trotz allem nach ihrem Eingang noch prüfe. Auch wenn dieses maschinell erfolge, so dürfe erst, wenn der Rechner, und damit auch der den Prüfungsvorgang überwachende Finanzbeamte, die Anmeldung akzeptiere, Vollendung angenommen werden. Für diese Ansicht spreche zudem, dass eine Festsetzung gemäß § 167 Abs. 1 S. 1 AO immer erforderlich sei, wenn von der Anmeldung abgewichen werden soll.[1072]

---

1069 *Heinrich*, Strafrecht – Allgemeiner Teil, Rn. 750; *Rengier*, Strafrecht, Allgemeiner Teil, § 36, Rn. 9.

1070 BGH, NJW 2009, 1979, 1982; BGH, wistra 2014, 486, 488; Nr. 1 S. 1 AEAO zu § 168 AO; *Ransiek*, in: Kohlmann, § 370, Rn. 408; *Rolletschke*, Steuerstrafrecht, Rn. 131; *Kürzinger*, in: Wannemacher, Rn. 229.

1071 *Hellmann*, in: H/H/Sp, § 370 AO, Rn. 309.

1072 *Hellmann*, in: H/H/Sp, § 370 AO, Rn. 309.

Die Argumentation von *Hellmann* überzeugt wegen des von ihm selbst bereits angeführten eindeutigen Wortlauts der einschlägigen Vorschriften nicht. Zum einen spricht § 168 S. 1 AO dagegen, wonach eine Steueranmeldung einer Steuerfestsetzung unter Vorbehalt der Nachprüfung gleichsteht. Das Abwarten der Überprüfung der Anmeldung wird für diese Wirkung nicht verlangt. Ebenso formuliert Nr. 1 S. 1 AEAO zu § 168 AO eindeutig, dass bereits mit dem Eingang einer Steueranmeldung gemäß § 168 S. 1 AO, und nicht erst nach deren Überprüfung, die Wirkung einer Steuerfestsetzung unter Vorbehalt der Nachprüfung eintritt. Zum anderen stellt § 370 Abs. 4 S. 1 Hs. 2 Alt. 3 AO ausdrücklich klar, dass eine unrichtige Steuerfestsetzung unter Vorbehalt der Nachprüfung bereits eine Steuerverkürzung bewirkt. Das Abwarten der Überprüfung der Steueranmeldung wird für die Vollendung nicht verlangt. *Hellmanns* Argumentation gegen den eindeutigen Wortlaut dieser Regelungen ist zudem inkonsequent. So stellt er in der folgenden Argumentation zum Vollendungszeitpunkt beim Unterlassen nämlich nicht mehr auf die Festsetzung seitens der Finanzbehörde ab, obwohl der von ihm bei der Handlungsvariante zur Argumentation herangezogene § 167 Abs. 1 S. 1 AO auch in den Unterlassungsfällen eine Festsetzung verlangt.[1073] Bei den Unterlassungsfällen solle aber nun auf den Ablauf des gesetzlichen Fälligkeitstages abgestellt werden. Konsequenterweise hätte *Hellmann* wegen § 167 Abs. 1 S. 1 AO auch hier auf die Festsetzung durch die Finanzbehörde abstellen müssen.

Da die Steueranmeldung folglich schon mit Eingang bei der Finanzbehörde einer Steuerfestsetzung unter Vorbehalt der Nachprüfung gleichsteht, muss die Abgabe von unrichtigen Steueranmeldungen vor dem Fälligkeitstermin ebenfalls direkt zur Vollendung führen.[1074] Ein Teil der Literatur geht dagegen ohne nähere Begründung bei einer vorzeitigen Abgabe der Steueranmeldung bei der Finanzbehörde zunächst nur von einem Versuch aus.[1075] Vollendung wollen sie erst bei der zusammentreffenden Fälligkeit von Steueranmeldung und Steuerforderung annehmen.[1076] Diese Annahme ist nicht überzeugend, da sie sich schon nicht dem Gesetz entnehmen lässt. Wie soeben dargelegt wurde, wird in § 370 Abs. 4 S. 1 AO für eine Steuerverkürzung allein auf eine unrichtige Steuerfestsetzung abgestellt. Eine solche liegt gemäß § 168 S. 1 AO i. V. m. Nr. 1 S. 1 AEAO zu § 168 AO bereits in dem Zeitpunkt vor, in dem die Steueranmeldung bei der Finanzbehörde

1073 *Hellmann*, in: H/H/Sp, § 370 AO, Rn. 309.

1074 *Eich*, KÖSDI 2001, 13036, 13041; *Joecks*, in: F/G/J, § 376 AO, Rn. 34; *Ransiek*, in: Kohlmann, § 370, Rn. 408; *Wiese*, in: Wannemacher, Rn. 511.

1075 *Franzen*, DStR 1965, 187, 190; *Senge*, in: Erbs/Kohlhaas, § 370 AO, Rn. 72.

1076 *Franzen*, DStR 1965, 187, 190.

eingeht. Das Vorliegen des Fälligkeitszeitpunkts ist danach für die Annahme der Vollendung nicht entscheidend. Die Steuerhinterziehung ist aufgrund ihrer Wirkung gemäß §§ 167 S. 1, 168 S. 1 AO demnach mit Eingang der Anmeldung bei der Finanzbehörde vollendet, auch wenn sie vor ihrer Fälligkeit eingeht.[1077]

Unter Beachtung der soeben festgestellten Grundsätze zeigt sich auch, dass der teilweise in der Literatur vertretenen Ansicht, dass es in den Fällen des § 168 S. 1 AO kein Versuchsstadium gebe, nicht uneingeschränkt zugestimmt werden kann.[1078] Wie schon oben bei den Grundsätzen zur Abgrenzung des Versuchs von der Vorbereitung im Rahmen der Anmeldungssteuer[1079] dargestellt wurde, beginnt der Versuch bereits mit dem Entlassen der Steuererklärung aus dem Machtbereich des Steuerpflichtigen. Die Vollendung tritt aber erst mit dem Eingang der Steueranmeldung bei der Finanzbehörde ein. Es mag somit sein, dass das Versuchsstadium zugegebenermaßen kurz ist, aber es existiert.

#### bb) § 168 S. 2 AO

Soll die Steueranmeldung dagegen zu einer Steuervergütung oder einer Herabsetzung der bisher zu entrichtenden Steuer führen, so tritt Vollendung erst mit der Bekanntgabe der Zustimmung seitens der Finanzbehörde gemäß § 124 Abs. 1 AO ein.[1080] Erst in dem Moment steht die Steueranmeldung einer Steuerfestsetzung unter Vorbehalt der Nachprüfung gleich und stellt damit gemäß § 370 Abs. 4 S. 1 Hs. 2 Alt. 3 AO eine Steuerverkürzung dar.[1081]

Eine solche Zustimmung ist allerdings nicht in § 1 Abs. 2 KBV zu sehen. Gemäß § 1 Abs. 2 KBV wird eine angemeldete Umsatzsteuervorauszahlung, eine für das Kalenderjahr angemeldete Umsatzsteuer, eine angemeldete Feuerschutzsteuer oder eine angemeldete Versicherungsteuer von der Finanzbehörde nur abweichend festgesetzt, geändert oder berichtigt, wenn die Abweichung von der angemeldeten Steuer mindestens zehn Euro beträgt. In einem zunächst vom Landgericht Landshut und später vom Bundesgerichtshof entschiedenen Fall betrug der Erstattungsbetrag in einer abgegebenen Steueranmeldung (Umsatzsteuerjahreserklärung) nur 0,14 DM, der von der Finanzbehörde wegen § 1 Abs. 2 KBV

1077 Vgl. auch *Hilgers-Klautzsch,* in: Kohlmann, § 370, Rn. 1320.

1078 *Simon/Vogelberg,* Steuerstrafrecht, S. 23; *Wiese,* in: Wannemacher, Rn. 511.

1079 Vgl. 175.

1080 BGH, Beschl. v. 09.11.2006–5 StR 338/06 – Rn. 7; BGH, NJW 2009, 1979, 1982; *Muhler,* wistra 2009, 1, 2; BGH, wistra 2014, 486, 488; *Rolletschke,* Steuerstrafrecht, Rn. 132.

1081 BFH, DStR 1996, 747; Nr. 2 S. 1, Nr. 3 S. 1 AEAO zu § 168AO; BGH, wistra 2013, 463, 468; *Cöster,* in: Koenig-AO, § 168, Rn. 14; *Seer,* in: Tipke/Kruse, § 168 AO, Rn. 5.

nicht ausgezahlt wurde.[1082] Das Landgericht hatte hier trotz des Fehlens einer Zustimmungserklärung seitens der Finanzbehörde eine vollendete Steuerhinterziehung angenommen. Da ein Betrag unter zehn Euro von der Finanzbehörde generell nicht ausbezahlt werde, bedürfe es in diesen Fällen trotz des Vorliegens einer Steueranmeldung gemäß § 168 S. 2 AO keiner Zustimmung seitens der Finanzbehörde mehr. Das Landgericht hat hierbei allerdings, wie der Bundesgerichtshof richtig feststellt, verkannt, dass § 1 Abs. 2 KBV bereits eine Steueranmeldung voraussetzt, die einer Steuerfestsetzung gleichsteht.[1083] Hierfür fehlt es aber gerade noch an der Zustimmung gemäß § 168 S. 2 AO. § 1 Abs. 2 KBV regelt nicht, ab wann eine Steueranmeldung einer Steuerfestsetzung gleichsteht, sondern allein den Fall, dass bei Steuerherabsetzungen oder Steuervergütungen, die keine zehn Euro betragen, keine abweichende Festsetzung erfolgt.[1084] Für die Annahme einer vollendeten Steuerhinterziehung bedarf es folglich auch in diesen Fällen noch der Bekanntgabe der Zustimmungserklärung durch die Finanzbehörde.

Aus den gleichen Gründen ersetzt auch nicht die nach einem Schreiben des Bundesfinanzministeriums vom 22. März 2001[1085] übliche Nichterstattung von Beträgen unter einem Euro die nach § 168 S. 2 AO erforderliche Zustimmung.[1086] Die Nichterstattung hat keine Auswirkung auf die Vollendung. Letztendlich steht eine Steueranmeldung auch in den Fällen, in denen gemäß Nr. 9 S. 1 AEAO zu § 168 AO die Zustimmung für bestimmte Fälle allgemein erteilt wird, erst dann einer Steuerfestsetzung unter Vorbehalt im Sinne des § 370 Abs. 4 S. 1 Hs. 2 Alt. 3 AO gleich, wenn die Zustimmung dem Steuerpflichtigen gegenüber bekanntgegeben wird.[1087]

### b) *Unterlassungsvariante (§ 370 Abs. 1 Nr. 2 AO)*

Bei der Unterlassungsvariante unterscheidet ein Teil der Literatur nicht zwischen den Fällen des § 168 S. 1 AO und des § 168 S. 2 AO. Die Rechtsprechung hat in der Unterlassungsvariante, wohl auch mangels eines einschlägigen Falls bisher ebenfalls keine Unterscheidung vorgenommen. Unterlässt es der Steuerpflichtige bis zum Ablauf des jeweiligen Fälligkeitstermins die Steueranmeldung abzugeben, so fallen nach dieser Ansicht Vollendungs- und Versuchszeitpunkt verfahrens-

1082 BGH, wistra 2013, 463, 464.
1083 BGH, wistra 2013, 463, 468.
1084 BGH, wistra 2013, 463, 468.
1085 BMF-Schreiben vom 22.03.2001 - IV A 4 S 0512 2/01, (BStBl. I 2001, 242).
1086 BGH, wistra 2013, 463, 468.
1087 BFH, BFH/NV 2000, 351, 352; BGH, wistra 2013, 463, 468; Nr. 9 S. 1 AEAO zu § 168 AO.

bedingt zusammen.[1088] Hätte der Steuerpflichtige die Anmeldung rechtzeitig abgegeben, so hätte sie im Moment des Eingangs bei der Finanzbehörde gemäß § 168 S. 1 AO einer Steuerfestsetzung unter Vorbehalt der Nachprüfung gleichgestanden.[1089] Da die Steuer mit Ablauf der gesetzlichen Abgabefrist nicht mehr rechtzeitig festgesetzt werden könne, sei es zu einer Steuerverkürzung gemäß § 370 Abs. 1 Nr. 2 AO gekommen und die Steuerhinterziehung damit vollendet.[1090] Da der Steuerpflichtige die Frist aber rechtmäßig bis zum Ende ausreizen dürfe, weswegen das Unterlassen bis zum Fristablauf pflichtgemäß sei, bleibe für eine eigenständige Versuchsstrafbarkeit kein Raum.[1091]

Ein Teil der Literatur will dagegen auch in der Unterlassungsvariante zwischen den Fällen des § 168 S. 1 AO und des § 168 S. 2 AO unterscheiden.[1092] Im Falle des § 168 S. 1 AO stimmen sie mit der vorgenannten Ansicht überein und nehmen Vollendung mit dem Ablauf des gesetzlich bestimmten Abgabezeitraums an.[1093] Im Falle des § 168 S. 2 AO wollen sie die Vollendung allerdings erst in dem Zeitpunkt annehmen, in dem die Finanzbehörde spätestens zugestimmt hätte.[1094] Das Kompensationsverbot gemäß § 370 Abs. 4 S. 3 AO führe in diesen Fällen zwar dazu, dass die den Steuerpflichtigen begünstigenden, aber von diesem nicht erklärten steuerlich erheblichen Tatsachen, wie z. B. die Vorsteuerbeträge bei der Umsatzsteuer, den Taterfolg nicht verhindern können.[1095] Das Kompensationsverbot schlage aber nicht auf den Vollendungszeitpunkt durch, da dem § 168 S. 2 AO

1088 Gußen, Peter J. G., Praxiswissen Steuerstrafrecht, Rn. 152, 154; *Ransiek,* in: Kohlmann, § 370, Rn. 719; *Wiese,* in: Wannemacher, Rn. 511.

1089 *Ransiek,* in: Kohlmann, § 370, Rn. 719.

1090 BayObLG, Urt. v. 24.03.1992 – Rreg 4 St 159/91 – Rn. 36; *Kemper,* in: Wannemacher, Steuerstrafrecht, 6. Aufl., Rn. 1123 für den Fall der Nichtabgabe einer Umsatzsteuervoranmeldung; *Kürzinger,* in: Wannemacher, Rn. 230; *Ransiek,* in: Kohlmann, § 370, Rn. 416, 719.

1091 *Ransiek,* in: Kohlmann, § 370, Rn. 719.

1092 *Kemper,* in: Wannemacher, Steuerstrafrecht, 6. Aufl., Rn. 1123 f. für den Fall der Nichtabgabe einer Umsatzsteuervoranmeldung; *Kürzinger,* in: Wannemacher, Rn. 230 f.; *Muhler*, wistra 2009, 1, 2.

1093 *Kemper,* in: Wannemacher, Steuerstrafrecht, 6. Aufl., Rn. 1123 für den Fall der Nichtabgabe einer Umsatzsteuervoranmeldung; *Kürzinger,* in: Wannemacher, Rn. 230; *Muhler*, wistra 2009, 1, 2.

1094 *Kemper,* in: Wannemacher, Steuerstrafrecht, 6. Aufl., Rn. 1124 für den Fall der Nichtabgabe einer Umsatzsteuervoranmeldung; *Kürzinger,* in: Wannemacher, Rn. 231;*Muhler*, wistra 2009, 1, 2.

1095 *Kürzinger,* in: Wannemacher, Rn. 231; *Muhler*, wistra 2009, 1, 2.

entgegenstehe.[1096] Danach entscheide das Vorliegen eines positiven oder negativen Saldos darüber, ab wann eine Steuerfestsetzung unter Vorbehalt der Nachprüfung vorliege und damit auch über den Vollendungszeitpunkt.[1097]

Der differenzierende Ansatz überzeugt, da er den Grundsatz „in dubio pro reo" konsequent umsetzt. Da bei dem Vorliegen eines positiven Saldos grundsätzlich davon auszugehen ist, dass der Steuerpflichtige in der Steueranmeldung, wenn er sie denn abgegeben hätte, auch die für ihn positiven Tatsachen angeführt hätte, hätte die Steueranmeldung erst mit der Zustimmung seitens der Finanzbehörde die Wirkung einer Steuerfestsetzung unter Vorbehalt der Nachprüfung gehabt. Somit kann der Taterfolg der nicht rechtzeitigen Steuerfestsetzung, wenn man den Grundsatz „in dubio pro reo" anwendet und davon ausgeht, dass der Steuerpflichtige die positiven Tatsachen geltend gemacht hätte, erst zu dem Zeitpunkt eintreten, in dem die Finanzbehörde der Anmeldung hypothetisch zugestimmt hätte. Mit Ablauf der gesetzlichen Frist hätte in diesem Fall wegen der fehlenden Zustimmung noch keine Steuerfestsetzung unter Vorbehalt der Nachprüfung vorgelegen, sondern allein ein Antrag auf Steuerfestsetzung gemäß § 155 Abs. 1 S. 3 AO.[1098] Im Falle des § 168 S. 2 AO gibt es damit auch in der Unterlassungsvariante einen Versuch der erst mit der hypothetischen Zustimmung endet.

## 2. *Lohnsteuer*

Grundsätzlich gelten hier die bereits oben dargestellten Grundsätze zur Abgrenzung des Versuchs von der Vollendung. So liegt eine vollendete Lohnsteuerhinterziehung, soweit kein Erstattungsbetrag errechnet wurde, bereits dann vor, wenn der Arbeitgeber, der gemäß § 41a Abs. 2 EStG nur vierteljährlich Lohnsteueranmeldungen einreichen müsste, z. B. bereits für den ersten Monat des Quartals eine monatliche Lohnsteueranmeldung einreicht. Durch die Wirkung der Steueranmeldung als Steuerfestsetzung unter dem Vorbehalt der Nachprüfung gemäß §§ 164, 167 Abs. 1 S. 1, 168 S. 1 AO kann sich der Arbeitgeber nicht darauf berufen, dass für ihn eigentlich der Vierteljahreszeitraum gelte.[1099]

---

1096 *Muhler*, wistra 2009, 1, 2.

1097 *Muhler*, wistra 2009, 1, 2.

1098 *Cöster*, in: Koenig-AO, § 168, Rn. 20; *von Wedelstädt*, in: Kühn/v. Wedelstädt, § 168 AO, Rn. 5.

1099 *Hilgers-Klautzsch*, in: Kohlmann, § 370, Rn. 1320.

Besonderheiten ergeben sich allerdings auch hier hinsichtlich des Lohnsteuerermäßigungsverfahrens.[1100] Unter Berücksichtigung der oben bereits festgestellten Ergebnisse zur Abgrenzung des Versuchs von der Vollendung im Zusammenhang mit dem Erwirken von Feststellungsbescheiden[1101] wird ein ungerechtfertigter Steuervorteil bereits in dem Moment erlangt, in dem die unrichtigen Daten auf der Lohnsteuerkarte eingetragen werden bzw. in dem Moment der Bekanntgabe des falschen Freibetrags als ELStAM durch die Finanzbehörde.[1102]

### 3. *Bauabzugsteuer*

Bei der Bauabzugsteuer ist fraglich, ob in den Fällen des Erwirkens eines Freistellungsbescheids durch das Machen falscher Angaben bei der Antragstellung, ein früherer Vollendungszeitpunkt angenommen werden kann. Ein Teil der Literatur bejaht dies und geht, unter Hinweis auf den vermeintlich gleichgearteten Fall der Feststellungsbescheide davon aus, dass der Leistende mit der Erwirkung eines Freistellungsbescheids einen ungerechtfertigten Steuervorteil erlangt hat.[1103] Wie oben bereits in Verbindung mit der Abgrenzung des Versuchs von der Vorbereitung bei der Bauabzugsteuer dargelegt wurde, sind die beiden Fälle nicht vergleichbar.[1104] Der Freistellungsbescheid hat zum einen anders als ein Feststellungsbescheid keine bindende Wirkung für die Folgebescheide. Zum anderen gibt es auch keine automatische Weiterleitung und Übernahme des Freistellungsbescheids in die Folgebescheide – wie dies bei den Feststellungsbescheiden der Fall ist –, da der Steuerpflichtige, um den Steuerabzug zu verhindern, den Freistellungsbescheid immer erst noch beim Leistungsempfänger vorlegen muss. Aus diesen Gründen liegt im Moment der Erwirkung des Freiststellungsbescheids noch keine konkrete Gefährdung des Steueranspruchs vor. Die Erwirkung des Freistellungsbescheids ist eine reine Vorbereitungshandlung. Erst in dem Moment, in dem der Leistungsempfänger es als Tatmittler wegen der falschen Freistellungsbescheinigung unterlässt, die Bauabzugsteuer rechtzeitig anzumelden, ist die Steuerhinterziehung in der Form der Steuerverkürzung für den Leistenden als mittelbaren Täter vollendet.[1105]

---

1100 Siehe dazu bereits oben 182.

1101 Vgl. zum Streitstand bei der Erwirkung von Feststellungsbescheiden 106 ff. und zu dem Ergebnis 116 ff.

1102 *Rolletschke,* in: Rolletschke/Kemper, § 370, Rn. 632.

1103 *Hilgers-Klautzsch,* in: Kohlmann, § 370, Rn. 1350; *Seipl,* in: Wannemacher, Steuerstrafrecht, 6. Aufl., Rn. 997.

1104 Vgl. zur Argumentation oben 185 ff.

1105 So im Ergebnis auch *Kindshofer*, PStR 2003, 160, die sich allerdings nicht zum Vorliegen einer mittelbaren Täterschaft äußert.

# D. Nichtverwendung von Steuerzeichen, Steuerstemplern (§ 370 Abs. 1 Nr. 3 AO)

## I. Grundsätzliches

Die Tatbestandsalternative des pflichtwidrigen Unterlassens der Verwendung von Steuerzeichen und Steuerstemplern wurde eingefügt, weil in diesen Fällen kein unmittelbar pflichtwidriges Verhalten gegenüber der Finanzbehörde erforderlich ist.[1106] Da die Nichtverwendung aus diesem Grund nicht bereits von § 370 Abs. 1 Nr. 2 AO erfasst ist, wurde die Strafbarkeitslücke durch die Schaffung des § 370 Abs. 1 Nr. 3 AO geschlossen.[1107] Relevanz hat sie gegenwärtig allein für die Tabaksteuer und die dort grundsätzlich gegebene Verpflichtung der Verwendung von Tabaksteuerbanderolen gemäß § 17 Abs. 1 TabStG.[1108] In § 13 Abs. 2 RennwLottG und in § 159 Nr. 6 BranntwMonG sind zwar Ermächtigungen zur Verwendung von Steuerstemplern bzw. Steuerzeichen vorgesehen, von diesen wurde allerdings bisher kein Gebrauch gemacht.[1109] Die früher gebräuchliche Verwendung von Börsenumsatzsteuermarken sowie Wechselsteuermarken wurde im Rahmen des 1. Finanzmarktförderungsgesetzes vom 22. Februar 1990 abgeschafft.[1110]

Durch die Verwendung der Steuerzeichen wird die Steuer entrichtet, wobei Verwenden gemäß § 17 Abs. 1 S. 2 TabStG die Entwertung und Anbringung auf den Kleinverkaufspackungen umfasst. Die Steuerzeichen sind gemäß § 32 Abs. 1 S. 1 TabStV vom Steuerpflichtigen im Vorhinein beim Hauptzollamt Bielefeld anzumelden und zu beziehen. Durch die Anmeldung entsteht zugleich auch die Steuerzeichenschuld, die aber von der Tabaksteuerschuld strikt zu trennen ist und eine Anmeldungssteuer darstellt.[1111] Die Tabaksteuer wird grundsätzlich nicht veranlagt, weder durch den Steuerpflichtigen selbst noch durch das Zollamt, sondern ist vielmehr eine reine Fälligkeitssteuer die direkt mit Verwirklichung des Steuertatbestands fällig ist.[1112]

Von § 370 Abs. 1 Nr. 3 AO wird, auch wenn es sich dem Wortlaut nicht direkt entnehmen lässt, nicht nur das vollständige Unterlassen der Verwendung von Steuerzeichen erfasst, sondern auch das nicht rechtzeitige Verwenden oder das

---

1106 *Hellmann*, in: H/H/Sp, § 370 AO, Rn. 111.

1107 *Weidemann*, ZfZ 2008, 97, 99.

1108 *Ransiek*, in: Kohlmann, § 370, Rn. 360.

1109 *Rüsken*, in: Klein, § 167, Rn. 11; *Rolletschke*, Steuerstrafrecht, Rn. 53.

1110 *Ransiek*, in: Kohlmann, § 370, Rn. 360.

1111 *Weidemann*, wistra 2012, 1, 3.

1112 *Dumke/Webel*, in: Schwarz, § 370 AO, Rn. 73; *Weidemann*, ZfZ 2008, 97, 98; *Weidemann*, wistra 2012, 1, 2.

Verwenden in nicht vorgeschriebener Höhe.[1113] Gemäß § 17 Abs. 1 S. 3 TabStG müssen die Steuerzeichen bei Entstehung der Steuer verwendet sein. Gemäß § 15 Abs. 1 TabStG entsteht die Tabaksteuer in dem Moment, in dem die Tabakwaren in den steuerrechtlich freien Verkehr[1114] überführt werden, solange sich nicht eine Steuerbefreiung anschließt.

Da die Tatbestandsalternative des § 370 Abs. 1 Nr. 3 AO im Gegensatz zu den anderen Tatbestandsalternativen kein unmittelbar pflichtwidriges Verhalten gegenüber der Finanzbehörde erfordert und das Verfahren um die Verwendung von Tabaksteuerzeichen so ausgestaltet ist, dass sich die Tabaksteuer als reine Fälligkeitssteuer darstellt, ist eine von den Veranlagungs- und Anmeldungssteuern getrennte Untersuchung notwendig.

## II. Abgrenzung

Da die Steuerzeichen verwendet sein müssen, wenn die Steuer entsteht, kann es bei dieser Art der Steuerhinterziehung durch Unterlassen kein Versuchsstadium geben.[1115] Vor dem Entstehungszeitpunkt ist die Nichtverwendung pflichtgemäß und kann somit keine Strafbarkeit, auch nicht eine solche wegen Versuchs, begründen.[1116] Sobald das Stadium der Vorbereitungshandlungen verlassen wird, also mit der Ausführung des Steuerpflichtigen Vorgangs begonnen wird, tritt sogleich Vollendung ein.[1117]

### *1. Straflose Vorbereitungshandlungen*

Um eine reine Vorbereitungshandlung handelt es sich danach, wenn der Steuerpflichtige die Steuerzeichen unrechtmäßig aus privater Hand unter Steuerwert erwirbt.[1118] Es fehlt, selbst bei Vorliegen einer offensichtlichen Absicht zur Steuerhinterziehung, an Handlungen die den Entschluss des Steuerpflichtigen zur Steuerhinterziehung greifbar machen.[1119] Es handelt sich um die, auch aus dem

---

1113 *Hellmann,* in: H/H/Sp, § 370 AO, Rn. 114; *Jäger,* in: Klein, § 370, Rn. 76; *Kürzinger,* in: Wannemacher, Rn. 190; *Rolletschke*, Steuerstrafrecht, Rn. 53.

1114 Gemäß § 4 Nr. 3 TabStG ist der Tabak in den steuerrechtlich freien Verkehr gelangt, wenn weder ein Verfahren der Steueraussetzung noch ein zollrechtliches Nichterhebungsverfahren vorliegt.

1115 *Muhler,* in: Müller-Gugenberger (Hg.) 2015 – Wirtschaftsstrafrecht, § 44, Rn. 82.

1116 *Ransiek,* in: Kohlmann, § 370, Rn. 720.

1117 *Muhler,* in: Müller-Gugenberger (Hg.) 2015 – Wirtschaftsstrafrecht, § 44, Rn. 82.

1118 RGSt 57, 183, 184; *Hellmann,* in: H/H/Sp, § 370 AO, Rn. 302; *Höser*, Vorbereitungshandlung und Versuch im Steuerstrafrecht, S. 85; *Schröter*, Das Tabaksteuergesetz Kommentar, § 93, Anm. 1.

1119 RGSt 57, 183, 184.

allgemeinen Strafrecht bekannte, Situation der Anschaffung von Tatmitteln, die allein grundsätzlich noch keinen Versuch begründet.[1120] Das geschützte Rechtsgut ist noch nicht konkret gefährdet. Das Gleiche gilt für die Anschaffung des Tabaks in der Absicht diesen un- oder auch unterversteuert zu verarbeiten.[1121]

Ebenso eine reine Vorbereitungshandlung stellt es dar, wenn der Steuerpflichtige Steuerzeichen mit einem zu geringen Wert anbringt, bevor die Steuer überhaupt entstanden ist.[1122] Es besteht keine Möglichkeit und erst recht auch keine Verpflichtung zur Tilgung der Steuerschuld vor ihrer Entstehung, so dass es bis zur Entstehung belanglos ist, ob und, wenn ja, in welcher Höhe Steuerzeichen angebracht wurden.[1123]

## 2. *Vollendung*

Die Tabaksteuerhinterziehung ist in dem Zeitpunkt vollendet, in dem die Steuer mit Entnahme der Waren aus dem Steuerlager entsteht, ohne dass Steuerzeichen verwendet wurden.[1124] Die Entnahme der Tabakwaren aus dem Steuerlager stellt den steuerpflichtigen Vorgang dar.

Umstritten ist der Vollendungszeitpunkt allerdings in den Fällen der Herstellung des Tabaks ohne Erlaubnis. Als Überführung der Tabakwaren in den steuerrechtlich freien Verkehr gilt gemäß § 15 Abs. 2 Nr. 2 TabStG auch deren Herstellung ohne Erlaubnis. Daraus wird teilweise geschlossen, dass in dem Moment Vollendung eintrete, in dem mit der Herstellung begonnen werde und keine Steuerzeichen verwendet wurden.[1125] Die Steuerzeichen können zwar noch nicht an die Zigarettenverpackungen angebracht, aber sie können entwertet werden, was gemäß § 17 Abs. 1 S. 2 TabStG vom Verwenden umfasst ist.[1126]

---

1120 *Höser*, Vorbereitungshandlung und Versuch im Steuerstrafrecht, S. 85; *Ransiek*, in: Kohlmann, § 370, Rn. 721.

1121 RGSt 57, 183, 184, *Hellmann*, in: H/H/Sp, § 370 AO, Rn. 302.

1122 RFHE 20, 292, 297; *Hellmann*, in: H/H/Sp, § 370 AO, Rn. 302; *Höser*, Vorbereitungshandlung und Versuch im Steuerstrafrecht, S. 86; *Ransiek*, in: Kohlmann, § 370, Rn 721.

1123 *Höser*, Vorbereitungshandlung und Versuch im Steuerstrafrecht, S. 86; *Ransiek*, in: Kohlmann, § 370, Rn. 721.

1124 *Schmitz/Wulf*, in: MüKo-StGB, § 370 AO; Rn. 352.

1125 RGSt 65, 182, 183; *Höser*, Vorbereitungshandlung und Versuch im Steuerstrafrecht, S. 153; *Ransiek*, in: Kohlmann, § 370, Rn. 720, welcher in der Vorauflage die Vollendung erst mit Entfernung aus dem Steuerlager oder dem Verbrauch annehmen wollte; so wohl auch *Weidemann*, wistra 2012, 1, 3.

1126 *Ransiek*, in: Kohlmann, § 370, Rn. 720.

Ein gegenteiliger Ansatz, will die Vollendung erst mit dem Entfernen aus dem Steuerlager annehmen.[1127] Für die Vollendung der Steuerhinterziehung sei nicht das Entstehen der Steuerschuld, sondern der Zeitpunkt, in welchem die Steuerzeichen verwendet werden müssen, entscheidend.[1128] Zudem könne eine Steuerschuld erst für ein bereits hergestelltes Tabakerzeugnis entstehen, da allein dafür Steuersätze vorgesehen seien.[1129]

Die Begründung des zuletzt genannten Ansatzes vermag nicht zu überzeugen, da ihr der klare Gesetzeswortlaut entgegensteht. § 15 Abs. 1, Abs. 2 Nr. 2 TabStG ordnet an, dass die Tabakwaren bereits mit der Herstellung ohne Erlaubnis in den steuerrechtlich freien Verkehr überführt werden und dass hierdurch die Steuer entsteht. Die Trennung der Zeitpunkte der Steuerentstehung und der Verpflichtung zur Verwendung von Steuerzeichen widerspricht dem Gesetzeswortlaut, da § 17 Abs. 1 S. 3 TabStG anordnet, dass die Steuerzeichen verwendet sein müssen, wenn die Steuer entsteht. Folglich ist die Steuerhinterziehung vollendet, sobald mit der Herstellung begonnen wird und keine Steuerzeichen verwendet werden.

## E. Einfuhrabgaben

### I. Anwendbare Rechtsvorschriften

Mit Einführung des Zollkodexes (ZK) und der dazu gehörigen Durchführungsverordnung durch die Europäische Union am 1. Januar 1994 wurden die bis dahin geltenden über 100 Richtlinien und Verordnungen zusammengefasst.[1130] 2008 wurde sodann der sogenannte Modernisierte Zollkodex (MZK) verabschiedet, der ab Juni 2013 angewendet werden sollte.[1131] Allerdings wurde noch vor dessen Inkrafttreten von der Kommission eine geänderte Version des Modernisierten Zollkodexes vorgeschlagen, der sogenannte Zollkodex der Union (UZK). Dieser trat mit der EU-Verordnung Nr. 952/2013 vom 9. Oktober 2013[1132] am 30. Oktober 2013 in Kraft und ersetzt den Modernisierten Zollkodex, der somit niemals in der

---

1127 *Hellmann,* in: H/H/Sp, § 370 AO, Rn. 313; *Schröter,* Das Tabaksteuergesetz Kommentar, § 5, Anm. 4, der sich noch auf den § 5 Abs. 2 TabStG vom 6. Mai 1953 bezieht, welcher nun sinngemäß in § 15 Abs. 2 Nr. 2 TabStG geregelt ist.

1128 *Hellmann,* in: H/H/Sp, § 370 AO, Rn. 313.

1129 *Schröter,* Das Tabaksteuergesetz Kommentar, § 5, Anm. 4.

1130 *Beil,* in: Wannemacher, Steuerstrafrecht, 6. Aufl., Rn. 1638.

1131 Verordnung (EG) Nr. 450/2008, veröffentlicht im Amtsblatt L 145 der Europäischen Union.

1132 Veröffentlicht im Amtsblatt L269 der Europäischen Union.

Praxis Anwendung fand.[1133] Vollständig angewendet wird der Unionszollkodex allerdings erst seit dem 1. Mai 2016[1134], so dass zum Zeitpunkt des Abschlusses der Arbeit die Durchführungsverordnungen der Kommission nur als Entwürfe[1135] veröffentlicht waren. Auch an den Unionszollkodex angepasste Dienstvorschriften bzw. Anwendungserlasse zur Anwendung der Abgabenordnung im Bereich der Zollverwaltung waren zu der Zeit weder bekanntgemacht noch lagen sie als Entwurf vor. Die Ausführungen beziehen sich – soweit dies möglich ist – auf die Rechtslage, die seit dem 1. Mai 2016 gilt. Teilweise wird aber auch auf Fallgestaltungen des bisherigen Rechts eingegangen, da sie wegen ihrer Verfolgbarkeit weiterhin Relevanz besitzen.

Die nationalen Regelungen, wie das Zollverwaltungsgesetz und die Zollverordnung, ergänzen die europäischen Zollvorschriften nur noch in Randbereichen.[1136] Die Abgabenordnung wird durch die europäischen Zollvorschriften zum großen Teil überlagert.[1137] Der Unionszollkodex gilt zwar gemäß Art. 5 Nr. 20 UZK (Art. 4 Nr. 10 ZK) zunächst nur für Zölle. Für die Einfuhrumsatzsteuer stellt aber § 21 Abs. 2 UStG klar, dass auch für sie die Vorschriften für Zölle sinngemäß gelten. Für die Verbrauchsteuern existieren in den jeweiligen Gesetzen ähnliche Regelungen, die für die Fälle der Einfuhr auf die Zollvorschriften verweisen.[1138]

Da der europäische Gesetzgeber allerdings nur sehr begrenzte strafrechtliche Kompetenzen, wie den Erlass von Mindestvorschriften zur Festlegung von Straftaten und Strafen bei grenzüberschreitender Kriminalität besitzt und ein Europäisches Unionsstrafrecht in Zollsachen folglich nicht existiert, ist das Zollstrafrecht

---

1133 *Beil*, in: Wannemacher, Steuerstrafrecht, 6. Aufl., Rn. 1641; *Hilgers-Klautzsch*, in: Kohlmann, § 370, Rn. 1526.1

1134 Vgl. die Berichtigung der Verordnung (EU) Nr. 952/2013 des Europäischen Parlaments und des Rates vom 9. Oktober 2013 zur Festlegung des Zollkodex der Union.

1135 Entwurf einer Delegierten Verordnung (EU) .../... der Kommission zur Ergänzung der Verordnung (EU) Nr. 952/2013 des Europäischen Parlaments und des Rates mit Einzelheiten zur Präzisierung von Bestimmungen des Zollkodex der Union vom Juli 2015 (DA–Entwurf); Entwurf der Durchführungsverordnung (EU) .../... Der Kommission mit Einzelheiten zur Umsetzung von Bestimmungen der Verordnung (EU) Nr. 952/2013 des Europäischen Parlaments und des Rates zur Festlegung des Zollkodex der Union von August 2015 (IA–Entwurf), beide abrufbar unter https://www.wko.at/Content.Node/service/aussenwirtschaft/fhp/Zoll/Die-Durchfuehrungsverordnungen-zum-Unionszollkodex-.html.

1136 *Retemeyer*, in: Müller-Gugenberger (Hg.) 2015 – Wirtschaftsstrafrecht, § 45, Rn. 1.

1137 *Retemeyer*, in: Müller-Gugenberger (Hg.) 2015 – Wirtschaftsstrafrecht, § 45, Rn. 2.

1138 Vgl. z. B. §§ 19 ff. EnergieStG, §§ 13 ff. KaffeeStG, §§ 145 ff. BranntweinMonG, §§ 16 f. SchaumwZwStG.

weiterhin nationales Recht geblieben.[1139] Somit findet auf die Hinterziehung von Einfuhrabgaben, wie § 369 Abs. 1 AO verdeutlicht, § 370 AO Anwendung.[1140] Zu den von §§ 369 f. AO erfassten Einfuhrabgaben[1141] zählen gemäß § 3 Abs. 3 AO der Zoll, die Einfuhrumsatzsteuer, die gemäß § 21 Abs. 1 UStG Verbrauchsteuer im Sinne der Abgabenordnung ist, und die bei der Einfuhr aus Drittstaaten in die EU zu erhebenden Verbrauchsteuern, soweit es sich um verbrauchsteuerpflichtige Waren handelt.[1142] Im Folgenden wird nur einheitlich von Einfuhrabgaben gesprochen und keine Differenzierung vorgenommen.

## II. Veranlagungssteuer, Anmeldungssteuer

Seit der Einführung des Zollkodexes sind die Einfuhrabgaben zu veranlagen und werden nicht mehr, wie früher, mit Verwirklichung des Steuertatbestands fällig.[1143] Für die Veranlagung der Einfuhrabgaben sind die Zollbehörden zuständig.[1144] Allerdings gibt es auch Fälle, in denen der Zollschuldner die Abgaben selbst zu berechnen und den errechneten Betrag in der Zollanmeldung anzugeben hat. Das war vor der Anwendung des Unionszollkodexes insbesondere typisch bei den vereinfachten Anmeldeverfahren gemäß Art. 76 Abs. 1 lit. b ZK und bei den Anschreibeverfahren gemäß Art. 76 Abs. 1 lit. c ZK, die im Unionszollkodex in

---

1139 Vgl. *Beil,* in: Wannemacher, Steuerstrafrecht, 6. Aufl., Rn. 1666; ausführlich *Ransiek,* in: Kohlmann, § 370, Rn. 543 ff., auch bezüglich der Entwicklung und des Standes der strafrechtlichen Kompetenz der Union; *Schuster,* Das Verhältnis von Strafnormen und Bezugsnormen aus anderen Rechtsgebieten, S. 304 ff., 313 ff., der eine Kompetenz der Europäischen Union zum Erlass unmittelbar geltender europäischer Straftatbestände zum Schutz der finanziellen Interessen der Europäischen Union ablehnt.

1140 Vgl. auch *Retemeyer,* in: Müller-Gugenberger (Hg.) 2015 – Wirtschaftsstrafrecht, § 45, Rn. 2. In Art. 42 UZK ist nun explizit vorgeschrieben, dass jeder Mitgliedsstaat wirksame Sanktionen für Zuwiderhandlungen gegen die zollrechtlichen Vorschriften vorsehen muss.

1141 Der früher gängige Begriff der „Eingangsabgaben" wird durch den aktuell in den Gesetzestexten verwendeten Begriff der „Einfuhrabgaben" verdrängt, vgl. *Beil,* in: Wannemacher, Steuerstrafrecht, 6. Aufl., § 370, Rn. 1643.

1142 *Hilgers-Klautzsch,* in: Kohlmann, § 370, Rn. 1526, 1527.1; *Retemeyer,* in: Müller-Gugenberger (Hg.) 2015 – Wirtschaftsstrafrecht, § 45, Rn. 3; ausführlich *Schuster/ Schultehinrichs,* in: Flore/Tsambikakis, § 373 AO, Rn. 7 ff.; *Weidemann,* wistra 2012, 49 f.

1143 LG Dresden, NStZ-RR 2000, 90; *Beil,* in: Wannemacher, Steuerstrafrecht, 6. Aufl., Rn. 1754; *Bender,* wistra 1997, 233; *Hellmann,* in: H/H/Sp, § 370 AO, Rn. 314; *Weidemann,* wistra 2012, 49, 50.

1144 Vgl. *Wünsch,* in: Koenig-AO, § 23, Rn. 1 ff.

den (Art. 166, 167, 182 UZK) neu geregelt wurden.[1145] Ob die Selbstberechnung in diesen Fällen unter den geänderten Voraussetzungen in der Praxis weiterhin die Regel sein wird, bleibt abzuwarten. Eine weitere Möglichkeit der Selbstveranlagung wurde im Zusammenhang mit dem neuen Instrument der Eigenkontrolle gemäß Art. 185 UZK geschaffen.[1146]

Die Konstellationen der Selbstberechnung sind mit der aus dem deutschen Recht bekannten Steueranmeldung gemäß §§ 167 Abs. 1, 168 Abs. 1 AO vergleichbar.[1147] Für die Fälle der Selbstveranlagung im Rahmen der Eigenkontrolle regelt Art. 230 Abs. 2 S. 2 IA-Entwurf[1148] ausdrücklich, dass die Zollschuld zum Zeitpunkt der Einreichung der Angaben zu dem ermittelten Betrag als mitgeteilt gilt. Die selbstberechneten Zollanmeldungen stehen danach wie die Steueranmeldungen einer Steuerfestsetzung gleich. Ob – wie es vor der Anwendung des Unionszollkodexes der Fall war – der in § 168 Abs. 1 AO erwähnte Vorbehalt der Nachprüfung, wegen der in den Zollvorschriften gegebenen Vorschriften zur buchmäßigen Erfassung und zu Erlass/Erstattung gegenstandslos ist, ist noch nicht geklärt.[1149] Nach bisheriger Rechtslage sollten die §§ 164, 165 AO, die erleichterte Voraussetzungen für die Änderung von Abgabenfestsetzungen vorsehen, nicht anwendbar sein, da die Korrekturmöglichkeiten für die Einfuhrabgaben abschließend in den Art. 220, 221 ZK geregelt waren. Nach diesen Vor-

---

1145 *Alexander,* in: Witte Zollkodex, Art. 221, Rn. 4; *Henke,* in: Witte Zollkodex, Art. 76, Rn. 9.

1146 Vgl. zur Eigenkontrolle *Witte/Henke/Kammerzell,* Der Unionszollkodex (UZK), S. 167 ff.; 220; 224; vgl. auch ausführlich *Lux,* AW-Prax 2010, 299 ff.; 349 ff. für die Eigenkontrolle nach dem MZK.

1147 Vgl. zur alten Rechtslage *Alexander,* in: Witte Zollkodex, Art. 221, Rn. 4 f.; *Fotscher,* in: Schwarz, § 167 AO, Rn. 5; *Gellert,* in: Dorsch, Art. 221, Rn. 10 f.; *Möller/Retemeyer,* in: Bender/Möller/Retemeyer, C III, Rn. 288 ff.; Punkt 7 im Vordruck 0512 – Anschreibung/Ergänzende Zollanmeldung/Statische Anmeldung für die Überführung der Waren in den freien Verkehr (2006).

1148 Entwurf der Durchführungsverordnung (EU) …/… Der Kommission mit Einzelheiten zur Umsetzung von Bestimmungen der Verordnung (EU) Nr. 952/2013 des Europäischen Parlaments und des Rates zur Festlegung des Zollkodex der Union von August 2015 (IA-Entwurf), abrufbar unter https://www.wko.at/Content.Node/service/aussenwirtschaft/fhp/Zoll/Die-Durchfuehrungsverordnungen-zum-Unionszollkodex-.html (Abruf v. 20.11.2015).

1149 *Deimel,* in: Hübschmann/Hepp/Spitaler, Art. 221 ZK, Rn. 21; AO-DV Zoll (26. September 2014), Nr. 1 zu § 164 und Nr. 1 zu § 168, wobei sowohl die AO-DV Zoll als auch *Deimel* etwas missverständlich formulieren, indem sie feststellen, dass § 168 AO nicht anwendbar sei, da § 164 AO gegenstandslos sei. Gemeint ist damit, dass im deutschen Verfahren die selbstberechneten Zollanmeldungen zwar nicht unter dem Vorbehalt der Nachprüfung stehen, aber trotz allem als Festsetzung gelten.

schriften war eine Korrektur der Abgabenbescheide innerhalb der dreijährigen Festsetzungsfrist auch bei Bestandskraft zulässig.[1150] Da der Unionszollkodex in Art. 102, 103, 105, 119 UZK ähnliche Korrekturmöglichkeiten regelt, sollte allerdings weiterhin davon ausgegangen werden, dass der in § 168 Abs. 1 AO geregelte Vorbehalt der Nachprüfung für die Einfuhrabgaben nicht gilt.

## III. Die Einfuhr und das dazugehörige Verfahren

### *1. Die Einfuhr*

Als Einfuhr wird der Vorgang bezeichnet, in dem Waren aus einem Drittland in das Zollgebiet der Gemeinschaft verbracht oder aus dem Nichterhebungsverfahren entlassen werden.[1151] Innerhalb des Gebiets der Europäischen Union werden keine Einfuhrabgaben erhoben, weswegen die Bundesrepublik Deutschland auch kaum noch über Zollgrenzen verfügt.[1152] Voraussetzung für die steuerliche Einfuhr ist die Verbringung der Ware, worunter die Überführung der Waren in den zoll- und steuerrechtlich freien Verkehr zu verstehen ist.[1153] Nichtgemeinschaftswaren[1154] die sich z. B. in einem sogenannten Nichterhebungsverfahren, wie dem zollrechtlichen externen Versandverfahren gemäß Art. 210 lit. a, 226 UZK, (Art. 84 Abs. 1 lit. a 1. Anstrich, 91 ZK), befinden, werden allerdings nicht eingeführt, sondern unter Zollverschluss innerhalb des Zollgebiets der Gemeinschaft befördert.[1155] Solange die Nichtgemeinschaftswaren in diesem Verfahren bleiben, werden keine Einfuhrabgaben erhoben.[1156] Hierdurch wird erreicht, dass die Überführung in den zollrechtlich freien Verkehr und damit die Verzollung erst am Bestimmungsort im Binnenland vorgenommen wird und nicht bereits am Ort der Verbringung.[1157]

---

1150 *Alexander,* in: Witte Zollkodex, Vorbem. zu Art. 220, 221, Rn. 13.

1151 *Leicht,* in: Beck'sches Steuer- und Bilanzrechtslexikon, Einfuhr, Rn. 2;*Weidemann,* wistra 2012, 49.

1152 *Leicht,* in: Beck'sches Steuer- und Bilanzrechtslexikon, Einfuhr, Rn. 1; *Retemeyer,* in: Müller-Gugenberger (Hg.) 2015 – Wirtschaftsstrafrecht; § 45, Rn. 28; vgl. hierzu näher *Jäger,* in: Böse (Hg.) 2009 – FS Amelung, S. 448 f.

1153 *Leicht,* in: Beck'sches Steuer- und Bilanzrechtslexikon, Einfuhr, Rn. 2.

1154 Nicht-Unionswaren sind in Art. 5 Nr. 24 UZK (Nichtgemeinschaftswaren in Art. 4 Nr. 8 ZK) definiert.

1155 *Beil,* in: Wannemacher, Steuerstrafrecht, 6. Aufl., Rn. 1729; *Henke,* in: Witte Zollkodex, Art. 84, Rn. 2.

1156 *Henke,* in: Witte Zollkodex, Art. 84, Rn. 2.

1157 *Witte,* in: Witte Zollkodex, Art 4, Rn. 2.

## 2. Das Einfuhrverfahren

Da bei der Hinterziehung von Einfuhrabgaben ein tatbestandsmäßiges Verhalten in vielfältiger Form möglich ist, wird zunächst kurz auf das Verfahren bei der Einfuhr eingegangen.[1158] Grundsätzlich hat derjenige, der Waren aus Drittländern verbringen möchte, vor der Verbringung eine Vorab-Anmeldung gemäß Art. 127 ff. UZK (Art. 36a ff. ZK)[1159], die sogenannte summarische Eingangsanmeldung (ESumA), abzugeben.[1160] Hierdurch soll zum einen die Zollverwaltung in die Lage versetzt werden, eine qualifizierte Risikoanalyse durchzuführen und zum anderen später eine schnellere Bearbeitung der Zollanmeldung und Überlassung der Waren ermöglicht werden.[1161] Sie darf nicht mit der Zollanmeldung gemäß Art. 158 UZK (Art. 59 ZK) verwechselt werden, auf die gleich noch eingegangen wird.[1162]

Werden die Waren dann in das Zollgebiet der Gemeinschaft verbracht, sind sie unverzüglich gemäß Art. 135 f. UZK (Art. 38 Abs. 1 ZK), § 2 ZollVG auf vom Zoll bezeichneten Wegen (Zollstraßen) unter Beachtung der Öffnungszeiten zu der zuständigen Zollstelle zu befördern.[1163] Für gewisse Verkehrsarten gelten Ausnahmen gemäß Art. 135 Abs. 6, 136 UZK (Art. 38 Abs. 4–6 ZK). So ist beispielsweise der Luft- und Seeverkehr nicht an Zollstraßen, sondern an Zollflugplätze oder Zolllandungsplätze gebunden.[1164] An der Zollstelle sind die Waren gemäß Art. 139 UZK (Art. 40 ZK) vom Verbringer zu gestellen. Gestellung meint gemäß Art. 5 Nr. 33 UZK (Art. 4 Nr. 19 ZK) die Mitteilung an die Zollbehörde, dass Ware auf dem Amtsplatz eingetroffen ist. Sie kann nach § 8 S. 1 ZollV in beliebiger Form erfolgen, weswegen schlüssiges Verhalten in der Regel ausreicht.[1165] Versteckte oder durch besonders angebrachte Vorrichtungen verheimlichte Waren müssen gemäß § 8 S. 2 ZollV allerdings ausdrücklich mitgeteilt werden.

---

1158 *Beil,* in: Wannemacher, Steuerstrafrecht, 6. Aufl., Rn. 1673.

1159 Die allgmeine gesetzliche Verpflichtung zur Abgabe einer summarischen Eingangsanmeldung besteht erst seit dem 1.1.2011. Die Art. 36a ff. ZK sind durch die VO (EG) Nr. 648/2005, ABl. EU 2005 Nr. L 117/13 eingefügt worden, *Rogmann,* in: Hübschmann/Hepp/Spitaler, Art. 36a-36c ZK, Rn. 3.

1160 *Kampf,* in: Witte Zollkodex, Art. 36a, Rn. 1, 21 ff., unter Benennung der weiteren Umstände und Fallkonstellationen, welche die Abgabe einer ESumA nicht erfordern.

1161 *Kampf,* in: Witte Zollkodex, Art. 36a, Rn. 1.

1162 *Henke,* in: Witte Zollkodex, Art. 59, Rn. 3.

1163 *Kampf,* in: Witte Zollkodex, Art. 38, Rn. 6. Zu den Ausnahmen siehe Art. 38, Abs. 4, 5, 6 ZK.

1164 *Kampf,* in: Witte Zollkodex, Art. 38, Rn. 2; Art. 38 Abs. 4 ZK nennt weitere Ausnahmen von der Beförderungspflicht.

1165 *Beil,* in: Wannemacher, Steuerstrafrecht, 6. Aufl., Rn. 1684.

Nach der Gestellung müssen die Waren in ein Zollverfahren überführt werden. Dies geschieht durch Abgabe einer Zollanmeldung gemäß Art. 158 UZK (Art. 59 ZK), die zu den Steuerklärungen nach deutschem Recht zu zählen ist.[1166] Sie soll gemäß Art. 6 Abs. 1 UZK grundsätzlich mit Mitteln der elektronischen Datenverarbeitung unter Nutzung des Zoll-EDV-System ATLAS[1167] erfolgen.[1168] Dies ist insofern neu, als das im Zollkodex ein solches Regel-Ausnahme-Prinzip noch nicht galt, sondern eine Zollanmeldung gemäß Art. 61 ZK in verschiedenen Formen abgegeben werden konnte. In bestimmten Fällen wird aber weiterhin die Abgabe einer mündlichen (Art. 158 Abs. 2 UZK i. V. m. Art. 135 ff. DA–Entwurf[1169]), einer konkludenten (Art. 158 Abs. 2 UZK i. V. m. Art. 141 DA–Entwurf) oder in den Fällen des Reiseverkehrs auch einer papiergestützten Zollanmeldung (Art. 158 Abs. 2 UZK i. V. m. Art. 143 DA–Entwurf) zugelassen. Art. 182 Abs. 1 UZK regelt zudem die Möglichkeit der Zollanmeldung als Anschreibung in der Buchführung. Bei gewissen Zollverfahren gemäß Art. 211 UZK (Art. 85 ZK) findet vorher zudem noch ein Bewilligungsverfahren statt, in dem das Zollverfahren beantragt und von der Zollbehörde bewilligt werden muss.[1170]

Als nächstes hat die zuständige Zollbehörde den Abgabenbetrag gemäß Art. 101 Abs. 1, 104, 105 UZK (Art. 217 ff. ZK) bei Vorliegen der erforderlichen Angaben unmittelbar buchmäßig zu erfassen und gemäß Art. 102, 103 UZK (Art. 221 ZK) dem Zollschuldner in geeigneter Form mitzuteilen. In Deutschland stellt die buchmäßige Erfassung die Fertigstellung des Abgabenbescheids dar.[1171] Der Abgabenbescheid gilt als fertiggestellt, wenn alle erforderlichen Angaben eingetragen sind und der Bescheidsentwurf schlussgezeichnet oder er in

---

1166 *Leicht,* in: Beck'sches Steuer- und Bilanzrechtslexikon, Steuerklärung, Rn. 3.

1167 Siehe zu ATLAS *Witte,* in: Witte Zollkodex, Art. 4, Rn. 2.

1168 Erwägungsgrund 43 der Verordnung (EU) Nr. 952/2013; *Henke,* in: Witte Zollkodex, Art. 61, Rn. 3a.

1169 Vgl. Art. 135 Abs. 1 lit. a, b, 136 Abs. 1 lit. i des Entwurfs einer Delegierten Verordnung (EU) …/… der Kommission zur Ergänzung der Verordnung (EU) Nr. 952/2013 des Europäischen Parlaments und des Rates mit Einzelheiten zur Präzisierung von Bestimmungen des Zollkodex der Union vom Juli 2015 (DA–Entwurf), abrufbar unter https://www.wko.at/Content.Node/service/aussenwirtschaft/fhp/Zoll/Die-Durchfuehrungsverordnungen-zum-Unionszollkodex-.html (Abruf v. 20.11.2105).

1170 *Henke,* in: Witte Zollkodex, Art. 59, Rn. 3.

1171 So zumindest nach der alten, noch zum Zolllkodex ergangenen Dienstvorschrift des Bundesministeriums der Finanzen zur Erhebung des Zollschuldbetrags (DV VSF Z 09 12), Abs. 5. Da sich insofern im Unionszollkodex keine Änderungen ergeben haben, kann wohl davon ausgegangen werden, dass dies auch weiterhin gilt.

ATLAS erstellt wird.[1172] Für die Form und Bekanntgabe der Mitteilung des buchmäßig erfassten Betrags wird in Art. 102 Abs. 1 UAbs. 1 UZK auf das nationale Recht des Ortes verwiesen, an dem die Zollschuld entstanden ist. In Deutschland ist folglich auf die §§ 119 ff., 155 ff. AO zurückzugreifen.[1173] Die Mitteilung entspricht somit der Bekanntgabe eines Steuerbescheids nach deutschem Recht.[1174] Die Bekanntgabe kann gemäß § 29a ZollV in bestimmten Fällen, wie z. B. im Reiseverkehr, auch mündlich oder ansonsten gemäß § 29b ZollV mit Mitteln der elektronischen Datenverarbeitung erfolgen. Bei der Bekanntgabe mit Mitteln der elektronischen Datenverarbeitung ist § 122 Abs. 2a AO zu beachten. Als Fiktion einer Mitteilung der Zollschuld kann aber beispielsweise auch die Überlassung der Waren gemäß Art. 102 Abs. 2 UZK (Art. 221 Abs. 2 UAbs. 2 ZK) gelten, wenn der angegebene Abgabenbetrag mit dem zu entrichtenden Einfuhrabgabenbetrag übereinstimmt.

Von dem soeben erläuterten Verfahren gibt es einige Ausnahmen und Erleichterungen, die unter anderem den Reiseverkehr, den Postverkehr oder die Art des Zollverfahrens, in das die Ware überführt wird bzw. bereits wurde, betreffen. Auf diese Verfahrensabweichungen wird bei der jeweiligen Abgrenzung näher eingegangen, wenn sie relevant werden.

## IV. Abgrenzung des Versuchs von der Vorbereitung und der Vollendung

Wie gezeigt unterliegen die Einfuhrabgaben größtenteils dem europäischen Recht. Die dort verwendeten Begrifflichkeiten, die Verfahren und die Mitwirkungspflichten unterscheiden sich deutlich von denen des deutschen Rechts. Zudem können Einfuhrabgaben sowohl Veranlagungs- als auch Anmeldungssteuern sein.[1175] Dies macht die Abgrenzung besonders interessant, so dass sie gesondert zu untersuchen sind.

1172 Vgl. hierzu die alte, noch zum Zollkodex ergangene DV VSF Z 09 12 Abs. 5. Da sich insofern im Unionszollkodex keine Änderungen ergeben haben, kann wohl davon ausgegangen werden, dass dies auch weiterhin gilt.

1173 *Alexander,* in: Witte Zollkodex, Art. 221, Rn. 14; *Witte/Henke/Kammerzell,* Der Unionszollkodex (UZK), S. 118; Vgl. zum Zollkodex: DV VSF Z 09 12 Abs. 17; EuGH, ZfZ 2006, 161, LS. 4.

1174 BFH, Beschl. v. 21.11.2002 – VII B 163/02 – Rn. 7.

1175 *Senge,* in: Erbs/Kohlhaas, § 370 AO, Rn. 33.

### *1. Abgrenzung Versuch und Vorbereitung*

#### *a) Grundsatz*

##### aa) Handlungsalternative (§ 370 Abs. 1 Nr. 1 AO)

Der Versuch der Steuerhinterziehung gemäß § 370 Abs. 1 Nr. 1 AO beginnt bei der Hinterziehung von Einfuhrabgaben, egal ob sie von der Zollbehörde zu veranlagen oder vom Zollanmelder selbst zu berechnen sind, in dem Zeitpunkt, in dem die unvollständigen oder unrichtigen Zollanmeldungen den Machtbereich des Zollanmeldungspflichtigen verlassen, er sie also z. B. elektronisch abschickt. Er hat in diesem Moment keinen Einfluss mehr auf die Zollanmeldung und geht davon aus, dass die falschen Angaben ohne weitere wesentliche Zwischenschritte buchmäßig erfasst werden. Das geschützte Rechtsgut erscheint aus seiner Sicht bereits konkret gefährdet zu sein.

Will der Zollanmeldungspflichtige die unrichtigen Zollanmeldungen an der Grenze bei der Zollabfertigungsstelle abgeben, so beginnt der Versuch erst mit der Vorlage der Zollanmeldungen bei der Zollabfertigung.[1176] Unter Rückgriff auf die Kombinationstheorie gehen der Bundesgerichtshof und Teile der Literatur richtigerweise davon aus, dass erst mit dieser gefährdenden Handlung das Tun ohne weitere Zwischenakte zum Taterfolg führt und mit diesem in zeitlichem und räumlichem Zusammenhang steht.[1177] Das Annähern an die Grenze ist hierfür noch nicht ausreichend, da die Abgabe der Zollanmeldung noch einen wesentlichen Zwischenschritt darstellt.[1178]

Fraglich ist, ob die Abgabe einer unrichtigen summarischen Eingangsanmeldung zu einem früheren Versuchsbeginn führen kann. Dies wird teilweise ohne Bezugnahme auf die Kriterien der Abgrenzungstheorien bejaht, da die Abgabepflicht für die summarische Eingangsanmeldung durch die Änderungen des Zollkodexes mit Wirksamwerden zum 1. Juli 2009[1179] vorverlagert wurde.[1180] Richtigerweise liegt aber in diesem Moment noch keine unmittelbare bzw. konkrete Gefährdung

---

1176 BGH, NStZ 2004, 580, 581 f.; ohne nähere Begründung *Hilgers-Klautzsch,* in: Kohlmann, § 370, Rn. 1540.1 und *Nikolaus,* in: Schwarz, § 373 AO, Rn. 53; *Ransiek,* in: Kohlmann, § 370, Rn. 701; *Schuster/Schultehinrichs,* in: Flore/Tsambikakis, § 373 AO, Rn. 51 f.

1177 BGH, NStZ 2004, 580, 582; *Ransiek,* in: Kohlmann, § 370, Rn. 701.

1178 BGH, NStZ 2004, 580, 582; *Ransiek,* in: Kohlmann, § 370, Rn. 701; *Schuster/Schultehinrichs,* in: Flore/Tsambikakis, § 373 AO, Rn. 52.

1179 Durch VO (EU) Nr. 273/2009 wurde aber eine Übergangszeit bis zum 31. Dezember 2010 geschaffen, so dass die Abgabe der ESumA erst seit dem 1. Januar 2011 verpflichtend ist.

1180 *Tully,* in: G/J/W, § 373 AO, Rn. 48.

des geschützten Rechtsguts vor. So führt die Abgabe der summarischen Eingangsanmeldung schon nicht zu einer Verbringungspflicht.[1181] Ändern sich die Pläne, kann die Ware auch unproblematisch in ein anderes Land oder gar nicht verbracht werden, so dass im Zeitpunkt der Abgabe der summarischen Eingangsanmeldung nicht feststeht, ob die Zollbehörde die Informationen überhaupt verwenden wird.[1182] Die Zollbehörde hat insoweit auch noch keine Zugriffsmöglichkeit auf die Ware.[1183] Weiterhin besteht nach ihrer Abgabe noch die Möglichkeit die summarische Eingangsanmeldung gemäß Art. 129 Abs. 1 UZK (Art. 36b Abs. 5 ZK) zu ändern. Da Art. 129 Abs. 1 UZK (Art. 36b Abs. 5 ZK) im Gegensatz zur Vorschrift für Änderungen der Zollanmeldung, Art. 173 UZK (Art. 65 ZK), keine Beschränkung hinsichtlich des Änderungsumfangs enthält, können ganz andere Waren als die ursprünglich angemeldeten von der neuen summarischen Eingangsanmeldung umfasst werden.[1184] Gemäß Art. 158 UZK (Art. 59 ZK) ist zudem immer noch eine Zollanmeldung abzugeben, durch die Fehler in der summarischen Eingangsanmeldung gemäß Art. 129 Abs. 1 UZK (Art. 36b Abs. 5 ZK) berichtigt werden können.[1185] Auch die Regelung des Art. 79 UZK (Art. 202–205 ZK) steht dem nicht entgegen. Danach soll die Zollschuld bereits in dem Moment entstehen, in dem die in den zollrechtlichen Vorschriften festgelegten Verpflichtungen in Bezug auf das Verbringen von Nicht-Unionswaren in das Zollgebiet der Union nicht oder nicht mehr erfüllt sind. Dies könnte dafür sprechen bereits mit dem Absenden der summarischen Eingangsanmeldung einen Versuch anzunehmen. Allerdings müssen sich die Unrichtigkeiten in einer summarischen Eingangsanmeldung erst noch beim Verbringen manifestieren, um eine Zollschuld entstehen zu lassen bzw. strafrechtlich relevant zu werden.[1186] Dies gilt auch nach der heutigen Rechtslage.[1187] Der Einfuhrabgabenpflichtige hält damit auch nach der Abgabe der summarischen Eingangsanmeldung das Geschehen noch in den Händen und kann den weiteren Verlauf ändern. Eine Festlegung auf eine spätere

---

1181 *Rogmann,* in: Hübschmann/Hepp/Spitaler, Art. 36a-36c, Rn. 8; *Rogmann,* in: Hübschmann/Hepp/Spitaler, Art. 36a-36c ZK, Rn. 8; *Witte,* AW-Prax 2010, 213, 216.

1182 *Rogmann,* in: Hübschmann/Hepp/Spitaler, Art. 36a-36c ZK, Rn. 8.

1183 *Rogmann,* in: Hübschmann/Hepp/Spitaler, Art. 36a-36c ZK, Rn. 6.

1184 *Rogmann,* in: Hübschmann/Hepp/Spitaler, Art. 36a-36c ZK, Rn. 27.

1185 *Henke,* in: Witte Zollkodex, Art. 59, Rn. 3; *Witte,* AW-Prax 2010, 260, 262.

1186 *Rogmann,* in: Hübschmann/Hepp/Spitaler, Art. 36a-36c ZK, Rn. 36; *Witte,* AW-Prax 2010, 213, 216.

1187 *Witte,* AW-Prax 2008, 325, 326 der für Art. 46 MZK (Art. 79 UZK) davon ausgeht, dass die Zollschuldentstehungstatbestände wie bislang auszulegen sind; so wohl auch *Witte/Henke/Kammerzell,* Der Unionszollkodex (UZK), S. 140.

Hinterziehung der Einfuhrabgaben ist nicht erfolgt. Aus diesem Grund kann auch noch nicht von einer konkreten Gefährdung des geschützten Rechtsguts gesprochen werden. Schon die Verbringung stellt noch einen wesentlichen Zwischenakt dar, der der Annahme des Versuchsbeginns entgegensteht.

#### bb) Unterlassungsalternative (§ 370 Abs. 1 Nr. 2 AO)

Problematisch ist, wann der Versuch durch Unterlassen gemäß § 370 Abs. 1 Nr. 2 AO in den Fällen beginnt, in denen der Täter die sogenannte grüne Grenze überqueren will. Die wohl herrschende Ansicht will ein unmittelbares Ansetzen zu dem Zeitpunkt annehmen, in dem dieser sich der Grenze unmittelbar angenähert hat.[1188] Fraglich ist, ob und wenn ja, wie dies dogmatisch begründet werden kann. Derjenige der einfuhrabgabenpflichtige Gegenstände mit sich führt, hat sich beim Verbringen der Ware, wie oben bereits beschrieben, an bestimmte Pflichten zu halten.[1189] So darf er grundsätzlich Waren gemäß Art. 135 Abs. 1 UZK (Art. 38 Abs. 1 ZK), § 2 ZollVG nur auf von den Zollbehörden bezeichneten Verkehrswegen verbringen und muss diese gemäß Art. 139 Abs. 1 UZK (Art. 40 ZK) bei ihrer Ankunft gestellen. Verstößt er hiergegen, so entsteht in dem Zeitpunkt gemäß Art. 79 Abs. 1 lit. a UZK (Art. 202 Abs. 1 lit. a ZK) die Zollschuld. Da die Pflichten somit erst im Moment der Verbringung bestehen, könnte der Versuch entweder erst mit dem Überschreiten der Grenze oder, wenn der Täter sich bei der Grenzannäherung seiner Umkehrmöglichkeiten beraubt hat, schon in dem Moment der unmittelbaren Annäherung an die Grenze vorliegen.

Fraglich ist aber, ob das Unterlassen und damit auch das unmittelbare Ansetzen zu diesem in der gegebenen Fallkonstellation überhaupt tatbestandsmäßig ist. Problematisch ist nämlich, dass die Grenze an einer Stelle überschritten wird, an der sich weder eine Zollstraße anschließt noch eine Zollstelle befindet, so dass es im Moment des Grenzübertritts gar nicht möglich ist die Zollstraße zu benutzen bzw. die Ware an der Zollstelle zu gestellen. Der Täter hat demnach zu dem Zeitpunkt, in welchem sein Verhalten erforderlich ist, keine physisch-reale Handlungsmöglichkeit. Da die Rechtsordnung nichts Unmögliches verlangen kann, führt dies grundsätzlich dazu, dass das Unterlassen nicht tatbestandsmäßig ist.[1190] Hiervon kann aber in den Fällen der sogenannten „omissio libera in causa“ eine

---

1188 Ohne nähere Begründung: *Möller/Retemeyer,* in: Bender/Möller/Retemeyer, B II, Rn. 114; *Nikolaus,* in: Schwarz, § 373 AO, Rn. 52; *Schmitz/Wulf,* in: MüKo-StGB, § 370 AO, Rn. 443 *Weidemann,* wistra 2009, 174, 176.

1189 Vgl. oben 203 f.

1190 *Stree/Bosch,* in: Schönke/Schröder, 29. Aufl, Vorbem. zu den 13 ff., Rn. 141 ff.

Ausnahme gemacht werden. Sie kommt in Betracht, wenn der Handlungspflichtige durch positives Tun oder durch Unterlassen die Unmöglichkeit verantwortlich verursacht hat.[1191] So z. B. wenn ein Weichenwärter sich sinnlos betrinkt, um sich die Möglichkeit einer späteren Weichenstellung zu nehmen und so einen Zugzusammenstoß zu erreichen.[1192] Mit der Rechtsfigur der omissio libera in causa wird in diesen Fällen eine strafbarkeitsbegründende Zurechnung über das vorwerfbare Vorverhalten vorgenommen.[1193] Dieses Anknüpfen an das frühere Verhalten wird mit der Pflicht des Garanten begründet, seine Handlungsfähigkeit zum Schutz von voraussehbaren Rechtsgutsverletzungen zu bewahren.[1194] In der Rechtsprechung wird ein solcher Fall z. B. angenommen, wenn der Arbeitgeber bei tatsächlicher Zahlungsunfähigkeit zum Zeitpunkt der Fälligkeit Beiträge des Arbeitnehmers zur Sozialversicherung nicht abführt. Hat es der Arbeitgeber bei sich abzeichnenden Liquiditätsproblemen vorwerfbar und pflichtwidrig unterlassen, rechtzeitig angemessene Sicherungsmaßnahmen für die Arbeitnehmerbeiträge zu treffen, so hat er unter Rückgriff auf den Grundsatz der „omissio libera in causa" trotzdem den Tatbestand des § 266a StGB verwirklicht.[1195] Ein weiterer Fall der „omissio libera in causa" wird bei der Unmöglichkeit der Erfüllung der Bilanzierungspflicht angenommen, wenn dem fachlich unfähigen Kaufmann keine finanziellen Mittel für eine externe Bilanzaufstellung zur Verfügung stehen.[1196] War die Verwendung der Restmittel rechtsmissbräuchlich und hat er z. B. inkongruente Zahlungen vorgenommen, dann kann von einer Verantwortlichkeit des Kaufmanns für sein Unvermögen ausgegangen werden.[1197] Anders dürfte dies dagegen in den Fällen zu beurteilen sein, in denen er vorrangig Sozialleistungen bedient hat, da er dann nicht pflichtwidrig gehandelt hat.[1198]

Wendet man den Grundsatz der „omissio libera in causa" auf den Fall des Überschreitens der grünen Grenze an, so muss man hier ebenfalls zu dem Er-

---

1191 Fischer, § 266a, Rn. 15b; *Gercke*, in: Achenbach/Ransiek/Rönnau, 12. Teil Kap. 2, Rn. 37; *Roxin*, Strafrecht, Allgmeiner Teil II, § 31, Rn. 103 ff.; *Stree/Bosch*, in: Schönke/Schröder, 29. Aufl, Vorbem. zu den §§ 13 ff., Rn. 144.

1192 *Kühl*, Strafrecht, Allgemeiner Teil, § 18, Rn. 22; *Roxin*, Strafrecht, Allgmeiner Teil II, § 31, Rn. 103.

1193 Fischer, § 266a, Rn. 15b.

1194 *Rengier*, Strafrecht, Allgemeiner Teil, § 49, Rn. 11.

1195 BGH, NJW 2002, 2480, 2481 f.; BGH, NJW 2011, 3047, 3048; *Gercke*, in: Achenbach/Ransiek/Rönnau, 12. Teil, Kap. 2, Rn. 37.

1196 BGH, NStZ 2012, 511.

1197 Vgl hierzu ausführlich *Heine/Schuster*, in: Schönke/Schröder, 29. Aufl, § 283, Rn. 47a; *Hillenkamp*, in: Sieber, Dannecker et al. (Hg.) 2008 – FS Tiedemann, S. 964 f.

1198 *Heine/Schuster*, in: Schönke/Schröder, 29. Aufl, § 283, Rn. 47a.

gebnis kommen, dass die Tatbestandsverwirklichung nicht wegen Unmöglichkeit entfällt. Von einem pflichtwidrigen und vorwerfbarem Vorverhalten kann insofern ausgegangen werden, als dass es dem Täter möglich gewesen wäre, die Grenze dort zu überqueren, wo er die Zollstraßen einhalten und die Beförderungs- und Gestellungspflicht erfüllen kann. Aus § 2 ZollVG ergibt sich zudem ausdrücklich, dass Waren aus Gründen zollamtlicher Überwachung nur auf Zollstraßen in das Zollgebiet verbracht werden dürfen. Geschieht das nicht und entscheidet sich der Täter für die grüne Grenze, so beraubt er sich bewusst seiner Handlungsmöglichkeit. Unter Rückgriff auf den Grundsatz der „omissio libera in causa" kann an dieses Vorverschulden angeknüpft und mit Grenzübertritt von einem tatbestandsmäßigen Verhalten ausgegangen werden.

Fraglich ist nun noch, wann in den Fällen der „omissio libera in causa" von einem unmittelbaren Ansetzen ausgegangen werden kann. Als Zeitpunkte kommen grundsätzlich der Beginn des Herbeiführens der Handlungsunmöglichkeit oder das unmittelbare Ansetzen zum Unterlassen in Betracht.[1199] Diese Unterscheidung ist insbesondere für die Fälle der „omissio libera in causa" relevant, in denen der Täter sich z. B. wie im Fall des Weichenwärters durch Alkoholkonsum in den Zustand der Schuldunfähigkeit versetzt und dann eine Straftat begeht, da zwischen dem Beginn des Betrinkens und der späteren Tathandlung ein längerer Zeitraum liegt. Überschreitet der Einfuhrabgabenpflichtige allerdings die grüne Grenze, fallen der Beginn des Herbeiführens der Handlungsunmöglichkeit und das unmittelbare Ansetzen zum Unterlassen zusammen. Beides kann entgegen der oben erwähnten herrschenden Ansicht grundsätzlich erst in dem Zeitpunkt angenommen werden, in welchem der Täter die Grenze überschreitet. Ein unmittelbares Annähern an die Grenze ist in der Regel noch nicht ausreichend, da der Täter erst mit Grenzübertritt handlungspflichtig wird. So existiert kein Verbot, sich mit einfuhrabgabenpflichtigen Waren in der Nähe der Grenze aufzuhalten.

Anders ist die Situation vielleicht bei Kraftfahrzeugen. Bei der Annäherung an die Grenze mit einem Kraftfahrzeug fehlt zwar auch hier grundsätzlich der unmittelbare zeitliche und räumliche Zusammenhang mit der Tatbestandserfüllung, selbst wenn der Wagen nur noch wenige Meter entfernt ist.[1200] Von einem Versuch

1199 *Eser*, in: Schönke/Schröder, § 22, Rn. 57; Fischer, § 22, Rn. 30 m.w.N.; *Hillenkamp*, in: Leipziger Kommentar, § 22, Rn. 165.

1200 Vgl. BGH, Beschl. v. 06.09.1989–3 StR 268/89 – Rn. 7, für den Versuchsbeginn der unerlaubten Einfuhr von Betäubungsmitteln im Rahmen des § 372 AO, wobei er, da es sich bei der Tathandlung des § 372 AO nicht um ein Unterlassen handelt, Rückgriff auf die für Handlungsdelikte zugeschnittene Zwischenaktstheorie nimmt; *Senge*, in: Erbs/Kohlhaas, § 372 AO, Rn. 15.

kann aber dann ausgegangen werden, wenn sich die Zollstelle auf einer Autobahn befindet und der Täter die letztmögliche Autobahnausfahrt nicht nutzt, um zur Zollstelle zu gelangen und er bei Weiterfahrt die Grenze ungehindert passieren würde.[1201] Da der Täter nun keine Möglichkeit mehr zum Verlassen der Autobahn vor Grenzübertritt hat und somit das Geschehen aus der Hand gegeben hat, ist das geschützte Rechtsgut in diesem Moment konkret gefährdet.

*b) Reiseverkehr*

Der sogenannte Reiseverkehr weist durch seine formalen Erleichterungen im Verfahren Besonderheiten auf. Mit Reiseverkehr ist der nicht kommerzielle Warenverkehr gemeint, der sich im Rahmen des bei einer Reise Üblichen, bewegt.[1202] Hiervon erfasst sind Waren wie Reiseutensilien – auch der PKW – und Reisemitbringsel.[1203] Es steht hier grundsätzlich, abgesehen von Einkaufsfahrten – die von der Erwerbsaussicht getragen sind, aber trotzdem unter den Reiseverkehr gefasst werden – die Personenbewegung im Vordergrund.[1204]

Der Reiseverkehr ist einer der oben genannten Fälle, in dem eine Zollanmeldung entweder mündlich gemäß Art. 158 Abs. 2 UZK i. V. m. Art. 135 Abs. 1 lit. a, b, 136 Abs. 1 lit. i DA-Entwurf (Art. 61 lit. c ZK i. V. m. Art. 225 lit. a 1. Anstrich ZK-DVO, Art. 229 Abs. 1 lit. b ZK-DVO), konkludent gemäß Art. 158 Abs. 2 UZK i. V. m. Art. 141 Abs. 1 lit. a, b, c DA-Entwurf (Art. 61 lit. c ZK i. V. m. Art. 230 lit. a, Art. 232 Abs. 1 lit. a ZK-DVO)) oder papiergestützt gemäß Art. 158 Abs. 2 UZK i. V. m. Art. 143 DA-Entwurf abgegeben werden kann, wenn die Waren die dortigen Voraussetzungen erfüllen und insbesondere abgabenfrei sind. Konkludent kann eine Zollanmeldung gemäß Art. 141 Abs. 1 lit. a DA-Entwurf (Art. 233 Abs. 1 ZK-DVO) z. B. erfolgen, indem der grüne Ausgang „anmeldefreie Waren", der grundsätzlich auf Flughäfen zu finden ist, durchschritten wird. Art. 212 IA-Entwurf (Art. 234 Abs. 1 ZK-

1201 Vgl. OLG Düsseldorf, VRS 88, 26, 28 für den Versuchsbeginn der unerlaubten Einfuhr von Betäubungsmitteln im Rahmen des § 372 AO, wobei es, da es sich bei der Tathandlung des § 372 AO nicht um ein Unterlassen handelt, Rückgriff auf die für Handlungsdelikte zugeschnittene Zwischenaktstheorie nimmt; *Senge*, in: Erbs/Kohlhaas, § 372 AO, Rn. 15; *Möller/Retemeyer*, in: Bender/Möller/Retemeyer, B II, Rn. 112.

1202 *Jäger*, in: Joecks/Jäger/Randt, § 32 ZollVG, Rn. 22; *Kampf*, in: Witte Zollkodex, Art. 38, Rn. 7.

1203 *Kampf*, in: Witte Zollkodex, Art. 38, Rn. 7.

1204 *Jäger*, in: Joecks/Jäger/Randt, § 32 ZollVG, Rn. 21 f.; *Kampf*, in: Witte Zollkodex, Art. 38, Rn. 7.

DVO) enthält eine Gestellungsfiktion für die Fälle in denen die Zollanmeldung schlüssig erfolgt.[1205]

In den Fällen, in denen der Täter den grünen Ausgang nutzt, beginnt der Versuch gemäß § 370 Abs. 1 Nr. 1 AO spätestens dann, wenn der Reisende, der andere als die in den Vorschriften genannten Waren bei sich trägt, den grünen Ausgang betritt.[1206] In diesem Moment ist das geschützte Rechtsgut bereits konkret gefährdet, da das Betreten nach seinem Tatplan im unmittelbaren räumlichen und zeitlichen Zusammenhang mit der Hinterziehung der Einfuhrabgaben steht. Es bedarf seinerseits keiner wesentlichen Zwischenschritte mehr um die Hinterziehung der Einfuhrabgaben zu vollenden. Sollte der Reisende nach dem Betreten des grünen Ausgangs noch zum roten Ausgang wechseln und seine Waren anmelden, so ist dies als Rücktritt zu werten.

## 2. *Abgrenzung Versuch und Vollendung*

### *a) Grundsatz*

#### aa) Handlungsalternative (§ 370 Abs. 1 Nr. 1 AO)

Bei der Abgabe von unrichtigen oder unvollständigen Zollanmeldungen, z. B. in dem Waren zu einem unterfakturierten Preis angemeldet werden, tritt die Vollendung, in den Fällen in denen Einfuhrabgaben Veranlagungssteuern darstellen, grundsätzlich erst mit der Bekanntgabe der zu niedrigen Steuerfestsetzung, hier mit der Mitteilung des buchmäßig erfassten Abgabenbetrags an den Zollschuldner gemäß Art. 102 UZK (Art. 221 ZK), ein.[1207]

---

1205 *Kampf,* in: Witte Zollkodex, Art. 41, Rn. 4; *Rogmann,* in: Hübschmann/Hepp/Spitaler, Art. 40–42 ZK, Rn. 41. Auch für die Gestellungspflicht sind in Art. 139 Abs. 6 UZK (Art. 41 ZK) grundsätzlich Ausnahmemöglichkeiten im Reiseverkehr vorgesehen. Von dieser Möglichkeit wurde aber bisher kein Gebrauch gemacht. Dies liegt wohl insbesondere daran, dass eine schlüssige Erklärung, wie das Passieren einer Zollstelle, für eine Gestellung bereits ausreicht und es für die Formalitäten damit keinen Unterschied machen kann, ob auf die Gestellung verzichtet wird oder ob sie konkludent erfolgt, *Rogmann,* in: Hübschmann/Hepp/Spitaler, Art. 40–42 ZK, Rn. 41. Da es gerade im Reiseverkehr allerdings sein kann, dass die Zollstelle nicht besetzt ist oder die Grenze im Rahmen von Wanderwegen überschritten wird, an denen kein Zollbediensteter steht und somit auch keine schlüssige Erklärung abgegeben werden kann, enthält Art. 212 IA-Entwurf (Art. 234 ZK-DVO) die Gestellungsfiktion für die Fälle in denen die Zollanmeldung schlüssig erfolgt.

1206 AO-DV Zoll (26. September 2014), Nr. 3.1.3 zu § 370; *Beil,* in: Wannemacher, Steuerstrafrecht, 6. Aufl., Rn. 1763 ohne nähere Begründung; *Schuster/Schultehinrichs,* in: Flore/Tsambikakis, § 373 AO, Rn. 52.

1207 *Hilgers-Klautzsch,* in: Kohlmann, § 370, Rn. 1540, 1540.3.

In den Fällen des Art. 101 Abs. 2, 102 Abs. 2, 185 UZK (Art. 221 Abs. 2 UAbs. 1 ZK), in denen der Zollschuldner die Abgaben selbst berechnet, führt bereits die Abgabe der Zollanmeldung, für die die Selbstberechnung vorgesehen ist, zu einer Einfuhrabgabenfestsetzung.[1208] Wie oben bereits erläutert, ist diese Situation mit der aus dem deutschen Recht bekannten Steueranmeldung gemäß §§ 167 Abs. 1 S. 1, 168 S. 1 AO vergleichbar.[1209] Die Hinterziehung der Einfuhrabgaben ist folglich mit Eingang der Zollanmeldung bei dem Zollamt vollendet.

bb) Unterlassungsalternative (§ 370 Abs. 1 Nr. 2 AO)

Nutzt der Zollanmeldungspflichtige nicht die Zollstraße, sondern umgeht diese und nutzt die grüne Grenze, so ist die Steuerhinterziehung durch Unterlassen bereits mit dem Überschreiten der Zollgrenze vollendet.[1210] Der Täter ist seiner Beförderungs-/Gestellungspflicht im Sinne von Art. 135 Abs. 1 UZK (Art. 38 Abs. 1 ZK), § 2 ZollVG/Art. 139 UZK (Art. 40 ZK) nicht nachgekommen, so dass gemäß Art. 79 Abs. 1 lit. a UZK (Art. 202 Abs. 1 lit. a ZK) die Einfuhrzollschuld und daran anknüpfend auch die anderen Einfuhrabgaben entstanden sind. Wegen der Pflichtverletzung, können diese nicht mehr rechtzeitig festgesetzt werden und werden damit verkürzt.[1211] Dem steht, wie oben bereits erläutert wurde, auch nicht entgegen, dass der Einfuhrabgabenpflichtige die Grenze an einer Stelle überschreitet, an der sich weder eine Zollstraße anschließt noch eine Zollstelle befindet, so dass es ihm im Moment des Grenzübertritts gar nicht möglich ist, die Zollstraße zu benutzen bzw. die Ware an der Zollstelle zu gestellen.[1212] Das Problem, dass die Unmöglichkeit grundsätzlich dazu führt, dass ein Unterlassen nicht tatbestandsmäßig ist, wurde hier über die Rechtsfigur der „omissio libera in

---

1208 *Alexander,* in: Witte Zollkodex, Art. 221, Rn. 5; *Möller/Retemeyer,* in: Bender/Möller/Retemeyer, C III, Rn. 288 f.; vgl. auch Punkt 7 in Vordruck 0512 – Anschreibung/Ergänzende Zollanmeldung/Statische Anmeldung für die Überführung der Waren in den freien Verkehr (2006).

1209 *Alexander,* in: Witte Zollkodex, Art. 221, Rn. 5; vgl. zur Selbstberechnung bei Einfuhrabgaben oben 200.

1210 *Senge,* in: Erbs/Kohlhaas, § 370 AO, Rn. 75; *Hellmann,* in: H/H/Sp, § 370 AO, Rn. 316; *Hilgers-Klautzsch,* in: Kohlmann, § 370, Rn. 1540.4; *Möller/Retemeyer,* in: Bender/Möller/Retemeyer, C III, Rn. 254 ff., 335; *Schuster/Schultehinrichs,* in: Flore/Tsambikakis, § 373 AO, Rn. 14; vgl. oben 208 ff.

1211 BGH, NJW 2007, 1294, 1296; BayObLG, wistra 2003, 316, 317; *Jäger,* in: Klein, § 370, Rn. 220c.

1212 Vgl. hierzu oben 208 f.

causa" gelöst[1213] Da der Einfuhrabgabenpflichtige sich, obwohl er ohne weiteres die Grenze dort hätte überschreiten können, wo er die Beförderungs- und Gestellungspflicht gemäß Art. 135 Abs. 1 UZK (Art. 38 Abs. 1 ZK), § 2 ZollVG/ Art. 139 UZK (Art. 40 ZK) erfüllen kann, für die grüne Grenze entschieden hat, hat er sich pflichtwidrig und vorwerfbar verhalten. Unter Rückgriff auf den Grundsatz der „omissio libera in causa" ist somit anzunehmen, dass die Einfuhrabgabenhinterziehung bereits im Moment des Grenzübertritts vollendet ist. Eine spätere Kontrolle vermag an der bereits eingetretenen Vollendung nichts mehr zu ändern.[1214]

Hat der Täter Zollbefreiungen für Waren wegen einer besonderen Zweckverwendung gemäß Art. 254 UZK (Art. 82 ZK) erhalten und unterlässt er es der Ware die für die anderweitige Verwendung notwendige neue zollrechtliche Bestimmung zu geben – was inzidenter eine Mitteilung an die Zollbehörde erfordert – oder gegen Entrichtung der fälligen Abgaben die Verwendung durch die Zollbehörden bewilligen zu lassen, so entsteht die Zollschuld gemäß Art. 79 UZK (Art. 204 ZK).[1215] Da eine rechtzeitige Festsetzung nur vor der zweckwidrigen Verwendung hätte erfolgen können, hat der Täter durch seine Pflichtverletzung – das in Unkenntnislassen der Zollbehörde über steuerlich erhebliche Tatsachen – die rechtzeitige Festsetzung verhindert.[1216] Die Einfuhrabgaben sind spätestens im Zeitpunkt der zweckwidrigen Verwendung verkürzt und die Steuerhinterziehung ist vollendet.[1217]

Eine Steuerhinterziehung durch Unterlassen kann allerdings auch dann angenommen werden, wenn die Waren zwar zur Zollstelle gebracht, aber versteckt oder durch besondere Vorrichtungen verheimlicht werden.[1218] So werden die Waren z. B. hinter doppelten Wänden[1219] oder in bei Kanthölzern ausgefrästen Hohlräumen[1220]

---

1213 Vgl. oben 208; *Stree/Bosch,* in: Schönke/Schröder, 29. Aufl, Vorbem. zu den 13 ff., Rn. 141 ff.

1214 *Senge,* in: Erbs/Kohlhaas, § 370 AO, Rn. 75; *Hellmann,* in: H/H/Sp, § 370 AO, Rn. 316; vgl. auch OLG Dresden, NStZ 1999, 468, das die Vollendung bei Verlassen der Zollstelle, trotz späterer Entdeckung der Waren und Zollfestsetzung, angenommen hatte. Die Rechtsprechung kann auf die vorliegende Situation übertragen werden, da es in in der vorliegenden Fallkonstellation keinen Unterschied machen kann, ob der Täter die grüne Grenze oder die Grenze an der Zollstelle überschreitet.

1215 *Retemeyer,* in: Müller-Gugenberger (Hg.) 2015 – Wirtschaftsstrafrecht, § 45, Rn. 27.

1216 *Retemeyer,* in: Müller-Gugenberger (Hg.) 2015 – Wirtschaftsstrafrecht, § 45, Rn. 27.

1217 *Retemeyer,* in: Müller-Gugenberger (Hg.) 2015 – Wirtschaftsstrafrecht, § 45, Rn. 27.

1218 BGH, NJW 2003, 907, 908; *Bender,* wistra 2006, 41, 42.

1219 BFH, Urt. v. 07.05.2002 – VII R 39/01.

1220 BFH, Urt. v. 2.07.1999 – VII B 2/99.

verborgen. In diesen Fällen genügt der Täter seiner Gestellungspflicht nicht, wenn er auf diese Waren nicht noch einmal gemäß § 8 S. 2 ZollV ausdrücklich hinweist. Seit dem Papismedov-Urteil des Europäischen Gerichtshofs aus dem Jahre 2005, ist die Gestellungspflicht auch schon dann verletzt, wenn die Waren zwar nicht im Sinne von § 8 S. 2 ZollV versteckt werden, aber bei der Gestellung auf eine summarische Eingangsanmeldung Bezug genommen wird, in der nur Tarnwaren aufgenommen sind.[1221] Die Waren gelten in dem Moment gemäß Art. 79 Abs. 1 lit. a UZK (Art. 202 Abs. 1 lit. a ZK) als vorschriftswidrig verbracht, in dem sie den Amtsplatz verlassen.[1222] Durch das vorschriftswidrige Verbringen entsteht gemäß Art. 79 UZK (Art. 202 Abs. 2 ZK) die Zollschuld, die nun nicht mehr gemäß Art. 101 Abs. 1, 104, 105 UZK (Art. 217 Abs. 1 UAbs. 1 ZK) rechtzeitig buchmäßig erfasst und dem Zollschuldner gemäß Art. 102 Abs 1 UZK (Art. 221 Abs. 1 ZK) mitgeteilt werden kann.[1223] Die Steuerhinterziehung ist vollendet.

### b) *Externes Versandverfahren gemäß Art. 226 UZK (Art. 91 ZK)*

Beim externen Versandverfahren gemäß Art. 226 UZK (Art. 91 ZK) werden in der Regel Nichtgemeinschaftswaren zwischen zwei innerhalb des Zollgebiets der Gemeinschaft gelegenen Orten befördert, ohne dass sie Einfuhrabgaben unterliegen.[1224] Die Ware unterliegt in dieser Zeit der zollamtlichen Überwachung.[1225]

Unstreitig ist, dass wenn der Täter zollpflichtige Waren aus der zollamtlichen Überwachung entzieht, schon mit dem Entzug Vollendung eintritt, da die Einfuhrabgaben nicht mehr rechtzeitig festgesetzt werden können.[1226] Unter Entziehung ist hierbei jedes Verhalten zu verstehen, dass die zuständige Zollbehörde, wenn auch nur vorübergehend, am Zugang zu den überwachten Waren oder der Durchführung von zollrechtlichen Kontrollhandlungen gemäß Art. 134 Abs. 1 UZK (Art. 37 Abs. 1 ZK) hindert.[1227] Werden die Waren während des externen Versand-

---

1221 EuGH, ZfZ 2005, 192, 194; *Weidemann*, wistra 2006, 45 f.der ebenfalls weiterhin von einer Unterlassungskonstellation ausgeht; seit der Entscheidung von einem Begehungsdelikt ausgehend dagegen *Bender*, wistra 2006, 41, 44.

1222 *Tully*, in: G/J/W, § 373 AO, Rn. 44.

1223 *Bender*, wistra 2006, 41, 42; *Möller/Retemeyer*, in: Bender/Möller/Retemeyer, B I, Rn. 30; *Tully*, in: G/J/W, § 373 AO, Rn. 44.

1224 *Witte*, in: Witte Zollkodex, Art. 4, Rn. 2; vgl. auch oben 202.

1225 *Kampf*, in: Witte Zollkodex, Art. 91, Rn. 2.

1226 BGH, NStZ 2001, 379; vgl. auch BGH, NJW 2003, 907, 908; *Beil*, in: Wannemacher, Steuerstrafrecht, 6. Aufl., Rn. 1727, 1731; *Hellmann*, in: H/H/Sp, § 370 AO, Rn. 317; *Hilgers-Klautzsch*, in: Kohlmann, § 370, Rn. 1541.

1227 EuGH, ZfZ 2001, 121, 123.

verfahrens entnommen, um sie im Gemeinschaftsgebiet in den freien Verkehr zu bringen, ohne gestellt zu werden, so liegt eine Entziehung gemäß Art. 79 Abs. 1 lit. a UZK (Art. 203 Abs. 1 ZK) vor.[1228] Mit der Entziehung ist die Zollschuld gemäß Art. 79 Abs. 2 UZK (Art. 203 Abs. 2 ZK) entstanden.[1229] Da die Einfuhrabgaben nicht mehr oder zumindest nicht mehr rechtzeitig festgesetzt werden können, ist die Steuerhinterziehung durch Unterlassen in diesem Moment vollendet.[1230]

Ein früherer Vollendungszeitpunkt kommt in diesem Zusammenhang bei einem vorschriftswidrigen Verbringen gemäß Art. 79 Abs. 1 lit. a UZK (Art. 202 Abs. 1 lit. a ZK) in Betracht. Von einem solchen ist auszugehen, wenn die Waren zwar ordnungsgemäß gestellt werden, aber nur Tarnwaren für das Versandverfahren zum Zwecke der Durchfuhr durch Deutschland angemeldet werden.[1231] So kann es sein, dass die Täter die Frachtpapiere vorschriftswidrig gegen solche über Waren austauschen, die in dem zur EU gehörenden Drittland nicht mit Abgaben belastet sind. Sie wollen dadurch verhindern, dass die Zollbehörden die des Drittstaats über die tatsächlich beförderte Ware informieren.[1232] Die aufgrund der unvollständigen Zollanmeldung vorgenommene Überlassung der Waren in versiegelten Containern seitens der Zollbehörde bezieht sich nur auf die angemeldeten Waren.[1233] Der Bundesgerichtshof ließ in einem zu dieser Fallgestaltung ergangenen Urteil aus dem Jahre 2002 offen, ob ein vorschriftswidriges Verbringen oder ein Entziehen aus der zollamtlichen Überwachung vorgelegen hat.[1234] Die Zollschuld sei jedenfalls im Zeitpunkt des Abtransports vom Amtsplatz entstanden und könne durch den Abtransport nicht mehr rechtzeitig festgesetzt werden, so dass in diesem Moment auch die Steuerhinterziehung vollendet sei.[1235] Diese Ansicht ist im Ergebnis richtig, allerdings ist seit dem Papismedov-Urteil des Europäischen Gerichtshofs davon auszugehen, dass in diesen Fällen ein

---

1228 BGH, NStZ 2001, 379; *Hellmann,* in: H/H/Sp, § 370 AO, Rn. 317.

1229 BGH, NStZ 2001, 379.

1230 So ist wohl BGH, NStZ 2001, 379 zu verstehen, der zwar zuerst auf eine Steuerhinterziehung gemäß § 370 Abs. 1 Nr. 1 AO wegen fehlerhafter Anmeldung verweist, aber dann für den Eintritt der Verkürzung doch auf die Entziehung, die unter § 370 Abs. 1 Nr. 2 AO fällt, abstellt; *Hellmann,* in: H/H/Sp, § 370 AO, Rn. 317; so ist wohl auch der BGH in BGH, NStZ 2001, 379 zu verstehen, der zwar zuerst auf eine Steuerhinterziehung gemäß § 370 Abs. 1 Nr. 1 AO wegen fehlerhafter Anmeldung verweist, aber dann für den Eintritt der Verkürzung doch auf die Entziehung, die unter § 370 Abs. 1 Nr. 2 AO fällt, abstellt.

1231 *Jäger,* in: Joecks/Jäger/Randt, § 370 AO, Rn. 220d.

1232 *Jäger,* in: Joecks/Jäger/Randt, § 370 AO, Rn. 220d.

1233 BGH, NJW 2003, 907, 909.

1234 BGH, NJW 2003, 907, 908 f.

1235 BGH, NJW 2003, 907, 908 f.

vorschriftswidrigen Verbringen vorliegt.[1236] Erfolgt die Gestellung wegen einer falschen summarischen Anmeldung nicht ordnungsgemäß, so sind die Waren vorschriftswidrig verbracht.[1237] Bei steuerehrlichem Verhalten wären die Einfuhrabgaben spätestens mit Verlassen des Amtsplatzes festgesetzt worden.[1238] Nach heutiger Rechtslage fällt diese Unterscheidung allerdings nicht mehr so ins Gewicht, da Art. 79 UZK u. a. die früheren Art. 202, 203 ZK zusammenfasst.[1239]

### c) *Reiseverkehr*

Auch im Rahmen der Abgrenzung des Versuchs von der Vollendung sind die Verfahrensbesonderheiten im Reiseverkehr zu beachten. Werden aufgrund der falschen Angaben im Reiseverkehr keine Einfuhrabgaben festgesetzt, so ist die Tat gemäß § 370 Abs. 1 Nr. 1 AO bereits mit dem Verlassen der Kontrollstelle an der Grenze vollendet.[1240] Dieser Fall ist vergleichbar mit der Konstellation der Steuerhinterziehung durch Unterlassen bei den Veranlagungssteuern, da auch hier keine Steuern festgesetzt werden. Es ist somit auf den hypothetischen Verlauf abzustellen, den das Verfahren genommen hätte, wenn der Täter pflichtgemäß gehandelt hätte.[1241] Bei der Fallkonstellation der Steuerhinterziehung durch Unterlassen wird grundsätzlich zugunsten des Täters für den Vollendungszeitpunkt auf den Abschluss der Veranlagungsarbeiten abgestellt. Auf den vorliegenden Fall übertragen würde das Ende der Veranlagungsarbeiten mit Ablauf des Tages eintreten. Da die Veranlagung der Einfuhrabgaben im Reiseverkehr aber im Gegensatz zu anderen Steuerarten in einer festen Reihenfolge, gemäß der Ankunft der Reisenden, erfolgt, ist der ungefähre hypothetische Veranlagungszeitpunkt bekannt.[1242] Es kann somit davon ausgegangen werden, dass die Einfuhrabgaben spätestens

---

1236 EuGH, ZfZ 2005, 192 ff.; vgl. hierzu ausführlich *Witte,* in: Witte Zollkodex, Art. 202 ZK, Rn. 5 ff. Art. 203, Rn. 7 ff.

1237 EuGH, ZfZ 2005, 192 ff.;so muss der EuGH nach der heutigen Rechtslage (Vorschaltung der EsumA vor der Verbringung) meines Erachtens verstanden werden; vgl auch *Witte*, AW-Prax 2010, 213, 215.

1238 Vgl. *Retemeyer,* in: Müller-Gugenberger (Hg.) 2015 – Wirtschaftsstrafrecht, § 45, Rn. 26.

1239 *Lux*, ZfZ 2014, 243, 245.

1240 OLG Dresden, NStZ-RR 1999, 370, 371; AO-DV Zoll (26. September 2014), Nr. 3.1.3 zu § 370; *Beil,* in: Wannemacher, Steuerstrafrecht, 6. Aufl., Rn. 1692; *Bender*, wistra 1997, 233; *Hilgers-Klautzsch,* in: Kohlmann, § 370, Rn. 1540.3; *Ransiek,* in: Kohlmann, § 370, Rn. 707.

1241 OLG Dresden, NStZ-RR 1999, 370, 371; *Beil,* in: Wannemacher, Steuerstrafrecht, 6. Aufl., Rn. 1692; *Ransiek,* in: Kohlmann, § 370, Rn. 707.

1242 OLG Dresden, NStZ-RR 1999, 370, 371.

im Zeitpunkt des Verlassens der Grenzkontrolle festgesetzt worden wären.[1243] Es muss nicht wegen des Grundsatzes „in dubio pro reo" von einem späteren Zeitpunkt, wie dem Ablauf des Tages, ausgegangen werden.[1244] Aus diesem Grunde hindert die spätere Entdeckung der Waren und Festsetzung der Einfuhrabgaben, auch wenn dies noch am selben Tag geschieht, die Vollendung nicht.[1245]

Anders ist es aber, wenn die Waren noch vor Verlassen der Zollstelle entdeckt werden.[1246] Das Bayerische Oberste Landesgericht hatte einen solchen Fall im Jahre 1996 und somit kurz nach der Einführung des Zollkodexes zu entscheiden.[1247] In dem dem Bayerischen Obersten Landesgericht vorliegenden Fall hatte der Angeklagte Nichtgemeinschaftswaren, die er im Wagen aus der Schweiz nach Deutschland bringen wollte, bei dem Grenzzollamt auf Nachfrage des Abfertigungsbeamten nicht angemeldet.[1248] Bei der im Anschluss durchgeführten Überholung durch den Zollbeamten wurden die Waren entdeckt und die Einfuhrabgaben festgesetzt. Das Bayerische Oberste Landesgericht hielt die Steuerhinterziehung allerdings schon in dem Moment für vollendet, in dem der Angeklagte das Beisichführen der Waren verneint hatte.[1249] Er habe eine bestehende fällige Zollschuld verschwiegen und damit die Realisierung des Zollanspruchs erschwert.[1250] Die Entdeckung der Waren im Anschluss an die falschen Angaben hielt das Gericht in Bezug auf die Vollendung für bedeutungslos. Das Bayerische Oberste Landesgericht hat hierbei verkannt, dass die Zollschuld nicht mehr, wie früher noch, sofort, sondern erst durch Festsetzung fällig wird.[1251] Im Reiseverkehr erfolgt die Bekanntgabe des Zollbescheids – wenn die Zollanmeldung mündlich erfolgt – zumeist ebenfalls mündlich gemäß § 29a Abs. 1 ZollV. Im Falle einer konkludenten Zollanmeldung gilt diese gemäß Art. 212 IA–Entwurf (Art. 234 Abs. 1 ZK-DVO) als angenommen und die Waren als überlassen.[1252] Die unverzollte Überlassung der Waren kann somit einem Steuerbescheid mit dem Betrag Null gleich gesetzt werden.[1253] Da hier aber aufgrund

1243 OLG Dresden, NStZ-RR 1999, 370, 371.

1244 OLG Dresden, NStZ-RR 1999, 370, 371; *Beil,* in: Wannemacher, Steuerstrafrecht, 6. Aufl., Rn. 1692.

1245 OLG Dresden, NStZ-RR 1999, 370, 371; OLG Dresden, NStZ 1999, 468.

1246 BayObLG, wistra 1997, 111; *Hilgers-Klautzsch,* in: Kohlmann, § 370, Rn. 1540.3.

1247 BayObLG, wistra 1997, 111.

1248 BayObLG, wistra 1997, 111.

1249 Ebenso *Senge,* in: Erbs/Kohlhaas, § 370 AO, Rn. 75 unter Bezugnahme auf die Rechtsprechung vor den im Jahr 1994 in Kraft getretenen Änderungen.

1250 BayObLG, wistra 1997, 111, 112.

1251 *Bender,* wistra 1997, 233.

1252 *Henke,* in: Witte Zollkodex, Art. 61, Rn. 36.

1253 *Bender,* wistra 1997, 233, 234.

der direkt im Anschluss durchgeführten Überholung noch kein Steuerbescheid ergangen bzw. eine dem gleichzusetzende Handlung vorgenommen worden war – hier die unverzollte Überlassung der Güter inklusive der geschmuggelten Waren –, sondern die Steuern, wenn auch erst nach der Überholung, korrekt festgesetzt worden waren, kann allein ein Versuch vorliegen.[1254] Eine vollendete Steuerverkürzung in der Form der nicht rechtzeitigen Festsetzung, also dem Vorliegen einer Beeinträchtigung des Steueranspruchs aufgrund der Verspätung, scheidet – trotz einer möglicherweise stundenlangen Überholung – aus. Da die Einfuhrabgaben durch die Zahlstellen täglich abgerechnet und festgesetzt werden, sind die Einfuhrabgaben wegen ihrer Festsetzung noch am selben Tag rechtzeitig festgesetzt worden.[1255] Dies gilt insbesondere, da die Einfuhrabgaben in fester Reihenfolge gemäß der Ankunft der Reisenden festgesetzt werden.[1256] Erst mit Verlassen des Amtsplatzes kann die Festsetzung nicht mehr rechtzeitig erfolgen, da dann ein anderer Reisender an der Reihe ist. In den typischen Fällen des Reiseverkehrs, in denen die verheimlichten Waren durch Überholung entdeckt und die Einfuhrabgaben festgesetzt werden, kann folglich nach der neuen Gesetzeslage nur ein Versuch und nicht, wie früher, eine Vollendung angenommen werden.[1257]

Wieder anders verhält es sich für den Reiseverkehr an Flughäfen. Macht der Reisende hier von der ihm gebotenen Möglichkeit Gebrauch Waren zu gestellen und anzumelden, indem er durch den grünen Ausgang „anmeldefreie Waren“ tritt, obwohl er auch einfuhrabgabenpflichtige Waren mit sich führt, so liegt in dem Moment Vollendung vor, in dem er den Amtsplatz verlässt.[1258] Ab diesem Moment wird die Realisierung des Anspruchs auf Einfuhrabgaben für die Zollbehörden deutlich erschwert und wahrscheinlich sogar verhindert. Da die aufgrund der vorschriftswidrigen Verbringung gemäß Art. 79 Abs. 1 lit. a UZK (Art. 202 Abs. 1 lit. a ZK) entstandenen Steuern zumindest nicht mehr rechtzeitig festgesetzt werden können, ist die Steuerhinterziehung in dem Augenblick vollendet.

1254 *Bender*, wistra 1997, 233, 234.

1255 *Bender*, wistra 1997, 233, 234.

1256 OLG Dresden, NStZ-RR 1999, 370, 371; *Beil*, in: Wannemacher, Steuerstrafrecht, 6. Aufl., Rn. 1692.

1257 LG Dresden, NStZ-RR 2000, 90; *Beil*, in: Wannemacher, Steuerstrafrecht, 6. Aufl., Rn. 1692; *Bender*, wistra 1997, 233, 234; *Hellmann*, in: H/H/Sp, § 370 AO, Rn. 314 f.; *Hilgers-Klautzsch*, in: Kohlmann, § 370, Rn. 1540.2; *Ransiek*, in: Kohlmann, § 370, Rn. 707; vgl. zur früheren Rechtsprechung z. B. BGH, NJW 1971, 2138, 2140.

1258 AO-DV Zoll (26. September 2014), Nr. 3.1.3 zu § 370; *Beil*, in: Wannemacher, Steuerstrafrecht, 6. Aufl., Rn. 1763.

### d) *Postverkehr*

Auch im grenzüberschreitenden Postverkehr gibt es, wie im Reiseverkehr, zahlreiche zollrechtliche Erleichterungen. Vom sogenannten Postverkehr werden allerdings nur die Sendungen erfasst, die von der Deutschen Post AG, die Mitglied des Weltpostvereins ist, befördert werden.[1259] Bei anderen Kurierdiensten gelten lediglich die Freigrenzen für Warensendungen von Privatperson zu Privatperson und solche von geringem Wert.[1260]

Bei Postsendungen können Einfuhrabgaben z. B. dadurch verkürzt werden, dass der Absender in der Zollinhaltserklärung einen Wert von bis zu 22 Euro erklärt.[1261] Eine solche Sendung gilt gemäß Art. 23, 24 Verordnung (EG) Nr. 1186/2009, § 1a der Einfuhrumsatzsteuer-Befreiungsverordnung als einfuhrabgabenfrei. Gemäß Art. 214 Abs. 1 lit. a IA–Entwurf (Art. 237 Abs. 3 lit. a ZK-DVO) gilt die Zollanmeldung in dem Moment als angenommen und die Ware als überlassen, wenn dem Empfänger die Sendung ausgehändigt wird. Bei pflichtgemäßem Verhalten wären die Abgaben spätestens in diesem Moment festgesetzt worden, so dass die Tat auch spätestens in diesem Moment vollendet ist.[1262]

### e) *Vereinfachte Verfahren gemäß Art. 166 f., 182, 185 UZK (Art. 76 ZK)*

#### aa) Grundsätzliches

Die sogenannten vereinfachten Verfahren, die bisher in Art. 76 ZK geregelt waren, sind nun neu strukturiert in den Art. 166 f., 182 UZK zu finden. Die Unterscheidung zwischen der unvollständigen Zollanmeldung, dem vereinfachten Anmeldeverfahren und dem Anschreibeverfahren wurde aufgegeben.[1263] Hinzugekommen ist das Instrument der Eigenkontrolle gemäß Art. 185 UZK, das verschiedene Arten von Verfahrensvereinfachungen vorsieht. Danach können die Zollbehörden auf Antrag bewilligen, dass zugelassene Wirtschaftsbeteiligte mit einem AEO-Status für zollrechtliche Vereinfachungen (AEOC) bestimmte, eigentlich den Zollbehörden obliegende, Zollformalitäten erledigen, die Höhe der zu entrichtenden Einfuhr- und Ausfuhrabgaben ermitteln und bestimmte Kontrollen unter zollamtlicher Überwachung selbst durchführen können.

Im Folgenden wird zunächst auf die für die Strafverfolgung weiterhin relevanten Fälle nach dem bisherigem Recht eingegangen. Hinsichtlich der neuen

---

1259 *Beil*, in: Wannemacher, Steuerstrafrecht, 6. Aufl., Rn. 1733.
1260 *Beil*, in: Wannemacher, Steuerstrafrecht, 6. Aufl., Rn. 1733.
1261 *Beil*, in: Wannemacher, Steuerstrafrecht, 6. Aufl., Rn. 1738.
1262 *Retemeyer*, in: Müller-Gugenberger (Hg.) 2015 – Wirtschaftsstrafrecht, § 45, Rn. 26.
1263 Vgl. unten 224.

Rechtslage fehlten zum Zeitpunkt des Abschlusses der Arbeit noch die an den Unionszollkodex angepassten Dienstvorschriften bzw. Anwendungserlasse, so dass insoweit nur ein kleiner Ausblick vorgenommen werden kann.

### bb) Unvollständige Zollanmeldung

Nach bisherigem Recht konnte die Zollstelle in bestimmten Fällen eine sogenannte unvollständige Zollanmeldung im Sinne von Art. 76 Abs 1 S. 1 lit a ZK, Art. 254 ff. ZK-DVO annehmen, wenn sie zumindest die unverzichtbaren Mindestangaben und -unterlagen gemäß Art. 254 ZK-DVO enthielt. Zur Nachreichung lder noch fehlenden Unterlagen und Angaben wurde seitens der Zollstelle eine Frist gemäß Art. 256 ZK-DVO gesetzt. Gemäß Art. 257 ZK-DVO durfte die Warenüberlassung in den Fällen der Annahme einer solchen Zollanmeldung grundsätzlich weder verhindert noch verzögert werden. Wirkten sich also die nachzureichenden Unterlagen nicht auf die Erhebung der Abgaben aus, so war der ermittelte Abgabenbetrag gemäß Art. 257 ZK-DVO unverzüglich zu erfassen. Konnten sich die nachzureichenden Unterlagen und Angaben noch auswirken, so wurden gemäß Art. 257 Abs. 3, 4 ZK-DVO nur die Abgaben buchmäßig erfasst, die der Abgabenschuldner sicher zu entrichten hatte und für die restlichen Angaben wurde eine Sicherheitsleistung verlangt. Wurden die fehlenden Unterlagen und Angaben nicht in der gemäß Art. 256 ZK-DVO gesetzten Frist übermittelt, so wurden gemäß Art. 258 ZK-DVO auch die Abgaben unverzüglich in Höhe des Betrags buchmäßig erfasst, für den Sicherheit geleistet worden war.

In Nr. 3.1.3 zu § 370 AO-DV Zoll wurde in den Fällen der Abgabe von unvollständigen Zollanmeldungen angenommen, dass die Tat mit der Überlassung der Waren vollendet sei. Eine Begründung für diese Annahme fehlte.[1264] Ein Teil der Literatur hatte sich dieser Ansicht ebenfalls ohne Angabe von Gründen angeschlossen.[1265] Fraglich ist, ob diese Ansicht in Bezug auf die Rechtslage vor der Anwendung des Unionszollkodes so stimmen kann. Seit der Einführung des Zollkodexes waren und sind die Einfuhrabgaben grundsätzlich zu veranlagen, so dass die Überlassung von Waren als Vollendungszeitpunkt nur in Betracht kommen konnte, wenn es dabei gleichzeitig zur Bekanntgabe der Festsetzung kam.[1266] Nach bisherigem Recht wurden die Waren aber erst nach Entrichtung der Einfuhrabgaben, was eine vorherige Mitteilung der Festsetzung beinhaltete, bzw. nach Leistung einer Sicherheit

---

1264 AO-DV Zoll (26. September 2014), Nr. 3.1.3 zu § 370; so auch *Möller/Retemeyer*, in: Bender/Möller/Retemeyer, C III, Rn. 347.

1265 *Beil*, in: Wannemacher, Steuerstrafrecht, 6. Aufl., Rn. 1760.

1266 Vgl. zur Gesetzesänderung durch die Einführung des Zollkodexes 200.

überlassen. In den Fällen der Sicherheitsleistung konnte eine Festsetzung und damit deren Mitteilung auch nachfolgen. Die Überlassungsmitteilung war somit zeitlich und rechtlich von der Festsetzung getrennt. Etwas anderes hätte nur noch in den Fällen der Selbstberechnung gemäß Art. 221 Abs. 2 ZK gelten können, bei denen gemäß Art. 221 Abs. 2 UAbs. 2 ZK die Überlassung der Waren durch die Zollbehörden als Mitteilung des buchmäßig erfassten Abgabenbetrags galt. Allerdings war eine Selbstberechnung in Deutschland nicht in den Fällen der unvollständigen Zollanmeldung vorgesehen. Folglich war auch bei der Abgabe von unvollständigen Zollanmeldungen die Bekanntgabe der Festsetzung für den Vollendungszeitpunkt maßgeblich und nicht die Überlassung der Waren. Diese Zeitpunkte konnten übereinstimmen, mussten es aber nicht. Nach der bisherigen Rechtslage war für die Vollendung im Falle der unvollständigen Zollanmeldung somit auf die Bekanntgabe der buchmäßigen Erfassung abzustellen.

#### cc) Vereinfachtes Anmeldeverfahren und Anschreibeverfahren

Das vereinfachte Anmeldeverfahren und das Anschreibeverfahren bedurften einer vorherigen Bewilligung durch das Hauptzollamt, gemäß Art. 260–262 ZK-DVO bzw. Art. 263–265 ZK-DVO.

Das vereinfachte Anmeldeverfahren war dem der unvollständigen Zollanmeldung ähnlich. Wesentlicher Unterschied zur unvollständigen Zollanmeldung war, dass die ergänzenden Anmeldungen nicht für jede einzelne unvollständige Zollanmeldung nachgereicht werden mussten, sondern es konnten vielmehr die in einem bestimmten Zeitraum eingeführten Waren zusammen in einer ergänzenden Zollanmeldung aufgenommen werden.[1267] Die zusammenfassenden ergänzenden, grundsätzlich globalen, Anmeldungen (sog. Sammelzollanmeldungen) mussten erst nach Überlassung der Waren, in der Regel am dritten Arbeitstag nach Ablauf des Abrechnungszeitraums, bei der Abrechnungszollstelle abgegeben werden.[1268] Daraus folgte, dass auch die buchmäßige Erfassung gegen Sicherheitsleistung erst nach einem bestimmten Zeitraum, üblicherweise nach einem Monat, durchgeführt wurde (sog. globalisierende buchmäßige Erfassung).[1269]

Das Anschreibeverfahren ähnelte dem vereinfachten Anmeldeverfahren insofern, als dass auch hier die in einem bestimmten Zeitraum eingeführten Waren

---

1267 *Stüwe,* in: Hübschmann/Hepp/Spitaler, Art. 76 ZK, Rn. 13.

1268 *Henke,* in: Witte, Wolffgang (Hg.) 2009 – Lehrbuch des Europäischen Zollrechts, S. 106; *Henke,* in: Witte Zollkodex, Art. 76, Rn. 35b; *Stüwe,* in: Hübschmann/Hepp/Spitaler, Art. 76 ZK, Rn. 25.

1269 *Alexander,* in: Witte Zollkodex, Art. 218, Rn. 3; *Huchatz,* in: Witte, Wolffgang (Hg.) 2009 – Lehrbuch des Europäischen Zollrechts, S. 307.

zusammen in einer ergänzenden, grundsätzlich globalen Zollanmeldung, monatlich aufgenommen werden konnten und ebenfalls eine globalisierende buchmäßige Erfassung erfolgte.[1270] Anders war bei diesem Verfahren, dass die eingetroffenen Waren in der Regel nicht am Amtsplatz der Zollstelle gestellt werden mussten, sondern dass der Anmelder gemäß Art. 76 Abs. 1 S. 1 lit. c, Abs. 3 ZK i. V. m. Art. 253 Abs. 3, 266 Abs. 2 ZK-DVO die Überführung der Waren in den zollrechtlich freien Verkehr durch die Anschreibung in der betrieblichen Buchführung selbst bewirken konnte.

In den Fällen des vereinfachten Anmeldeverfahrens gemäß Art. 76 Abs. 1 UAbs. 1 lit. b ZK und des Anschreibeverfahrens gemäß Art. 76 Abs. 1 UAbs. 1 lit. c ZK legte die AO-DV Zoll ohne nähere Begründung den Eingang der ergänzenden Anmeldung als Vollendungszeitpunkt fest.[1271] Fraglich ist auch hier, ob diese Einschätzung in Bezug auf die Rechtslage vor der Anwendung des Unionszollkodes stimmen kann. Wie oben bereits erwähnt, wurde in Deutschland bei dem vereinfachten Anmeldeverfahren und dem Anschreibeverfahren regelmäßig in der Bewilligung vorgesehen, dass die Abgaben vom Zollschuldner in der ergänzenden Anmeldung selbst zu berechnen waren. Gemäß Art. 221 Abs. 2 UAbs. 1 ZK konnte die Mitteilung des Abgabenbetrags in diesen Fällen unterbleiben.[1272] Die Abgabe einer Zollanmeldung mit Selbstberechnung führte danach direkt zu einer Steuerfestsetzung.[1273] Nach der bisherigen Rechtslage war die Steuerhinterziehung in diesen Fällen, wie bei den Steueranmeldungen gemäß § 168 S. 1 AO, bereits mit Eingang der ergänzenden Anmeldung vollendet.[1274]

Auch die Regelung in Art. 221 Abs. 2 UAbs. 2 ZK führte zu keinem früheren Vollendungszeitpunkt. Gemäß Art. 221 Abs. 2 UAbs. 2 ZK konnte die Überlassung der Waren bereits als Mitteilung des buchmäßig erfassten Betrags gelten. Dies galt aber gemäß Art. 221 Abs. 2 UAbs. 2 ZK explizit nicht für die Fälle der globalisierenden buchmäßigen Erfassung gemäß Art. 218 Abs. 1 UAbs. 2 ZK.[1275] Die Möglichkeit zu einer globalisierenden buchmäßigen Erfassung war in Deutschland nur für das vereinfachte Verfahren und das Anschreibeverfahren

---

1270 *Deimel,* in: Hübschmann/Hepp/Spitaler, Art. 217–219 ZK, Rn. 22; *Stüwe,* in: Hübschmann/Hepp/Spitaler, Art. 76 ZK, Rn. 17.

1271 AO-DV Zoll (26. September 2014), Nr. 3.1.3 zu § 370; diese Ansicht ohne weitere Begründung übernehmend *Beil,* in: Wannemacher, Steuerstrafrecht, 6. Aufl., Rn. 1760; *Möller/Retemeyer,* in: Bender/Möller/Retemeyer, C III, Rn. 348.

1272 *Alexander,* in: Witte Zollkodex, Art. 221, Rn. 4; vgl. auch oben200.

1273 Vgl. hierzu näher oben 200, 213.

1274 Vgl. zum grundsätzlichen Vollendungszeitpunkt bei Steueranmeldungen gemäß § 168 S. 1 AO oben 188 f.

1275 Vgl. auch *Deimel,* in: Hübschmann/Hepp/Spitaler, Art. 221 ZK, Rn. 21.

vorgesehen.[1276] Durch die Herausnahme dieser Fälle hatte die Überlassung der Waren vor Abgabe der Sammelzollanmeldungen keine Bedeutung.[1277]

### dd) Ausblick

Mit der Anwendung des Unionszollkodexes gibt es diese „festen" Strukturen bei den vereinfachten Verfahren nicht mehr, sondern es bestehen verschiedene Kombinationsmöglichkeiten. Die vereinfachte Zollanmeldung ist in Art. 166 f. UZK geregelt. Diese kann mit weiteren Vereinfachungen, wie der Zollanmeldung durch Anschreibung in der Buchführung gemäß Art. 182 Abs. 1 UZK, kombiniert werden. Die Anschreibung in der Buchführung wiederum kann anders als nach der bisherigen Rechtslage gemäß Art. 182 Abs. 1 UZK nicht nur mit dem vereinfachten Verfahren, sondern auch mit der Standard-Zollanmeldung gemäß Art. 162 UZK verbunden werden.[1278] Auch kann sie gemäß Art. 182 Abs. 3 UZK mit einer Befreiung von der Gestellungsverpflichtung verknüpft werden. Mit dem neu geschaffenen Instrument der Eigenkontrolle gemäß Art. 185 UZK können, wie oben bereits erwähnt, zudem gewissen Wirtschaftsbeteiligten (AEOC) verschiedene Verfahrenserleichterungen zugelassen werden. Eine solche Vereinfachung kann beispielsweise die Zollanmeldung durch Anschreibung in der Buchführung oder auch die selbstständige Vornahme der Überführung von Waren zu bestimmten Zollverfahren darstellen.[1279]

Welche Erleichterungen von den Zollbehörden bewilligt und welche Kombinationsmöglichkeiten in der Praxis üblich werden, wird sich erst im Laufe der Anwendung des Unionszollkodexes zeigen.[1280] Es bleibt somit abzuwarten, wie diese Vereinfachungen in der Praxis gehandhabt werden und ob, und wenn ja, in welchen Fällen der vereinfachten Verfahren in Deutschland eine Selbstberechnung vorgesehen wird. Hiervon ist ebenfalls abhängig, ob und inwiefern die soeben zur bisherigen Rechtslage gefundenen Ergebnisse auf die aktuelle Rechtslage übertragen werden können.

---

1276 *Alexander,* in: Witte Zollkodex, Art. 218, Rn. 3; *Deimel,* in: Hübschmann/Hepp/Spitaler, Art. 217–219 ZK, Rn. 22.

1277 Vgl. auch *Deimel,* in: Hübschmann/Hepp/Spitaler, Art. 221 ZK, Rn. 21.

1278 *Witte/Henke/Kammerzell,* Der Unionszollkodex (UZK), S. 166.

1279 *Lux,* AW-Prax 2010, 349, 350.

1280 Vgl. zu möglichen Vereinfachungen *Lux,* AW-Prax 2010, 349, 350 f.; *Witte/Henke/Kammerzell,* Der Unionszollkodex (UZK), S. 168.

# Gesamtergebnis

Diese Arbeit hat die Schwierigkeiten dargelegt, die sich im Bereich der Steuerhinterziehung bei der Abgrenzung des Versuchs von den anderen Verwirklichungsstufen ergeben. Es wurde deutlich, dass es nicht möglich ist, für alle Fälle allgemeingültige Grenzen der Steuerhinterziehung zwischen Versuch und Vorbereitung sowie zwischen Versuch und Vollendung zu ziehen. Dafür unterscheiden sich die verschiedenen Steuern hinsichtlich der Verfahren und der Mitwirkungspflichten zu sehr. Es hat sich aber gezeigt, dass die Unterteilung der Steuern in verschiedene „Gruppen" die Abgrenzung erleichtert. Auch wenn in den „Gruppen" einzelne Steuern oder bestimmte Verfahren Besonderheiten aufweisen, die zu einem anderen Versuchsbeginn oder Vollendungszeitpunkt führen, so konnten für diese „Gruppen" zumindest Grundsätze für die Abgrenzung aufgestellt werden. Aber auch für die einzelnen Steuern und Verfahrenskonstellationen, die sich nicht unter die festgestellten Grundsätze fassen ließen, wurden Lösungsvorschläge erarbeitet, die hier im Einzelnen aber nicht nachgezeichnet werden können.[1281]

Bei der Unterteilung in „Gruppen" hat es sich als sinnvoll erwiesen, nicht nur die am Anfang der Arbeit angesprochene, im Steuerstrafrecht typische Unterteilung zwischen Veranlagungs- und Anmeldungssteuern[1282] vorzunehmen, sondern auch nach den Einfuhrabgaben und der Tatbestandsalternative des § 370 Abs. 1 Nr. 3 AO zu unterscheiden.[1283] Das Verfahren der Einfuhrabgaben richtet sich größtenteils nach dem europäischen Recht, was zu Unterschieden zu den allein den deutschen Gesetzen unterliegenden Steuern führt. Die Tatbestandsalternative der pflichtwidrigen Verwendung von Steuerzeichen und Steuerstemplern (§ 370 Abs. 1 Nr. 3 AO) war insofern gesondert zu behandeln, als dass sie zum einen kein unmittelbar pflichtwidriges Verhalten gegenüber der Finanzbehörde voraussetzt und ihr zum anderen momentan nur reine Fälligkeitssteuern unterfallen.

1281 Vgl. für die Erbschaft- und Schenkungsteuer oben 144 f., 146 f., 170 ff., 171; Tabaksteuer oben 147 ff. 172 f.; für die Einkommensteuer oben 149 f. für die Gewerbesteuer oben 164 ff.; für dieUmsatzsteuer oben 176; für die Mineralölsteuer oben 178 ff.; für die Lohnsteuer oben 181 ff., 193; für die Bauabzugsteuer oben 185 ff., 194 f.; für den Reiseverkehr oben 211 f., 217 ff.; für das externe Versandverfahren gemäß § 91 ZK oben 215 f.; für den Postverkehr oben 220; für die vereinfachten Verfahren gemäß Art. 76 ZK oben 220 ff.

1282 Vgl. oben 36 ff.

1283 Im Schrifttum werden die Einfuhrabgaben zumeist auch gesondert behandelt, vgl. z. B. *Beil*, in: Wannemacher, Steuerstrafrecht, 6. Aufl., Rn. 1638 ff.

Bezüglich der für die einzelnen „Gruppen" geltenden Grundsätze kam die vorliegende Arbeit zu den folgenden Ergebnissen:

- Bei den Veranlagungssteuern beginnt der Versuch in der Handlungsalternative grundsätzlich, wenn der Steuerpflichtige die Erklärung erstmals in Richtung Finanzbehörde auf den Weg bringt, z. B. indem er sie (digital) abschickt oder in den Briefkasten der Finanzbehörde/Post einwirft. Die Abgabe von Umsatzsteuervoranmeldungen stellt in Bezug auf die Veranlagungssteuern nur eine straflose Vorbereitungshandlung dar.[1284]
- Von einem Versuch in der Unterlassungsalternative ist bei den Veranlagungssteuern in dem Zeitpunkt auszugehen, in dem der Täter den Zeitpunkt verstreichen lässt, bis zu dem er seine Erklärung noch innerhalb der gesetzlichen oder vom Finanzamt gesetzten Abgabefrist dem Finanzamt zustellen könnte. Für die Steuern, bei denen die Steuererklärungsfristen durch Erlasse der obersten Finanzbehörden der Länder verlängert werden, ist Abgabefrist grundsätzlich der 31. Mai des Folgejahres. Wurde zuvor allerdings ein Steuerberater mandatiert, so ist gemäß den Erlassen die entscheidende Abgabefrist der 31. Dezember des Folgejahres.[1285]
- Vollendung tritt bei Veranlagungssteuern in der Handlungsalternative grundsätzlich in dem Moment der Bekanntgabe der zu niedrigen oder nicht rechtzeitigen Festsetzung durch den Steuerbescheid gemäß §§ 124 Abs. 1 S. 1, 122 AO ein.[1286]
- Bei der Unterlassungsalternative ist die Hinterziehung von Veranlagungssteuern in dem Moment vollendet, in dem die Veranlagungstätigkeit für den Veranlagungszeitraum im Allgemeinen abgeschlossen ist, wobei vom Abschluss mit Erreichen einer 95 %igen Erledigungsquote auszugehen ist. Ergeht vor diesem Zeitpunkt ein Schätzungsbescheid, so ist die Steuerhinterziehung bereits mit der Bekanntgabe des Schätzungsbescheids vollendet.[1287]
- Bei den Anmeldungssteuern beginnt der Versuch in der Handlungsalternative in dem Moment, in dem der Steuerpflichtige die Steueranmeldung auf den Weg zur Finanzbehörde bringt.[1288]
- Ein Versuch in der Unterlassungsalternative beginnt bei den Anmeldungssteuern in dem Zeitpunkt, in dem der Steuerpflichtige die letzte Frist zur Abgabe der Steueranmeldung verstreichen lässt.[1289]

---

1284 Vgl. oben 126 ff.
1285 Vgl. oben 132 ff.
1286 Vgl. oben 150 f.
1287 Vgl. oben 151 ff.
1288 Vgl. oben 173 ff.
1289 Vgl. oben 175 f.

- Bei den Anmeldungssteuern tritt bei Abgabe einer Steueranmeldung gemäß § 168 S. 1 AO die Vollendung in dem Moment ein, in dem die Steueranmeldung bei der Finanzbehörde eingeht, auch wenn sie vor dem eigentlichen Fälligkeitstermin abgegeben wird. Wird eine Steueranmeldung gemäß § 168 S. 2 AO abgegeben, ist die Steuerhinterziehung erst mit der Bekanntgabe der Zustimmung seitens der Finanzbehörde vollendet.[1290]
- Bei der Unterlassungsalternative tritt Vollendung mit dem Ablauf des gesetzlich bestimmten Abgabezeitraums ein, wenn es sich um eine Steueranmeldung gemäß § 168 S. 1 AO handelt. Liegt eine Steueranmeldung gemäß § 168 S. 2 AO vor, ist für die Vollendung auf den hypothetischen Zeitpunkt abzustellen, in dem die Finanzbehörde bei Abgabe einer Anmeldung spätestens zugestimmt hätte.[1291]
- Bei der Tatbestandsalternative des § 370 Abs. 1 Nr. 3 AO, die derzeit nur für die Tabaksteuer relevant ist, gibt es kein Versuchsstadium. Da die Steuerzeichen erst verwendet sein müssen, wenn die Steuer entsteht, sind alle Handlungen und Unterlassungen vor dem Entstehungszeitpunkt pflichtgemäß.[1292]
- Vollendung tritt bei der Tatbestandsalternative des § 370 Abs. 1 Nr. 3 AO grundsätzlich in dem Zeitpunkt der Entnahme der Waren aus dem Steuerlager ohne Verwendung von Steuerzeichen ein. In den Fällen der Herstellung des Tabaks ohne Erlaubnis, ist die Steuerhinterziehung bereits in dem Moment vollendet, in dem mit der Herstellung begonnen wird und keine Steuerzeichen verwendet werden.[1293]
- Bei den Einfuhrabgaben beginnt der Versuch der Steuerhinterziehung in der Handlungsalternative grundsätzlich in dem Zeitpunkt, in dem die unvollständigen oder unrichtigen Zollanmeldungen an der Grenze bei der Zollabfertigungsstelle vorgelegt werden oder in Richtung Zollbehörde abgeschickt werden. Weder das Annähern an die Grenze, noch die Abgabe einer unrichtigen summarischen Eingangsanmeldung vermögen einen früheren Versuchsbeginn zu bewirken.[1294]
- Bei der Unterlassungsalternative beginnt der Versuch der Einfuhrabgabenhinterziehung in den Fällen, in denen der Täter die sogenannte grüne Grenze überquert, grundsätzlich erst in dem Zeitpunkt, in welchem dieser die Grenze überschreitet.[1295]

---

1290 Vgl. oben 188 ff.
1291 Vgl. oben 191 f.
1292 Vgl. oben 196 f.
1293 Vgl. oben 197 f.
1294 Vgl. oben 206 ff.
1295 Vgl. oben 208.

- Bei der Abgabe von unrichtigen oder unvollständigen Zollanmeldungen ist die Einfuhrabgabenhinterziehung erst mit der Mitteilung des buchmäßig erfassten Abgabenbetrags an den Zollschuldner vollendet. Hat der Zollschuldner die Abgaben allerdings selbst zu berechnen, tritt die Vollendung bereits mit Eingang der Zollanmeldung bei dem Zollamt ein.[1296]
- In der Unterlassungsalternative ist die Einfuhrabgabenhinterziehung, falls der Täter die grüne Grenze nutzt, mit dem Überschreiten der Zollgrenze vollendet. Hat der Täter Zollbefreiungen für Waren wegen einer besonderen Zweckverwendung erhalten und unterlässt es, diesen eine neue zollrechtliche Bestimmung zu geben oder sie bewilligen zu lassen, werden die Einfuhrabgaben spätestens im Zeitpunkt der zweckwidrigen Verwendung verkürzt. Bringt der Täter die Waren zwar zur Zollstelle, versteckt diese aber oder nimmt bei der Gestellung auf eine summarische Eingangsanmeldung Bezug, in der Tarnwaren aufgenommen sind, tritt Vollendung in dem Moment ein, in dem die nicht gemeldeten Waren den Amtsplatz verlassen.[1297]

Als allgemeine Fallgruppen mit gruppenübergreifender Geltung konnten für die Abgrenzung des Versuchs zu den anderen Verwirklichungsstufen die folgenden erarbeitet werden:

- In der Regel kann davon ausgegangen werden, dass jede Unternehmung, die der Steuerpflichtige bei Veranlagungssteuern, Anmeldungssteuern und Einfuhrabgaben vor der Abgabe der Steuererklärung bzw. vor Ablauf des Abgabetermins für Steuererklärungen oder im Bereich des § 370 Abs. 1 Nr. 3 AO vor Ausführung des steuerpflichtigen Vorgangs vornimmt, um eine Steuerhinterziehung zu ermöglichen oder zu erleichtern, eine bloße Vorbereitungshandlung darstellt.[1298]
- Auch im Beitreibungs- und im Rechtsmittelverfahren beginnt der Versuch grundsätzlich erst mit dem Absenden oder der Abgabe der steuererheblichen Erklärung gegenüber der Finanzbehörde bzw. der Klagebegründung an das Finanzgericht.[1299]
- In den Fällen in denen der Steuerpflichtige ein Steuerberaterbüro mit der selbstständigen Erstellung der Buchführung des Unternehmens beaufragt hat und dem Büro gefälschte Belege übergibt, beginnt der Versuch in mittelbarer Täterschaft in Bezug auf die Voranmeldungen mit deren Abschicken durch

1296 Vgl. oben 212.
1297 Vgl. oben 212 ff.
1298 Vgl. oben 91 f.
1299 Vgl. oben 102 f.

den Steuerberater. Übernimmt der Steuerberater die in den eingereichten Unterlagen angegebenen Steuerbeträge ohne selbstständige inhaltliche Prüfung, beginnt der Versuch in mittelbarer Täterschaft in Bezug auf die Voranmeldungen mit der Übergabe der Scheinrechnungen an den Steuerberater.[1300]

- Hat der Steuerpflichtige ein Steuerberaterbüro mit der Einreichung von Jahressteuererklärungen beaufragt, beginnt der Versuch in dem Moment des Übergebens/Absendens der unterschriebenen Jahressteuererklärung an den Steuerberater.[1301]
- In den Fällen des Ergehens eines Feststellungsbescheids beginnt der Versuch in dem Moment, in dem die Feststellungserklärung bzw. die Erklärung, die zu dem Erlass des falschen Feststellungsbescheids führt, auf den Weg zum Finanzamt gebracht wird. Mit der Bekanntgabe des Feststellungsbescheids erlangt der Täter einen ungerechtfertigten Steuervorteil.[1302]
- Beim Erschleichen von Steuervergütungen ist für die Vollendung (Erlangung eines ungerechtfertigten Steuervorteils) auf den Moment der Bekanntgabe der begünstigenden Verfügung durch die Finanzbehörde abzustellen.[1303]
- Das Unterlassen der Anzeigepflicht gemäß §§ 137–139 AO führt in dem Moment zu einer vollendeten Steuerverkürzung auf Zeit, in dem zu den jeweiligen Fälligkeitstagen die Vorausfestsetzungszahlungen bei den Veranlagungssteuern unterbleiben.[1304]
- Im Falle einer Anfechtungsklage zur Änderung eines Verwaltungsakts, der einen Geldbetrag festsetzt, ist die Steuerhinterziehung – wenn das Gericht gemäß § 100 Abs. 2 S. 1 FGO einen geänderten Betrag festsetzt – mit Verkündung des Urteils vollendet. Erlegt das Gericht dagegen die Betragserrechnung gemäß § 100 Abs. 2 S. 2 FGO der Finanzbehörde auf, kann ein ungerechtfertigter Steuervorteil mit Urteilsverkündung erst angenommen werden, wenn das Urteil unanfechtbar ist.[1305]
- Im Falle einer Verpflichtungsklage ist ein ungerechtfertigter Steuervorteil mit Verkündung des Urteils anzunehmen, wenn die Sache gemäß § 101 S. 1 FGO spruchreif ist und es sich um ein letztinstanzliches Urteil handelt. Ist die Sache gemäß § 101 S. 2 FGO nicht spruchreif, dann ist die Steuerhinterziehung erst

1300 Vgl. oben 96 ff.
1301 Vgl. oben 101 f.
1302 Vgl oben 106 ff., 112 ff., 116 ff.
1303 Vgl. oben 119 f.
1304 Vgl. oben 124 f.
1305 Vgl. oben 121 ff.

mit der finanzbehördlichen Bekanntgabe des aufgrund der Gerichtsentscheidung geänderten Bescheids in der Form der Steuerverkürzung vollendet.[1306]
- Macht der Vollstreckungsschuldner falsche Angaben, um die Vollstreckung zu verhindern, liegt bis zu dem Zeitpunkt, in dem bei wahrheitsgemäßen Angaben die Vollstreckung erfolgreich hätte stattfinden können, nur ein Versuch vor. Werden Ansprüche aus dem Steuerschuldverhältnis im Beitreibungsverfahren durch nicht wahrheitsgemäß begründete Anträge gestundet, erlassen oder wird dem Vollstreckungsschuldner aufgrund eines nicht wahrheitsgemäßen Antrags ein Vollstreckungsaufschub oder eine einstweilige Vollstreckungseinstellung gewährt, so hat der Täter mit der Bekanntgabe der begünstigenden Verfügung einen ungerechtfertigten Steuervorteil erlangt.[1307]

Bezogen auf die zweite in der Einleitung aufgeworfene Frage hat die Arbeit gezeigt, dass Rechtsprechung und Literatur bei der Steuerhinterziehung auf die aus dem allgemeinen Strafrecht bekannten Abgrenzungstheorien bzw. -kriterien zurückgreifen und zu sachgerechten Ergebnissen gelangen. Bei der Unterlassungsalternative wird in Rechtsprechung und Literatur fast ausschließlich die von der herrschenden Ansicht im allgemeinen Strafrecht präferierte Theorie der unmittelbaren Rechtsgutsgefährdung zur Abgrenzung des Versuchs von der Vorbereitung verwendet. Bei der mittelbaren Täterschaft wird zumeist auf die im allgemeinen Strafrecht überwiegend vertretene modifizierte Einzellösung zurückgegriffen. Bei der Mittäterschaft wird für die Abgrenzung auf die auch im allgemeinen Strafrecht herrschend vertretene Gesamtlösung abgestellt. Bei der Handlungsalternative spielen insbesondere die Kombinations-, die Zwischenakts- und die Gefährdungstheorie eine Rolle.

Die in der Einleitung angesprochene Ansicht, dass allein das Gefährdungskriterium bei Wirtschaftsdelikten, wie der Steuerhinterziehung, zu angemessenen Ergebnissen führt, hat sich damit nicht bestätigt. Auch wenn das Merkmal der Gefährdung häufig bei der Abgrenzung verwendet wird, ist nicht zu erkennen, dass es allein entscheidend sein soll. Es wird vielmehr oft im Zusammenspiel mit anderen Kriterien zur Argumentation herangezogen. Die Vertreter der Ansicht müssen selbst in einer steuerstrafrechtlichen Unterlassungskonstellation feststellen, dass das Gefährdungskriterium sich auch bei der Steuerhinterziehung nicht immer für die Abgrenzung eignet.[1308]

---

1306 Vgl. oben 123 f.

1307 Vgl. oben 120 f.

1308 Vgl. oben 180; *Tiedemann*, JR 1973, 412, 414.

Die Tatsache, dass bei einigen Abgrenzungsfällen die Argumentation mit den allgemeinen Abgrenzungskriterien in den Hintergrund rückt, spricht nicht gegen deren Anwendbarkeit, sondern ist vielmehr den deliktsspezifischen Besonderheiten – insbesondere den in § 370 AO enthaltenen Blankettverweisungen und normativen Tatbestandsmerkmalen – der Steuerhinterziehung geschuldet. So wird z. B. beim Unterlassen im Bereich der Veranlagungssteuern über die Auslegung der allgemeinen Fristverlängerungen und damit über materielles Steuerrecht gestritten. Eine Ablehnung der im allgemeinen Strafrecht vertretenen Abgrenzungstheorien ist hierin nicht zu sehen.

Die Arbeit hat gezeigt, dass die allgemeinen Abgrenzungstheorien und insbesondere die Kombinationstheorie durch ihre verschiedenen Kriterien auch auf die Besonderheiten der Steuerhinterziehung reagieren können und zu angemessenen Ergebnissen führen.

# Literaturverzeichnis


*Achenbach, Hans/Ransiek, Andreas/Rönnau, Thomas*, Handbuch Wirtschaftsstrafrecht, 4. Aufl., Heidelberg 2015.

*Baldus, Paulheinz/Willms, Günther* (Hrsg.), Strafgesetzbuch Leipziger Kommentar, Band 1, Einleitung §§ 1–79, 9. Aufl., Berlin/New York 1974.

*Bamberger, Heinz Georg/Roth Herbert* (Hrsg.), Beck'scher Online-Kommentar BGB, München, 43. Edition, Stand: 15.6.2017.

*Beckemper, Katharina*, Steuerhinterziehung durch Erschleichen eines unrichtigen Feststellungsbescheids?, NStZ 2002, 518–523.

Beck'sches Steuer- und Bilanzrechtslexikon siehe unter *Birle, Jürgen Paul/Fey, Achim/Haas, Rudolf u. a.*

*Beling, Ernst*, Die Lehre vom Verbrechen., Tübingen 1906.

—, Grundzüge des Strafrechts, Mit einer Anleitung zur Bearbeitung von Strafrechtsfällen, 11. Aufl., Tübingen 1930.

*Bender, Peter*, Anmerkung zu BayObLG, Beschl. vom 5. November 1996–4 StRR 169/96, wistra 1997, 111, wistra 1997, 233–234.

—, Der EuGH und das Zollstrafrecht, wistra 2006, 41–43.

*Bender, Peter/Möller, Thomas/Retemeyer, Alexander*, Steuerstrafrecht – Mit Schwerpunkt Zoll- und Verbrauchsteuerstrafrecht, Loseblatt, 41. Ergänzungslieferung Regensburg, Stand: Oktober 2017.

*Berner, Albert Friedrich*, Lehrbuch des deutschen Strafrechtes, 18. Aufl., Leipzig 1898.

*Berz, Ulrich*, Grundlagen des Versuchsbeginns, Jura 1984, 511–519.

*Beyer, Dirk*, Erklärungsfrist bei Kündigung des Steuerberatungsmandats, AO-StB 2014, 6–7.

*Birle, Jürgen Paul/Fey, Achim/Haas, Rudolf u. a.*, Beck'sches Steuer- und Bilanzrechtslexikon, München 2015.

*Bitzilekis, Nikolaos*, Über die strafrechtliche Bedeutung der Abgrenzung von Vollendung und Beendigung der Straftat, ZStW 99 [1987], 723–750.

*Blei, Hermann*, Strafrecht, Ein Studienbuch, 17. Aufl, München 1977.

*Blesinger, Karl*, Grundlagenbescheide als Gegenstand einer Steuerhinterziehung? – Anmerkung zum BGH-Urteil vom 10.12.2008, 1 StR 322/08 –, wistra 2009, 294–298.

Blümich siehe unter *Heuermann, Bernd/Brandis, Peter* (Hrsg.).

*Bockelmann, Paul*, Zur Abgrenzung der Vorbereitung vom Versuch, JZ 1954, 468–473.

*Briel, Olaf G. von/Ehlscheid, Dirk*, Steuerstrafrecht, 2. Aufl., Bonn 2001.

*Bublitz, Lothar*, Der Verlustabzug gemäß § 10d EStG im Steuerstrafrecht, DStR 1985, 653–658.

*Buri, Maximilian von*, Zur Lehre vom Versuche, GS 1867, 60–80.

—, Der Versuch des Verbrechens mit untauglichen Mitteln oder an einem untrüglichen Object, GS 1868, 325–335.

—, Über das Wesen des Versuchs, GA 1877, 265–317.

—, Versuch und Causalität, GS 1880, 321–389.

*Buschmann, Walter*, Steuerunehrlichkeit als Tatbestandsmerkmal?, NJW 1964, 2140–2142.

*Buse, Johannes W.*, Beendigung der Umsatzsteuerhinterziehung bei Fristverlängerung nach § 109 AO durch Erlasse der obersten Finanzbehörden, Zugleich Anmerkungen zu Riehl, wistra 1996, 130, wistra 1997, 173–175.

—, Die untätige Ermittlungsbehörde, wistra 2008, 51–55.

*Ceffinato, Tobias*, Zum Versuchsbeginn bei der Steuerhinterziehung durch Unterlassen, wistra 2014, 88–91.

*Claus, Susanne*, Der unrichtige Feststellungsbescheid als nicht gerechtfertigter Steuervorteil, Besprechung zu BGH 1 StR 322/08 – Beschluss v. 10. Dezember 2008 (BGH HRRS 2009, Nr. 68), HRRS 3/2009, 102–106.

*Deckers, Sebastian*, Anmerkung zu BGH, Beschl. vom12.06.2013–1 StR 6/13, NZWiSt 2013, 480.

*Dölling, Dieter/Duttge, Gunnar/König, Stefan/Rössner, Dieter* (Hrsg.), Gesamtes Strafrecht, StGB/StPO/Nebengesetze, Handkommentar, 4. Aufl., Baden-Baden 2017.

*Dörn, Harald*, Zur Strafverfolgung der Nichtabgabe und der verspäteten Abgabe von Steuererklärungen und Steuervoranmeldungen, wistra 1989, 290–295.

—, Nichtabgabe von Steuererklärungen – zugleich Anmerkung zum Urteil des Hanseatischen Oberlandesgerichts v. 2. 6. 1992–1 Ss 119/91, wistra 1993, 241–248.

—, Steuerhinterziehung durch Unterlassen?, Baden-Baden 2001 (zugl. Diss. Univ. Kiel 2000).

—, Steuerhinterziehung in Schätzungsfällen?, NStZ 2002, 189–191.

*Dorsch*, siehe unter *Rüsken, Reinhart* (Hrsg.).

*Eich, Hans Dieter*, Strafverfolgungsverjährung der Steuerhinterziehung und der leichtfertigen Steuerverkürzung, KÖSDI 2001, 13036–13043.

—, Hinterziehung von Erbschaft- und Schenkungsteuer, Beratungsrelevante Aspekte der Strafverfolgungsverjährung, ErbStB 2008, 76–79.

*Erbs, Georg/Kohlhaas, Max/Ambs, Friedrich* (Hrsg.), Strafrechtliche Nebengesetze, mit Straf- und Bußgeldvorschriften des Wirtschafts- und Verwaltungsrechts, Band 1, Loseblatt, 216. Ergänzungslieferung, München, Stand: August 2017.

*Eschenbach, Jürgen*, Die Abgrenzung zwischen strafloser Vorbereitungsphase und Versuchsbeginn bei der Steuerhinterziehung nach § 370 AO, DStZ 1997, 851–856.

*Ferschl, Klaus D.*, Die Abgrenzung versuchter von vollendeter Steuerhinterziehung im Fall des § 370 Abs. 1 Nr. 2 AO bei Ergehen eines Schätzungssteuerbescheids, wistra 1990, 177–181.

*Feuerbach, Paul Johann Anselm von*, Lehrbuch des gemeinen in Deutschland gültigen peinlichen Rechts, 11. Aufl., Gießen 1832.

*Fischer, Thomas*, Strafgesetzbuch und Nebengesetze, 65. Aufl., München 2017.

*Flore, Ingo/Tsambikakis, Michael* (Hrsg.), Steuerstrafrecht, Kommentar, 2. Aufl. Köln 2016.

*Frank, Reinhard [von]*, Das Strafgesetzbuch für das Deutsche Reich nebst dem

Einführungsgesetz, 18. Aufl., Tübingen 1931.

*Franzen, Klaus*, Zur Vollendung der Steuerverkürzung (§§ 396, 402 AO), DStR 1965, 187–191.

*Gräber, Fritz*, Finanzgerichtsordnung mit Nebengesetzen, Kommentar, 7. Aufl., München 2010.

*Graf, Jürgen Peter/Jäger, Markus/Wittig, Petra* (Hrsg.), Wirtschafts- und Steuerstrafrecht, Kommentar, 2. Aufl., München 2017.

*Grünwald, Gerald*, Der Versuch des unechten Unterlassungsdelikts, JZ 1959, 46–49.

*Gußen, Peter J.G.*, Praxiswissen Steuerstrafrecht, Münster 2009.

*Hardtke, Frank*, Steuerhinterziehung durch verdeckte Gewinnausschüttung, Unrichtige Feststellung nach § 47 KStG als Steuervorteilserlangung, Berlin 1995 (zugl. Diss. Univ. Greifswald 1994).

*Hardtke, Frank/Leip, Carsten*, Strafverfolgungsverjährung bei Steuerhinterziehung infolge verdeckter Gewinnausschüttung, NStZ 1996, 217–220.

*Heinrich, Bernd*, Strafrecht, Allgemeiner Teil, 5. Aufl., Stuttgart 2016.

*Heintschel-Heinegg Bernd von* (Hrsg.), Beck'scher Online-Kommentar StGB, München, 36. Edition, Stand: 1.11.2017.

*Herlan, Wilhelm*, Aus der – nicht in der „Amtlichen Sammlung" veröffentlichten – Rechtsprechung des BGH zu den strafrechtlichen Nebengesetzen, GA 1959, 45–54.

*Herzberg, Rolf Dietrich*, Der Versuch beim unechten Unterlassungsdelikt, MDR 1973, 89–96.

—, Der Anfang des Versuchs bei mittelbarer Täterschaft, JuS 1985, 1–9.

*Heuel, Ingo*, Tatvollendung bei Steuerhinterziehung durch Unterlassen, AO-StB 2011, 99–100.

*Heuermann, Bernd/Brandis, Peter* (Hrsg.), Einkommensteuergesetz, Körperschaftsteuergesetz, Gewerbesteuergesetz, Kommentar, Band 4, §§ 1–40 KStG, §§ 27–54a KStG a. F., §§ 1–37 GewStG, Loseblatt, 139. Ergänzungslieferung, München, Stand: November 2017.

*Hillenkamp, Thomas*, Impossibilium nulla obligatio – oder doch? Anmerkungen zu § 283 Abs. 1 Nr. 5 und 7 StGB , in: Sieber, Ulrich/Dannecker, Gerhard/ Kindhäuser, Urs u. a. (Hrsg.), Strafrecht und Wirtschaftsstrafrecht – Dogmatik, Rechtsvergleich, Rechtstatsachen, Festschrift für Klaus Tiedemann zum 70. Geburtstag, München 2008, 949–968.

*Hippel, Robert von*, Deutsches Strafrecht, Band 2, Das Verbrechen, Allgemeine Lehren, Berlin 1930.

*Höser, Jürgen*, Vorbereitungshandlung und Versuch im Steuerstrafrecht, Eine Darstellung unter besonderer Berücksichtigung einzelner Steuerarten, Köln 1984 (zugl. Diss. Univ. Köln 1984).

*Hübner, Engelbert*, Anmerkung zu OLG Karlsruhe, Urt. v. 5. 9. 1974–1 Ss 308/73, MDR 1977, 1040.

*Hübschmann, Walter/Hepp, Ernst/Spitaler, Armin*, Abgabenordnung, Finanzgerichtsordnung, Kommentar

Band IV, §§ 69–110 AO, Loseblatt, 244. Ergänzungslieferung Köln, Stand: Oktober 2017.

Band V, §§ 111–154 AO, Loseblatt, 244. Ergänzungslieferung Köln, Stand: Oktober 2017.

Band X, §§ 369–415 AO, Loseblatt, 244. Ergänzungslieferung Köln, Stand: Oktober 2017.

Band XV, ZK, Loseblatt, 244. Ergänzungslieferung Köln, Stand: Oktober 2017.

*Jäger, Markus*, Die Auswirkungen der Osterweiterung der Europäischen Union auf das deutsche Steuerstrafrecht, in: Böse, Martin/Sternberg-Lieben, Detlev (Hrsg.), Grundlagen des Straf- und Strafverfahrensrechts, Festschrift für Knut Amelung zum 70. Geburtstag, Berlin 2009, 447–470.

*Jakobs, Günther*, Kriminalisierung im Vorfeld einer Rechtsgutsverletzung, ZStW 97 [1985], 751–785.

*Jakobs, Günther*, Strafrecht, Allgemeiner Teil, Die Grundlagen und die Zurechnungslehre, Lehrbuch, 2. Aufl., Berlin 1991.

*Jescheck, Hans-Heinrich/Ruß, Wolfgang/Willms, Günther* (Hrsg.), Strafgesetzbuch, Leipziger Kommentar, Band 1, Einleitung §§ 1–31, 10. Aufl., Berlin/New York 1985.

*Jescheck, Hans-Heinrich/Weigend, Thomas*, Lehrbuch des Strafrechts, Allgemeiner Teil, 5. Aufl., Berlin 1996.

*Joecks, Wolfgang/Jäger, Markus/Randt, Karsten*, Steuerstrafrecht mit Zoll- und Verbrauchsteuerstrafrecht, Kommentar, §§ 369–412 AO, § 32 ZollVG, 8. Aufl., München 2015.

*Joecks, Wolfgang/Miebach, Klaus* (Hrsg.), Münchener Kommentar zum Strafgesetzbuch StGB

Band 1, §§ 1–37 StGB, 3. Aufl., München 2017.

Band 5, §§ 263–358 StGB, 2. Aufl., München 2014.

Band 7, Nebenstrafrecht II : Strafvorschriften aus: MarkenG, UrhG, UWG, AO, SchwarzArbG, AÜG, BetrVG, AktG, AWG, BauFordSiG, BörsG, DepotG, GenG, GewO, GmbHG, HGB, InsO, KWG, WpHG, TKG, TMG, 2. Aufl., München 2015.

*Kapp, Reinhard/Ebeling, Jürgen* (Hrsg.), Erbschaftsteuer- und Schenkungsteuergesetz, Kommentar, Loseblatt, 74. Ergänzungslieferung, Köln, Stand: Dezember 2017.

*Kaufmann, Armin*, Die Dogmatik der Unterlassungsdelikte, Göttingen 1959 (zugl.: Habil.-Schrift Univ. Bonn 1959).

*Kindhäuser, Urs / Neumann, Ulfrid / Paeffgen, Hans-Ullrich* (Hrsg.), Nomos Kommentar Strafgesetzbuch, Band 1, Allgemeiner Teil; §§ 1–79b, 5. Aufl., Baden-Baden 2017.

*Kindshofer, Alexandra*, Ein neues Betätigungsgebiet für Steuerverkürzung?, PStR 2003, 160–165.

*Kirchhof, Paul* (Hrsg.), Einkommensteuergesetz, Kommentar, 16. Aufl., Köln 2017.

*Klein, Franz* (Hrsg.), Abgabenordnung, einschließlich Steuerstrafrecht, 13. Aufl., München 2016.

*Koenig, Ulrich* (Hrsg.), Abgabenordnung, §§ 1 bis 368, Kommentar, 3. Aufl., München 2014.

*Kohlmann, Günther*, Steuerstrafrecht mit Ordnungswidrigkeitenrecht und Verfahrensrecht,

Kommentar zu den §§ 369–412 AO 1977, Band I, Gesetzestext, §§ 369379 AO, Loseblatt, 51. Ergänzungslieferung, Köln, Stand: Dezember 2014.

*Kohlrausch, Eduard/Lange, Richard*, Strafgesetzbuch mit Erläuterungen und Nebengesetzen, 42. Aufl., Berlin 1956.

*Kratzsch, Dietrich*, Die Bemühungen um Präzisierung der Ansatzformel (§22 StGB) – ein absolut untauglicher Versuch? (Teil 1), JA 1983, 420–429.

—, Die Bemühungen um Präzisierung der Ansatzformel (§22 StGB) – ein absolut untauglicher Versuch? (Teil 2), JA 1983, 578–587.

—, Verhaltenssteuerung und Organisation im Strafrecht, Ansätze zur Reform des strafrechtlichen Unrechtsbegriffs und der Regeln der Gesetzesanwendung, Berlin 1985 (zugl.: Habil.-Schr. Univ. Köln 1975).

*Krey, Volker/Esser, Robert*, Deutsches Strafrecht, Allgemeiner Teil, 6. Aufl., Stuttgart 2016.

*Kühl, Kristian*, Grundfälle zu Vorbereitung, Versuch, Vollendung und Beendigung, 3. Teil. Der Versuch, JuS 1980, 120–126.

—, Grundfälle zu Vorbereitung, Versuch, Vollendung und Beendigung, 3. Teil. Der Versuch, JuS 1980, 506–510.

—, Strafrecht, Allgemeiner Teil, 7. Aufl., München 2012.

*Kühn/v. Wedelstädt* siehe unter *Wedelstädt.*

*Küper, Wilfried*, Der Rücktritt vom Versuch des unechten Unterlassungsdelikts, ZStW 112 [2000], 1–43.

*Kuhlen, Lothar*, Grundfragen der strafbaren Steuerhinterziehung, Heidelberg 2012.

*Lackner, Karl/Kühl, Kristian*, Strafgesetzbuch, Kommentar, 28. Aufl., München 2014.

*Laufhütte, Heinrich Wilhelm/Rissing-van Saan, Ruth/Tiedemann, Klaus* (Hrsg.), Strafgesetzbuch Leipziger Kommentar,

Band 1, Einleitung §§ 1–31, 12. Aufl., Berlin 2007.

Band 9/Teil 2,§§ 267–283d, 12. Aufl., Berlin 2009.

Leipziger Kommentar siehe unter *Baldus, Paulheinz/Willms, Günther* (Hrsg.), *Jescheck, Hans-Heinrich/Ruß, Wolfgang/Willms, Günther* (Hrsg.) und *Laufhütte, Heinrich Wilhelm/Rissing-van Saan, Ruth/Tiedemann, Klaus* (Hrsg.).

*Leise, Horst* (Begr.)/ *Dietz, Gottfried/Cratz, Egon* (Hrsg.), Steuerverfehlungen, Kommentar zum materiellen Straf- und Ordnungswidrigkeitenrecht sowie zum Straf- und Bußgeldverfahren in Steuersachen, gebunden einschl. 54. Ergänzungslieferung, Neuwied 1990.

*Liszt, Eduard Ritter von*, Zur Lehre vom Versuch, Eine Besprechung der in dem Werke Ernst Delaquis': „Der untaugliche Versuch. Ein Beitrag zur Reform der Strafgesetzgebung" (Berlin 1904) dargelegten Theorie., ZStW 25 [1905], 24–94.

*Liszt, Franz Ritter von*, Lehrbuch des deutschen Strafrechts, 19. Aufl., Berlin 1912.

*Liszt, Franz Ritter von/Schmidt, Eberhard*, Lehrbuch des Deutschen Strafrechts, 25. Aufl., Berlin/Leipzig 1927.

*Lönnies, Otward,* Rücktritt und tätige Reue beim unechten Unterlassungsdelikt, NJW 1962, 1950–1952.

*Louis, Jürgen*, Strafrechtliche Konsequenzen bei Falsch- und Nichtbuchungen – Teil 3: Bilanz-, Urkunden- und Steuerdelikte, BC 2002, 230–234.

*Lux, Michael*, Selbstveranlagung nach Art. 116 MZK – Anregung zur Diskussion über ein neues Instrument im Zollrecht, Teil 1, AW-Prax 2010, 299–302.

*Lux, Michael*, Selbstveranlagung nach Art. 116 MZK – Anregung zur Diskussion über ein neues Instrument im Zollrecht, Teil 2, AW-Prax 2010, 349–352.

*Lux, Michael,* Einführung in den Zollkodex der Union (UZK) – Teil II, ZfZ 2014, 243–253.

*Madauß, Norbert*, Anmerkung zu BGH, Beschluss vom 06.02.2014–1 StR 577/13, NZWiSt 2014, 432–440.

*Maihofer, Werner*, Der Versuch der Unterlassung, GA 1958, 289–298.

*Maurach, Reinhart*, Deutsches Strafrecht, Allgemeiner Teil, Ein Lehrbuch, 4. Aufl., Karlsruhe 1971.

*Maurach, Reinhart/Gössel, Karl Heinz/Zipf, Heinz*, Strafrecht, Allgemeiner Teil, Teilband 2, Erscheinungsformen des Verbrechens und Rechtsfolgen der Tat, 8. Aufl., Heidelberg 2014.

*Meincke, Jens Peter* (Hrsg.), Erbschaftsteuer- und Schenkungsteuergesetz, Kommentar, 16. Aufl., München 2012.

*Meine, Hans-Gerd*, Die Abgrenzung von Vorbereitungshandlung und Versuchsbeginn bei der Hinterziehung von Veranlagungssteuern unter Zuhilfenahme einer falschen Buchführung, GA 1978, 321–330.

—, Anmerkung zu dem BGH-Beschluss vom 22.03.1979–4 StR 641/78, BB 1980, 1032–1033.

*Meyer, Jürgen*, Kritik an der Neuregelung der Versuchsstrafbarkeit, ZStW 87 [1975], 598–622.

*Mezger, Edmund*, Strafrecht, Ein Lehrbuch, Nachdr. der 3. unveränd. Aufl. von 1949, Goldbach 2002.

*Mittermaier, Carl Joseph Anton*, Beiträge zur Lehre vom Versuche der Verbrechen., NArchCrimR 1816, 163–202.

*Mösbauer, Heinz,* Aktuelle Rechtsfragen bei der Abgrenzung des Versuchs von der Vorbereitungshandlung im Steuerstrafrecht, DStZ 1997, 577–581.

*Müller, Arnold*, Das Erlangen nicht gerechtfertigter Steuervorteile – der Stiefbruder der Steuerverkürzung, DStZ 2001, 613–621.

*Müller-Gugenberger Christian* (Hrsg.), Wirtschaftsstrafrecht, Handbuch des Wirtschaftsstraf- und -ordnungswidrigkeitenrechts, 6. Aufl., Köln 2015.

MüKo-StGB siehe unter Joecks, Wolfgang/Miebach, Klaus (Hrsg.).

*Muhler, Manfred*, Die Umsatzsteuerhinterziehung, wistra 2009, 1–10.

*Nomos Kommentar* siehe unter Kindhäuser, Urs/Neumann, Ulfrid/Paeffgen, Hans-Ullrich (Hrsg.).

*Otto, Harro*, Schadenseintritt und Verjährungsbeginn, in: Küper, Wilfried (Hrsg.), Festschrift für Karl Lackner zum 70. Geburtstag am 18. Februar 1987, Berlin 1987, 716–735.

—, Grundkurs Strafrecht – Allgemeine Strafrechtslehre, 7. Aufl., Berlin 2004.

*Papageorgiou-Gonatas, Stylianos*, Wo liegt die Grenze zwischen Vorbereitungshandlungen und Versuch?, Zugleich eine theoretische Auseinandersetzung mit dem Strafgrund des Versuchs, München 1988 (zugl. Diss Univ. München 1987/88).

*Patzelt, Jutta*, Ungerechtfertigte Steuervorteile und Verlustabzug im Steuerstrafrecht, Vollendung und Verjährungsbeginn bei der Steuerhinterziehung, Köln 1990 (zugl. Diss. Univ. Köln 1990).

*Pelka, Jürgen/Niemann, Walter* (Hrsg.), Beck'sches Steuerberater-Handbuch 2013/2014, 14. Aufl., München 2013.

*Pollack, Fritz*, Das Finanzdelikt als Verwaltungsdelikt. Sein Wesen und seine Durchbildung. Ein Beitrag zu einem Finanzverwaltungsstrafrecht. (Strafrechtliche Abhandlungen Heft 150), Breslau 1911 (zugl. Diss. Univ. Heidelberg 1911).

*Prüßner, Michael*, Die von mehreren versuchte Tat, Gefährdung und Risiko bei versuchter mittelbarer Täterschaft und versuchter Mittäterschaft, Frankfurt a. M. 2004 (zugl. Diss. Univ. Bielefeld 2004).

*Quedenfeld, Dietrich/Füllsack, Markus*, Verteidigung in Steuerstrafsachen, 5. Aufl., Heidelberg 2016.

*Randt, Karsten*, Der Steuerfahndungsfall, Beratung und Verteidigung in Steuerstrafsachen, Beratungsstrategie, Selbstanzeige, Steuerfahndung, Steuerstraftaten, Steuerstrafverfahren, München 2004.

*Rath, Jürgen*, Grundfälle zum Unrecht des Versuchs, JuS 1998, 1006–1013.

*Rengier, Rudolf*, Strafrecht, Allgemeiner Teil, 8. Aufl., München 2016.

*Rolletschke, Stefan*, Die Hinterziehung von Erbschaft-/Schenkungsteuer, wistra 2001, 287–290.

—, Steuerstrafrecht, 2. Aufl., Köln 2008.

—, Steuerstrafrecht, 4. Aufl., München 2012.

—, Anmerkung zu OLG München, Beschluss vom 24.07.2012–4 St RR 99/12, NZWiSt 2013, 32–33.

—, Anmerkung zu BGH. Beschl. v. 12.06.2013–1 StR 6/13, ZWH 2014, 29.

*Rolletschke, Stefan/Kemper, Martin* (Hrsg.), Steuerstrafrecht, AO – UStG – ZollVG, Kommentar, Loseblatt, 108. Ergänzungslieferung, Köln, Stand: Juni 2017.

*Roxin, Claus*, Tatentschluß und Anfang der Ausführung beim Versuch, JuS 1979, 1–13.

—, Strafrecht, Allgemeiner Teil, Band II, Besondere Erscheinungsformen der Straftat, München 2003.

—, Strafrecht, Allgemeiner Teil, Band I, Grundlagen. Der Aufbau der Verbrechenslehre, 4. Aufl., München 2006.

*Rudolphi, Hans-Joachim*, Zur Abgrenzung zwischen Vorbereitung und Versuch – OLG Celle, NJW 1972, 1323, JuS 1973, 20–25.

*Rudolphi, Hans-Joachim/Horn, Eckhard/Samson, Erich/Schreiber, Hans-Ludwig*, Systematischer Kommentar zum Strafgesetzbuch, Band I, Allgemeiner Teil (§§ 1–37), 9. Aufl., Köln 2017.

*Rübenstahl, Markus*, Die Vorbereitung der ESt-Verkürzung mittels Erlangung eines Grundlagenbescheids als Erlangung eines Steuervorteils und vollendete Steuerhinterziehung? – Der 1. Strafsenat des BGH an den Grenzen des § 370 AO, Besprechung zu BGH, Beschluss vom 10.12.2008–1 StR 322/08, HRRS 2009 Nr. 68, HRRS 2009, 93–101.

*Rüsken, Reinhart* (Hrsg.), Zollrecht, Recht des grenzüberschreitenden Warenverkehrs, Kommentar, Band 2, A1 Zollkodex Art. 79 ff., A2 ZollVG, A3 VO Zollbefreiungen, Loseblatt, 173. Ergänzungslieferung, Bonn, Stand: Dezember 2017.

*Sackreuther, Kai*, Strafrechtliche Besonderheiten bei ErbSt-Hinterziehung, PStR 2011, 254–256.

*Safferling, Christoph*, Die Abgrenzung zwischen strafloser Vorbereitung und strafbarem Versuch im deutschen, europäischen und im Völkerstrafrecht, ZStW 118 [2006], 682–716.

*Samson, Erich/Horn, Eckhard*, Steuerunehrlichkeit und Steuerhinterziehung durch Unterlassen, NJW 1970, 593–596.

*Sax, Walter*, „Tatbestand“ und Rechtsgutsverletzung (II), Folgerungen aus der Neubestimmung von Gehalt und Funktion des gesetzlichen „Tatbestandes“ und des „Unrechtstatbestandes, JZ 1976, 429–439.

*Schillhorn, Ulf*, Hinterziehung von Körperschaftsteuer, Baden-Baden 2001 (zugl. Diss. Univ. Kiel 2000).

*Schmidt, Ludwig* (Hrsg.), Einkommensteuergesetz, Kommentar, 36. Aufl., München 2017.

*Schmitz, Roland*, Der Beginn der Verjährungsfrist nach § 78a StGB bei der Hinterziehung von Einkommensteuer durch Unterlassen, wistra 1993, 248–254.

—, Versuchsbeginn, Vollendung und Beginn der Verfolgungsverjährung bei ausgebliebener Steuerfestsetzung, in: Hirsch, Hans Joachim (Hrsg.), Festschrift für Günter Kohlmann zum 70. Geburtstag, Köln 2003, 517–534.

*Schönke, Adolf/Schröder, Horst*, Strafgesetzbuch, Kommentar, 12. Aufl., München 1965.

*Schönke, Adolf/Schröder, Horst*, Strafgesetzbuch, Kommentar, 16. Aufl., München 1972.

*Schönke, Adolf/Schröder, Horst*, Strafgesetzbuch, Kommentar, 29. Aufl., München 2014.

*Schröder, Horst*, Grundprobleme des Rücktritts vom Versuch, JuS 1962, 81–87.

*Schröter, Walter*, Das Tabaksteuergesetz und seine Durchführungsbestimmungen einschließlich der Verordnung über einmalige zusätzliche Steuererleichterungen vom 4. Juni 1956, Berlin/Frankfurt a. M. 1956.

*Schünemann, Bernd*, Die deutschsprachige Strafrechtswissenschaft nach der Strafrechtsreform im Spiegel des Leipziger Kommentars und des Wiener Kommentars, 2. Teil: Schuld und Kriminalpolitik, GA 1986, 293–352.

*Schuster, Frank Peter*, Das Verhältnis von Strafnormen und Bezugsnormen aus anderen Rechtsgebieten – Eine Untersuchung zum Allgemeinen Teil im Wirtschafts- und Steuerstrafrecht, Berlin 2012 (zugl. Habil.-Schrift Univ. Mainz 2010).

—, Die strafbefreiende Selbstanzeige im Steuerstrafrecht – Auslaufmodell oder notwendige Brücke in die Steuerehrlichkeit?, JZ 2015, 27–33.

*Schwartz, Tobias*, Korrektur von Umsatzsteuervoranmeldungen, PStR 2012, 116–121.

*Schwarz, Bernhard* (Hrsg.), AO, Kommentar zur Abgabenordnung,

Band 2, §§ 93 bis 178a AO, Loseblatt, 180. Ergänzungslieferung, Freiburg im Breisgau, Stand: Januar 2018.

Band 4, §§ 322 bis 415 AO, Nebengesetze, Loseblatt, 180. Ergänzungslieferung, Freiburg im Breisgau, Stand: Januar 2018.

*Simon, H. Eberhard/Vogelberg, Claus-Arnold*, Steuerstrafrecht, 2. Aufl., Stuttgart 2007. SK StGB siehe unter *Rudolphi, Hans-Joachim/Horn, Eckhard/Samson, Erich* (Hrsg.).

*Sorgenfrei, Ulrich*, Steuerhinterziehung in mittelbarer Täterschaft bei Publikumsgesellschaften, wistra 2006, 370–376.

*Spendel, Günter*, Zur Notwendigkeit des Objektivismus im Strafrecht, ZStW 65 [1953], 519–538.

*Stree, Walter*, Beginn des Versuchs bei qualifizierten Straftaten, in: Baumann, Jürgen/Tiedemann, Klaus (Hrsg.), Einheit und Vielfalt des Strafrechts, Festschrift für Karl Peters zum 70. Geburtstag, Tübingen, 1974, 179–192.

*Streng, Franz*, Der Irrtum beim Versuch – ein Irrtum?, ZStW 109 [1997], 862–899.

*Terstegen, Walter Otto Wilhelm*, Steuer-Strafrecht, einschließlich Verfahrensrecht, Köln 1956.

*Tiedemann, Klaus*, Der Versuch der Zweckentfremdung im Steuerstrafrecht, JR 1973, 412–414.

—, Wirtschaftsstrafrecht, 5. Aufl., München 2017.

*Tipke, Klaus/Kruse, Heinrich Wilhelm* u.a. (Hrsg.), Abgabenordnung, Finanzgerichtsordnung, Kommentar, Band II, §§ 108–232 AO, Loseblatt, 150. Ergänzungslieferung, Köln, Stand: November 2017.

*Treplin, Heinrich*, Der Versuch. Grundzüge des Wesens und der Handlung, ZStW 76 [1964], 441–472.

*Troeger, Heinrich/Meyer, Heinz*, Steuerstrafrecht, Band 1, Materielles Recht, 3. Aufl., Stuttgart 1957.

*Vehling, Karl-Heinz*, Die Abgrenzung von Vorbereitung und Versuch, Frankfurt a. M. 1991 (zugl. Diss. Univ. Bonn 1990).

*Vogler, Theo*, Der Beginn des Versuchs, in: Küper, Wilfried/Welp, Jürgen (Hrsg.), Beiträge zur Rechtswissenschaft: Festschrift für Walter Stree und Johannes Wessels zum 70. Geburtstag, Heidelberg 1993, 285–303.

*Wabnitz, Heinz-Bernd/Janovsky, Thomas* (Hrsg.), Handbuch des Wirtschafts- und Steuerstrafrechts, 4. Aufl., München 2014.

*Waiblinger, Max*, Subjektivismus und Objektivismus in der neueren Lehre und Rechtsprechung vom Versuch, ZStW 69 [1957], 189–222.

*Wannemacher, Wolfgang* (Hrsg.), Steuerstrafrecht, Handbuch, 5. Aufl., Bonn 2004.

*Wannemacher & Partner* (Hrsg.), Steuerstrafrecht, Handbuch, 6. Aufl., Bonn 2013.

*Wedelstädt, Alexander von* (Hrsg.), Abgabenordnung und Finanzgerichtsordnung, Kommentar, 21. Aufl., Stuttgart 2015.

*Wege, Heike*, Rücktritt und Normgeltung, Zum Einfluss glaubwürdiger Umkehr auf die Rechtsfolgebestimmung, Berlin 2011 (zugl. Diss. Univ. Marburg 2010).

*Weidemann, Jürgen*, Verbrauchsteuern als Fälligkeit- und Veranlagungsteuern unter dem Blickwinkel des Steuerstrafrechts, ZfZ 2008, 97–101.

—, Vorbereitungshandlung und Versuch bei der Tabaksteuerhinterziehung – zugleich Anmerkung zu BGH, wistra 2008, 105 – , wistra 2009, 174–176.

—, Tabaksteuerstrafrecht, Teil 1, wistra 2012, 1–7.

—, Tabaksteuerstrafrecht, Teil 2, wistra 2012, 49–56.

*Welzel, Hans*, Das deutsche Strafrecht, Eine systematische Darstellung, 8. Aufl., Berlin 1963.

—, Das Deutsche Strafrecht, 11. Aufl., Berlin 1969.

*Wessels, Johannes/Beulke, Werner/Satzger, Helmut*, Strafrecht, Allgemeiner Teil, Die Straftat und ihr Aufbau, 47. Aufl., Heidelberg 2017.

*Wessing, Jürgen/Biesgen, Rainer*, Der 1. Strafsenat des BGH und das Steuerstrafrecht, NJW 2010, 2689–2694.

*Witte, Peter*, Zollschuld nach dem modernisierten Zollkodex, AW-Prax 2008, 325–329.

—, Summarische Eingangsanmeldung und vorschriftswidriges Verbringen, Zur Zollschuldentstehung bei fehlerhafter summarischer Eingangsanmeldung, Teil 1, AW-Prax 2010, 213–216.

—, Summarische Eingangsanmeldung und vorschriftswidriges Verbringen, Zur Zollschuldentstehung bei fehlerhafter summarischer Eingangsanmeldung, Teil 2, AW-Prax 2010, 260–264.

—, (Hrsg.), Zollkodex, Mit Durchführungsverordnung und Zollbefreiungsverordnung, Kommentar, 6. Aufl., München 2013.

*Witte, Peter/Wolffgang, Hans-Michael* (Hrsg.), Lehrbuch des Europäischen Zollrechts, 6. Aufl., Herne 2009.

*Witte, Peter/Henke, Reginhard/Kammerzell, Nadja*, Der Unionszollkodex (UZK) – Neufas sung des Modernisierten Zollkodex – Praxisleitfaden zu den Neuerungen im europäischen Zollrecht, 2. Aufl., Köln 2014.

*Wittig, Petra*, Die Rechtsprechung zur Steuerhinterziehung durch Erlangen eines unrichtigen Feststellungsbescheids vor dem Hintergrund des Beschlusses des BVerfG vom 23.6.2010 (2 BvR 2559/08), ZIS 2011, 660–668.

*Wulf, Martin*, Beginn der Verjährung der Steuerhinterziehung bei ausgebliebener Steuerfestsetzung, Eine Anmerkung zu OLG Hamm wistra 2001, 474, OLG München wistra 2002, 34 und BGH wistra 2002, 64, wistra 2003, 89–92.

—, Anmerkung zu BGH, Beschluss vom 19. Januar 2011–1 StR 640/10, wistra 2012, 485–487.

*Zaczyk, Rainer*, Das Unrecht der versuchten Tat, Berlin 1989 (zugl. Habil.-Schrift Univ. Frankfurt a. M. 1987).

*Zieschang, Frank*, Die Gefährdungsdelikte, Berlin 1998 (zugl. Habil.-Schrift Univ. Köln 1997/98).

*Zieschang, Frank*, Strafrecht – Allgemeiner Teil, 5. Aufl., Stuttgart 2017

# Abkürzungsverzeichnis

| | |
|---|---|
| a. A. | andere Ansicht |
| Abs. | Absatz |
| AEAO | Anwendungserlass zur Abgabenordnung |
| AEO | Authorized Economic Operator = Zugelassener Wirtschaftsbeteiligter |
| AEOC | Zugelassener Wirtschaftsbeteiligter für Zollvereinfachungen |
| a. F. | alter Fassung |
| Alt. | Alternative |
| Anm. | Anmerkung |
| AO | Abgabenordnung |
| AO-DV Zoll | Dienstvorschrift zur Anwendung der Abgabenordnung im Bereich der Zollverwaltung |
| AO-StB | Der AO-Steuer-Berater |
| Art. | Artikel |
| ATLAS | Automatisiertes Tarif- und Lokales Zoll-Abwicklungs-System |
| Aufl. | Auflage |
| AW-Prax | Außenwirtschaftliche Praxis |
| BayOblG | Bayerisches Oberstes Landesgericht |
| BB | Betriebs-Berater |
| Bd. | Band |
| bearb. | bearbeitete |
| Begr. | Begründer/in |
| Beschl. | Beschluss |
| BFH | Bundesfinanzhof |
| BGB | Bürgerliches Gesetzbuch |
| BGBl. | Bundesgesetzblatt |
| BGH | Bundesgerichtshof |
| BMF | Bundesfinanzministerium |
| BranntwMonG | Branntweinmonopolgesetz |
| BStBl. | Bundessteuerblatt |
| BT-Drucks. | Bundestagsdrucksache |
| bzw. | beziehungsweise |
| DA-Entwurf | Entwurf einer Delegierten Verordnung (EU) …/… der Kommission zur Ergänzung der Verord-nung (EU) Nr. 952/2013 des Europäischen Parlaments und des Rates mit Einzelheiten |

| | |
|---|---|
| | zur Präzi-sierung von Bestimmungen des Zollkodex der Union vom Juli 2015 |
| Diss. | Dissertation |
| DStR | Deutsches Steuerrecht |
| DStZ | Deutsche Steuer-Zeitung |
| DV VSF Z 09 12 | Dienstvorschrift des Bundesministeriums der Finanzen zur Erhebung des Zollschuldbetrags EG |
| EFG | Entscheidungen der Finanzgerichte |
| Einl. | Einleitung |
| ELStAM | Elektronische Lohnsteuerabzugsmerkmale |
| EnergieStG | Energiesteuergesetz |
| EnergieStV | Verordnung zur Durchführung des Energiesteuergesetzes |
| ErbStB | Der Erbschaft-Steuer-Berater |
| ErbStG | Erbschafts- und Schenkungssteuergesetz |
| EStG | Einkommensteuergesetz |
| ESumA | summarische Eingangsanmeldung |
| EU | Europäische Union |
| EUR | Euro |
| EuStBV | Einfuhrumsatzsteuer-Befreiungsverordnung |
| f. | folgende |
| ff. | fortfolgende |
| FG | Finanzgericht |
| Fn. | Fußnote/n |
| GA | Goltdammer's Archiv für Strafrecht |
| GG | Grundgesetz |
| ggf. | gegebenenfalls |
| GS | Der Gerichtssaal |
| Habil. | Habilitation |
| Hg. | Herausgeber/in |
| h. M. | herrschende Meinung |
| HRRS | Online-Zeitschrift für Höchstrichterliche Rechtsprechung im Strafrecht |
| Hrsg. | Herausgeber/in |
| HS. | Halbsatz |
| IA-Entwurf | Entwurf der Durchführungsverordnung (EU) .../... Der Kommission mit Einzelheiten zur Umsetzung von Bestimmungen der Verordnung (EU) Nr. 952/2013 des Europäischen Parlaments und des Rates zur Festlegung des Zollkodex der Union von August 2015 |

| | |
|---|---|
| i. S. d. | im Sinne des/der |
| i. S. v. | im Sinne von |
| i. V. m. | in Verbindung mit |
| JA | Juristische Arbeitsblätter |
| JR | Juristische Rundschau |
| Jura | Juristische Ausbildung |
| JuS | Juristische Schulung |
| JZ | Juristenzeitung |
| Kap. | Kapitel |
| KBV | Kleinbetragsverordnung |
| KÖSDI | Kölner Steuerdialog |
| krit. | kritisch |
| LG | Landgericht |
| lit. | Littera/Buchstabe |
| MDR | Monatsschrift für Deutsches Recht |
| MüKo | Münchener Kommentar |
| MZK | Modernisierter Zollkodex |
| NArchCrimR | Neues Archiv des Criminalrechts |
| NJW | Neue Juristische Wochenschrift |
| NStZ | Neue Zeitschrift für Strafrecht |
| NZV | Neue Zeitschrift für Verkehrsrecht |
| NZWiSt | Neue Zeitschrift für Wirtschafts-, Steuer- und Unternehmensstrafrecht |
| OLG | Oberlandesgericht |
| PStR | Praxis Steuerstrafrecht |
| RAO | Reichsabgabenordnung |
| RennwLottG | Rennwett- und Lotteriegesetz |
| RFHE | Amtliche Sammlung der Entscheidungen und Gutachten des Reichsfinanzhofs |
| RG | Reichsgericht |
| RGBl. | Reichsgesetzblatt |
| RGSt | Entscheidungen des Reichsgerichts in Strafsachen |
| Rn. | Randnummer/n |
| S. | Seite/Satz |
| s. | siehe |
| sog. | sogenannt |
| StGB | Strafgesetzbuch |

| | |
|---|---|
| SubvG | Gesetz gegen mißbräuchliche Inanspruchnahme von Subventionen – Subventionsgesetz |
| TabStG | Tabaksteuergesetz |
| TabStV | Verordnung zur Durchführung des Tabaksteuergesetzes – Tabaksteuerverordnung |
| UAbs. | Unterabsatz |
| u. a. | unter anderem |
| Urt. | Urteil |
| UStG | Umsatzsteuergesetz |
| UZK | Zollkodex der Union |
| v. | vom/von |
| Var. | Variante |
| vgl. | vergleiche |
| Vorbem. | Vorbemerkung |
| VVSumA | summarische Anmeldung zur vorübergehenden Verwahrung |
| wistra | Zeitschrift für Wirtschafts- und Steuerstrafrecht |
| z. B. | zum Beispiel |
| ZIS | Zeitschrift für Internationale Strafrechtsdogmatik |
| ZK | Zollkodex |
| ZK-DVO | Zollkodex-Durchführungsverordnung |
| ZollV | Zollverordnung |
| ZollVG | Zollverwaltungsgesetz |
| ZStW | Zeitschrift für die gesamte Strafrechtswissenschaft |
| ZWH | Zeitschrift für Wirtschaftsstrafrecht und Haftung im Unternehmen |
| 2. StrRG | zweite Gesetz zur Reform des Strafrechts |